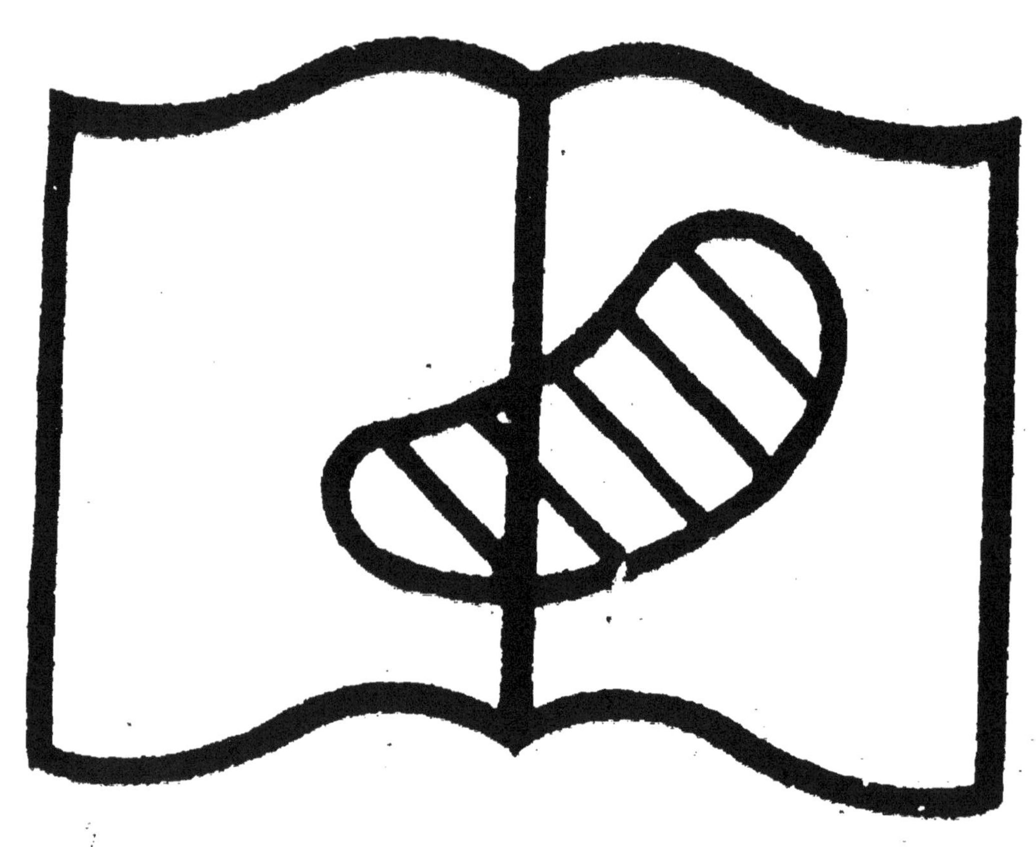

Illisibilité partielle

ENSEIGNEMENT SECONDAIRE : SECOND CYCLE

Classes de seconde et de première : Sections A, B, C.

(Programme du 31 Mai 1902.)

AUTEURS GRECS, LATINS FRANÇAIS

ÉTUDES CRITIQUES ET ANALYSES

PAR

LÉON LEVRAULT

ANCIEN ÉLÈVE DE L'ÉCOLE NORMALE SUPÉRIEURE
AGRÉGÉ DES LETTRES
PROFESSEUR AU LYCÉE CONDORCET

AUTEURS GRECS

DOUZIÈME ÉDITION

PARIS

LIBRAIRIE CLASSIQUE DELAPLANE

Paul MELLOTTÉE, éditeur

48, RUE MONSIEUR-LE-PRINCE, 48

EN VENTE A LA MÊME LIBRAIRIE

PROGRAMME DE L'ENSEIGNEMENT SECONDAIRE

(ARRÊTÉ DU 31 MAI 1902)

LISTE DES AUTEURS A EXPLIQUER

A TRADUIRE ET A COMMENTER

LANGUE GRECQUE

[Les chiffres renvoient aux pages où sont étudiés les auteurs indiqués au programme de chaque classe; on trouvera à la fin du volume une table des matières par noms d'auteurs.]

SECOND CYCLE : SECTION A

CLASSE DE SECONDE

HOMÈRE : *Iliade* (p. 2), *Odyssée* (p. 23).

XÉNOPHON : *L'Économique* (p. 221).

PLATON : *Apologie de Socrate* (p. 239), *Criton* (p. 247), *Ion* (p. 235).

PLUTARQUE : Extraits suivis des *Vies parallèles* (*Alexandre et César*, *Démosthène et Cicéron*, *Alcibiade et Coriolan*, *Périclès et Fabius Maximus*) (p. 317).

EURIPIDE : Une tragédie (les deux *Iphigénie*, *Alceste*, *Hécube*, *Hippolyte*, *Médée*) (p. 115).

CLASSE DE PREMIÈRE

XÉNOPHON : *Mémorables* (p. 213).

PLATON : Extraits (p. 239).

DÉMOSTHÈNE : *Les Philippiques* (p. 268), *le Discours sur la couronne* (p. 280).

ORATEURS ATTIQUES : Extraits (Lysias, Isocrate, Eschine Hypéride) (Voir la note de l'auteur, p. 288).

HOMÈRE : *Iliade* (p. 2), *Odyssée* (p. 23).

ESCHYLE : Extraits (p. 43).

SOPHOCLE : Une tragédie (p. 68).

EURIPIDE : Une tragédie (p. 115)

ARISTOPHANE : Extraits (p. 183).

CONFÉRENCES FACULTATIVES
DE LA CLASSE DE PHILOSOPHIE ET VÉTÉRANCE

Les auteurs de la classe de Première.

THUCYDIDE : Extraits (p. 166).

ARISTOTE : Extraits de la *Rhétorique* et de la *Poétique* (p. 290).

THÉOCRITE : *Idylles* choisies (p. 302).

NOTA. — Nous pensons être agréable aux élèves en donnant une étude sur *Hérodote* et sur *Xénophon*, bien que ces deux auteurs figurent au programme du premier cycle (classe de troisième). Il nous a paru nécessaire de les étudier pour que le lecteur puisse mieux apprécier certains auteurs indiqués pour le second cycle, Thucydide, par exemple. — De même, nous étudions *Lucien*, qui nous semble représenter chez les Grecs l'esprit et la fantaisie, au même titre qu'Aristophane.

AUTEURS GRECS

HOMÈRE

L'ILIADE. — L'ODYSSÉE.

Notice biographique.
I. L'ILIADE. — Historique. — Analyse de l'*Iliade*. — Étude littéraire : le poème. — Les personnages. — La poésie homérique dans l'*Iliade*.
II. L'ODYSSÉE. — Historique. — Analyse de l'*Odyssée*. — Étude littéraire : le poème. — Les personnages. — La poésie homérique dans l'*Odyssée*.

Notice biographique. — Parler de la biographie d'Homère à des modernes, c'est s'exposer à les faire sourire. Les anciens ne connaissaient pas ce scepticisme. Pour eux, il avait existé un poète qui était l'auteur de l'*Iliade* et de l'*Odyssée*. Ils se le figuraient aveugle, mais majestueux et beau, avec une barbe épaisse, avec une longue chevelure blanche. Et, dans huit biographies différentes, ils racontèrent ses aventures.

D'après le livre attribué faussement à Hérodote, le futur aède — que sept villes revendiquaient comme leur citoyen (1) — naquit à Smyrne, sur les bords du fleuve Mélès. Un maître d'école, Phémios, recueillit l'enfant, ainsi que Krélhéis, sa mère, une étrangère venue de Cymé. Il éleva le jeune Mélésigène et lui céda, plus tard, son école. Mais la profession souriait médiocrement à Mélésigène : après la mort de Phémios et de Krélhéis, il entreprit de voyager, et il visita l'Égypte, la Libye, l'Italie, l'Espagne, sur le vaisseau du commerçant Mentès. Malheureusement, au cours de ces traversées, il contracta une maladie des yeux, à Ithaque, et il était frappé de

(1) Ces villes étaient Smyrne, Chios, Colophon, Salamine, Rhodes, Argos, Athènes.

cécité complète quand il rentra dans sa patrie. Sa vie fut désormais errante et souvent misérable. Chassé de Cymé par les sénateurs, bien accueilli à Néontichos par un artisan et à Bolissos par un berger, il trouva un asile honorable à Chios, où il composa ses deux grands poèmes. Mais, devenu vieux, le désir le prit de courir à nouveau le monde, et celui que l'on surnommait Ὅμηρος (1) mourut dans l'île d'Ios, en 1102 avant Jésus-Christ.

Longtemps cette biographie fabuleuse fut considérée comme véridique. Seuls, deux critiques alexandrins, Xénon et Hellanicos, les *chorizontes* ou « séparateurs », insinuèrent que l'*Iliade* et l'*Odyssée* pouvaient n'être point l'œuvre du même auteur. Mais, jusqu'à la fin du XVIIe siècle, on fut respectueux de la légende, et nul n'osa contester l'existence réelle d'Homère. D'Aubignac, Vico, Wood et Wolf ont eu, depuis lors, le courage de l'oser. Leurs critiques ont abouti, en définitive, à ce système : Homère n'a jamais existé, et les œuvres qui nous sont parvenues sous ce nom sont formées par la réunion de courts poèmes que Pisistrate fit recueillir et fondre ensemble.

Nous ne saurions traiter ici cette difficile question homérique. Bornons-nous à indiquer la solution qui a nos préférences : un aède primitif aurait jeté les fondements de l'*Iliade*, et d'autres seraient venus qui auraient développé son œuvre. Il est probable que la genèse de l'*Odyssée* aurait été identique. Dans l'état actuel de la science, c'est l'hypothèse qui semble approcher le plus de la vérité (2).

L'ILIADE

Historique. — L'*Iliade*, dans sa forme présente, est une épopée de 16 000 vers environ. Elle est divisée en 24 livres, désignés par les lettres de l'alphabet grec. Mais cette division est inconnue avant les critiques alexandrins (3), et, à l'origine, l'*Iliade* différait beaucoup de ce qu'elle est aujourd'hui.

(1) Dans le dialecte de Cymé, ce mot signifiait, paraît-il, « l'aveugle ».

(2) Sur la question homérique, voir l'étude de M. Max Egger dans son *Histoire de la littérature grecque*, pages 53 et suiv. (Paul Delaplane, Paris).

(3) Jusqu'à l'époque alexandrine on reconnaissait dans l'œuvre entière un seul

On a fait une conjecture, dont une savante étude de M. Maurice Croiset nous semble avoir prouvé la vérité. Le poème se composait primitivement de la *Querelle* (livre I), des *Exploits d'Agamemnon* (livre XI), de la *Patroclie* (livre XVI), de la *Mort d'Hector* (livre XXII) et de quelques scènes isolées : l'*Ambassade*, au IXe livre ; *Hector chez Pâris*, les *Adieux d'Hector et d'Andromaque*, au VIe. Ces morceaux présentent des caractères communs et forment un tout. C'est l'histoire de la colère d'Achille et de ses résultats. Tout l'essentiel du poème est là et nous en avons comme « le tracé jalonné d'avance. (1) » Encouragés par le succès, d'autres aèdes développèrent les situations, en créèrent de nouvelles, relièrent les différentes parties. Et par ces chants de *développement* et de *raccord* se constitua l'épopée dont les Pisistratides firent établir la première édition.

Quant aux événements racontés dans le poème, il est impossible de déterminer leur plus ou moins de vérité historique. Les documents nous manquent pour saisir la réalité sous l'amoncellement des légendes. Des actes de piraterie, comme celui de Pâris enlevant Hélène, durent avoir lieu souvent. Des chocs fréquents se produisirent entre la puissance achéenne et la puissance dardanienne, entre la Grèce et l'Asie, jusqu'au jour où les Éoliens achevèrent la conquête de la Troade. En attendant que des découvertes nouvelles aient confirmé la tradition homérique, il vaudra mieux ne voir dans la guerre de Troie « qu'une expédition *idéale*, qui résumait toute la gloire achéenne » (2).

Analyse de l'Iliade (3).

Livre Ier : *La querelle.* — Après avoir invoqué la Muse,

grand nombre de parties, quelquefois très courtes, quelquefois très longues, et qui portaient des titres spéciaux : par exemple la *Peste*, la *Querelle*, le *Songe*, le *Catalogue des vaisseaux*, les *Exploits de Diomède*, etc., etc.

(1) Alfred et Maurice Croiset, *Histoire de la littérature grecque*, tome I, page 191 (Édition de 1896).

(2) *Ibid.*, page 85.

(3) Il est impossible d'analyser d'une façon détaillée un poème aussi vaste que l'*Iliade*. Nous le résumons à larges traits, non point par chants, mais par groupes de chants.

l'aède commence son récit. Le prêtre Chrysès avait redemandé sa fille Chryséis au roi des rois, Agamemnon, dont elle était la captive. Le prince l'avait chassé avec des outrages. Pour venger son ministre, Apollon envoie la peste à l'armée grecque, campée depuis dix ans devant Troie. Désolé de cette épidémie, Achille, en pleine assemblée, somme le devin Calchas d'en expliquer le motif. Celui-ci ne dissimule point que, si l'on veut apaiser le dieu, il faut renvoyer Chryséis à son père. L'orgueilleux Agamemnon est obligé de céder, après une violente altercation avec Achille; mais, en manière de représailles, il fait ravir au roi thessalien sa captive chérie Briséis. Indigné de cet outrage, le héros jure de ne plus combattre pour les Achéens; il appelle à son aide sa mère Thétis; et la déesse marine obtient de Jupiter que les Troyens seront victorieux jusqu'au jour où justice sera faite à Achille. Il en résulte une querelle entre le père des dieux et Junon, querelle apaisée à grand'peine par le jovial Vulcain (1).

Livres II à IV : *Les préludes de la grande bataille.* — Abusé par un songe que lui envoie Jupiter, Agamemnon veut engager la lutte. Mais, on ne sait pourquoi, il a l'idée fâcheuse d'éprouver d'abord ses guerriers, en se déclarant las d'assiéger une ville imprenable et en leur proposant de retourner en Grèce. Tous aussitôt, avec des cris de joie, se précipitent vers leurs navires, et, sans l'intervention d'Ulysse qui fait honte aux braves ou bâtonne les lâches, Agamemnon verrait fuir son armée. Tout rentre dans l'ordre, grâce au roi d'Ithaque; et, en attendant la mêlée, le poète nous fait le dénombrement des forces achéennes et troyennes. (Livre II.)

Au moment même où l'on en vient aux mains, tout s'arrête. Pâris, le ravisseur d'Hélène, accusé de couardise par son frère Hector, défie en combat singulier Ménélas, l'époux légitime de la belle princesse. Ce duel à mort doit terminer la guerre, puisque Hélène appartiendra au vainqueur et qu'alors il n'existera plus entre les deux peuples aucun motif d'hostilité. Après un sacrifice solennel, après des serments échangés devant les dieux, on met les adversaires aux prises; et l'élégant Pâris succomberait, si Vénus ne l'enlevait au milieu d'un nuage et ne le transportait dans la chambre d'Hélène, qui lui pardonne difficilement sa lâcheté. (Livre III.)

(1) Pour faciliter les rapprochements avec l'*Énéide* de Virgile, nous laissons aux divinités leurs noms conventionnels de *Jupiter*, *Junon*, etc., au lieu de *Zeus*, *Héré*, etc.

Une fois que Pâris a miraculeusement disparu, Agamemnon exige le prix de la victoire et les Troyens sont assez disposés à le satisfaire. Mais Junon et Minerve, qui ont résolu la perte de Troie, poussent l'archer Pandaros à lancer une flèche contre Ménélas et à rompre ainsi la trêve jurée. Tandis qu'on se jette de part et d'autre sur les armes, tandis qu'on soigne le prince blessé, Agamemnon se multiplie pour exciter les Grecs à la lutte. L'action commence, et, du haut de l'Olympe, certains dieux accourent pour s'y mêler. (Livre IV.)

Livres V à VII : *La bataille.* — Un roi grec se signale aussitôt par sa valeur : c'est le magnanime Diomède. Secondé par Minerve, il fait un affreux carnage d'ennemis, immole Pandaros, et blesse Énée, fils de Vénus. La déesse accourant au secours de son enfant, Diomède, ivre de fureur, n'hésite point à la frapper de sa lance, et s'arrête à grand'peine devant Apollon qui emporte le Troyen évanoui. Mais, bientôt, le respect religieux est moins fort chez lui que la fougue guerrière; il rencontre Mars, et il perce le flanc de l'Immortel, du dieu des combats ! (Livre V.)

Cependant, sur le conseil du devin Hélénos, Hector rentre dans la ville pour y commander un sacrifice à Minerve ; mais la farouche ennemie des Troyens ne se laisse point fléchir par les prières qu'on lui adresse. Profitant de son séjour dans Ilion, Hector se rend chez Pâris, l'accable de reproches et l'exhorte à ne point rester ainsi loin du champ de bataille. Puis, après une touchante entrevue avec son épouse Andromaque et son jeune enfant Astyanax, il s'en retourne vers la mêlée, suivi de Pâris que les remontrances d'Hélène ont fait rougir de son inaction. (Livre VI.)

Leur arrivée dans la plaine ranime l'action qui languissait. Des deux côtés, on n'en peut plus, et, lorsque Hector provoque en combat singulier le plus vaillant des Grecs, il ne trouve point d'abord d'antagoniste. Enfin, le brave Ajax ose se mesurer avec le héros troyen, et leur duel dure sans résultat jusqu'à la nuit. Alors on conclut une trêve d'un jour; on ensevelit les cadavres, et les Grecs, excités par le sage Nestor, entourent leur camp d'un rempart élevé. (Livre VII.)

Livres VIII à XI : *La défaite des Grecs.* — Le lendemain, les deux armées se rencontrent de nouveau. Mais la fortune est moins favorable aux Grecs : ils plient malgré les efforts d'Agamemnon et de Teucer; ils sont même refoulés jusqu'à leurs retranchements. Minerve et Junon essaient en vain de les secourir; car Jupiter irrité défend aux déesses d'enfreindre ses ordres. La nuit vient, et les Troyens victorieux campent sur le champ de bataille. (Livre VIII.)

Ce premier échec remplit de consternation les Achéens. Les princes tiennent conseil et l'on décide d'envoyer des ambassadeurs à Achille pour lui promettre entière satisfaction. Le grand Ajax, le prudent Ulysse, et Phénix, le vieux précepteur d'Achille, sont désignés pour cette mission délicate. Très bien accueillis par le héros et par Patrocle, ils ne peuvent réussir à apaiser le cœur d'Achille, qui jure de ne point reprendre les armes avant que les Troyens n'attaquent ses propres vaisseaux. (Livre IX.)

Désespéré de cette réponse et tourmenté par de tristes pressentiments, Agamemnon se lève au milieu de la nuit et va réveiller les chefs grecs. On charge Diomède et Ulysse de pousser une reconnaissance du côté des tentes troyennes. Sur leur chemin, ils surprennent, interrogent et massacrent l'espion ennemi Dolon. Puis, après un horrible carnage, dans le campement isolé du Thrace Rhésos, ils reviennent vers leurs camarades, chargés de butin. (Livre X.)

A l'aurore, la lutte recommence plus vive que jamais. La valeur extraordinaire d'Agamemnon étonne tout d'abord et fait reculer les Troyens. Mais le roi des rois a le bras percé d'outre en outre ; Diomède est atteint par une flèche de Pâris; et, couvert de plaies, Ulysse doit se retirer sous sa tente. Nestor apprend ces événements funestes à Patrocle qui venait chercher des nouvelles, et il supplie le jeune homme de fléchir aussitôt Achille ou de combattre, pour sauver les navires, revêtu des armes de son ami. (Livre XI.)

LIVRES XII à XV : *La prise du camp.* — Les Grecs, repoussés au delà du mur d'enceinte, sont presque immédiatement assaillis par les Troyens. Les deux Ajax et Mnesthée repoussent Sarpédon, Glaucus et Épiclès, qui ouvrent une brèche dans le rempart ; mais Hector enfonce une porte et pénètre avec les siens dans le camp. (Livre XII.)

Tout serait perdu, si le dieu Neptune ne protégeait la flotte grecque, à l'insu de Jupiter. Ayant pris les traits d'un guerrier, il excite les Ajax, Mérion, Antiloque et d'autres chefs à résister jusqu'à la mort. Leurs efforts, et surtout les exploits du roi de Crète Idoménée, arrêtent l'élan des Troyens qui se précipitaient vers les vaisseaux. La victoire reste un instant indécise. (Livre XIII.)

Elle semble même bientôt pencher du côté des Achéens. Malgré leurs blessures, Agamemnon, Ulysse, Diomède reparaissent sur le lieu du combat et encouragent leurs troupes. En même temps, avec la complicité du Sommeil, Junon endort le roi des dieux et l'empêche de favoriser les Troyens. Les Grecs profitent de cette heureuse fortune; ils chassent l'ennemi des positions qu'il occupe, et, en lui lançant un quartier de roc, Ajax renverse le vaillant Hector tout meurtri. (Livre XIV.)

Mais Jupiter se réveille trop vite. Courroucé d'avoir été la victime d'une ruse, il gronde Junon; il fait guérir Hector par Apollon et il donne aux Troyens l'avantage. Ceux-ci parviennent jusqu'aux vaisseaux et s'apprêtent à les incendier. Alors Patrocle, ne pouvant supporter un tel spectacle, court à la tente d'Achille et lui demande avec instance de ne point s'obstiner dans sa colère, alors que le danger est si pressant. (Livre XV.)

LIVRES XVI à XIX : *Les exploits et la mort de Patrocle.* — En voyant la flamme dévorer un navire, Achille consent à laisser partir les Myrmidons, sous la conduite de son ami Patrocle revêtu de ses armes. Croyant à l'arrivée du héros thessalien lui-même, les Troyens reculent. Ils abandonnent les vaisseaux, ils sortent du camp et ils battent en retraite vers la ville. Patrocle les poursuit, en semant la mort sur son passage; mais, au moment où il va entrer dans Ilion, il tombe frappé moins par la lance d'Hector que sous les coups d'Apollon. (Livre XVI.)

Tandis qu'on lutte et qu'Ajax se prodigue pour sauver le cadavre de Patrocle, Antiloque, fils de Nestor, porte à Achille la triste nouvelle. Brisé par la douleur, le héros couvre sa tête de poussière et se roule en gémissant sur le sol. Puis, réconforté par sa mère Thétis, il s'avance vers le rempart, « crie trois fois d'une voix forte » et empêche les Troyens d'enlever la dépouille du cher défunt. La nuit, il fait rendre des honneurs funèbres à Patrocle, pendant que Thétis va commander à Vulcain des armes qui remplaceront celles ravies par Hector. Le divin forgeron aime la déesse, dont il éprouva la bonté lorsqu'il était victime du courroux de Jupiter. Il s'empresse d'accéder à son désir et fabrique une riche armure qu'on nous décrit minutieusement. (Livres XVII et XVIII.)

A la pointe du jour, Achille se réconcilie avec Agamemnon

devant toutes les troupes; il reçoit de riches présents, et on lui restitue sa captive Briséis. Puis, les soldats s'étant reposés de leurs fatigues, il marche vers la vengeance et la victoire. (Livre XIX.)

LIVRES XX à XXIV : *La vengeance d'Achille.* — L'heure décisive a sonné, et les dieux, autorisés par Jupiter, descendent pour encourager leurs champions respectifs. Achille massacre plusieurs Troyens, cherche vainement Hector qu'Apollon lui dérobe, et lutte contre le dieu du Xanthe, indigné de voir tant de sang rougir les ondes de son fleuve. Cependant Minerve et Vénus, Junon et Diane, Mars et Neptune échangent des outrages et des coups, jusqu'à l'heure où il ne reste plus en présence dans la plaine que le fougueux Achille et le brave Hector. (Livres XX et XXI.)

Celui-ci attend de pied ferme le héros thessalien, malgré les supplications d'Hécube et de Priam. Mais, épouvanté par l'éclat des armes divines, il prend la fuite, s'arrête, trompé par Minerve qui se présente à lui sous les traits de Déiphobe, et meurt de la main d'Achille aussi cruel qu'insolent. Tandis que le vainqueur traîne vers les vaisseaux le cadavre du vaincu, sur les remparts de Troie, les parents d'Hector se désolent et Andromaque s'évanouit en prononçant des paroles de désespoir. (Livre XXII.)

Satisfait de sa vengeance, Achille célèbre les funérailles de Patrocle et donne des jeux en son honneur; mais il refuse de restituer le corps du pauvre Hector et le maltraite d'une façon indigne. Les dieux s'émeuvent de cette impiété; Thétis intervient près de son fils, et Mercure guide, pendant la nuit, le char de Priam jusqu'à la tente d'Achille. Le roi d'Ilion s'agenouille et embrasse « ces mains homicides qui lui ont tué tant d'enfants ». Il parle. Il supplie. Le héros farouche s'attendrit et rend le corps au malheureux vieillard qu'il traite en hôte vénéré... Avant l'aurore, Priam rentre dans la ville et l'on fait de brillantes obsèques à Hector. C'est par ce tableau triste et touchant que se termine l'*Iliade*. (Livres XXIII et XXIV.)

Étude littéraire : le poème. — Il est impossible de juger l'*Iliade* d'après les règles ordinaires. Nous en avons plus haut indiqué le motif. Lorsqu'une épopée est, comme l'*Énéide* par exemple, l'œuvre d'un auteur qui en conçoit le plan et l'exécute à lui tout seul, on peut exiger une rigoureuse unité. Mais quand plusieurs poètes, d'époques sans doute différentes, travaillent à développer un sujet puissamment ébauché par un aède de génie, on ne saurait sans injustice critiquer le désordre que l'on remarque dans leur ouvrage pour ainsi dire collectif. Évidemment, il y a dans l'*Iliade* des longueurs ; il y a des épisodes parasites ou qui ne sont point à leur place ; il y a des contradictions. Au Ier livre, Jupiter promet que les troupes achéennes seront vaincues par Hector, et jusqu'au livre VIII elles ne remportent que des victoires. Au VIIe livre, les Grecs entourent leur camp d'un mur aux tours élevées qu'assiègent les Troyens aux livres XII et XIII ; mais, dans l'intervalle, il n'est plus question que d'un simple fossé (1). On multiplierait les exemples ; et les critiques ont signalé beaucoup d'erreurs analogues. Cependant, à défaut de l'unité parfaite, on doit reconnaître à l'*Iliade* une certaine unité. Le premier aède, en deux ou trois mille vers, avait raconté les causes de la colère d'Achille, les événements qui en résultent, et la façon dont elle prend fin (2). Les continuateurs brodèrent sur cette matière un peu maigre, inventèrent des péripéties nouvelles, et, avant tout, s'efforcèrent de compliquer. Mais ils suivirent le plan tracé ; ils restèrent dans les limites du sujet, et ils ne commirent point la faute de remonter aux origines du siège ou de pousser jusqu'à la chute de Troie. Malgré des digressions oiseuses (3), l'*Iliade* n'est que le récit d'une seule aventure ou, si l'on aime mieux, d'une seule crise. Dans une œuvre aussi primitive, peut-on exiger davantage ?

Sans nous préoccuper donc de l'unité, signalons les principaux épisodes où l'on peut apprécier le talent d'Homère et de ses continuateurs. Quiconque les aura lus et étudiés comprendra la grandeur et la beauté de l'*Iliade*.

(1) Au livre XI, il n'y a qu'un fossé en avant des tentes.
(2) Les livres I, XI, XVI, XXII et quelques fragments du VIe et du IXe.
(3) Par exemple, tout le livre X (Expédition nocturne d'Ulysse et de Diomède en *Dolonie*).

Tout d'abord, on doit faire une place à part au livre Ier, qui est incontestablement le plus ancien. Il se divise en deux parties. La première s'étend du début au vers 318. C'est la *Querelle* proprement dite. Le récit y est vif et passionnant. Il y a beaucoup de grandeur dans l'incident de Chrysès, beaucoup de majesté douce et naïve dans le discours de Nestor. La dispute des guerriers, avec ses crudités de langage et sa brutalité, est aussi d'une rare énergie. C'est sobre, c'est vivant, et le pathétique est, par endroits, admirable. La seconde partie est non moins belle. M. Maurice Croiset y voit « une suite, une sorte d'agrandissement que le poète a fait subir à sa première création ». On croirait qu'elle est calquée sur la précédente : violence d'Agamemnon vis-à-vis d'Achille, comme à l'égard de Chrysès; prière d'Achille à sa mère, comme du prêtre à son dieu; discorde dans l'Olympe, comme sur la terre. Notons cependant des traits comiques qu'on ne trouve point dans la première moitié : Jupiter disant, tout pareil à Chrysale, que « sa femme est terrible avecque son humeur », et Vulcain qui trottine, clopin-clopant, autour de la table des dieux. Ce sont des sourires du poète. En son ensemble, ce chant est le digne portique d'un poème immortel. Tout est simple, tout est fort, sans sécheresse, sans raideur. Dans le récit et dans la peinture des caractères, il n'y a rien à relever qui ne soit la nature même et la passion.

D'autres épisodes nous montrent le talent descriptif des aèdes : les *Jeux funèbres* autour du tombeau de Patrocle, par exemple, et la *Fabrication des armes* par Vulcain. Le premier est le tableau pittoresque, mais un peu long, des exercices athlétiques de l'époque (1). A l'appel d'Achille, les meilleurs des Achéens, Antiloque, Ulysse, Ménélas, les deux Ajax et Diomède rivalisent pour conquérir les récompenses proposées, c'est-à-dire « des bassins, des trépieds, des chevaux, des mulets, des bœufs à la tête robuste, des femmes à la belle ceinture,

(1) *Iliade*, livre XXIII.

du fer étincelant ». Il y a sept espèces d'épreuves qui nous sont décrites à tour de rôle : la course de chars, le ceste, la lutte, la course, l'escrime à fer émoulu, le disque et l'arc. Afin de donner une idée de ces brèves descriptions, citons la scène où s'étreignent Ajax, fils de Télamon, et l'ingénieux Ulysse :

Lorsqu'ils se furent ceints, ils s'avancèrent au milieu de la lice et s'embrassèrent étroitement l'un l'autre de leurs bras robustes, comme deux chevrons qu'un charpentier fameux a joints ensemble au faîte d'une maison pour parer à la violence des vents. Leurs dos craquaient sous l'effort violent de leurs bras hardis; une sueur humide coulait de leurs flancs et de leurs épaules : tous deux brûlaient sans relâche du désir de vaincre pour obtenir le trépied bien travaillé (1).

Le second de ces épisodes est célèbre (2). On en a fait d'innombrables imitations. Hésiode a décrit le bouclier d'Hercule, Virgile celui d'Énée, Silius Italicus celui d'Hannibal, Stace celui de Crénée, l'Arioste celui de Roland, le Tasse celui de Renaud. C'est devenu un des accessoires du matériel de l'épopée. Seule, la description de Virgile est digne d'entrer en parallèle avec ce morceau. Mais, plus ingénieuse, elle est moins poétique, moins naturelle. Sur le bouclier d'Énée, l'artiste a gravé les scènes futures de l'histoire romaine depuis Romulus jusqu'à la bataille d'Actium. C'est un panorama patriotique. L'érudition s'y mêle à la flatterie, et l'impression générale qu'on en garde est un peu froide. Quelle différence, quand on contemple le chef-d'œuvre forgé pour Thétis !... Ici, point d'archéologie ni de science : des tableaux de genre, des scènes champêtres. Toute la vie antique y est représentée. Voici une *noce* joyeuse avec des flûtes et des lyres ; un *procès* tumultueux ; une *guerre* avec des embuscades, des combats singuliers, des mêlées « où, de chaque côté, on entraîne des cadavres ». Plus loin, dans d'autres cases, c'est le *labour*, la *moisson*, la *vendange* ; ce sont des pasteurs, qui défendent leurs troupeaux contre des lions ; ce sont des jeunes gens, qui se réjouissent en dansant.

(1) *Iliade*, livre XXIII, vers 710 et suiv.
(2) *Ibid.*, livre XVIII.

Voici un court échantillon de ces fraîches peintures :

Là des travailleurs moissonnaient, tenant dans leurs mains des faucilles tranchantes. Les javelles tombaient en foule sur la terre, le long du sillon, tandis que des botteleurs en attachaient d'autres avec des liens. Trois botteleurs étaient là ; et, derrière eux, des enfants, ramassant des javelles et les portant dans leurs bras, fournissaient sans cesse à la besogne. Au milieu d'eux, le roi silencieux, le sceptre en main, se tenait debout sur le sillon, le cœur rempli de joie. A l'écart, des hérauts préparaient le festin sous un chêne, et apprêtaient un bœuf énorme qu'ils avaient sacrifié ; et les femmes pétrissaient la blanche farine pour le dîner des travailleurs (1).

Tout, dans la description du bouclier, a cette précision, cette simplicité, ce pittoresque sobre et vrai. Ne regrettons point qu'un aède ait inséré ce morceau brillant dans la trame du récit : il y a là un sentiment exquis de la nature, une odeur de terre remuée, un parfum de raisins mûrs, qui reposent l'âme des batailles et des précédentes tueries.

Les épisodes gracieux et touchants ne manquent pas non plus dans l'*Iliade*. Au IIIe livre, Hélène, « la plus noble des femmes », désigne du haut des remparts à Priam les chefs achéens qu'elle aperçoit dans la plaine ; et son attitude est si belle, les paroles qu'elle prononce sont si douces, il se dégage de tout son être un tel charme qu'on est tenté de dire avec les vieillards d'Ilion : « Ce n'est point chose blâmable que Troyens et Grecs aux riches cnémides endurent depuis si longtemps des maux pour cette femme, car elle ressemble étonnamment de visage aux dieux immortels (2). » De même, la *Visite d'Hector chez Pâris* est un tableau délicat, et le petit discours d'Hélène, se jugeant si sévèrement elle-même, y mêle quelque chose d'ému et d'attendri (3). Quant aux *Adieux d'Hector et d'Andromaque*, ils sont une de ces pages merveilleuses qui sont l'honneur d'un pays et d'une littérature. On a tout dit sur cet épisode si fameux et si touchant. Quelle éloquence du cœur dans les plaintes

(1) *Iliade*, livre XVIII, 550-560.
(2) *Ibid.*, livre III, 121-244.
(3) *Ibid.*, livre VI, 312-368.

discrètes d'Andromaque ! Quelle tendresse chez ce rude Hector, cet éternel batailleur, qui ôte son casque pour ne point effrayer Astyanax « beau comme un astre » ! Quelle délicieuse naïveté, quels détails charmants, lorsque l'enfant « épouvanté par l'aigrette aux crins de cheval » se rejette sur le sein de la nourrice ! En une centaine de vers, nous avons l'expression de tous les sentiments de famille : l'amour conjugal avec ses douceurs et ses alarmes ; l'amour paternel avec ses joies et ses inquiétudes ; le sourire « mêlé de pleurs » d'un père et d'une mère penchés sur leur fils qui sourit. Rien de plus humain que cette scène. C'est la vérité ; c'est la vie (1).

Mais toutefois, et c'est par eux que nous terminerons, les épisodes violents et dramatiques sont ceux où les aèdes ont déployé le plus de talent. Il n'est rien qui donne mieux l'impression d'une débâcle que l'admirable XIe livre. Pour quiconque s'intéresse aux Achéens, l'angoisse grandit à chaque vers. Agamemnon est blessé ; on emporte Diomède vers les vaisseaux ; Ulysse, presque mourant, manque de succomber sous les coups des Troyens ; et le bouillant Hector se précipite contre la masse des Grecs, « semblable à l'ouragan, qui, fondant du haut des airs, bouleverse la mer aux flots sombres » (2). En raison même de la sobriété terrible avec laquelle on nous la conte, cette déroute prend des proportions formidables.

Dans une note analogue, nous avons la *Mort d'Hector*, au XXIIe livre qui est un des plus anciens et des plus pathétiques de l'*Iliade*. Tout se résume en un duel, encadré par deux scènes de supplications et de lamentations. Il est difficile de trouver quelque chose de plus simple ; et avec simplicité l'aède en tire des beautés incomparables. Le récit du combat est un modèle. C'est merveille de voir comme les détails sont successivement notés, comme tout vient à sa place, comme la précision s'allie à la justesse, à la sobriété du trait. Les comparaisons sont rares, et, sauf la charmante description des sources du Sca-

(1) *Iliade*, livre VI, 369-502.
(2) *Ibid.* livre XI, 297-298.

mandre, rien ne s'écarte du sujet. Nettement dessiné comme un bas-relief, le récit a la rapidité d'un drame. La dernière scène impressionne pourtant bien davantage les modernes. L'affolement de Priam, les pleurs d'Hécube, les gémissements d'Andromaque font vibrer les cœurs. Cette poésie est de tous les temps, de tous les pays. Devant le cadavre d'un être chéri, un père, une mère, une épouse pensent ou disent ce que le poète prête à ses héros. On a beaucoup écrit depuis lors : on n'a jamais mieux exprimé le désespoir et la douleur de l'homme, quand ses affections et ses espérances tombent brisées.

Enfin, au XXIVe livre, lorsque Priam va racheter les restes d'Hector, il se passe dans la tente d'Achille une scène de toute beauté. Les *Adieux d'Hector et d'Andromaque* sont seuls comparables à cette entrevue, « qui est du plus haut sublime dans le genre pathétique » (1). La gradation dans les sentiments d'Achille est bien marquée : il repousse « doucement » le vieillard dont l'apparition l'avait frappé d'étonnement; il pleure; il est « saisi de pitié pour cette tête blanche et cette barbe blanche »; il relève le suppliant; il le console; il vante l'intrépidité de Priam; il l'appelle « bon vieillard »; il l'entoure de naprévences, comme ferait un fils. Pour opérer ce revirement en son âme, il a suffi qu'il entendit cet homme âgé lui parler de son père et qu'il pleurât « silencieusement » avec lui. C'est un noble spectacle que celui de ces deux hommes, oubliant un moment leurs haines légitimes, réconciliés par la douleur, par les larmes.

Ces épisodes sont admirables, et l'on en citerait dans le poème un certain nombre d'aussi beaux. C'est pourquoi l'*Iliade* provoqua de bonne heure chez les Grecs un enthousiasme immense et qui dura. Elle devint le livre national des Athéniens comme des Spartiates, des Hellènes d'Asie Mineure ou de ceux de la Sicile. On la proclama le type de l'épopée et l'on n'admit pas qu'un poète épique pût s'écarter d'un modèle si parfait. Tout en reconnaissant combien cet enthousiasme est légitime,

(1) Chateaubriand, *Génie du christianisme*, livre II.

nous en regrettons les conséquences. Les fraîches inventions des vieux aèdes devinrent ce qu'on appelle des « machines » entre les mains de leurs imitateurs; et désormais il n'y eut pas un poème sans interventions fréquentes de divinités, sans dénombrement de troupes, sans récits de jeux funèbres, sans description d'armure, sans expédition nocturne de deux héros qui saccagent tout dans le camp des ennemis. Mais chez tous, même chez Virgile, on sent que ce fut un procédé littéraire, et l'on n'éprouve point autant d'émotion qu'à la lecture de l'*Iliade*, où ces choses merveilleuses sont racontées avec la foi naïve et profonde des âmes primitives.

Les personnages. — Il y a dans l'*Iliade* une multitude de héros, et il est étonnant de constater combien ces caractères sont empreints d'une réalité saisissante.

ACHILLE. — Prenons *Achille.* C'est « la jeunesse héroïque », la jeunesse avec ses défauts et ses charmes. Il est le plus beau des Grecs, le plus agile, le plus vaillant. On dirait un lion dans les combats. N'allons pas voir toutefois en lui un pourfendeur et un soudard. Il a pour les choses de l'esprit une prédilection singulière. Ses goûts artistiques contrastent avec la rudesse des Achéens (1). C'est le type du héros intelligent.

Il se rend compte de cette supériorité morale, et elle l'égare. Il en résulte une âpreté d'orgueil, qui est bien de son âge. A la moindre contrariété, au moindre obstacle, il s'abandonne à des emportements inouïs. Il tire son glaive contre Agamemnon. Il l'écrase d'épithètes injurieuses. Il l'appelle : « homme revêtu d'impudence », « être alourdi par le vin, œil de chien, cœur de cerf » (2). Son calme apparent, quand on lui enlève Briséis, cache un ressentiment obstiné et profond : sûr de sa haine et de sa revanche, il attend patiemment (3). Mais, resté seul

(1) *Iliade*, IX, 184 : les ambassadeurs d'Agamemnon trouvent Achille « chantant les exploits des héros » en s'accompagnant « d'une lyre harmonieuse ».
(2) *Iliade*, I, 149, 159, 225.
(3) *Ibid.*, I, 330 et suiv.

Il verse des pleurs de rage et prépare de terribles représailles (1). C'est pis encore, quand on le blesse, non plus dans son orgueil, mais dans ses affections. Patrocle mort il ne se connaît plus. Il est fou furieux. Il insulte Apollon qui essaie de sauver Hector (2). Il regrette de ne pouvoir « manger la chair crue » du Troyen (3); il maltraite son cadavre; il indigne les dieux par sa barbarie (4). Nature impétueuse et, par instants, féroce : tel est Achille.

Pourquoi donc la sympathie qu'il inspire? C'est que ce brutal a dans le cœur un sentiment qui ennoblit tout : l'amitié. Il aime son père Pélée, son vieux maître Phénix, son camarade Patrocle. Le trépas de celui-ci l'accable : il se roule dans la poussière, en l'apprenant; il s'arrache les cheveux, il songe au suicide (5). Il fait plus. Pour venger son ami, il immole sa rancune, se réconcilie avec Agamemnon, s'élève de l'égoïsme à un sublime dévouement. Cette générosité le rend meilleur. Il en arrive à plaindre Priam, à le consoler, à le choyer : le vieillard n'a-t-il pas trouvé la parole magique qui devait charmer ce cœur farouche? ne s'est-il pas agenouillé devant lui en invoquant une chère mémoire? n'a-t-il point dit, tout d'abord : « Souviens-toi de ton père, Achille, semblable aux dieux » (6)?

HECTOR. — En face du bouillant fils de Pélée, on aimerait à dessiner minutieusement la mâle physionomie d'*Hector*. Celui-là est « l'honnête homme » au sens qu'avait autrefois ce mot. Courageux sans forfanterie, sévère pour les lâches, prêt d'ailleurs à des concessions honorables (7), il a, dans la vie privée, toutes les vertus. Il est indulgent envers la pauvre Hélène, souvent outragée par les autres (8). Il est un fils, un époux, un père modèle. Ses souhaits et ses craintes pour l'avenir d'Andromaque et

(1) *Iliade*, I, 349 et suiv

(2) *Ibid.*, XXII, 15.

(3) *Ibid.*, XXII, 347.

(4) *Ibid.*, XXII, 395 et suiv.; XXIV, 23 et suiv.

(5) *Ibid.*, XVIII, 22 et suiv.

(6) *Ibid.*, XXIV, 486.

(7) *Ibid.*, III, 39-57 et 59-63; VI, 325 et suiv.; XXII. [illegible] etc.

(8) *Ibid.*, VI, 358 et XXIV, 762-775.

d'Astyanax révèlent chez ce batailleur une exquise sensibilité (1). Ce qui achève de nous intéresser à lui, c'est son mélancolique pressentiment « du jour où périront la sainte Ilion, et Priam, et le peuple de Priam habile à manier la lance » (2). Les généreux champions d'une cause qu'ils savent perdue ne sont-ils pas toujours les favoris du public?

GRECS et TROYENS. — A côté de ces deux protagonistes, les autres héros ne sont point de vulgaires comparses. Tous marqués de traits fortement individuels, ils jouent un rôle important dans l'action.

Du côté des Troyens, sans parler de l'impétueux Sarpédon et du sage Hélénos, on remarque d'abord le coquet, l'efféminé *Pâris.* Ce bellâtre, dont le crime causa la guerre actuelle, allie la jactance à la lâcheté. Brave en paroles, il fuit dès qu'un adversaire redouté l'approche; il abandonne le champ de bataille lors de son duel avec Ménélas; « il n'a point de force ni d'énergie dans le cœur ». Il faut qu'on lui fasse honte pour le pousser à la lutte; et son arme favorite est l'arc qui permet de frapper de loin, sans s'exposer au glaive de l'ennemi (3). Le vieux *Priam*, au contraire, est un bon roi qui fut, dans son âge viril, un vaillant et qui, malgré le poids des années, a conservé entière toute sa bravoure. Il assiste à ces batailles sanglantes en témoin indulgent, mais attristé. Il est plein de douceur pour Hélène. Il est généreux à l'égard de Pâris. Mais vienne le jour où il faut réclamer le cadavre d'Hector, et il retrouve l'intrépidité de sa jeunesse pour s'aventurer dans le camp des Achéens, en repoussant ses autres fils qui veulent l'arrêter et qu'il traite d'« infâmes ». Vieillard sublime, il obéit en esclave au devoir et il nous inspire le respect qu'on doit à toute majesté sachant tomber avec noblesse (4). Enfin, il est un personnage qui mérite de retenir l'attention : *Énée*, fils d'Anchise et de la déesse Vénus. Il brille surtout dans

(1) *Iliade*, VI, 441 et suiv.
(2) *Ibid.*, VI, 449.
(3) *Ibid.*, III, 15-75 et 302-382 ; VI, 312-341 et 502-528.
(4) Voir principalement, sur Priam, livre III, 111-310 et le livre XXIV en entier.

les assemblées délibérantes et on l'a surnommé « le conseiller des Troyens ». Mais quand sonne l'heure de tirer l'épée, il est le meilleur capitaine d'Hector. Il s'attaque au triomphant Diomède ; il affronte Ménélas ivre de fureur, et il s'attire les éloges de ses ennemis. Tous les dieux, même ceux qui sont favorables aux Achéens, conspirent pour le soustraire aux coups mortels du fils de Tydée ou d'Achille, « car la race de Priam est devenue odieuse à Jupiter, et c'est Énée qui régnera désormais sur les Troyens, lui et les enfants de ses enfants qui naîtront dans la suite » (1). Il est le favori de l'Olympe et l'homme de l'avenir. Ne croirait-on pas que les aèdes ont voulu réserver à quelque poète futur un héros pour une épopée?... Ce poète vint, et ce fut Virgile (2).

Dans l'armée grecque, il y a autour d'Achille une magnifique pléiade de héros. C'est d'abord le doux et charitable *Patrocle*, qui aime trop Achille pour ne point embrasser sa querelle, mais qui gémit sur le sort des Achéens, soigne avec dévouement leurs blessés et va se faire tuer au XVIe livre afin de sauver leurs vaisseaux (3). Auprès de lui, plaçons le groupe des batailleurs : le « gigantesque » *Ajax*, « aux larges épaules », « au sourire farouche », qui lutte à armes égales contre Hector et recule à pas lents devant des nuées d'ennemis, « semblable à l'âne têtu » qu'on veut chasser d'un champ de blé (4) ; le fougueux *Ménélas*, « habile à pousser le cri de guerre », adversaire heureux de Pâris, et dont le cœur brûle du désir de la vengeance (5) ; l'enragé *Diomède*, qu'enivre l'odeur du sang versé, qui égorge les captifs malgré sa promesse de la vie sauve, et qui dirige sa lance impie contre les dieux (6). Plus intéressants que ces ferrailleurs sont le vieux *Nestor*, conseiller sage quoique

(1) Voir notamment, pour l'étude du caractère d'Énée, *Iliade*, V, 166-351, 432-460 ; XIII, 455 et suiv. ; XVII, 485 et suiv. ; XX, 75-352.

(2) Voir dans nos *Auteurs latins* le chapitre sur l'*Énéide*.

(3) Par exemple, XI, 597-848 ; XV, 390-404, et tout le livre XVI, principalement le début.

(4) Sur Ajax, notamment, VII, 206-312 ; XI, 521-596, etc.

(5) Voir III, 38-110, 302 et suiv. ; VII, 92-122 ; XIII, 581-642, etc.

(6) Voir tout le livre V et le livre X.

un peu bavard (1), et surtout l'ingénieux *Ulysse*, roi d'Ithaque. Ce dernier est brave par instants jusqu'à la témérité; il accompagne Diomède dans une périlleuse reconnaissance nocturne; il tient tête résolument à des masses de Troyens lors de la grande déroute. Mais sa qualité principale est la ruse. « Comparable à Jupiter pour la prudence », « plein de stratagèmes et de conseils avisés », il dit aux moments difficiles le mot décisif, et par son adresse, son habileté, sa présence d'esprit, il prévient d'irréparables catastrophes (2). Enfin, dominant tous ces princes du haut de sa dignité de chef suprême, voici *Agamemnon* « puissant au loin ». Majestueux, affolé d'orgueil, autoritaire jusqu'à la brutalité, il ne connaît aucun obstacle à ses désirs et, dans un accès de colère, il outrage les meilleurs guerriers. Puis il a des abattements soudains et parle de lever le siège à plusieurs reprises. Ces alternatives de faiblesse et de violence, de découragement et d'énergie, s'expliquent par la façon dont fut composé le poème. Les aèdes n'ont point pris garde aux disparates, et ce caractère manque d'unité (3).

LES FEMMES. — Trois personnages de femmes passent seulement, apparitions fugitives, dans ce poème de la guerre.

Hécube, l'épouse de Priam, ne sort de son palais que pour supplier Hector de ne point affronter Achille et pour pleurer la mort de son fils (4). *Hélène*, la radieuse beauté qui charme même par sa grâce les vieillards de Troie, est la pécheresse repentante, se condamnant avec sévérité et ne parlant de sa destinée qu'avec une mélancolie pénétrante (5). Quant à *Andromaque*, il faut saluer en elle « une des plus belles créations de la poésie antique » (6). Racine nous fournira l'occasion de parler

(1) Voir I, 247-284 ; II, 336-368 ; VII, 123-160 ; IX, 52 et suiv. ; XI, 597-803, etc.

(2) Voir livres II, 155-277 ; III, 191-224 ; IV, 329-363 ; IX, 221-602 ; le livre X ; XI, 314-336, 307-483 ; XIV, 82-109, etc.

(3) Voir, par exemple, livres I, 130-347 ; II, 474-483 ; IV, 326-421 ; IX, 1-28 ; X, 1-193 ; le livre XI, jusqu'au vers 283 ; XIV, 27-81, etc.

(4) *Iliade*, XXII, 79-89, 430-436 ; XXIV. 193-216, 747-759.

(5) *Ibid.*, VI, 344 et XXIV, 762

(6) A. et M. Croiset, ouvrage cité, page 235.

ailleurs de cette dernière. Mais il n'a point fait oublier l'héroïne homérique. Dans l'*Iliade*, Andromaque est l'incarnation de l'amour conjugal et de l'amour maternel. Aimante et respectueuse, elle tremble pour l'époux qui, doucement, lorsqu'elle se plaint, la renvoie aux occupations de son sexe (1). Elle frémit en voyant Astyanax privé de son père, de son unique appui (2). Citons un fragment de cet éloquent passage, auquel Racine dut songer plus d'une fois en écrivant sa tragédie :

La condition d'orphelin prive un enfant de tous ses camarades toujours il baisse les yeux, et ses joues sont baignées de larmes. Dénué de tout, il va trouver les amis de son père, tirant l'un par son manteau, l'autre par sa tunique : si l'un d'eux, ému de pitié, lui présente une petite coupe, elle mouille ses lèvres, mais n'arrose point son palais. Et l'enfant, qui a encore son père et sa mère, le chasse durement de sa table, en le frappant des mains et le poursuivant de cet outrage : « Va-t'en à la malheure ! car ton père ne mange point avec nous ! » Et l'enfant reviendra vers sa mère veuve, cet Astyanax, qui, jadis, sur les genoux de son père, ne mangeait que la moelle et la riche graisse des brebis ; et quand le sommeil le prenait et qu'il cessait de jouer, il reposait dans son lit, entre les bras de sa nourrice, sur une couche moelleuse, le cœur plein de contentement. Mais, maintenant, privé de son père, il souffrira bien des maux, cet Astyanax, comme l'ont surnommé les Troyens (3) !

Abnégation rare !... Elle n'a, dans cette déplorable catastrophe, de pensées que pour son enfant. Elle s'oublie. L'aède, quel qu'il soit, qui composa cet épisode et conçut ce caractère, était un peintre merveilleux du cœur humain.

LES DIEUX. — Ne passons pas sous silence les dieux, qui sont des personnages fort remuants dans l'*Iliade*. Sous la domination de Jupiter, un roi peu obéi quoiqu'il lance des menaces terribles, l'Olympe est aussi troublé que le camp des Grecs ou l'empire de Priam. C'est une succursale de la terre. Des divinités favorables aux Grecs ont de perpétuelles disputes avec celles qui protègent les Troyens. On se raille, on s'injurie, et souvent même

(1) *Iliade*, VI, 407-439.
(2) *Ibid.*, XXII, 477 et XXIV, 723 et suiv.
(3) *Ibid.*, XXII, 490-506.

on descend sur les rivages de la Phrygie pour s'y battre ou pour se faire blesser par des mortels. Les dieux de l'*Iliade* ressemblent étrangement aux héros humains. Ils ont les mêmes faiblesses et les mêmes passions. Leur seul avantage sur un Achille et un Hector, une Andromaque et une Hélène, c'est que, tout vulnérables qu'ils soient, ils possèdent l'immortalité (1).

La poésie homérique dans l'Iliade. — Si l'on voulait définir brièvement la poésie homérique, il suffirait de deux adjectifs : elle est *simple* et elle est *vraie*. Une analyse approfondie ferait, sans aucun doute, découvrir des nuances entre les parties anciennes et les parties plus récentes : le XVIIIe livre, le XXIIIe et le XXIVe sont plus descriptifs et d'un genre moins sévère que le Ier, le XIe et le XXIIe. Mais les qualités que nous signalons restent celles du poème considéré en son entier.

La poésie homérique est simple, comme le dialecte, la syntaxe libre et la versification très souple employés par les aèdes. Le *récit* de chaque événement, net et clair, va droit au but, sans inutiles réflexions, sans fâcheuse intervention de l'auteur (2). Les *discours* sont concis, pleins de choses : ignorant de la rhétorique et de l'emphase, l'orateur s'exprime d'une façon vive et forte, plus préoccupé d'énoncer avec précision son avis que d'entasser de retentissantes périodes (3). Même simplicité dans les *descriptions*, les *comparaisons*, les *épithètes*. La description des sources du Scamandre et celles des tableaux gravés sur le bouclier sont faites d'un coup de crayon rapide, mais expressif (4). Les comparaisons sont empruntées à la vie journalière et n'ont rien d'affecté : on compare les héros aux bêtes de proie, aux animaux

(1) Voir à propos des dieux, entre mille épisodes, livre I, 488-611 ; IV, depuis le vers 422 ; V, 311-460 ; 711-909 ; VIII, 1-77, 335-437 ; XV, 78-280 ; XX, 31-74 ; XXI, 272-513, etc.

(2) Voir notamment, au XXIIe livre, le récit de la mort d'Hector.

(3) Signalons les discours d'Agamemnon, d'Achille et de Nestor, au Ier livre ; ceux d'Ulysse et de Nestor au IIe ; d'Ulysse, de Phénix et d'Achille au IXe, etc.

(4) *Iliade*, XVIII, 490 et suiv. ; XXII, 147 et suiv.

(5) *Ibid.*, par exemple, II, 86-93, 455-483 ; IV, 422-436 ; XI, 548-565 ; XII, 278-289 (la neige) ; XXII, 1, 26, 93, 139, 189, 308, 318, etc.

domestiques, à la flamme ardente, à l'astre étincelant (5). Quant aux épithètes, on a loué cent fois, et on ne peut que louer à nouveau, leur gracieuse sobriété : c'est « la mer retentissante », l'aurore « aux doigts de rose » ou « au voile de safran », « l'Olympe au sommet neigeux » ; c'est Thisbé « riche en colombes » et Arna « féconde en raisins » ; ce sont les Achéens « aux belles cnémides », Chryséis « aux belles joues », Junon « aux bras blancs ».

La vérité de cette poésie surpasse encore sa simplicité. Nous nous plaçons ici au seul point de vue plastique ; et, sans nous attarder aux épithètes ni aux comparaisons, ces descriptions en raccourci, nous le prouverons par les descriptions proprement dites. Ailleurs, nous avons dit combien les scènes du *labour*, de la *moisson*, de la *vendange* étaient réelles (1). Prenons, maintenant, des tableaux qui font corps avec le récit et sont extrêmement significatifs : l'entrée d'un vaisseau dans un port, un sacrifice, un festin, la toilette d'un dieu, la description d'un attelage (2). Ce sont fragments courts, mais parlants. En voici deux, au hasard :

A ces mots, le gigantesque forgeron se leva, en boitant, de son enclume ; et sous lui s'agitaient ses jambes grêles. Il plaça les soufflets loin du feu et recueillit dans un coffre d'argent tous les instruments qui servaient à son travail. Il essuya avec une éponge son visage, ses deux mains, son cou robuste et sa poitrine velue. Il revêtit une tunique, prit un lourd bâton et s'avança en boitant vers la porte (3)...

Et, dans un genre différent

Ils amenèrent le char aux belles roues, d'un beau et récent travail, et y assujettirent la caisse. Ils décrochèrent le joug, qui était de buis, surmonté d'une pommette et garni d'anneaux. Ils détachèrent, en même temps que le joug, la courroie de sept coudées, fixèrent avec soin le joug à l'extrémité antérieure du timon bien poli et placèrent l'anneau sur la cheville. Ils enroulèrent trois fois de chaque côté la courroie autour de la pommette, la nouèrent et en replièrent le bout par-dessous. Alors, ils apportèrent de la chambre, et entassèrent sur le char, bien poli, la riche rançon de

(1) *Iliade*, XVIII, 541-572.
(2) *Ibid.*, I, 430, 458 ; XVIII, 410 ; XXIV, 266 et 621.
(3) *Ibid.*, XVIII, 410 et suiv.

la tête d'Hector. Puis ils mirent sous le joug des mules, au sabot solide, infatigables sous le harnais (1)...

La moindre action, le moindre geste sont minutieusement rapportés. Vulcain range ses outils, se nettoie, s'habille. Les jeunes gens tirent le char de l'écurie, y adaptent les accessoires, attellent les mules. Chaque chose vient en son temps. Aucun des états successifs n'est oublié. C'est précis comme une suite de photographies instantanées, et c'est d'une vérité indiscutable.... Ceux qui parlent si bruyamment du *réalisme* se doutent-ils qu'il a été inventé par un aède inconnu, près de trois mille ans avant eux?

L'ODYSSÉE

Historique. — L'*Iliade* était une épopée pleine du bruit des batailles. Plus calme, plus variée, l'*Odyssée* mérite le nom de « roman d'aventures ». La légende prétendait que les chefs achéens avaient souffert mille maux avant de regagner leur patrie. La poésie s'était emparée de ces traditions et racontait les νόστοι ou « retours » difficiles vers le foyer. L'*Odyssée* est le νόστος idéal, et elle a survécu aux autres poèmes, probablement parce qu'elle résumait mieux les épreuves que pouvait subir un héros.

Longtemps on attribua cette épopée à Homère, ou tout au moins à l'aède qui avait écrit l'*Iliade*. Pareille opinion n'est guère admise aujourd'hui. On a remarqué des différences entre ces œuvres. Dans l'*Odyssée*, les comparaisons sont moins nombreuses et tirées plutôt de la vie sociale; la religion s'idéalise; les institutions et les sentiments attestent une civilisation plus raffinée. Aussi la doctrine des *chorizontes* a triomphé, et l'on dénie presque unanimement à l'antique Homère la paternité des deux poèmes.

(1) *Iliade*, XXIV, 266 et suiv.

Il faut aller plus loin et admettre les conclusions de la science moderne. L'*Odyssée*, elle aussi, est le résultat de créations successives. Un poète composa l'*Arrivée* et les *Récits chez les Phéaciens*. Un continuateur inventa le *Retour à Ithaque* et la lutte pour reconquérir le foyer. D'autres, enfin, développèrent certaines aventures et ajoutèrent, en guise de préambule, la *Télémachie*, afin de donner à l'*Odyssée* une étendue égale à celle de l'*Iliade*.

C'est ainsi que se forma le nouveau poème par juxtaposition d'épisodes, et, à les examiner de près, on s'aperçoit facilement que tous n'ont pas le même caractère ni la même valeur. Tout comme on constate, malgré l'habileté des sutures, que les parties sont trop indépendantes les unes des autres et qu'il n'y a pas, en définitive, dans l'*Odyssée*, une unité franche et solide.

Analyse de l'Odyssée.

Livres I à IV : *La Télémachie.* — Les Grecs ont regagné leur patrie. Seul, Ulysse languit loin des siens, poursuivi par le courroux de Neptune, et retenu, malgré lui, dans l'île d'Ogygie, par la nymphe Calypso. Cependant son palais est mis au pillage par des audacieux qui prétendent à la main de Pénélope. Minerve, émue de pitié, arrache à Jupiter la promesse de faciliter au prince le retour dans sa chère Ithaque. Elle descend tout de suite sur la terre ; aborde Télémaque, sous la figure d'un étranger, et lui conseille de partir vers Sparte et Pylos à la recherche de son père. Enhardi par les paroles de cet inconnu, le jeune homme morigène les prétendants railleurs et convoque une assemblée plénière du peuple pour le lendemain. (Livre Ier.)

A l'aurore, il se rend sur l'agora et attaque en un violent discours les prétendants, qui lui répliquent avec arrogance et lui font refuser le vaisseau qu'il sollicitait. Mais la déesse Minerve fournit à Télémaque les moyens d'entreprendre la traversée. Il s'embarque et cingle vers le Péloponèse, tandis que les prétendants, par des artifices divins, sont plongés dans le sommeil. (Livre II.)

Accompagné de Minerve, qui a pris les traits de Mentor, Télémaque aborde à Pylos et y interroge Nestor au sujet d'Ulysse. Le vieux monarque ne sait rien et il se borne à raconter la mort tragique d'Agamemnon. Mais, après avoir fait un chaleureux accueil à Télémaque, il l'envoie consulter Ménélas, roi de Sparte, qui doit avoir des nouvelles plus fraîches, et il lui donne pour camarade de route son fils Pisistrate. Les deux voyageurs arrivent à Sparte, où ils sont magnifiquement reçus. Ménélas leur dit tout au long ses aventures en Égypte, leur affirme avoir appris du devin Protée qu'Ulysse est toujours vivant, et les retient à sa cour... Au même moment, inquiets du départ de Télémaque, les prétendants lui préparent des embûches pour le jour où il reviendra dans Ithaque. (Livres III et IV.)

LIVRES V à VIII : *L'arrivée d'Ulysse chez les Phéaciens.* — Sur les instances de Minerve, Jupiter ordonne à la nymphe Calypso de rendre à Ulysse sa liberté. Pour garder près d'elle le héros, elle lui promet l'immortalité ; mais il préfère n'être qu'un mortel et revoir ceux qu'il aime tant. Il construit donc un radeau ; il quitte Ogygie, et il navigue dans la direction d'Ithaque pendant dix-huit jours. Malheureusement Neptune l'aperçoit et déchaîne contre lui une affreuse tempête. Protégé par Minerve et par Leucothée, la déesse marine, Ulysse est jeté sur un rivage, se couche dans un taillis d'oliviers, et s'endort profondément. (Livre V.)

Pendant qu'il repose, Minerve se montre en songe à Nausicaa, fille du roi Alcinoos, et l'engage à aller laver ses vêtements dans le fleuve. L'enfant se lève, part avec de rieuses compagnes sur un char rapide, et arrive au bord de la mer. Là, on nettoie le linge ; on se baigne ; on joue à la paume ; et les cris joyeux des jeunes filles réveillent Ulysse, qui, après de longues hésitations, se fait voir. Seule, Nausicaa ne s'est point enfuie à son aspect. Elle lui offre de la nourriture et des habits. Puis elle l'invite à la suivre vers la ville des Phéaciens ; mais à distance, par peur des propos médisants. (Livre VI.)

Au milieu d'un nuage dont Minerve l'a entouré, Ulysse pénètre jusqu'au palais d'Alcinoos, dont il admire la beauté, et il est l'objet du meilleur accueil. Fêté par ses hôtes, comblé de cadeaux, assuré d'être reconduit dans son île natale, il pleure en écoutant un aède chanter les grands épisodes de la guerre de Troie, et, ne pouvant plus garder l'incognito, il commence la narration de ses infortunes. (Livres VII et VIII.)

LIVRES IX à XII : *Le récit d'Ulysse.* — Ulysse raconte qu'au sortir de la Phrygie il aborda chez les Ciconiens, où il livra bataille et perdit soixante-douze de ses compagnons; qu'ensuite il vit le pays des Lotophages, où, en savourant du lotus, ses matelots oubliaient la terre natale; et qu'il faillit périr dans l'antre du Cyclope, redoutable géant qui dévorait la chair humaine et dont il vint à bout grâce à un stratagème. (Livre IX.)

Après de cruelles mésaventures dans l'île d'Éole et dans le royaume des anthropophages Lestrygons, Ulysse séjourna longtemps chez la magicienne Circé, contre les enchantements de laquelle Mercure l'avait prémuni. Sur le conseil de cette déesse, il navigua jusqu'à la contrée des Cimmériens, où résident les morts. Là, il creusa une vaste fosse, l'emplit du sang d'un bélier noir, et évoqua l'âme de Tirésias. Du milieu des ombres bruissantes, l'ancien devin de Thèbes surgit, et, ranimé par une gorgée du liquide rouge, prédit à Ulysse un retour heureux dans sa patrie. Le héros s'entretint également avec sa mère Anticlée, qui lui fit connaître la triste situation de sa famille; avec Agamemnon, Achille et tous les héros, héroïnes ou grands coupables dont parlent les légendes religieuses. Il aurait continué cette lugubre revue, si des légions de morts ne l'avaient environné en criant et ne l'avaient forcé de regagner son vaisseau. (Livres X et XI.)

Enfin Ulysse termine son récit en expliquant pourquoi il reste seul de tant de guerriers. Ses compagnons, qui avaient échappé aux pièges des Sirènes et aux écueils des bords de la Sicile, ont été foudroyés pour avoir égorgé les plus belles génisses du Soleil. Lui, sans navire, sans même une planche pour naviguer, a dû vivre sept ans près de la nymphe Calypso. Et c'est lorsqu'il mettait à la voile vers Ithaque qu'un ouragan l'a jeté dans le domaine d'Alcinoos. (Livre XII.)

Livres XIII à XVI : *Ulysse dans la cabane d'Eumée.* — Charmés par ces merveilleuses aventures, les Phéaciens font reconduire Ulysse jusqu'à Ithaque. Minerve lui apparaît sur le rivage, lui dicte la conduite à tenir, et lui donne l'extérieur d'un vieux mendiant pour qu'il n'attire point les regards de ses ennemis. (Livre XIII.)

Ulysse se dirige alors vers la chaumière du pasteur Eumée, et, sans être reconnu, y reçoit une hospitalité frugale, mais généreuse. A ce bon serviteur qui déplore la longue absence du maître, il annonce que le roi d'Ithaque reviendra bientôt. Cette prédiction n'excite chez le pasteur qu'une vive incrédulité.

Il n'en continue pas moins à bien soigner le misérable inconnu et il le recommande à Télémaque qui, rappelé de Sparte par Minerve, est passé du côté de la ferme d'Eumée avant de rentrer au palais. (Livres XIV et XV.)

Le père et le fils se reconnaissent et se concertent pour chasser les intrus de la maison familiale, tandis que les prétendants, informés du retour de Télémaque, complotent la mort du jeune homme. (Livre XVI.)

Livres XVII à XX: *Ulysse dans son palais.* — Télémaque amène dans la ville d'Ithaque Ulysse toujours vêtu de ses haillons de mendiant. Le vieux chien Argus, à la vue de son maître, s'avance pour le caresser et meurt de joie. Mais, sauf le pauvre animal, nul ne reconnaît le héros dans ce porteur de besace. Maltraité par le chevrier Mélanthios, accablé d'injures par l'insolent Antinoos, Ulysse ne doit d'être toléré dans la cour qu'à l'intervention de Pénélope. (Livre XVII.)

Bientôt, Iros, le mendiant attitré des prétendants, provoque le nouveau venu, dans lequel il croit deviner un concurrent dangereux. Ulysse l'assomme à coups de poing et le jette sanglant dans la rue. Cet exploit lui concilie la faveur de tous ces jeunes gens frivoles; mais il a le malheur de s'oublier et de faire des remontrances aux servantes trop négligentes à l'égard de Pénélope. Sans Télémaque, qui met les prétendants à la porte, ceux-ci briseraient la tête au « vagabond » importun (Livre XVIII.)

Après le départ de ces hommes violents, Pénélope descend dans la grande salle afin d'interroger le faux mendiant au sujet de son époux. La réponse d'Ulysse, annonçant le prochain retour du chef de famille, réveille l'espérance dans le cœur de la pauvre femme. On sent, d'ailleurs, que la crise décisive est imminente, et il est temps qu'elle éclate; car les prétendants se méfient de l'étranger, à l'heure même où la nourrice Euryclée acquiert la preuve certaine que, ce mendiant, c'est Ulysse. (Livres XIX et XX.)

Livres XXI à XXIV: *La vengeance d'Ulysse.* — Inspirée par Minerve, Pénélope a déclaré qu'elle n'épouserait que l'homme assez fort pour se servir habilement de l'arc d'Ulysse. Le lendemain, tous les prétendants acceptent l'épreuve; mais aucun ne peut parvenir même à le bander. Sous prétexte de s'essayer à son tour, Ulysse s'empare de l'arc, atteint le but proposé et fait le signe convenu à Télémaque, qui se dresse d'un air menaçant. (Livre XXI.)

Alors, debout sur le seuil, Ulysse perce d'une flèche l'orgueilleux Antinoos et révèle son nom aux prétendants affolés. Eurymaque essaie de le fléchir et lui offre une indemnité pour les pillages commis dans la maison. Mais le héros ne veut rien entendre et frappe Eurymaque mortellement. Télémaque, Eumée et Philéthios viennent au secours du roi ; Minerve le protège de son égide ; et, après un épouvantable carnage, il reste vainqueur des prétendants. Le chevrier Mélanthios est égorgé. Les servantes coupables sont pendues. On purifie le palais avec du soufre ; et, sur l'ordre d'Ulysse, Euryclée va chercher Pénélope pour l'amener à son époux. (Livre XXII.)

Pleine de joie, la vieille nourrice réveille « son enfant chérie » et lui annonce la grande nouvelle. La reine dissimule son contentement et feint l'incrédulité. Elle hésite à reconnaître l'homme en haillons qu'on lui présente. Elle exige « des signes certains ». Alors, revêtu par Minerve d'une beauté éblouissante, Ulysse reproche à Pénélope sa froideur. Il lui décrit leur chambre nuptiale et la façon dont il la construisit autrefois. A ces « signes certains », la reine se jette dans les bras de son époux. Ils se racontent mutuellement leurs infortunes ; et, à l'aurore seulement, Ulysse quitte le palais pour aller embrasser son père Laërte dans la maison de campagne où il languit. (Livre XXIII.)

Le poème se termine par l'entrevue émouvante du vieillard et de son fils. Les familles des prétendants essaient bien de venger les morts ; mais, au nom de Jupiter, Minerve s'interpose, et, dans Ithaque tranquille, Ulysse peut être heureux. (Livre XXIV.)

Étude littéraire : le poème. — Il convient, tout d'abord, de faire à propos de l'*Odyssée* les mêmes réserves qu'au sujet de l'*Iliade*. Telle que nous la possédons, elle n'est pas l'œuvre d'un seul auteur. Plusieurs aèdes ont travaillé à son achèvement, et, quoiqu'ils aient eu un scrupuleux souci de la mesure, ils n'ont point réussi à composer un poème d'une irréprochable unité. Déjà, les critiques alexandrins considéraient le XXIVe livre comme inférieur à ce qui précède et n'hésitaient point à le déclarer indigne d'Homère. Aujourd'hui, abstraction faite des longueurs et des redites qui gâtent les meilleures parties, on s'accorde à trouver que la *Télémachie*, compliquée romanesque, peu vraisemblable, se relie fort mal au reste du poème. Pourquoi Minerve envoie-t-elle Télémaque chercher son père à Sparte et à Pylos, quand elle sait pertinemment qu'il est dans l'île d'Ogygie, près de Calypso? Pourquoi ce voyage qui ne sert à rien, et en quoi les récits de Nestor ou de Ménélas se rapportent-ils à l'histoire d'Ulysse?... Ne demandons donc point à l'*Odyssée* la belle et rigoureuse ordonnance d'une œuvre mûrie et exécutée par un artiste unique. Mieux vaut, comme pour l'*Iliade*, étudier les épisodes consacrés par l'universelle admiration.

Au Ve livre, c'est-à-dire au début du vrai νόστος, il y a une scène grandiose : celle de la *tempête*. Ulysse aperçoit « les montagnes ombreuses des Phéaciens » pareilles « à un bouclier dans les brumes de la mer ». C'est l'heure où, de son trident, Neptune bouleverse les flots. Et l'aède nous peint aussitôt la lutte du « patient » roi d'Ithaque contre les vagues déchaînées avec une énergie brève mais saisissante. Les nuées obscurcissent tout; « la nuit se précipite du ciel », et, « comme un vent impétueux culbute un amas de pailles légères qu'il éparpille de tous côtés, ainsi la lame disperse les longues planches du radeau ». On voit Ulysse, à cheval sur une poutre, vomissant l'eau salée, et secouru par une petite nymphe marine qui lui prête son voile divin. On entend la grosse voix de Neptune lançant des sarcasmes à son ennemi dans le fracas de la tempête. On admire la présence d'esprit avec laquelle le naufragé réfléchit sur sa propre situation. Rien de plus simple; rien de plus sobre; rien qui donne mieux l'impression de la réelle grandeur!

En face de ce tableau terrible, plaçons tout de suite l'*épisode de Nausicaa*. Cette idylle, qui appartenait au poème primitif, est un pur chef-d'œuvre. C'était déjà l'opinion des anciens. Les Athéniens du siècle de Périclès en goûtaient la poésie et ils applaudirent Sophocle qui transporta, dans ses Πλυντρίαι, Nausicaa sur le théâtre (1). Tout à la fin du monde païen, saint Basile, ravi par la pudeur

(1) Sophocle avait écrit Ναυσικάα ἢ Πλυντρίαι, *Nausicaa ou les Blanchisseuses*. Il y jouait lui-même le rôle de la jeune fille, qui était son rôle de prédilection.

adorable de la jeune fille et par sa simplicité d'innocence, admirait ce joli épisode et en vantait la profonde moralité. Nous sommes séduits, aujourd'hui, par la fraîche et souriante imagination de l'aède. Au Ve livre, la tempête grondait; les vagues sombres roulaient Ulysse meurtri ; le spectacle était grandiose, mais affreux. Nous tournons le feuillet : tout change. Sous un ciel bleu, un fleuve « plein de tournants » court, « rapide » et « pur », vers la mer. Sur ses rives le gazon est « délicieux ». Plus loin, là-bas où déferlent les flots azurés, le sable est « jonché de petits cailloux ». C'est un décor de rêve, un paysage de printemps.

Au milieu de cette belle nature se passent des scènes exquises : la promenade en char, le blanchissage du linge, les jeux des élégantes Phéaciennes. Voltaire plaisante, quelque part, « cette princesse qui fait la grande lessive » ; mais il se déclare, ailleurs, désarmé par tant de « simplicité respectable » (1). Il faudrait être, en effet, bien injuste ou bien insensible aux choses de l'art pour ne point voir combien l'entretien d'Ulysse et de Nausicaa est fin, naturel, gracieusement naïf. Le héros plaît par son attitude respectueuse et son éloquence caressante (2); la jeune fille est adorable de chasteté et de douceur. Tœpfer écrit, à propos de cet épisode : « Écoutez Homère, que je déchiffre dans cet instant, et où je trouve des tableaux qui me ravissent; des mortels qui vivent, qui chantent, qui courent à la clarté des cieux et sur le tapis des prairies; des demoiselles qui jouent à la paume; des filles de reine qui lavent leurs robes à la rivière... N'est-ce pas la beauté et la naïveté mêmes? Revêtez ce récit des fortes couleurs du texte, n'est-ce pas la scène réelle, touchante, pleine d'air, de lumière, de vie? Et si ce sont là des façons de faire et de vivre qui aient existé, comme on n'en saurait douter, n'y a-t-il pas de quoi s'affliger amèrement de

(1) Voltaire, *Essai sur la poésie épique*, c. 2, et *Dictionnaire philosophique*, article *Épopée*.

(2) Racine apprécie de la sorte le discours à Nausicaa : « C'est une des plus belles pièces d'Homère et des plus galantes. Elle est tout à fait propre à un esprit délicat et adroit comme Ulysse pour gagner quelque crédit près de la belle inconnue. »

ce qu'il n'en reste plus de traces? » On ne peut mieux exprimer le charme de ce conte, où une nymphe bienfaisante — nous allions dire : une fée — vient au secours d'un malheureux. L'aède a découragé les imitateurs. Seule, dans quelques scènes de la *Tempête*, la Miranda de William Shakespeare peut être comparée à la Nausicaa de l'*Odyssée* (1).

Quelque chose d'assez nouveau dans ce poème c'est le merveilleux fantaisiste et fantastique. Malgré les interventions des dieux, malgré l'exagération naturelle en une épopée, on ne quitte point dans l'*Iliade* le terrain du réel. A certains moments de l'*Odyssée*, nous sommes transportés au contraire dans le domaine du rêve. Ce sont des contes pour de grands enfants que ces visites d'Ulysse à l'île flottante d'Éole; au pays des Lotophages, où l'on oublie le reste du monde lorsqu'on a savouré le fruit délicieux du lotus, et au palais resplendissant de la magicienne Circé qui, d'un coup de sa baguette d'or, métamorphose les hommes en pourceaux.

Deux de ces scènes sont fort célèbres. La première est le *Séjour chez Polyphème* (2). Ce monstre gigantesque, qui n'a qu'un œil au milieu du front, a surpris dans sa caverne Ulysse et ses compagnons imprudents. Il en tue quelques-uns « en les heurtant comme de jeunes chiens contre terre » et il dévore leur chair pantelante. Alors s'engage une petite comédie d'une fantaisie gracieuse. Interrogé par le Cyclope, Ulysse déclare se nommer Personne. Il fait sa cour à l'ogre inhumain; il l'enivre avec du vin « plein de feu », et il profite de son sommeil pour lui crever son œil unique. Puis, suspendu à la toison d'un immense bélier, il s'échappe de la caverne, dont le monstre aveuglé garde la porte ; et il laisse le malheureux Polyphème se plaindre d'avoir été mutilé par Personne aux autres Cyclopes qui le croient fou. Beaucoup d'imagination, beaucoup de finesse et de verve, une vérité dans

(1) Il y a certaines analogies entre les deux princesses. Miranda, fille de Prospéro, accueille en son île fabuleuse le jeune Ferdinand de Naples, que la tempête y a jeté. C'est une des plus suaves créations du poète anglais.

(2) Livre IX.

la peinture qui va parfois jusqu'au réalisme (1), une pointe de charmante ironie : telles sont les qualités de cette historiette enfantine, dont Euripide tira plus tard son drame satyrique du *Cyclope*.

La seconde, c'est l'*Évocation des morts* (2), la Νέκυια. Sauf des interpolations évidentes et deux ou trois morceaux qui semblent ajoutés (3), elle présente les caractères de la plus haute antiquité dans son ensemble. Le récit est dramatique, puissant et simple. Comme le livre VI, c'est bien un fragment du vieux νόστος.

Ce chant renferme des scènes de premier ordre : la terrible évocation, l'entrevue émouvante avec Anticlée, les mélancoliques discours d'Agamemnon et d'Achille. Mais, au point de vue psychologique, il est encore plus intéressant et plus curieux. Nous y apprenons les idées des Hellènes préhistoriques sur la vie future. Elles sont profondément tristes. La demeure des morts est à l'extrémité de la terre, au delà du fleuve Océan, dans une contrée mystérieuse, stérile, « enveloppée d'obscurité et de brouillards », sans soleil, sans étoiles, écrasée par « une nuit funeste » (4). Pour les Grecs, qui adoraient la lumière, on comprend quelle était l'horreur de ce séjour ténébreux. Aussi, les élus même se consumaient d'ennui dans leur silencieuse prairie d'asphodèles. Achille souhaite de revivre, dût-il être un obscur et misérable valet de ferme (5). Et le suprême bonheur de ces ombres vagues et exténuées, c'est l'aubaine inespérée de quelques gouttes d'un sang noir, qu'elles boivent avec une avidité farouche. La Νέκυια est donc une pathétique peinture de l'autre vie. Il y manque cependant quelque chose. Une comparaison avec le VIe chant de l'*Énéide* permettra de le constater. Virgile conduit également son héros dans les Enfers, et l'imitation de l'*Odyssée* est visible. Certains épisodes — ceux de Palinure, de Déiphobe, de Didon —

(1) Par exemple, livre IX, vers 371-374.
(2) Livre XI.
(3) On considère comme des additions le *catalogue* des héroïnes (225-332) et celui des personnages mythologiques (568-626).
(4) *Odyssée*, XI, 14 et suiv.
(5) *Ibid.*, XI 489 et suiv

sont inspirés du poème grec (1). Mais, à la description plus précise de l'Érèbe et aux traditions populaires, le poète latin ajoute des tableaux éclatants de l'avenir et de sublimes conceptions philosophiques. Il est tourmenté par le problème de l'*au-delà* et croit lui trouver une réponse dans une doctrine de la transmigration des âmes, qui est un mélange de stoïcisme et de pythagorisme. Évidemment, à l'époque de l'*Odyssée*, la société était trop jeune pour se préoccuper de questions si graves et si complexes. Il n'en est pas moins vrai que, par cela même, le XIe livre manque de profondeur. C'est un conte mythologique. C'est un rêve qui tourne parfois au cauchemar. Ce n'est point, comme le VIe chant de l'*Énéide*, l'œuvre d'un penseur.

Enfin, tout comme dans l'*Iliade*, nous rencontrons ici des scènes éminemment dramatiques : le *Massacre des prétendants* et la *Reconnaissance d'Ulysse et de Pénélope*, qui remplissent les chants XXII et XXIII, œuvre du premier continuateur, se tiennent étroitement et ne sauraient être séparés. Le maître rentre en possession de sa maison ; le père reprend sa place à la tête de la famille. Pour cela, il lui faut soutenir deux luttes : l'une, toute physique, contre les usurpateurs ; l'autre, toute morale, contre la fidélité prudente et soupçonneuse de Pénélope.

Le récit de la première, au XXIIe livre, est tragique. La révélation d'Ulysse est un magnifique coup de théâtre et la bataille sans merci, à l'intérieur du palais, a une grandeur simple et sauvage. Un frisson vous prend. On est ému, dégoûté par le massacre final. Ce malheureux Mélanthios tué affreusement, en détail, avec une cruauté babylonienne ou assyrienne ; ces pauvres femmes pendues, « comme des grives » à l'étal d'un marchand de gibier ; cette cour encombrée des cadavres qu'on y jette ; ce pavé rouge d'un sang qu'on éponge, tout saisit, malgré des longueurs ; tout secoue étrangement les nerfs. On dirait

(1) Palinure, le pilote, demande à Énée la sépulture, comme le marin Elpénor à Ulysse. Déiphobe raconte son assassinat par Hélène, comme Agamemnon le sien par Clytemnestre. Enfin, Didon irritée fuit et ne répond pas au roi troyen, pareille à Ajax dans l'*Odyssée*.

un drame dans la sombre horreur du sérail. Le tableau est d'une rare violence, d'un vigoureux coloris.

Le XXIIIe livre n'a point cette teinte sinistre : il est écrit dans une note plus douce. On a purifié le logis. On a lavé les dalles. Après les émotions de la bataille, voici l'expression attendrie des sentiments de la famille. L'emportement juvénile de Télémaque contre sa mère, qui ne veut point reconnaître Ulysse, est touchant. Les défiances de Pénélope, qui, malgré la voix de son cœur, s'écarte tout d'abord d'Ulysse par respect pour Ulysse lui-même, sont d'une incomparable beauté morale. Le poète, avec un art délicat, a noté tous les sentiments qui agitent cette âme fidèle, depuis le premier transport de joie involontaire jusqu'au premier baiser donné à Ulysse. Avec le VIe chant de l'*Iliade*, c'est la peinture la plus dramatique qu'on ait faite des mœurs naïves de la société primitive.

Cette courte revue des beaux passages de l'*Odyssée* nous montre que ce poème est digne de figurer dans la galerie des chefs-d'œuvre tout à côté de l'*Iliade*. Il est peut-être moins varié, plus lent, et, à l'exception du livre XXII, d'une poésie moins violente. Mais la fantaisie du milieu et les scènes familières ou rustiques de la dernière partie séduisirent l'imagination curieuse des Grecs. L'*Odyssée* devint, elle aussi, une épopée nationale et populaire objet, de l'admiration des siècles et de l'imitation des poètes lettrés.

Les personnages. — L'*Odyssée* atteste, comme l'*Iliade*, la puissance de créer des personnages et des types, chez l'aède ou les aèdes qui la composèrent. Ici, pourtant, ils sont moins nombreux, et — sauf Ulysse — moins fortement conçus. Beaucoup sont épisodiques : Ménélas et Nestor, Circé et Calypso, Nausicaa et Alcinoos. Beaucoup agissent peu, et, tout en ayant une physionomie particulière, servent, pour ainsi dire, à faire le fond du tableau.

LES PERSONNAGES SECONDAIRES. — Deux groupes méritent d'être signalés. D'abord, celui des serviteurs d'Ulysse : le fidèle et brave *Eumée*, le bouvier *Philéthios*, la vieille nourrice *Euryclée*. Ces humbles sont la personnification du dévouement. Ils attendent leur maître avec confiance pendant vingt ans, ils appellent de tous leurs vœux son retour et pleurent en le revoyant. Ils l'assistent, impitoyables, dans la lutte du XXIIe livre. Et Euryclée pousse des cris d'allégresse devant les monceaux de cadavres et les ruisseaux de sang (1). L'autre groupe est celui des prétendants, dont les chefs sont *Antinoos* et *Eurymaque*. Violents, débauchés, pillards, insolents pour les faibles, les vieillards et les augures, ces hommes, qui traitent la maison d'autrui en terre conquise, sont foncièrement antipathiques (2). On souhaite le retour d'Ulysse. On applaudit au châtiment.

TÉLÉMAQUE. — Plus vivant que ces personnages, *Télémaque* est bien le fils d'Ulysse. Il en a le courage. Il en a la « sagesse » et la « prudence ». Il en a la fierté. Son cœur généreux s'indigne de voir des étrangers parler en maîtres sous le toit de son père (3). Il les injurie, il les malmène dans un discours véhément, il refuse de leur serrer la main (4). Il les congédie même à certain moment du logis (5). Mais « ce harangueur hautain » — comme l'appelle Antinoos — est trop jeune pour passer des paroles aux actes. Il ne peut qu'entreprendre un voyage inutile et qu'essayer son autorité sur l'obéissante Pénélope ou sur quelques dociles serviteurs (6). C'est un Ulysse en train de se former.

NAUSICAA. — Immédiatement au-dessus de Télémaque, il faut placer deux personnages de femmes : Nausicaa et Pénélope. — *Nausicaa* est une de ces charmantes figures, un de ces êtres gracieux qui semblent en dehors de l'humanité. Elle a tout en partage : la jeunesse, la beauté, l'élégance. Elle est adroite : voyez son joli

(1) *Odyssée*, XIV, 111 et suiv. ; XXII, 407, 420 et suiv.

(2) Voir notamment II, 85 et suiv., 178-205, 241-254 ; XVII, 120-191 ; XVIII, 44-364, 386-404 ; XX, 285-303, etc.

(3) *Odyssée*, I, 114-117, 158-168, etc.

(4) *Ibid.*, II, 29-80 et 310-321.

(5) *Ibid.*, XVIII, 405 et suiv

(6) *Ibid.*, I, 345-360

stratagème pour obtenir un char de son père (1). Elle est bonne : Ulysse est accueilli par elle avec la plus grande générosité (2). Sa divine pudeur, qui n'a rien de commun avec la pruderie, l'embellit encore. Fleur de beauté et d'innocence, elle est la jeune fille idéale.

PÉNÉLOPE. — *Pénélope*, moins aimable, mais plus réelle, nous apparaît comme le type de l'épouse. Vingt ans d'absence n'ont point lassé sa fidélité. Elle aime Ulysse comme au premier jour. Elle « regrette cette tête chérie et se souvient toujours du héros dont la gloire remplit la Hellade et Argos » (3). Elle attend avec constance son retour, et jamais constance ne fut plus méritoire : au milieu des prétendants, Pénélope a une lutte difficile à soutenir. Circonspecte et rusée, par son habile diplomatie elle écarte ou retarde le danger (4). Cette prudence n'est jamais en défaut. Palpitante de joie, sûre que l'inconnu est son époux, laissant même échapper des aveux (5), Pénélope reste sur ses gardes. Elle ne se rend qu'à bon escient. Car elle est περίφρων, c'est-à-dire « avisée », et « elle a toujours craint qu'un homme l'abusât par des paroles trompeuses » (6). Ulysse peut être fier de son élève : elle est digne de lui.

ULYSSE. — Le personnage qui domine l'*Odyssée*, c'est *Ulysse*. On a eu raison de signaler en lui « un des caractères les plus complets que l'art ait créés » (7). Il est le représentant d'une époque et d'une race.

Ce qui est, pour ainsi dire, le fond même de sa nature pourrait être ainsi défini : une *volonté* indomptable au service d'un indomptable *amour*. Ulysse aime les siens. Il veut revoir sa chère Pénélope, son petit Télémaque, son père Laërte. Il s'informe d'eux avec angoisse à sa mère qu'il a la douleur de retrouver chez Pluton. Dans l'île d'Ogygie, dédaigneux de la nymphe « aux belles tresses »,

(1) *Odyssée*, VI, 55-70.
(2) *Ibid.*, VI, 186-216.
(3) *Ibid.*, I, 343.
(4) *Ibid.*, II, 87-110.
(5) *Ibid.*, XXIII, 175-176
(6) *Ibid.*, XXIII, 215-217.
(7) Nageotte, *Histoire de la littérature grecque*, page 80.

il reste assis sur le rivage « regardant la mer inféconde et les yeux baignés de pleurs ». Il ne souhaite qu'une chose : apercevoir enfin « la fumée de la terre natale » (1). Rien ne le détourne de ce but : ni la magicienne Circé, ni Calypso qui lui promet l'immortalité, ni la gentille Nausicaa. Les tentations n'ont point de prise sur lui. Les infortunes multipliées ne le lassent point. Il veut retourner à Ithaque et il y retourne, sans craindre de descendre auparavant dans l'Érèbe, puisque c'est une condition du retour (2).

A ces qualités fondamentales il faut joindre les qualités les plus variées. Brave comme un lion, Ulysse est rusé comme un renard. Nul ne s'entend mieux à tendre des pièges. Nul n'a sa science du mensonge. « Græcia mendax », disait Juvénal : déjà, en ces âges primitifs, Ulysse méritait cette qualification. Il ment à Alcinoos, à Eumée, à Minerve elle-même avec un aplomb dont la déesse est ravie (3). C'est également un beau parleur, un charmeur. Il excelle à tourner un compliment : Nausicaa en fait l'expérience (4). Il connaît l'art de gagner les cœurs : Circé, Calypso, Alcinoos, Arété sont aussitôt séduits par sa bonne mine et ses paroles « douces comme le miel ». Son charme opère même sur le sauvage Cyclope qui lui fait la plus grande concession dont il soit capable, en lui promettant de ne le manger que le dernier. Le *Græculus* de l'empire ne sera ni plus souple, ni plus adroit courtisan.

N'oublions pas un vilain côté de son caractère. Il est cruel. Si juste que soit sa vengeance, on blâme l'atroce supplice de Mélanthios et des petites servantes (5). On détourne les yeux de cet homme, semblable à un lion « dont la poitrine et les deux mâchoires sont ensanglantées » (6). Le bourreau nous fait regretter l'Ulysse humain et galant du VIe livre.

A le prendre cependant avec ses vertus et ses défauts,

(1) *Odyssée*, I, 58.
(2) *Ibid.*, X, 486 et suiv.
(3) *Ibid.*, XIII, 128-351.
(4) *Ibid.*, VI, 149-185.
(5) *Ibid.*, XXII, 460-470.
(6) *Ibid.*, XXII, 401-405.

il est, à plusieurs égards, sympathique et intéressant. En lui s'incarnent les mœurs encore rudes, mais honnêtes, des premières civilisations. Il est l'exemplaire parfait de la race grecque. Enfin, — chose qui nous touche plus vivement — « il offre un raccourci des épreuves et des douleurs auxquelles nous sommes sujets et il nous donne le spectacle fortifiant de l'intelligence associée à l'énergie » (1).

LES DIEUX. — Les dieux apparaissent dans l'*Odyssée* et sont les mêmes sensiblement que dans l'*Iliade*. Mais il semble qu'on nous ait changé notre Olympe. A peine y a-t-il une petite assemblée des dieux, et l'on n'a plus entre Immortels ces discussions passionnées, ces rivalités brutales, ces scènes de pugilat si bien décrites au XXIe livre de l'*Iliade*. Neptune exècre le roi d'Ithaque et brise son navire. Minerve a une singulière affection pour Ulysse et le protège. Mais il n'en résulte entre les deux divinités aucune dispute ni aucun conflit. On se fait une idée moins grossière des dieux. On diminue chez eux la part des passions humaines et l'on augmente celle des vertus. Ce sont des hommes idéalisés.

Il est même curieux de remarquer que les dieux secondaires et qui habitent notre monde, Éole le roi des vents, la nymphe Calypso, la magicienne Circé, la déesse marine Leucothée « aux jolis pieds », tiennent plus de place en ce poème que les Olympiens. Nous excepterons Minerve, qui se donne réellement beaucoup de mal pour Ulysse et pour Télémaque, plaidant leur cause près de Jupiter, les escortant sous mille formes, sous mille déguisements, et causant avec eux en bonne camarade (2). Mais Minerve est la déesse de l'intelligence, et elle devait jouer le principal rôle dans une œuvre où l'esprit triomphe de tous les obstacles. Le choix d'une pareille protectrice pour le roi d'Ithaque est caractéristique des progrès moraux accomplis depuis l'époque de l'*Iliade* par la race grecque.

(1) Alfred et Maurice Croiset, ouvrage cité, page 350.

(2) Signalons quelques-unes des innombrables scènes où elle intervient : livre I, 96-318 ; II, 260-295 ; III, 1-74, 329-394 ; VI, 1-84 ; V, 1-47 ; VII, 1-77, et surtout XIII, 188-440.

La poésie homérique dans l'Odyssée. — L'*Odyssée*, considérée au point de vue de la *forme*, diffère réellement peu de l'*Iliade*. C'est naturel, puisque moins d'un siècle s'écoula — dit-on — entre la composition et l'achèvement des deux poèmes. Dans les sociétés jeunes, l'évolution littéraire se produit lentement. Nous en avons pour preuve nos chansons de geste du moyen âge qui, écrites à des époques différentes, se ressemblent beaucoup entre elles. Il n'est donc pas étonnant de constater ici le même phénomène.

Il nous faudra louer, par conséquent, avant tout, la *simplicité* et la *vérité* de cette poésie. Ce que nous avons dit de l'*Iliade* s'applique exactement à l'*Odyssée*. Les épithètes sont expressives; les comparaisons, moins nombreuses, sont aussi sobres; les descriptions seules sont plus copieuses, et l'on constate un véritable penchant à décrire, par exemple dans ce passage fameux :

En dehors de la cour, non loin des portes, était un vaste jardin de quatre arpents, enclos des deux côtés par une haie. Là, poussaient de grands arbres tout verdoyants, poiriers, grenadiers, pommiers aux beaux fruits, doux figuiers et oliviers verdoyants. Jamais les fruits de ces arbres ne disparaissaient ni ne manquaient, en hiver ou en été, comme ceux qui ne reviennent qu'une fois l'an; mais le souffle du zéphire faisait naître les uns et mûrissait les autres : à la poire vieillie succédait la poire, à la pomme la pomme, au raisin le raisin, à la figue la figue. Là aussi avait été plantée une vigne féconde : une partie des raisins y séchaient aux rayons du soleil, dans un espace découvert, tandis que les autres étaient cueillis ou pressurés. Au fond du jardin poussaient des légumes de toute espèce, bien alignés, beaux et brillants. Il y avait enfin deux fontaines, dont l'une serpentait à travers le jardin, et l'autre jaillissait sous le seuil de la cour, devant le superbe palais c'est là que les citoyens venaient puiser de l'eau. Voilà comment les dieux embellirent de leurs dons la demeure d'Alcinoos (1).

Cette minutie à noter le moindre détail et cette abondance dans la description pourra plaire moins à certains esprits que la sobriété des aèdes de l'*Iliade*. Mais quelques tableaux fort simples ont, comme ceux de l'autre poème, un cachet de saisissante réalité. Le *Coucher de Télémaque*,

(1) *Odyssée*, VII, 112 et suiv. Voir de même la grotte de Calypso, V, 55-74.

la *Promenade en char de Nausicaa*, le *Supplice des femmes* donnent la sensation de la chose vue (1). Il suffira, pour apprécier cette manière, de citer le dernier tableau :

Il dit, et, ayant pris un câble de navire, à la proue azurée, il l'attacha à une colonne élevée et le tendit autour du pavillon, assez haut pour que nulle ne touchât la terre avec les pieds. Telles que des grives au vol rapide ou des colombes, qui rentraient au nid et que reçoit une couche odieuse, donnent dans un filet tendu parmi les buissons, telles ces femmes avaient leurs têtes rangées sur la même ligne et le cou serré afin qu'elles mourussent de la mort la plus pitoyable. Elles agitèrent leurs pieds un moment;... mais ce ne fut pas long.

N'insistons point, puisque les ressemblances de forme sont si grandes. Contentons-nous de marquer l'apparition d'une délicatesse plus raffinée et d'une fantaisie tout orientale, que les poètes de l'*Iliade* ignoraient. Moins puissante, mais pleine d'imagination fine et curieuse, l'*Odyssée* porte en elle les germes d'un art nouveau.

SUJETS DE DEVOIRS.

1. Homère, après sa mort, descend aux Enfers. Il y rencontre l'ombre d'Achille désolé. Le fils de Pélée voudrait revivre, même obscur, même sans gloire. L'aède lui répond et lui fait honte de ces sentiments : une existence misérable vaut-elle l'immortalité? (Dialogue.)
2. L'Homère de la légende et la critique moderne.
3. Exposer la question homérique et apprécier les systèmes proposés.
4. Étudier le Ier livre de l'*Iliade:* la querelle sur terre et dans les cieux.
5. Étudier l'entrevue d'Hector et d'Andromaque : les sentiments de famille dans l'*Iliade*.
6. Le caractère d'Hector.
7. Andromaque dans l'*Iliade*. La comparer à l'héroïne de Virgile (IIIe livre de l'*Énéide*) et à celle de Racine.
8. La description du bouclier au XVIIIe livre de l'*Iliade*. En montrer la valeur littéraire. Dire les imitations qu'on en a faites et les comparer au modèle.

(1) *Odyssée*, I, 425-442; VI, 70-89 ; XXII, 460-473. Voir aussi V, 228-261 : la construction du navire.

9. Les descriptions chez Homère.

10. Le sentiment de la nature dans l'*Iliade* et l'*Odyssée.*

11. Le combat d'Achille et d'Hector au XXIIe livre de l'*Iliade:* les qualités du récit.

12. Le caractère d'Achille.

13. Le caractère de Priam.

14. Montrer la beauté poétique et morale du XXIVe livre.

15. Les personnages de femmes dans l'*Iliade.*

16. Caractères de la poésie homérique dans l'*Iliade.*

17. Y a-t-il dans l'*Iliade* une certaine unité ? Quelle est-elle ? comment l'expliquer ?

18. Le personnage de Télémaque. Son rôle dans l'*Odyssée.*

19. Comparer l'assemblée de l'*Odyssée* (IIe livre) à celle de l'*Iliade* (Ier livre).

20. Les prétendants dans l'*Odyssée.*

21. L'épisode de Nausicaa : l'étudier au point de vue poétique et moral.

22. Le caractère de Nausicaa. Faire voir qu'elle est bien la jeune fille idéale.

23. Le XIe chant de l'*Odyssée.* Le comparer au VIe chant de l'*Énéide.*

24. Les sentiments des Grecs sur la vie future d'après le XIe chant de l'*Odyssée.*

25. Le massacre des prétendants dans l'*Odyssée* : les qualités dramatiques du récit.

26. Étudier la reconnaissance d'Ulysse et de Pénélope.

27. La famille et la vie de famille dans l'*Odyssée.*

28. Le caractère d'Ulysse.

29. Le caractère de Pénélope.

30. Les ressemblances et les différences qui existent entre l'*Iliade* et l'*Odyssée :* les exposer ; dire ce qu'elles ont fait supposer et quelle est l'opinion généralement admise à ce sujet aujourd'hui.

31. Le merveilleux dans l'*Odyssée.*

ESCHYLE

(525-456)

EXTRAITS.

Notice biographique.

Les Extraits. — Historique et vue d'ensemble. — Les *Extraits* : 1° Les récits ; 2° les grandes scènes ; 3° les chœurs. — Étude littéraire : l'auteur dramatique. — Le poète et l'écrivain.

Notice biographique (1). — Eschyle, fils d'Euphorion, naquit dans le dème attique d'Éleusis, la dernière année de la 63e olympiade, c'est-à-dire en 525 avant Jésus-Christ. Il appartenait à une famille d'eupatrides, fort attachée aux traditions nationales et religieuses. Et, s'il fut avant tout le poète de la religion et du patriotisme, c'est à l'éducation que lui donnèrent ses parents qu'il le dut.

D'après une de ces légendes qu'aimaient tant les Grecs, Bacchus, le dieu de la tragédie, se serait montré dans un songe à Eschyle encore tout enfant et lui aurait révélé sa vocation poétique. Les anciens expliquaient ainsi la précocité du talent d'Eschyle, qui prit part aux concours dramatiques avant d'avoir atteint sa vingt-cinquième année. A peine venait-il d'obtenir sa première couronne, qu'il fallut quitter la lyre du poète pour saisir l'épée du soldat. Les Perses, à deux reprises différentes, menacèrent l'indépendance hellénique, et Eschyle combattit au premier rang parmi les défenseurs du sol natal. Il était à Marathon où son frère Cynégire se fit tuer en capturant un des vaisseaux de Darius (2). Il était à

(1) Lire, sur Eschyle : Patin, *Études sur les tragiques grecs*, tome Ier ; Alfred et Maurice Croiset, *Histoire de la littérature grecque*, tome III ; Max Egger, *Histoire de la littérature grecque* ; Paul de Saint-Victor, *les Deux Masques*.

(2) Hérodote, *Histoires*, livre VI, c. 114.

Salamine où son autre frère Amynias remporta le prix de la valeur. Lui-même se conduisit en héros, et, dans les dernières années de sa vie, il aimait à rappeler ses anciens exploits.

Après la défaite des barbares, il revint à l'art dramatique, s'y consacra tout entier, et acquit une réputation immense. Son nom fut bientôt célèbre, même en Sicile, où Hiéron de Syracuse attira le poète et voulut le retenir. Dans cette cour brillante, il fréquenta Pindare, Simonide, Épicharme, et fit représenter les *Etnéennes*, en l'honneur de la ville d'Etna dont Hiéron relevait alors les murailles. Quelques années plus tard, Eschyle abordait encore aux rivages de Sicile ; mais, cette fois, c'était pour y fixer son séjour. On a donné bien des explications de cet exil volontaire. D'après les uns, le poète aurait fui loin d'Athènes parce qu'il était accusé d'impiété. Selon les autres, il aurait quitté une patrie ingrate dans son dépit d'avoir été vaincu par Sophocle. Ce ne sont là que des légendes; car, en 458, la veille de son départ, les Athéniens venaient de couronner l'*Orestie*. Quoi qu'il en soit, il passa le reste de sa vie en Sicile et mourut, l'an 456, à Géla. Pendant longtemps on montra son tombeau près de cette ville, et les pèlerins venus de tous les coins de la Grèce y lurent cette fière inscription qu'il avait rédigée lui-même : « Ce monument recouvre Eschyle, fils d'Euphorion. Né Athénien, il mourut dans les plaines fécondes de Géla. Le bois tant renommé de Marathon et le Mède à la longue chevelure diront s'il fut brave : ils l'ont vu ! »

LES EXTRAITS

Historique et vue d'ensemble. — Bien que dans son épitaphe Eschyle ait parlé seulement de sa gloire militaire, il fut un grand poète qui produisit beaucoup et qui nous semble avoir fait trop facilement bon marché de ses succès poétiques.

On lui attribuait dans l'antiquité soixante-treize ou soixante-quinze pièces, et Suidas, généralement bien informé, donne le chiffre de quatre-vingt-dix. Ces pièces étaient présentées au concours par groupes de quatre : trois tragédies et un drame satyrique. L'ensemble s'appelait *tétralogie* (1). La tétralogie était « libre », quand les sujets des quatre pièces n'avaient aucun rapport entre eux ; elle était « liée », au contraire, quand chacune d'elles était un épisode de la même légende. L'*Orestie*, avec *Agamemnon*, les *Choéphores*, les *Euménides* et *Protée* (aujourd'hui perdu), nous offre un modèle de la tétralogie « liée »

Cette habitude du théâtre athénien nous explique pourquoi Eschyle, désireux de paraître dans tous les concours, avait écrit un nombre si considérable de drames. Lorsqu'on parcourt le catalogue que les anciens nous en laissèrent, on constate qu'il avait traité presque toute la matière épique et mythologique. La théogonie (2), la légende de Bacchus (3), l'expédition des Argonautes (4), la lugubre histoire d'Œdipe et de sa famille (5), les traditions relatives à la guerre de Troie (6) fournirent mille sujets à son imagination hautaine. De tout cela, il ne subsiste que des titres, de courts fragments, et sept tragédies intactes. Elles suffisent à faire connaître le génie d'Eschyle et à nous inspirer de vifs regrets pour la disparition des autres.

La première en date, sans qu'il soit possible de déterminer l'année avec précision, doit être les Suppliantes (Ἱκέτιδες). C'est la seconde pièce d'une tétralogie, qui comprenait également les *Égyptiens* et les *Danaïdes* (7). Elle nous frappe par son caractère de simplicité. Danaos et ses cinquante filles, qui refusent d'épouser les cinquante fils de leur oncle Égyptos, ont quitté les rivages du Nil et se sont réfugiés en Argolide. Malgré les sommations d'un héraut africain, Pélasgos, roi d'Argos,

(1) On donnait spécialement le nom de *trilogie* aux trois tragédies, abstraction faite de la petite pièce comique.

(2) Par exemple, *Prométhée porteur de feu*, *Prométhée enchaîné*, *Prométhée délivré*.

(3) Les *Bacchantes*, les *Édones*, les *Bassarides*, les *Jeunes hommes*, *Lycurgue*, les *Nourrices*, *Penthée*, *Sémélé*, les *Xantries* ou *Cardeuses de laine*.

(4) *Argo*, *Athamas*, *Hypsipyle*, *Phinée*, etc.

(5) *Laïos*, *Œdipe*, les *Sept*, le *Sphinx*.

(6) Par exemple, *Iphigénie*, les *Myrmidons*, les *Phrygiens*, *Memnon*, la *Pesée des âmes*, le *Jugement des armes*, *Pénélope*, *Agamemnon*, les *Choéphores*, les *Euménides*, etc.

(7) Comme pour beaucoup des tétralogies d'Eschyle, on ignore quel était le drame satyrique.

reçoit les suppliantes et leur père. Somme toute, il n'y a point d'action, mais des harangues et des chants lyriques fort développés : ce qui nous incite à classer cette pièce parmi les plus anciennes d'Eschyle.

Les **Perses** (Πέρσαι), nous le savons de source certaine, furent représentés en 472, sous l'archontat de Ménon (1). On n'y remarque point une complication plus grande que dans les *Suppliantes*. A Suse, capitale de la Perse, devant le palais des rois et tout près du tombeau de Darius, les *Fidèles* s'entretiennent avec Atossa, la reine mère, de l'expédition entreprise par Xerxès contre la nation des Athéniens. Bientôt, un messager affolé apporte la nouvelle du désastre naval de Salamine. Darius, évoqué du fond des enfers par le chœur, prédit aux Perses d'autres défaites parce qu'ils offensèrent les dieux. Enfin, Xerxès revient dans son royaume, avec ses habits en haillons; et les Fidèles gémissent avec lui sur la catastrophe qui accable l'empire asiatique.

Du cycle d'Œdipe nous n'avons plus que les **Sept contre Thèbes** (Ἑπτὰ ἐπὶ Θήβαις), troisième partie d'une tétralogie « liée », qui débutait par *Laïos* et *Œdipe*, et qui se terminait par le *Sphinx* (2). Cette tragédie est d'une contexture fort simple. La ville de Thèbes, défendue par Étéocle, est assiégée par son frère Polynice qu'il a banni. Six chefs alliés s'avancent vers six portes de l'enceinte et Polynice prétend forcer la septième. C'est à celle-là que se poste Étéocle; et les deux fils d'Œdipe s'égorgent mutuellement, pour que l'ancienne malédiction soit accomplie. Tel est le fond des *Sept contre Thèbes*, qui consistent surtout en narrations d'éclaireurs, en lamentations lyriques des femmes thébaines, et en longues disputes du chœur avec Étéocle.

Quoique la date du **Prométhée enchaîné** (Προμηθεὺς δεσμώτης) soit loin d'être établie, on place maintenant cette tragédie après les *Sept* (3). Dramatique et frappant

(1) Voir l'argument de la pièce. La tétralogie « libre » se composait des *Perses*, de *Phinée*, de *Glaucus* et d'un drame satyrique sur Prométhée.

(2) Voir l'argument de la pièce. Le *Sphinx* était le drame satyrique.

(3) Dans la première scène du *Prométhée*, il y a trois acteurs en même temps sur

les esprits d'épouvante, elle nous montre le Titan, voleur du feu divin, cloué sur le sommet du Caucase par le Pouvoir et par Vulcain. L'Immortel maudit, que consolent les charmantes Océanides, lance contre son bourreau Jupiter les plus terribles menaces. Il prophétise qu'il sera délivré de ses tortures par un descendant de la nymphe Io, qui passe justement au pied du Caucase et qui, elle aussi, est une victime du roi des dieux. L'intrigue n'a donc rien d'extraordinaire; mais l'effet produit est saisissant.

Enfin, l'**Orestie** (Ὀρέστεια), dont il ne manque que le drame satyrique (1), fut jouée en 458, sous l'archontat de Philoclès. Dans l'*Agamemnon*, Eschyle met sur la scène l'assassinat du roi d'Argos, rentrant chez lui après la prise de Troie et égorgé, ainsi que sa captive Cassandre, par Clytemnestre et par Égisthe. Les *Choéphores* sont le récit de la vengeance qu'Électre et Oreste, les enfants d'Agamemnon, tirent du meurtre de leur père. Et les *Euménides* nous font assister aux infortunes du parricide Oreste, poursuivi par les Furies à cause de la mort de Clytemnestre, jusqu'au moment où l'Aréopage, sur les conseils d'Apollon et de Minerve, le déclare absous de tout crime. Cette tétralogie, malheureusement incomplète, clôt la série des pièces qui ont survécu. Le poète avait alors soixante-sept ans; mais jamais il ne montra plus de génie.

Les Extraits (2) : 1° Les récits. — Eschyle avait beaucoup étudié les poèmes homériques : tout le prouve, même certaines particularités de son style. De la lecture de l'*Iliade*, de l'*Odyssée* et d'autres œuvres analogues, il garda l'amour des belles narrations, et, chaque fois que l'occasion s'en offrit, il rivalisa dans ses drames avec les vieux aèdes, ses maîtres.

Parmi les pages qui méritent d'être signalées à cet égard,

le théâtre : le drame est donc postérieur à 468, époque où Sophocle introduisit le troisième acteur.

(1) Voir l'argument de la pièce. Ce drame satyrique était *Protée*.

(2) Nous renvoyons à l'édition des œuvres complètes d'Eschyle par M. Henri Weil (édition Teubner). Un certain nombre des passages auxquels nous faisons allusion se trouvent dans ses *Morceaux choisis*, chez Hachette.

nous citerons d'abord le tableau que Prométhée trace aux Océanides des « commencements de la civilisation ». Le Titan expose qu'avant lui les hommes « voyaient, mais voyaient mal; entendaient, mais ne comprenaient pas »; qu'ils habitaient des souterrains « comme la frêle fourmi » et que, « semblables aux fantômes des songes, ils vivaient depuis des siècles confondant pêle-mêle toutes choses ». Il énumère ensuite les services qu'il leur a rendus, en leur enseignant l'astronomie, l'agriculture, la navigation, l'art de dompter les coursiers, la médecine, l'usage des métaux, l'écriture, la sociabilité, c'est-à-dire les sciences et les coutumes qui adoucissent pour les mortels leur court passage sur le globe terrestre. Il y a beaucoup de souffle dans cette narration, et, en même temps, une majestueuse grandeur (1).

On notera la même énergie dans les relations très concises que le héros Talthybios fait du « siège de Troie » et de « la tempête » formidable, dont la rage brisa les vaisseaux grecs (2). Le poète raconte avec rapidité; en quelques mots, il nous donne la sensation de la chose. On comprend les souffrances de l'armée en lisant ces quelques phrases suggestives: « Nos lits étaient au pied des murailles de l'ennemi. Les rosées du ciel, l'humidité de l'herbe des champs nous pénétraient, s'attachaient à nous, endommageaient nos vêtements, hérissaient nos chevelures. Et si l'on vous parlait de ces hivers où périssaient les oiseaux, de ces intolérables hivers que nous apportaient les neiges du mont Ida !... Si l'on vous peignait ces étés, alors que la mer, immobile, abandonnée des vents, retombait dans sa couche et s'endormait à l'heure de midi ! » On songe à Homère et au naufrage d'Ulysse, lorsqu'on contemple le tableau grandiose et terrifiant de la tempête : « Il faisait nuit au moment où les vagues fatales furent soulevées par l'orage. Les navires s'entre-choquaient, poussés par les vents de Thrace; les proues se brisaient sous l'effort : au milieu des tourbillons de vent, des torrents de pluie, le pilote éperdu laisse aller au hasard son vaisseau qui tournoie et s'abîme. Quand reparut la brillante lumière du soleil, nous vîmes la mer Égée couverte de cadavres d'Achéens et de débris de vaisseaux. »

Sans parler du « Songe d'Atossa », où éclate tant de fantaisie originale (3), il faut étudier surtout les « récits de

(1) *Prométhée enchaîné*, vers 436-506.
(2) *Agamemnon*, vers 551-582 ; 636-680.
(3) *Les Perses*, vers 176-214

l'espion à Étéocle » (1) et la « Bataille de Salamine » (2). Dans la première de ces narrations, on décrit Tydée, Capanée, Hippomédon, Amphiaraüs et les autres chefs avec des traits si précis et si pittoresques qu'il nous semble les voir se dresser devant nous. Quant à la seconde, c'est un chef-d'œuvre; et rarement on représenta si vivement la réalité. La ruse de Thémistocle, les manœuvres préparatoires, l'engagement, la déroute de la flotte perse obligée d'évoluer dans un espace trop étroit, le massacre des soldats de Xerxès cernés dans l'îlot de Psyttalie, tout est narré par un témoin oculaire avec l'exactitude d'un historien et le coloris d'un peintre. Jamais Eschyle ne fut plus fidèle à cette formule qu'il aurait pu prendre pour devise : la force dans la sobriété. Et cependant cette narration a quelque chose de plus que les autres. Le poète est incapable de maîtriser l'enthousiasme que lui inspire la gloire de sa ville natale, et il donne libre cours à son émotion dans ce passage célèbre : « L'aile droite marchait la première en bel ordre ; le reste de la flotte suivait ; et ces mots retentissaient au loin: Allez, ô fils de la Grèce, délivrez la patrie ; délivrez vos enfants, vos femmes, et les temples de vos dieux, et les tombeaux de vos ancêtres. Un seul combat va décider de tous vos biens. »

2° Les grandes scènes. — Eschyle a également l'art de trouver de belles situations et de les développer avec puissance. Ses tragédies abondent en scènes magistrales. Il excelle à frapper les esprits par la peinture de passions brutales et par le spectacle d'événements extraordinaires. Nous en avons plusieurs exemples dans le *Prométhée enchaîné*, surtout l'épisode qui ouvre le drame : « le Crucifiement du Titan » (3). Au fond d'un désert inaccessible, sur des rochers bordés de précipices, le Pouvoir et Vulcain viennent clouer Prométhée comme à un pilori gigantesque. Le Pouvoir parle avec le ton bref, autoritaire et ironique d'un despote. Le forgeron divin accomplit en gémissant sa besogne cruelle. La victime, bien qu'on l'ensevelisse sous des entraves pesantes et qu'on lui transperce la poitrine avec un coin de fer acéré, reste impassible et garde un silence effrayant. Cette scène, dans un décor si bien approprié à l'atrocité qui se commet, agit fortement sur l'imagination. Avec des moyens d'une simplicité suprême,

(1) *Les Sept contre Thèbes*, vers 375-653.
(2) *Les Perses*, vers 353-514.
(3) *Prométhée enchaîné*, vers 1-87.

Eschyle produit des effets que seuls Sophocle, dans *Œdipe roi*, et Shakespeare, dans quelques drames, pourront produire après lui.

La « discussion entre Prométhée et Mercure » (1), ainsi que le « dialogue entre Étéocle et son espion » (2), montreraient chez Eschyle la même grandeur sauvage. Mais, ailleurs, il semble que le rude poète s'humanise et s'attendrisse. Quand nous voyons la nymphe Io, métamorphosée en génisse et, quoique parfaitement innocente, poursuivie par un taon furieux (3); quand Ismène et Antigone se lamentent devant les cadavres de leurs frères (4); quand Électre reconnaît Oreste et lui prodigue de douces paroles après tant d'années d'absence (5), la pitié et des sentiments plus tendres succèdent en nous aux émotions violentes de tout à l'heure. On sait gré au poète de ce repos qu'il nous accorde... et pourtant ce n'est qu'une courte accalmie. Bientôt la nymphe Io reprend sa course vagabonde et l'action du *Prométhée* redevient terrible; ou bien Antigone se rebelle avec une âpre fierté contre l'édit de Créon qui défend d'ensevelir Polynice; ou bien encore Électre et Oreste, à peine réunis, s'excitent mutuellement et se préparent à accomplir le parricide, dans leur désir farouche de la vengeance.

La terreur!... voilà surtout ce que le poète s'efforce de provoquer dans les âmes. Il y arrive à l'aide de scènes étranges et qui troublent l'esprit comme des cauchemars. L'« évocation de Darius » devait impressionner beaucoup les anciens (6). Ce vieux roi, enveloppé de son linceul et surgissant du royaume des ombres sur le seuil du monument funéraire, afin de prophétiser aux Fidèles le désastre de l'armée perse; cette reine et ces vieillards prosternés devant le spectre à barbe blanche, tout cela formait un tableau saisissant. Le « réveil des Furies » dans le temple de Delphes et le chant de ces divinités infernales causèrent une véritable panique parmi les spectateurs athéniens (7). Enfin, même aujourd'hui, on ne saurait lire sans un frisson la « scène du délire prophétique » dans l'*Orestie* (8). Sur les marches du palais d'Aga-

(1) *Prométhée enchaîné*, vers 944-1093.
(2) *Les Sept contre Thèbes*, vers 375-653.
(3) *Prométhée enchaîné*, vers 561 et suiv.
(4) *Les Sept contre Thèbes*, vers 961 jusqu'à la fin de la pièce.
(5) *Les Choéphores*, vers 164-584.
(6) *Les Perses*, vers 681-842.
(7) *Les Euménides*, vers 94-177 et 299-396.
(8) *Agamemnon*, vers 1072-1327.

memnon, la captive Cassandre est debout. Echevelée, le visage portant les marques d'une indicible souffrance, le corps secoué par une crise, elle prononce devant les gens d'Argos des oracles affreux que l'événement révèle presque aussitôt véridiques. Supposez le décor; imaginez le jeu de l'acteur; et vous serez profondément remués par ces cris, ces sanglots, ces prédictions faites d'une voix haletante et où il n'est question que de sang versé. Les théâtres antique et moderne comptent peu de scènes comparables et qui aient plus d'action sur les nerfs du public. C'est là, bien réellement, qu'Eschyle fut le poète de l'épouvante.

3° LES CHOEURS. — A l'origine, le chœur était le personnage principal des tragédies. Nourri de la lecture des poètes lyriques, Eschyle lui conserva presque toute son importance. Dans les *Suppliantes*, Danaos, Pélasgos, le héraut égyptien sont à vrai dire des comparses; et les cinquante Danaïdes, qui remplissent le drame de leurs chants ou de leurs discours, occupent entièrement l'attention. Partout ailleurs, sans néanmoins lui attribuer la première place, Eschyle a grand souci du chœur. Ces jeunes filles, ces vieillards, et même ces déesses, ne sont pas seulement les témoins des événements qui s'accomplissent (1). Ils donnent aux héros la réplique; ils jugent leur conduite avec une rare liberté; ils prennent à l'action une part considérable (2). On aurait tort de les regarder comme des figurants : le chœur, dans les pièces d'Eschyle, est un véritable personnage.

Rien de plus varié, du reste, et pour le rythme, et pour les idées exprimées, que les morceaux lyriques d'Eschyle. Exposition des faits qui précédèrent le drame (3); invocations aux dieux (4) et aux monarques défunts (5); lamentations à la veille d'une catastrophe ou après un désastre (6) ; tableau d'une ville prise d'assaut (7); éloge des vertus morales et

(1) Le chœur est composé de femmes ou de jeunes filles dans *Prométhée*, les *Sept*, les *Choéphores* et les *Suppliantes*, de vieillards dans les *Perses* et l'*Agamemnon*, de déesses infernales dans les *Euménides*.

(2) Voir les *Sept* (vers 180-262 et 677-719), la fin de l'*Agamemnon*, les *Euménides*.

(3) *Les Perses* (chœur du début); *les Sept*, vers 720 et suiv.; *Agamemnon*, vers 40-257, 367-487, 681 et suiv.

(4) Par exemple *les Sept*, vers 78-180.

(5) *Les Perses*, 632-680.

(6) *Les Sept* (chœur du début); *les Perses* vers 532-597 et 931-1076.

(7) *Les Sept*, vers 303-368.

religieuses (1), tels sont les thèmes que le poète développe avec une incroyable richesse d'images. On a pu dire, car c'est la vérité, qu'ici encore il recherchait la violence et que son triomphe fut l'hymne des Érinnyes, cet hymne qui engendre « la folie, le délire, le désespoir; cet hymne des Furies qui enchaîne les âmes; cet hymne sans lyre, dont le poison consume les mortels » (2). Mais l'homme qui traduisait si bien les clameurs des filles de l'Enfer est le même qui écrivait de délicieuses cantates comme celles des Océanides dans le *Prométhée*. Le grave et le sévère Eschyle n'avait point à sa lyre que des cordes d'airain.

Étude littéraire : l'auteur dramatique. — Nous avons répété souvent les épithètes de « grandiose » et de « puissant », à propos de telle scène ou de tel récit. Il n'en est pas qui conviennent mieux au théâtre d'Eschyle tout entier. L'auteur des *Perses*, du *Prométhée*, de l'*Orestie* était un patriote, un esprit foncièrement religieux, et un eupatride, c'est-à-dire un aristocrate. Il en est résulté dans son œuvre ce caractère d'élévation et d'austérité un peu sombre que tous les critiques ont remarqué. Fidèle au culte des ancêtres, le poète fait le panégyrique de la religion nationale, nous conseille de nous incliner devant les dieux pour ne point susciter leur jalousie, admet la tyrannie du Destin et proclame l'hérédité du crime. Ces idées théologiques l'inspirent sans cesse, et l'on ne s'étonnera point qu'un homme imbu de tels principes ait mis sur la scène des aventures extraordinaires et des personnages plus qu'humains.

On a dit quelquefois qu'il n'y avait pas d'action dans ses tragédies. C'est une erreur. Sans doute, Eschyle choisit les légendes les plus simples de l'histoire fabuleuse et il les simplifie encore comme à plaisir. Il n'entasse point les incidents et les péripéties. Il ne fait pas consister l'art dramatique dans une intrigue savamment enchevêtrée. Mais il nous achemine progressivement et avec une habileté supérieure vers le dénouement terrible. Voyez l'*Agamemnon*. Dès les premiers vers, le guetteur

(1) Par exemple, l'éloge de la justice dans les *Euménides*, vers 490-565.
(2) *Les Euménides*, vers 300-396.

nous apprend par une brève allusion que tout ne se passe point d'une façon normale dans le palais. Un peu plus tard, Clytemnestre laisse échapper quelques mots à double entente, et la menace se précise. Lors du retour d'Agamemnon, les pressentiments du roi et les paroles de la reine, dévoilant à la fin d'un discours doucereux son triste dessein, font entrevoir la catastrophe. Enfin l'allocution de Clytemnestre à Cassandre et la scène où la prophétesse troyenne annonce clairement le crime qui va se commettre nous amènent tout naturellement à l'assassinat du héros, par lequel le drame se termine (1). Qu'il n'y ait point là dedans une action réelle, c'est une chose insoutenable! N'oublions pas, au surplus, que ces pièces appartenaient à des tétralogies, et que telle d'entre elles, les *Suppliantes* par exemple, avait tout juste dans ce vaste ensemble la valeur d'un de nos actes d'aujourd'hui.

Plus on relit Eschyle, en oubliant les théories modernes et contemporaines, plus on se persuade que ce fut un grand artiste, qui n'atteignit point le beau par hasard ou par pur instinct, mais qui réfléchissait et calculait beaucoup. Cassandre reste muette avant la scène du délire prophétique et Prométhée ne desserre point les lèvres tant que ses bourreaux sont présents (2) : avec quelle curiosité n'attendons-nous point les premiers mots qu'ils prononceront l'un et l'autre?... Agamemnon succombe dans un guet-apens odieux ; et sur quoi traîne-t-on son cadavre? Sur le tapis de pourpre qu'il hésitait une heure plus tôt à fouler de ses pieds, lui, le vainqueur de Troie, accueilli au bruit des fanfares et salué par les acclamations de la foule! Eschyle, on le voit, n'ignorait rien, ni les splendeurs de la mise en scène, ni la loi éternelle des contrastes, ni même les petits moyens qui excitent l'intérêt des spectateurs. Il aurait pu, comme

(1) Voir *Agamemnon*, vers 34-39, 146-159, 338-350, 908-913, 926-930, 1035-1327. (Nous rappelons que nous citons d'après l'édition Weil.) On ferait la même constatation pour *Prométhée* et les *Perses*.

(2) Cassandre, présente depuis le vers 810 d'*Agamemnon*, ne parle qu'au vers 1072 ; Prométhée demeure obstinément silencieux pendant 87 vers.

bien d'autres, écrire des tragédies compliquées... Il a préféré être simple.

Cet amour de la simplicité se retrouve dans le développement des caractères. Les personnages créés par Eschyle sont tout d'une pièce. L'Étéocle des *Sept contre Thèbes* manifeste, dès le début, une résolution que rien n'abattra; il malmène les femmes qui pleurent; il n'est ému d'aucune nouvelle si mauvaise qu'elle soit; il se précipite sans hésiter vers la porte qu'attaque Polynice; il sait qu'il va tuer son frère, qu'il va mourir... et il marche. Le Titan Prométhée est déchiré par des tortures cruelles; mais on peut lui faire ronger le foie par un aigle, le foudroyer, l'engloutir dans les gouffres du Tartare avant qu'il regrette sa faute, qu'il cesse de menacer Jupiter ou qu'il renonce à « son obstination farouche ». Les héros d'Eschyle sont les esclaves d'une seule idée et d'une seule passion. Ils ne connaissent point les conflits moraux. Ils n'éprouvent pas, fût-ce une minute, le moindre trouble ; et ils se dirigent droit vers le but en poignardant même leurs proches, si le Devoir ou la Fatalité le commandent... Il fallait être un Eschyle pour se permettre ce dédain superbe des nuances psychologiques.

Le poète et l'écrivain. — Le style des *Perses*, du *Prométhée* et de l'*Orestie* est bien celui qu'on devait attendre d'un tel poète. Eschyle avait beaucoup étudié, nous l'avons dit, les épopées et les chefs-d'œuvre du lyrisme. En prenant aux uns comme aux autres et en ajoutant de son propre fonds, il créa une langue solennelle, audacieuse, souverainement poétique, digne enfin des sujets qu'il a traités.

On remarquera tout d'abord la force descriptive de ce style. Le chœur des Fidèles au début des *Perses* et certains morceaux lyriques des *Sept* en fourniraient de remarquables exemples (1). Eschyle accumule, entasse, énumère avec complaisance ; mais on est émerveillé de cette abondance d'idées, d'images et de choses, toutes

(1) *Les Perses*, vers 1-154; *les Sept*, vers 78-180 et 303-368.

fortement exprimées ou décrites, qui passent devant nous avec la rapidité d'un torrent. Le même désir de rendre son style énergique guide Eschyle dans le choix ou dans la création des mots dont il se sert. Ils sont généralement majestueux, sonores, et Aristophane les définit bien quand il les appelle, avec une pointe d'ironie, « des mots qui portent panache », « des mots à cheval », « des mots puissamment chevillés ». Il est trop évident que ces qualités ont leur revers: la grandeur tourne facilement à l'emphase, et parfois le style du poète est obscur. Mais quel éclat, quelle richesse et quel magnifique coloris! A chaque vers on rencontre des comparaisons, des métaphores, des expressions neuves et fortes, dont on pourrait composer un bel écrin. C'est « le rire innombrable des flots », « la vague terrestre de l'armée assaillante », « l'épi du crime qui produit une moisson de douleurs », « la rosée du meurtre qui tombe à larges gouttes noires », « le feuillage de la vie qui se dessèche ». Ce sont des images aussi fraîches que celles-ci : « Ton retour au foyer domestique, la présence du maître dans sa maison, est le rayon du soleil dans l'hiver, la fraîche brise dans les jours où l'air brûlant mûrit la grappe verdoyante. » Tout est original, tout est beau, dans le style de l'auteur des *Perses*, lorsqu'il ne se laisse point égarer par son imagination ; et il mérite alors l'éloge d'Aristophane qui le louait « d'avoir le premier élevé un solide monument de mots majestueux ».

Ces qualités dramatiques et littéraires enthousiasmèrent les Athéniens, et leur admiration fut durable. Même après sa mort, même après les succès de Sophocle et d'Euripide, ils restèrent fidèles à leur vieux tragique, au chantre de leur épopée nationale. Ils mirent son portrait au théâtre; ils lui dressèrent une statue de bronze; ils décrétèrent que ses tragédies pourraient reparaître dans les concours et ils en conservèrent dans les archives de l'État une copie officielle à laquelle les acteurs furent obligés de se conformer. Eschyle avait le pressentiment de cette gloire immortelle quand il disait avec la fierté du génie: « Je consacre mes œuvres au Temps! »

SUJETS DE DEVOIRS.

1. Lettre de Thémistocle à Eschyle pour le féliciter après la première représentation des *Perses*.
2. Lettre d'Aristophane à un ami qui préférait Euripide à Eschyle
3. Discours de Lycurgue, orateur du IVe siècle, pour demander qu'on élève une statue à Eschyle, poète religieux et patriotique.
4. Un Athénien prononce un discours afin qu'on décrète que les tragédies d'Eschyle pourront reparaître dans les concours des Dionysies.
5. Bacchus apparaît en songe à Eschyle encore enfant et l'engage à écrire plus tard des tragédies, en lui montrant l'avenir glorieux qui lui est réservé.
6. Les récits dans les tragédies d'Eschyle.
7. Comparer la narration de la bataille de Salamine dans les *Perses* avec celle donnée par Hérodote au VIIIe livre des *Histoires*.
8. Expliquer ce mot d'Aristophane disant que les héros d'Eschyle étaient « hauts de quatre coudées ».
9. Étudier le caractère de Prométhée et celui d'Étéocle dans les *Sept*. Montrer en quoi ils se ressemblent entre eux.
10. Est-il vrai de dire qu'il n'y a point d'action dans les tragédies d'Eschyle?
11. Montrer que le chœur a plus d'importance dans les tragédies d'Eschyle que dans celles de Sophocle ou d'Euripide.
12. Étudier l'apparition de Darius dans les *Perses* et la scène de Cassandre dans *Agamemnon*. Définir d'après ces épisodes le genre d'Eschyle.
13. Eschyle est-il seulement le poète de la terreur?
14. Le style d'Eschyle : ses qualités et ses défauts.

HÉRODOTE

(490?-426)

MORCEAUX CHOISIS.

Notice biographique.
MORCEAUX CHOISIS. — Historique et vue d'ensemble. — Les *Morceaux choisis :* 1° Les narrations ; 2° les pays et les races ; 3° les discours. — Étude littéraire : l'historien et l'écrivain.

Notice biographique. — Hérodote, fils de Lyxès, naquit vers 490 à Halicarnasse, opulente cité dorienne de l'Asie Mineure. Sa famille était l'une des plus importantes du pays : il avait pour oncle Panyasis le poète, qui écrivit l'*Héracléide* et les *Migrations ioniennes* (des épopées historiques) et qui exerça sur le futur historien une influence considérable. Après la bataille de Mycale, les habitants d'Halicarnasse se révoltèrent contre leur tyran ; mais bientôt Lygdamis il remit sous le joug les rebelles, fit massacrer Panyasis et obligea Hérodote à se réfugier dans l'île de Samos.

C'est alors que l'exilé entreprit un long voyage circulaire à travers le monde des anciens. Sa curiosité l'y poussait et sa qualité de sujet perse lui en facilitait l'exécution. Il parcourut toute l'Asie Mineure et s'engagea même dans le pays des Thraces et des Scythes jusqu'à la mer d'Azof. Il visita la Babylonie, la Syrie, la Perse et l'Égypte. Il vit la Cyrénaïque, l'Arabie peut-être, sûrement la Grèce entière. Et il revint de ces lointaines excursions, les mains pleines d'une moisson de faits qu'il a consignés dans ses *Histoires*.

Rentré dans sa ville natale, Hérodote la délivre de Lygdamis, mais il ne tarde point à la quitter de nouveau. Le voici en Attique, où il lit aux Grandes Panathénées un fragment de son ouvrage et reçoit une récompense de dix talents. Le voici à Thurium, dans la Grande-Grèce, où il établit son domicile. C'est là que, vers 426, il termine son aventureuse existence et qu'on grave sur son tombeau cette épitaphe simple, mais glorieuse : « Cette poussière recouvre Hérodote, fils de Lyxès. Il fut le maître dans l'art d'écrire l'histoire d'Ionie. Par sa patrie, il sortait d'une race de Doriens. Mais, fuyant les calomnies sans cesse renaissantes de ses concitoyens, il était venu chercher à Thurium une seconde patrie. »

MORCEAUX CHOISIS

Historique et vue d'ensemble. — Les *Histoires* d'Hérodote — divisées plus tard en neuf livres, auxquels on donna le nom des neuf Muses — constituent une « Histoire universelle » des peuples alors connus. Mais Hérodote a trouvé un fait principal, autour duquel il a groupé les autres. C'est la terrible lutte de la Grèce contre l'Asie, l'antagonisme de plusieurs siècles entre les Hellènes et les barbares, l'épopée gigantesque dont les guerres médiques sont le dénouement grandiose. Lui-même, dès les premières lignes de son livre, nous en prévient. « Ceci, dit-il, est l'exposé des recherches faites par Hérodote d'Halicarnasse afin que les actions des hommes ne soient pas effacées par le temps et que les grands et merveilleux exploits accomplis, tant par les Hellènes que par les barbares, ne restent point sans gloire, ainsi que le motif de leurs combats. » Tel est le sujet qu'il se propose de traiter ; telle est l'idée directrice de son œuvre. Nous allons voir qu'elle permet de nombreuses digressions et que, sans s'écarter de son but, Hérodote, pendant les cinq premiers livres, a pu écrire l'histoire du monde.

Dans ce duel de deux races, quel est le plus puissant adversaire ? C'est l'empire perse. Il a conquis la moitié des terres ; il s'est heurté à toutes les nations. Pour faire une histoire générale, il suffit donc de nous raconter le développement de cet empire. Il s'est formé par la fusion des Mèdes et des Perses, et, au temps de Cyrus, il s'est adjoint la Lydie et les colonies grecques de la côte : n'est-il point naturel et nécessaire de présenter ces peuples au lecteur? Babylone et Ninive sont tombées en son pouvoir : comprendrait-on l'importance de pareilles captures si l'on ignorait la splendeur et la richesse de ces cités? (Livre Ier.) Et, en suivant les conquérants insatiables dans leurs chevauchées à travers les royaumes, l'historien nous fait minutieusement visiter les plaines des Massagètes avec Cyrus (livre Ier); l'Égypte avec Cambyse (livres II et III); la Scythie, la Thrace, la Gétie avec Darius (livre IV), et les États tributaires, comme l'Arabie ou comme l'Inde, perdus en un fabuleux lointain.

Ainsi marche Hérodote, nous conduisant de souvenir en souvenir, montant et descendant dans les siècles, tournant à droite et à gauche dans l'espace au gré des événements, mais avançant toujours vers son but. Et cette méthode, pour nous paraître lente et inadmissible aujourd'hui, n'en est pas moins la seule qui fût possible à cette époque et qui s'imposât : avant de raconter Marathon, Salamine et Platée à des gens ignorants de l'histoire étrangère, il fallait leur faire sentir par la description des nations conquises la force colossale de la Perse, si l'on voulait leur faire admirer le petit peuple qui terrassa le géant.

Histoire et géographie de l'univers à propos d'un événement particulier, c'est le résumé de ce livre où tout est mêlé si adroitement. Et nous aurions mauvaise grâce à nous en plaindre; car nous devons à cette méthode d'Hérodote bien des renseignements précieux sur la civilisation du monde ancien.

Les Morceaux choisis : 1° Les narrations (1). — Les narrations abondent dans l'ouvrage d'Hérodote. Ce Dorien avait les qualités de la race ionienne. Il était bien le frère de ces Hellènes, curieux et avides de récits, qui, après le repas, dans la salle commune, — comme les héros de l'épopée ho-

(1) Nous nous sommes attaché, dans cette étude, à ne prendre pour exemples que les passages cités dans les différents recueils de *Morceaux choisis*.

mérique — interrogeaient sur leurs aventures les étrangers et les voyageurs. Il aimait à conter. Il aimait à insérer des historiettes qu'il avait recueillies en Perse, en Lydie, en Égypte, partout dans l'Orient, dans la patrie fameuse de l'apologue et de la fiction (1). La gravité de l'histoire en souffre parfois; mais on le pardonne, impuissant qu'on est à se défendre contre les séductions du conteur.

Beaucoup de ces narrations sont des **légendes**. *Arion* sauvé des eaux par un dauphin, *Hélène* retenue à Memphis pendant la guerre de Troie, l'Égyptien *Rhampsinite* descendant aux Enfers pour jouer aux dés avec Cérès, tout cela n'est que pure mythologie et nous étonne dans un livre d'histoire (2).

D'autres narrations appartiennent davantage au genre du **conte**, ou, comme nous dirions aujourd'hui, de la **nouvelle**. Elles sont jolies, finement écrites, pleines de détails piquants. Nous y apprenons comment le simple garde *Gygès* s'empara du trône de la Lydie; comment *Zopyre*, en se coupant le nez et les oreilles, mit la ville de Babylone sous la dépendance de Darius; comment un architecte rusé permit à son fils de s'enrichir aux dépens du roi d'Égypte Rhampsinite (3). Parfois même le récit devient humoristique et l'historien s'égaie doucement : *Démocède* s'avouant médecin — tout comme le Sganarelle de Molière — « en présence du fouet et des poinçons », et *Alcméon* sortant du trésor de Crésus avec de l'or jusque dans ses brodequins et dans sa bouche, « les joues bouffies, le corps bossu », sont réellement des types amusants et qui font sourire (4).

Enfin, nous trouvons quelques récits qui ont des allures de **romans**. L'*Histoire de Crésus*, au premier livre, et l'*Enfance de Cyrus*, qui la suit, pourraient être rangées dans cette catégorie. Le fond est véridique, sans doute; mais les développements ne le sont pas, et Hérodote ne s'est point senti le courage de soumettre à une critique sévère ces pittoresques traditions.

Ne croyez point, toutefois, qu'il conte pour l'unique plaisir de conter. Il introduit des anecdotes attendrissantes, comme celle de *Psammétique*, insensible à ses infortunes, mais pleurant

(1) Faut-il rappeler que les premiers fabulistes furent des Orientaux, que les *Fables Milésiennes* étaient célèbres dans l'antiquité et que M. Maspéro a publié un livre de *Contes* égyptiens?

(2) Hérodote, I, 24; II, 113-120 et 122.

(3) *Ibid.*, I, 8-13; II, 121; III, 153.

(4) *Ibid.*, III, 129 et 130; VI, 125.

sur le malheur d'un ami (1) ; et il a généralement des intentions morales en nous faisant ces narrations. L'histoire de *Polycrate* et de son anneau est une leçon de modération pour les privilégiés de la fortune, et celle du *Fils de Périandre*, ne voulant pas, même dans la dernière indigence, se réconcilier avec son père meurtrier de sa mère, nous semble d'une certaine élévation et d'une grande beauté (2).

Après cela, qu'Hérodote ait moins bien réussi dans les véritables narrations; qu'il y soit moins à son aise; que dans le récit de *Marathon*, de *Salamine* et de *Platée* il lui manque la science de Thucydide, nous l'accordons (3). Mais il reste cependant toujours le même, c'est-à-dire un conteur charmant, admirable de facilité élégante, de belle humeur, de bonne grâce. On se surprend parfois à sourire en le lisant, mais on le lit avec intérêt, avec plaisir. Et l'on regretterait vivement qu'il eût banni de son ouvrage ces dramatiques et romanesques histoires qui en sont le plus parfait ornement.

2° Les pays et les races. — Hérodote n'est pas seulement un conteur habile. Outre ce talent littéraire, il a des qualités plus dignes d'un historien. Il a regardé, il a observé, il sait décrire, et dans ces descriptions des pays et des races il se révèle un géographe et un ethnographe très consciencieux.

Pour les pays, il s'occupe d'abord de ce qui frappe les voyageurs ordinaires : les grands travaux d'art, les villes luxueuses, les monuments renommés. Il ne néglige rien pour en donner l'idée précise : il note les dimensions, expose le mode de construction qu'on a suivi, n'oublie pas les décorations particulières de la cité ou de l'édifice. Voici *Ecbatane*, sur le penchant d'une colline, avec ses sept enceintes concentriques dont les créneaux sont peints de différentes couleurs; voici *Babylone*, « si magnifique qu'on ne sait rien de comparable », avec ses murs de cinquante coudées d'épaisseur, ses cent portes d'airain massif, son temple de Bélus que composent huit énormes tours superposées, et les ouvrages gigantesques entrepris par Nitocris pour l'Euphrate (4). A force de clarté, de minutie dans le détail, de petites choses accumulées, Hérodote arrive à une représentation très nette de l'objet décrit. Les chapitres sur les *Pyramides*, sur le *Labyrinthe* et les trois

(1) Hérodote, III, 14 et 15.
(2) *Ibid.*, III, 39-43 et 50-53.
(3) *Ibid.*, VI, 109-117 ; VIII, 70-96; IX, 36-74.
(4) *Ibid.*, I, 98 et 178-183.

mille salles « ornées de figures en bas-relief », sur le *lac Mœris*, creusé de main d'homme et profond de cinquante brasses, sont, au seul point de vue descriptif, des chefs-d'œuvre (1). Il est inutile d'ajouter qu'ils sont, pour la science contemporaine, d'une inappréciable utilité.

Mais Hérodote ne s'en tient pas à ce côté pour ainsi dire superficiel des régions qu'il traverse. Il a plus que la curiosité banale d'un touriste. Il s'enquiert de la configuration des fleuves, des accidents de terrain. Il étudie la faune, la flore et les productions d'un pays. Il fait, en un mot, de la géographie *physique* et *économique*. Voyez comme il s'intéresse au périple des Phéniciens autour de l'Afrique, parce qu'on démontre ainsi qu'elle est une péninsule immense (2). Voyez comme il se passionne pour la question des sources du Nil, dont il a décrit le cours jusqu'à Éléphantine et, par ouï-dire ensuite, au delà de cette ville (3). Quand il parle de la Scythie, il n'a garde d'oublier les huit fleuves qui l'arrosent, nous disant même la saveur amère ou douce de leurs eaux (4). Cette préoccupation scientifique l'a, d'ailleurs, bien servi : elle l'a mis sur la trace de découvertes heureuses. Le premier, il a reconnu que la Basse-Égypte était le résultat des alluvions du Nil ; il a soupçonné que la Thessalie était un ancien bassin lacustre aujourd'hui vidé ; et ce sont là des hypothèses confirmées depuis par les savants (5).

Il apporte le même souci dans ses descriptions de la faune et de la flore des royaumes. Nous en pourrions citer comme preuves ses remarques sur les palmiers de Babylonie, la poudre d'or et les fourmis de l'Inde, les parfums de cette Arabie « qui exhale une divine odeur » (6). Mais tout s'efface devant ce qu'il dit de l'Égypte : animaux sacrés, hippopotames, crocodiles, serpents ailés, poissons du Nil, moucherons même, il passe tout en revue, fait le portrait de tout et consigne les habitudes de chaque espèce. Si bien qu'on a pu écrire que cette partie de son histoire était « une merveille d'exactitude, d'intelligence, de précision » (7).

Enfin, et à cette époque c'était quelque chose de très neuf, il a voulu savoir ce qu'étaient les habitants de ces pays. Enten-

(1) Hérodote, II, 124-127, 148 et 149.
(2) *Ibid.*, IV, 42.
(3) *Ibid.*, II, 28-34.
(4) *Ibid.*, IV, 47-58.
(5) *Ibid.*, II, 15 et VII, 129.
(6) *Ibid.*, I, 193 ; III, 102-105 et 107-114.
(7) Corréard, *Hérodote* (Lecène et Oudin, éditeurs).

dons-nous bien. Il ne s'agit point ici de pénétrantes études à la façon d'un Michelet. Hérodote est peu curieux de la physiologie. Sauf de rares observations, qui ont leur valeur, sur la conformation du crâne des Égyptiens et des Perses ou sur la chevelure des Éthiopiens (1), aucun détail anthropologique dans son livre, aucune ébauche d'anatomie comparée, rien qui différencie nettement le Grec du Mède ou le Thrace de l'Africain.

Mais ce qui concerne le costume ou les mœurs est magistralement traité. Hérodote éprouve une joie d'enfant à détailler les parures, les habillements et les armes de chaque peuple : Babyloniens en manteaux blancs et en tuniques de laine, Massagètes vêtus de la dépouille des veaux marins, Perses avec leurs tiares de feutre et leurs robes à longues manches bariolées (2). Il y a surtout un passage célèbre où se trahit ce goût d'Hérodote : c'est le dénombrement de l'armée de Xerxès, le défilé des nations d'Asie qui semblent crier à leur despote : « Ceux qui vont mourir te saluent (3) ! » L'histoire du costume oriental est là tout entière, et nous sommes renseignés sur les différences qui existent entre l'équipement, la coiffure et même la chaussure de ces peuplades innombrables. — Quant aux descriptions des mœurs et des usages, c'est un lieu commun que de les vanter. Qu'il s'agisse de la Perse, de la Scythie, de l'Égypte, Hérodote en trace le tableau complet : organisation politique et sociale, privilèges des castes, religion, cérémonies du culte, agriculture et commerce, fêtes et funérailles, embaumement des morts, tous les actes de la vie publique ou privée revivent pour nous dans ces pages. On voit le peuple. On comprend son caractère général : civilisé comme en Égypte, barbare comme en Scythie. C'est une véritable évocation.

Pour conclure, nous n'avons point les impressions vulgaires d'un voyageur, mais les descriptions chaudes et colorées d'un artiste qui a saisi le pittoresque de toute chose et a su le traduire avec un élégant pinceau.

3° Les discours. — Hérodote a inséré dans son récit de nombreux discours. Au lieu d'indiquer sommairement en style indirect le sens des propos tenus par l'un ou par l'autre, il donne la parole aux personnages. Nous assistons aux entre-

(1) Hérodote, III, 12 et VII, 70.
(2) *Ibid.*, I, 195, 202 ; VII, 61.
(3) *Ibid.*, VII, 60-100.

tiens de Solon avec Crésus et de Démarate avec Xerxès (1). Nous sommes introduits dans la salle des délibérations du Grand Roi et dans le conseil de guerre des généraux grecs (2). Le procédé est dramatique ; il anime la narration ; il apporte de la variété et du mouvement. Mais il est peu scientifique et il n'échappe point aux reproches. Voici, en effet, des discussions restées secrètes ; voici des conversations qui eurent lieu sans témoins (3). De qui l'auteur en tient-il le texte ? pourquoi prête-t-il à Mégabyse, à Otanès, à Darius un langage qui ne dut pas être le leur ? « Il est vrai », nous affirme Hérodote (4). Oui ! quant au fond, quant au sens général. Non, quant à la forme et aux développements. Mais n'insistons pas sur cette question des discours. Nous la traitons plus amplement ailleurs (5). Il suffit, pour l'instant, de dire que ces brillants morceaux servirent à l'historien pour énoncer sous une forme impersonnelle et vive ses idées et ses réflexions, et qu'en communiquant à ses successeurs cette habitude il contribua à faire de l'histoire un genre *oratoire*, « opus oratorium », selon la parole de Cicéron.

Étude littéraire : l'historien et l'écrivain. — On a souvent contesté la valeur historique du livre d'Hérodote. Dans l'antiquité, Ctésias, Plutarque et Lucien l'ont taxé d'erreur ou de mensonge. Parmi les modernes, certains ont trop facilement prononcé le mot de « roman ».

Sans doute, dans les *Histoires*, il y a des inexactitudes. Hérodote a quelquefois mal vu. Plus fréquemment encore, il n'a pas pu voir. Les instruments de précision et une suffisante éducation scientifique lui faisaient défaut pour ne se point tromper dans des évaluations de distances ou des calculs de dimensions. D'autre part, il lui aurait fallu consulter des archives, dont l'accès était difficile, et déchiffrer des inscriptions hiéroglyphiques ou cunéiformes qui, même pour un Grec d'Halicarnasse, n'étaient que de bizarres dessins. Ses renseignements

(1) Hérodote, I, 30-33 ; VII, 101-105

(2) *Ibid.*, VII, 8-19 ; VIII, 56-63.

(3) Par exemple, la délibération des seigneurs perses sur le choix d'un gouvernement (III, 80-83).

(4) Hérodote, III, 80.

(5) Voir notre étude sur Thucydide, et, dans notre volume des *Auteurs latins*, celle sur Salluste, page 142.

provienneut donc, faute de mieux, des témoignages et des traditions. Qui ne comprend aussitôt le danger? Les prêtres, interrogés par lui, avaient leurs légendes; les citoyens mentaient par patriotisme local; les guides ou les *ciceroni* avaient leurs contes qu'ils débitaient. Allez tirer la vérité parfaite de tout cela! Surtout quand on est Hérodote, qu'on a une conception plutôt poétique de l'histoire, et qu'une complaisance marquée pour les récits pittoresques vous entraîne à rechercher ce qui est rare et ce qui est beau. L'erreur était inévitable : il n'y a point échappé.

Mais gardons-nous d'exagérer. Hérodote n'est ni un naïf, ni un trompeur. Il a du sens critique et n'accepte point tout sans examen (ἀπερισκέπτως). Les prêtres de Babylone lui ont fait de jolis contes sur Bélus, et ceux d'Égypte sur Rhampsinite. « Cela ne me paraît nullement croyable » (1), dit-il; ou bien encore il ajoute : « Que celui qui trouve croyables les récits des Égyptiens en fasse son profit. Pour moi, dans le cours de mon histoire, je m'attache à rapporter ce que j'ai ouï dire de chacun (2). » Ailleurs enfin, il déclare expressément ceci : « Je suis obligé de relater tout ce qu'on raconte ; mais, du moins, je ne dois pas tout admettre aveuglément (3). » En effet, il discute les légendes (4); il ne s'épargne point les voyages pour les vérifier (5); il les réfute par l'observation et le bon sens (6). Son respect pour le lecteur est digne d'éloge. Il le prévient à chaque instant. Il distingue « ce dont il peut parler sciemment » et « ce qui n'a point le même degré de certitude ». Il multiplie les formules de ce genre : « on prétend » ; « on assure » ; « je ne sais que ce qu'on m'a dit » ; « les prêtres l'affirment et je le jugeai moi-même » ; « jusqu'à Éléphantine, j'ai vu

(1) Hérodote, I, 182.
(2) *Ibid.*, II, 122.
(3) *Ibid.*, VII, 152. C'est ainsi également qu'il raille la croyance aux ægipodes (IV, 25) et se montre assez incrédule en ce qui concerne le phénix (II, 73).
(4) Hérodote, II, 45, par exemple.
(5) Il fit un voyage en Phénicie et à Thasos pour vérifier des assertions touchant Hercule (II, 44).
(6) Hérodote, II, 121 et V, 10.

les choses de mes propres yeux, je ne les connais au delà que par les rapports qu'on m'a faits ». Ces aveux innombrables nous dispensent de défendre plus longtemps sa bonne foi. Comme son impartialité, elle est aujourd'hui hors de doute ; et nul n'accuse plus de mensonge celui qui nous met si résolument en garde contre l'erreur, celui qui a su vanter les exploits des Grecs sans cacher leurs défauts et sans laisser dans l'ombre les belles actions des barbares.

L'écrivain a été moins discuté que l'historien : de tout temps on lui a rendu justice. Sa façon de composer marque un progrès immense sur les logographes, ses prédécesseurs. Il a un but et il a compris la nécessité de l'unité dans une œuvre. Il est vrai qu'il s'attarde aux beautés de la route, que tout lui est prétexte à digressions, et « qu'il va d'une allure capricieuse parmi toutes sortes de flâneries, entremêlées de curiosités incidentes » (1). Mais, si lentement qu'il aille, il ne s'oublie pas, il ne s'égare point, il arrive. Et, grâce au fait principal que nous signalions plus haut, grâce à l'idée religieuse qui domine son livre, qui coordonne et explique les événements, qui lui sert de philosophie de l'histoire, il a écrit l'ouvrage le plus solidement composé qu'eût produit encore l'esprit humain.

Son style est une merveille et a excité l'admiration de tous les littérateurs. « Il est doux comme le miel », disait Athénée, et Quintilien lui reconnaissait « la douceur, je ne sais quel éclat lumineux, et l'abondance d'un fleuve qui s'étale ». Ce style est proprement un charme. Poétique encore par endroits, mélangé de formes dialectales différentes, il est plein de mots ioniens aux syllabes chantantes qui en font une délicieuse musique. Simple et clair, il ne repousse point les termes familiers et évite les expressions trop abstraites : c'est la langue de la conversation. La phrase est à l'avenant : sans recherche, mais souple et variée. Hérodote ne construit point — comme Thucydide — de savantes périodes, où toutes les idées

(1) Alfred et Maurice Croiset, *Histoire de la littérature grecque*, tome II.

secondaires se groupent logiquement autour de l'idée principale (λέξις κατεστραμμένη). Il préfère la phrase courte formée de petits membres juxtaposés qui sont rattachés entre eux par des particules (λέξις εἰρομένη). C'est moins puissant, mais plus capricieux, plus gracieux, plus libre. C'est charmant de laisser-aller. Cela convient mieux aux descriptions et aux contes. Et, en dernière analyse, c'est peut-être à ce style délicieux que l' « Homère de la prose » et le « Père de l'histoire » doit sa réputation immortelle.

SUJETS DE DEVOIRS.

1. Donner une idée générale des *Histoires* d'Hérodote et en montrer l'unité.

2. On a surnommé Hérodote le « Père de l'histoire ». Expliquer et discuter ce surnom.

3. Étudier, en prenant pour exemples quelques anecdotes, le talent d'Hérodote comme conteur.

4. Étudier et apprécier la narration de la bataille de Salamine. La comparer avec celle d'Eschyle dans les *Perses*.

5. La description de l'Égypte par Hérodote. Étude de son talent descriptif.

6. La science d'Hérodote est-elle toujours contredite par les découvertes contemporaines?

7. Le goût du pittoresque chez Hérodote.

8. Hérodote historien : ses qualités et ses défauts.

9. Les discours et les entretiens dans les *Histoires*.

10. Le style d'Hérodote ; le comparer, en terminant, avec celui de Thucydide, de Xénophon, de Démosthène.

11. Hérodote, sur le vaisseau qui l'emporte à Thurium, raconte à ses compagnons de voyage les aventures de son existence.

12. Thucydide, encore jeune, écrit à un ami. A la fête des Panathénées, il a entendu Hérodote lire un fragment de ses *Histoires* Il raconte la cérémonie, dit son enthousiasme, et affirme son intention d'être, lui aussi, un historien.

SOPHOCLE

(495-405)

TRAGÉDIES

Notice biographique (1). — En 469, au concours des Dionysies, il se manifesta beaucoup d'esprit de cabale parmi les spectateurs. Voyant ces dispositions du public, l'archonte Apséphion ne tira point au sort les juges qui devaient, suivant la coutume, décerner le prix. Mais il choisit Cimon et les autres stratèges qui revenaient victorieux d'une expédition maritime contre les Perses. Ils décidèrent, et, bien qu'Eschyle fût au nombre des concurrents, ils décernèrent la couronne à un jeune poète, à un inconnu, à Sophocle.

Le triomphateur était le fils de Sophillos, riche fabricant d'armures qui possédait deux ateliers très importants. Né à Colone, près d'Athènes, dans la maison de campagne de son père, il pouvait invoquer déjà de brillants souvenirs. Son talent musical et sa rare beauté lui avaient fait donner place dans le chœur des éphèbes qui célébra, par des hymnes et

(1) Voir, sur Sophocle, l'*Histoire de la littérature grecque* de M. Max Egger (Paul Delaplane, Paris).

des danses sacrées, la victoire de Salamine. C'est ainsi que, tout jeune, il chanta la gloire de cette patrie qu'il devait honorer plus tard par des chefs-d'œuvre.

Stratège en 440, hellénotamias (1) quatre ans après, Sophocle ne fut point cependant un homme politique. « Dans les affaires publiques, dit le poète Ion, son contemporain, il ne montrait ni plus d'aptitude, ni moins d'activité que tout autre : c'était un des bons citoyens d'Athènes et rien de plus. » En réalité, sans déserter ses devoirs de patriote, il vécut surtout en artiste et écrivit 115 tragédies, peut-être 123 ou 130. La fortune lui fut fidèle jusqu'au bout : vingt fois il mérita la couronne et ne descendit jamais au troisième rang — ce qui passait pour un échec. Ami de Périclès et d'Hérodote auquel il adressa une élégie, épargné par Aristophane qui vante la douceur de son caractère, il fut plus heureux qu'Euripide et resta le poète favori du public.

Après la mort, sa popularité ne cessa point. Il eut sa statue; on lui éleva un *héroüm*, sorte de monument réservé aux héros, et sur sa tombe, décorée d'une sirène, on grava cette inscription digne de lui : « Rampe paisiblement, ô lierre, sur le tombeau de Sophocle; couvre-le, dans le silence, de tes rameaux verdoyants! Que partout on voie éclore la tendre rose! Que la vigne chargée de raisins courbe ses grappes délicates autour de son mausolée, pour honorer la science et la sagesse de ce poète harmonieux, aimé des Muses et des Grâces (2)! »

ŒDIPE ROI

(430 av. J.-C.)

Historique. — C'était une vieille légende que celle du malheureux Œdipe, involontaire meurtrier de son père Laïos, involontaire époux de sa mère Jocaste. Au dire des érudits, elle aurait été importée en Grèce par

(1) Les ἑλληνοταμίαι, au nombre de dix, administraient les finances d'Athènes.

(2) Il reste de Sophocle sept tragédies complètes : *Ajax*, *Antigone*, *Électre*, *Œdipe roi*, *Œdipe à Colone*, *Philoctète* et *les Trachiniennes*. Des autres drames, il ne subsiste que des fragments et des titres. On conjecture que 25 avaient trait à la guerre de Troie, 11 aux Argonautiques, 10 aux légendes attiques, 6 aux traditions thébaines, 10 à la race des Pélopides et aux Argiens, 3 à Hercule, 1 à Bacchus.

les Aryens : Œdipe serait une incarnation du soleil, et les singularités de sa fabuleuse histoire s'expliqueraient d'après cette intéressante hypothèse (1).

Sans remonter si loin, sans s'égarer dans les âges préhistoriques, il suffira de noter qu'il est question du roi thébain dans l'*Iliade* et dans l'*Odyssée*, les plus anciennes manifestations littéraires de la race grecque. On y parle d'un héros, dont le père « vint jadis à Thèbes aux funérailles d'Œdipe, qui avait été tué ». Ailleurs, Ulysse rencontra aux Enfers la mère du prince. « Je vis également, raconte-t-il, la mère d'Œdipe, la belle Épicaste qui, dans son ignorance, commit un crime affreux en s'unissant à son fils. Celui-ci l'épousa, après avoir égorgé son père, mais les dieux révélèrent tout aux hommes. Or Œdipe, souffrant mille douleurs dans l'aimable Thèbes, régnait sur les Cadméens par la volonté funeste des dieux. Et Épicaste était descendue dans la demeure étroitement fermée du puissant Pluton. Vaincue par le désespoir, elle s'était pendue aux lambris élevés du palais, laissant à son fils les tourments sans nombre qu'apportent les Érynnies qui vengent une mère (2). »

Sophocle s'écarte de cette tradition primitive. Les légendes n'étaient pas fixes chez les Grecs. Elles admettaient des variantes, et les poètes prenaient avec elles de grandes libertés. Ainsi, dans les *Phéniciennes* d'Euripide, Œdipe et Jocaste survivent à Étéocle et Polynice et se lamentent devant les cadavres des frères ennemis. Quoi de moins semblable aux légendes développées par Sophocle dans trois drames empruntés au cycle thébain : *Œdipe roi*, *Œdipe à Colone*, *Antigone* (3) ?

La date exacte de la représentation d'*Œdipe roi* est

(1) Œdipe serait le jour, qui tue la nuit, dont il est l'enfant, et s'unit à l'aurore « aux teintes violettes », dont il est sorti. (On prétend même que le mot *Laïos* viendrait du mot védique *Dyasu*, « l'ennemi », le démon nocturne.) Quant à la cécité d'Œdipe, elle correspondrait à la disparition de la lumière du soleil, dont l'œil semble s'éteindre au milieu du sang chaque soir. Sur ces rapprochements, on pourra lire un savant chapitre de Paul de Saint-Victor (*Les Deux Masques*, tome II).

(2) *Iliade*, chant XXIII, vers 679; *Odyssée*, chant XI, vers 271-280.

(3) Outre les tragédies nommées ici, Sophocle avait écrit *Alcméon*, *Amphiaraüs*, *les Épigones*, qui s'inspiraient de légendes thébaines.

inconnue. Certains passages ont paru des allusions à Périclès et à la fameuse peste d'Athènes. On a conjecturé que Sophocle présenta son œuvre au concours, la troisième année de la quatre-vingt-dix-septième olympiade (430-429). Il reprenait un sujet déjà traité par Eschyle, et, coïncidence étrange, Philoclès, neveu du grand tragique, remporta le prix, ce jour-là. L'*Œdipe roi* fut donc un échec, et, après Sophocle, neuf poètes ne craignirent pas de recommencer cette tragédie (1). Leurs drames sont perdus. Nous n'en regrettons qu'un seul : celui d'Euripide où, avant la découverte du parricide et de l'inceste, les serviteurs de Laïos crevaient les yeux à Œdipe meurtrier de leur maître. Il serait curieux de comparer au récit simple et terrible de Sophocle les romanesques complications introduites par son rival ingénieux.

Avec Aristote, la justice vint pour Sophocle. Le critique revisa, dans sa *Poétique*, la sentence des Athéniens. Il proclama la supériorité de l'*Œdipe roi*. Il traça, d'après lui, les règles du poème tragique. Et le drame de Sophocle, qui survécut à cette pléiade d'*Œdipes*, passe aujourd'hui, à bon droit, pour le plus pur chef-d'œuvre du théâtre de l'antiquité.

Analyse d'Œdipe roi : Prologue (2). — Le début est saisissant. Dans Thèbes désolée par la peste, des prêtres, des enfants, des vieillards sont agenouillés devant le palais. Ils crient leur misère au sauveur d'autrefois. Ils invoquent celui qui les délivra du Sphinx. Ils le prient de mettre fin au fléau, et l'appellent au secours de « la ville abattue ». — Majestueux et fier, debout sur les marches, Œdipe les rassure et les console. Ce qu'il faudra faire sera fait. Déjà, pour connaître le motif des calamités publiques, il a envoyé Créon, son beau-frère, consulter à Delphes l'oracle d'Apollon. (Vers 1 à 77.)

Justement, Créon revient vers Œdipe, « couronné de lauriers » et porteur d'une réponse favorable. La peste arrêtera

(1) Ce sont : Euripide, Achéos, Philoclès, Mélitos, Xénoclès, Nicomaque, Carcinos, Diogène et Théodecte.

(2) Rappelons brièvement la structure d'une tragédie grecque. Il y avait une scène d'exposition ou *prologos*, que suivait un hymne chanté par le Chœur opérant son entrée (*parodos*). Ensuite, se succédaient les *épisodes* ou actes, séparés par des *stasima*, chants du Chœur en place. Le dernier acte portait le nom d'*exodos* ou sortie.

ses ravages dès qu'on aura découvert et banni le meurtrier du roi Laïos. Œdipe jure de se consacrer à cette recherche. N'est-il pas le successeur de la victime ? N'a-t-il pas épousé sa veuve Jocaste? « C'est ma cause que je défends en effaçant cette souillure! » s'écrie-t-il. Et, congédiant du geste les suppliants, il convoque aussitôt l'assemblée des Thébains. (Vers 78 à 150.)

Parodos. — Le peuple, accouru en toute hâte, fait un pittoresque tableau de l'épidémie. Il adjure Minerve, Jupiter, Diane, Apollon « à l'arc d'or », Bacchus « à la face empourprée », de chasser Mars, le sombre dieu de la peste, et de le précipiter « dans les flots inhospitaliers de la mer de Thrace ». (Vers 151 à 215.)

ÉPISODE I. — Œdipe expose au peuple la situation. Il faut que le coupable soit exilé. S'il ne s'éloigne pas de lui-même, qu'on le dénonce et qu'on l'expulse ! Résolu à venger Laïos « comme il vengerait son père », Œdipe lance une malédiction formidable contre l'auteur inconnu du crime et contre quiconque entreprendrait de le cacher. (Vers 216 à 275.)

Le Chœur ne sait rien de précis. Mais voici un vieillard qui peut tout dire. Pas de mystères pour lui dans l'avenir et dans le passé ! C'est le devin Tirésias, l'aveugle qu'un enfant conduit par la main. Il refuse de parler. Puis, exaspéré par les railleries d'Œdipe, il lui jette ces mots terribles : « L'assassin que tu cherches, c'est toi ! » Et, tandis que le roi vocifère, il se retire en formulant d'étranges et sinistres prédictions. (Vers 276 à 462.)

Stasimon I. — Le Chœur exprime son trouble cruel. Malgré les propos du devin, il n'admet pas qu'Œdipe soit le coupable. Il ne se joindra point à ses accusateurs. (Vers 463 à 511.)

ÉPISODE II. — Après une violente altercation avec son beau-frère, — qu'il croit, par ambition, l'inspirateur de Tirésias — le roi s'entretient avec Jocaste. C'est la célèbre scène de la *double confidence.*

Jocaste veut rassurer son époux. Pourquoi s'inquiéter du langage des devins? Ils prétendaient que Laïos périrait de la main de son fils : ce fils, à peine né, fut exposé sur une montagne déserte, et Laïos fut égorgé, bien plus tard, « à la rencontre de trois chemins », par *plusieurs* brigands, si l'on en croit un serviteur, seul survivant du massacre.

Œdipe s'émeut. Il exige qu'on mande le témoin de cette aventure. Car il se souvient, et ses souvenirs sont affreux.

Autrefois, il fuyait Corinthe et la cour du roi Polybe, son père. Un oracle l'en chassait, un oracle qui lui prédisait le parricide et l'inceste. Or, à la rencontre de trois chemins, l'exilé volontaire se prit de querelle avec un vieillard dont le signalement répond trait pour trait à celui de Laïos, et, dans l'emportement de la dispute, il le tua. La victime était-elle Laïos? Œdipe espère encore que non. On a parlé de *plusieurs* meurtriers, et, lors de la rixe sanglante, Œdipe voyageait sans escorte. Mais l'inquiétude envahit son âme, et, pour la dissiper, il ordonne qu'on aille quérir le témoin. (Vers 512 à 862.)

Stasimon II. — Les Thébains chantent de courtes strophes d'une inspiration religieuse, où l'insolence d'Œdipe et l'impiété de Jocaste sont discrètement, mais formellement blâmées. (Vers 863 à 910.)

Épisode III. — Sur ces entrefaites, un Corinthien annonce à Œdipe un événement qui, dans les circonstances actuelles, semble heureux. Polybe est mort, et la crainte du parricide est, par conséquent, écartée. Mais le roi redoute toujours la partie de l'oracle qui concernait l'inceste. Pour le rassurer, le messager révèle un secret : Œdipe n'est pas le fils de Polybe et de Mérope. Celui qui parle, étant pasteur jadis sur le Cithéron, le reçut des mains d'un berger de Laïos et le porta chez les souverains de Corinthe, qui l'adoptèrent... A ces révélations, Jocaste se trouble. Elle conjure son époux de ne point pousser plus loin l'enquête. Et elle rentre hâtivement au palais, tandis que le roi triomphe, se croyant à l'abri de tout danger. (Vers 911 à 1085.)

Stasimon III. — Avec une complaisance flatteuse, le Chœur se demande de quelle nymphe immortelle et de quel dieu est issu Œdipe, l'enfant trouvé. (Vers 1086 à 1109.)

Épisode IV. — Le moment suprême est venu. En face du messager, voici maintenant le serviteur qui accompagnait Laïos, le jour de sa mort; et leur confrontation est terrible. C'est lui qui remit Œdipe au Corinthien sur le Cithéron. L'infortuné monarque comprend la vérité et s'enfuit avec ces paroles lamentables : « O lumière, je te vois pour la dernière fois, moi le fils de parents dont je n'aurais pas dû naître, l'époux de celle avec qui je n'aurais pas dû vivre, le meurtrier de celui que j'aurais dû respecter ! » (Vers 1110 à 1185.)

Stasimon IV. — Ému de pitié, le peuple déplore la fortune tragique du prince qui fut autrefois son sauveur. (Vers 1186 à 1222.)

Exodos. — Le drame touche à sa fin. Après le récit du suicide de Jocaste que vient de faire un envoyé, Œdipe, qui s'est crevé les yeux, crie son désespoir à la foule. Les joues ensanglantées, il embrasse ses filles que Créon, devenu le maître, lui amène, et il supplie qu'on lui permette d'aller achever loin de Thèbes une existence déshonorée. (Vers 1223 à 1530.)

Étude littéraire : le drame. — Quand on lit la *Poétique* d'Aristote, on est frappé que sa définition de la tragédie convienne beaucoup au théâtre moderne et peu au théâtre des anciens. Pour eux, — le vieil Eschyle en offre de remarquables exemples — l'intrigue était peu de chose. Pour le critique, au contraire, la partie la plus importante du drame était l'action. Cette bizarrerie apparente s'explique très bien. Lorsqu'il parlait de la tragédie, Aristote songeait surtout à l'*Œdipe roi*. C'était à ses yeux le type, le modèle du genre, l'idéal rêvé. Or, après la brève analyse que nous venons de faire, il nous semble impossible de contester qu'en restant par certains côtés fort antique, la superbe pièce de Sophocle ne soit en même temps toute moderne par l'allure, par la progression de l'intérêt, par le mouvement.

Ce qu'il y a, d'abord, de moderne, c'est l'apparition de la *volonté* dans le drame. Sans doute, la Fatalité n'a point abdiqué son empire. Comme dans les sombres trilogies d'Eschyle, elle se plaît à écraser Œdipe par une de ces catastrophes brusques et inouïes qui font sa joie. Et ce parricide, cet inceste, dont la découverte amènera honte et misère, sont l'œuvre exclusive et néfaste de cette implacable divinité. Mais nous sommes loin du *Prométhée* ou de l'*Orestie*. La Fatalité est impuissante à causer seule le malheur d'Œdipe. Il faut qu'il lui vienne en aide. Il faut que son orgueil de monarque et sa vanité de déchiffreur d'énigmes l'engagent en une téméraire enquête. Il faut, malgré Tirésias, malgré Jocaste, malgré le serviteur lui-même, qu'il s'obstine à sonder jusqu'au fond ce mystère, avec des emportements et des violences. Sans cette passion dans la recherche, sans cet incroyable entêtement, le fatal secret resterait peut-être ignoré

Supprimez la volonté d'Œdipe, tout le drame s'écroule aussitôt. Et cela c'est très neuf, c'est très moderne; on peut même dire qu'en 430 avant Jésus-Christ c'était, dans l'art dramatique, une véritable révolution.

Il y a encore, dans *Œdipe roi*, autre chose qui se rapproche des habitudes actuelles. Nous n'y trouvons pas les longs morceaux lyriques, où se complaisait le génie d'Eschyle, ni les discussions d'Euripide, ces hors-d'œuvre de brillante subtilité que goûteraient peu des modernes. A l'aide d'événements simples, à travers de saisissantes péripéties, Sophocle nous achemine sans digressions vers une catastrophe qu'il nous a permis d'entrevoir, tout en nous maintenant fort habilement dans l'anxiété.

Voyez, en effet, dès le début, comme le drame est bien engagé. Non seulement la scène d'exposition est pittoresque et grandiose, mais elle oblige l'orgueilleux Œdipe à se livrer à une enquête difficile pour sauver ses sujets qui l'honorent comme un dieu. Avant la *parodos*, le problème est posé, et tout prépare ensuite sa solution: vagues indices fournis par Créon et le Chœur (1), malédiction lancée par Œdipe contre le coupable, prédictions et menaces directes de Tirésias. Le drame touche alors à son point culminant. Ce qui était ténébreux ou peu précis va s'éclaircir. En essayant de rassurer Œdipe, on le perd. En mandant le témoin du meurtre, en le forçant à s'expliquer, il s'achève lui-même. Trois scènes de confidences avec Jocaste, avec le messager, avec le serviteur, le font successivement passer de l'inquiétude à la confiance folle et de la confiance à un désespoir affreux. L'enquête a sinistrement abouti; l'intrigue, adroitement menée, est dénouée par la révélation terrifiante, et, si, après ce dénouement réel du drame, l'action se prolonge encore, c'est qu'à l'orgueil disparu du roi il faut opposer l'humiliation et l'humilité présentes, c'est qu'il y a de cette légende tragique une leçon morale à dégager. Tout marche au but, par conséquent; tout concourt à provoquer la catastrophe finale. « Et on ne saurait trop admirer la

(1) *Œdipe roi*, vers 112-127 et 290-294.

conduite de la pièce, où tout se tient et se presse, où l'inquiétude va croissant de scène en scène, et où pourtant l'angoisse poussée à l'extrême finit par se résoudre en une profonde pitié (1). »

Cette habileté dramatique est pour nous le principal charme de l'*Œdipe roi*. Mais elle ne réside pas uniquement dans l'intrigue. Elle est aussi dans les émouvants contrastes et dans la grandeur des situations. C'était un maître en l'art théâtral, celui qui montre Jocaste railleuse et incrédule, au moment où se réalisent les tristes oracles (2), et qui fait presque haïr la brutalité du roi superbe avant d'attendrir par les infortunes du roi déchu. C'était un artiste sûr de lui-même, le poète qui conçut et qui composa des scènes pathétiques et imposantes comme celles des suppliants, de la *double confidence*, du devin Tirésias et de la malédiction (3). Et c'est pourquoi, industrieusement construit malgré des apparences de simplicité, son drame, à la fois ému et terrible, émerveille, arrache des larmes, secoue les nerfs et donne le frisson... Outre les neuf auteurs grecs déjà cités, César et Sénèque chez les Latins, Dryden en Angleterre, Corneille, La Motte et Voltaire en France ont vainement tenté d'éclipser Sophocle. Son *Œdipe roi* reste le roi des *Œdipes* (4).

Les caractères : Œdipe. — Œdipe est le *protagoniste* de la tragédie et il absorbe l'attention. On ne pense qu'à lui. On ne s'intéresse qu'à son sort. Les autres personnages ne sont guère là que pour faire valoir son caractère. Toujours en scène, sauf de rares et courtes absences (5), il est vraiment le drame tout entier.

Ce monarque, il faut bien l'avouer, ne commande pas

(1) Alfred et Maurice Croiset, *Histoire de la littérature grecque*, tome III.

(2) *Œdipe roi*, vers 707-725, 857-859, 946-949, 964-983.

(3) Cette dernière scène est absolument shakespearienne. Paul de Saint-Victor fait à propos d'elle une intéressante comparaison : « Qu'on se figure un pape du moyen âge s'excommuniant lui-même, à son insu, dans une bulle formidable dont tous les termes se retourneraient contre lui. » (*Les Deux Masques*, tome II.)

(4) Un scoliaste ancien expliquait déjà par cette supériorité l'épithète de τύραννος qui se trouve dans le titre.

(5) *Œdipe roi*, vers 463-522 et 862-950.

d'abord la sympathie. On est choqué de son insupportable orgueil. Fier d'avoir vaincu le Sphinx, « la vierge aux ongles crochus et aux poétiques énigmes », il se considère comme supérieur à l'humanité. Il a la majesté d'un dieu, lorsqu'il paraît sur les marches de son palais à l'appel des suppliants. On croirait voir Jupiter humant l'encens des adorateurs, tandis que le peuple prosterné implore par la voix du grand prêtre « le meilleur des mortels » et « le plus grand des hommes » (1).

Cet orgueil ne va point sans une extrême violence. Œdipe est resté sur le trône l'aventurier irascible qui égorgea un vieillard dans une bagarre. Il n'admet aucune résistance à ses désirs. Tirésias lui fait des réponses défavorables : il le maltraite, il insulte sa cécité, il le chasse en l'appelant « sorcier, artisan de ruses, charlatan » (2). Créon lui devient suspect sans motif : il l'accueille par ces paroles véhémentes :

« Holà ! pourquoi venir ici ? De quel front oses-tu approcher de ma demeure, toi, mon assassin à n'en pas douter, toi, le brigand qui me vole ouvertement ma puissance ? Allons, parle, au nom des dieux ! As-tu vu en moi quelque faiblesse ou quelque folie, pour tramer ainsi de tels complots ? Pensais-tu que je ne découvrirais pas ton intrigue secrète et que je ne te punirais point ? Et n'est-elle pas insensée ton entreprise de poursuivre, sans l'appui du peuple et sans amis, le pouvoir royal qui ne s'acquiert que par le peuple et par l'argent (3) ?... »

Peu lui importe que le prince proteste et multiplie les serments solennels. « Ce n'est pas ton exil que je veux, c'est ta mort ! » réplique l'entêté monarque (4). Nature impétueuse et tenace, il ne cède qu'à contre-cœur, sur la demande du peuple et en proférant des outrages :

« Qu'il s'éloigne donc, dussé-je périr moi-même ou être indignement banni de ce pays par la force. C'est ton langage et non le sien qui a ému mon âme. Quant à lui, en quelque lieu qu'il soit, il me sera toujours odieux (5) ! .. »

(1) *Œdipe roi*, vers 33 et 46.
(2) *Ibid.*, vers 386 et suiv.
(3) *Ibid.*, vers 532 et suiv.
(4) *Ibid.*, vers 623.
(5) *Ibid.*, vers 669 et suiv.

Avouons avec Schlegel qu'il était nécessaire de donner à Œdipe ce caractère despotique et soupçonneux. « Cela réconcilie jusqu'à un certain point avec la catastrophe et empêche que le sentiment ne soit trop décidément révolté d'une destinée aussi cruelle (1). »

Mais, pour être à quelques égards sacrifié, le personnage d'Œdipe est loin d'être foncièrement antipathique et déplaisant. Ce roi brutal n'est pas un tyran. Ses défauts ne sont pas de ceux qui avilissent. L'esprit affolé par l'orgueil, il a conservé un cœur généreux et bon. Il aime ses sujets comme des enfants, et sa sollicitude paternelle pour eux est ce qui le pousse à l'abîme, en lui faisant rechercher l'auteur du meurtre de Laïos (2). Il a une horreur instinctive du crime (3), et son désespoir est inouï, lorsqu'il se découvre coupable. Il montre enfin, dans son atroce misère morale, une rare fermeté de jugement et, avec l'oubli complet de lui-même, un attendrissant souci des siens :

« Je pleure sur vous que je ne puis voir, — dit-il à ses filles que Créon lui amène — en songeant à l'existence amère qu'il vous faudra traîner désormais parmi les hommes. A quelles réunions, à quelles fêtes pourrez-vous aller, sans revenir baignées de larmes au lieu de vous réjouir du spectacle? Et, quand vous aurez atteint l'âge de l'hymen, quel sera l'homme, quel sera l'audacieux qui se chargera, ô mes filles, des opprobres funestes à mes parents et aux vôtres?... Qui vous épousera? Personne, sans doute, mes enfants, et il vous faudra vous faner dans la stérilité et dans le célibat. O fils de Ménécée, toi qui es seul maintenant à leur servir de père, — car, nous qui les avions engendrées, nous ne sommes plus — ne les laisse pas errer sans appui et sans ressources, elles, des filles de ta race, et n'égale point leurs malheurs aux miens. Mais aie pitié d'elles, en les voyant si jeunes et délaissées de tous, hormis de toi. Promets cela, ô généreux mortel, et tends-moi la main (4) !... »

Des paroles si nobles, si touchantes, valent bien qu'on pardonne certaines fautes. Dans l'infortune, Œdipe se relève. M. Croiset a raison de dire : « Quelle profondeur de misère et quelle grandeur simple de pensée : une

(1) Schlegel, *Cours de littérature dramatique*, 4e leçon.
(2) *Œdipe roi*, vers 58-77, 93 et 94, etc.
(3) Voyez son émoi dans toute la scène de la *double confidence*.
(4) *Œdipe roi*, vers 1486-1493 et 1500-1510.

âme qui sait souffrir ainsi n'est-elle pas transfigurée par sa souffrance elle-même (1) ? »

JOCASTE. — Le caractère de Jocaste est très légèrement esquissé. Sophocle, qui aimait à mettre des personnages de femmes sur la scène, semble avoir hésité ici. Dans son *Œdipe*, Euripide devait accorder plus d'importance à cette reine si maltraitée par le sort.

La Jocaste de Sophocle paraît peu et les sentiments que lui prête le poète sont peu variés. Ses moqueries perpétuelles des oracles (2) et le ton autoritaire qu'elle prend vis-à-vis d'Œdipe et de Créon (3) sembleraient indiquer une âme forte et virile. Mais, aussitôt après les blasphèmes, cette incrédule s'en va supplier Apollon Lycien de calmer l'esprit troublé du roi (4). Ce trait d'inconséquence bien féminine nous éclaire sur les intentions de Sophocle : seule, une femme à tête légère ou, pour mieux dire, une étourdie pouvait épouser, sans renseignement d'aucune sorte, un inconnu plus jeune qu'elle, comme Œdipe. C'est encore une habile manière d'excuser l'invraisemblance initiale sur laquelle repose le drame entier.

CRÉON. — Le Créon de l'*Œdipe roi* ne ressemble en aucune façon au tyran que nous rencontrerons dans *Œdipe à Colone* et dans *Antigone.* C'est un parfait honnête homme et un sage. Injustement accusé, il répond avec calme et avec une absolue sincérité aux invectives du roi qui écume de courroux. Il se disculpe très facilement et prononce les discours les plus sensés. Il mérite même l'approbation du Chœur, ce juge impartial des discussions antiques, par ses répliques raisonnables au despote follement irrité :

« Ne m'accuse point sans m'écouter, sur de vagues soupçons, car il n'est pas juste de confondre à la légère les méchants avec les bons et les bons avec les méchants. Rejeter un fidèle ami, autant vaut, selon moi, se priver de l'existence, ce bien qui est le plus

(1) Alfred et Maurice Croiset, *Histoire de la littérature grecque*, tome III.
(2) *Œdipe roi*, 707-725, 857-859, 946-149, 964-983.
(3) *Ibid.*, 634-638.
(4) *Ibid.*, 911-923.

précieux de tous. Avec le temps tu comprendras la vérité de mes paroles; car, seul, le temps met en évidence l'homme juste, et il suffit d'une journée pour te révéler l'homme méchant (1)... »

Chassé de la scène par Œdipe, quand il y reparaît il est le maître de Thèbes. Cette bonne fortune si brusque ne l'a point gâté. S'il éprouve pour le maudit l'horreur religieuse des anciens (2), il fait preuve à l'égard du malheureux d'une charité presque chrétienne. Il ne l'insulte point. Il cherche à adoucir ses tortures. Il lui amène ses enfants chéries pour lui procurer « une joie tant désirée » (3). Et il s'attire cette bénédiction d'Œdipe : « Ah! puisses-tu être heureux! Puissent les dieux te récompenser de les avoir amenées ici et veiller sur toi mieux que sur moi ! »

Les autres personnages ne tiennent pas dans le drame une place assez considérable pour qu'on leur consacre une étude spéciale. L'effrayant vieillard Tirésias, l'aveugle et le voyant, n'est pas, à proprement parler, un caractère. Il n'est que l'interprète du Destin. Il fulmine l'anathème et il disparaît.

Les messagers et les serviteurs n'ont pas de physionomies particulières : ils sont naturels, et c'est tout. Mais ils contribuent à composer un merveilleux ensemble et à justifier le jugement porté par M. Patin sur l'*Œdipe roi* :

S'il y avait chez les Grecs quelque tragédie qui, à ces catastrophes où se renfermait le sombre génie d'Eschyle ; à ces profonds développements de passions et de caractères, à ce jeu varié de situations, bientôt introduits par Sophocle ; à cette expression naïve et pathétique dans laquelle, à son tour, excella Euripide ; à tous les caractères enfin que revêtit successivement l'art des anciens, joignît encore la progression, la vivacité des modernes, une telle pièce devrait avoir été, soit jugement attentif, soit instinct irréfléchi, proclamée le chef-d'œuvre de la scène athénienne. Cette pièce existe avec la rare réunion de tant de mérites, avec un si glorieux renom : c'est l'*Œdipe roi* (4).

(1) *Œdipe roi*, 609-615.
(2) *Ibid.*, 1424-1431.
(3) *Ibid.*, vers 1476.
(4) Patin, *Études sur les tragiques grecs : Œdipe roi*, page 151 (Hachette, 1865).

ŒDIPE A COLONE

Historique. — On raconte que Sophocle vieilli fut appelé en justice par Iophon, un de ses cinq enfants (1). Il s'agissait de faire prononcer son interdiction. Sur le tribunal devant lequel il comparut, sur les motifs invoqués par Iophon, les auteurs qui rapportent cette anecdote ne sont point d'accord. Peu nous importe ! Il suffit de savoir que le poète, accusé de déraison et d'incapacité, répondit simplement : « Si je suis Sophocle, je ne puis délirer ; si je délire, je ne suis pas Sophocle ! » Et, aux applaudissements des magistrats et du public, il déclama un magnifique morceau de la tragédie qu'il composait alors, malgré son grand âge. Cette tragédie était *Œdipe à Colone*, la digne suite de l'*Œdipe roi*.

Elle ne fut pas représentée du vivant même de son auteur et il est inexact qu'il mourut de joie en apprenant le succès. C'est seulement sous l'archontat de Micon, la troisième année de la quatre-vingt-quatorzième olympiade, en 402 avant Jésus-Christ, que Sophocle le Jeune porta au théâtre l'œuvre de son grand-père (2). Elle triompha, paraît-il, au concours. Ces victoires posthumes n'étaient point rares chez les Athéniens. Quelques années auparavant, *Iphigénie à Aulis* avait mérité la couronne, dans les mêmes conditions ; car Euripide, dont Sophocle avait pris le deuil, n'était plus là pour recevoir la récompense.

Œdipe à Colone semble avoir été la pièce préférée de Sophocle. On sent, à la lecture, qu'il y travailla avec amour. Cette prédilection est naturelle. Jamais sujet ne convint mieux à la muse humaine, religieuse et patrio-

(1) Les auteurs qui ont parlé de cette anecdote sont principalement Aristote, *Rhet.*, III, 15 ; Cicéron, *De senectute*, 7 ; Plutarque, *An seni gerenda respublica*, 3, et le scoliaste d'Aristophane au vers 73 des *Grenouilles*.

(2) Sophocle le Jeune était le fils d'Ariston : il fut lui-même auteur dramatique. On a souvent prétendu que la représentation de 402 avait été, non pas une première représentation, mais une reprise. La question est trop difficile et trop complexe pour être discutée ici.

tique du poète. Relever l'homme écrasé par le Destin, célébrer les divinités protectrices d'Athènes; chanter la petite patrie et la grande, le bourg natal et la ville : telle était la triple tâche, la tâche bien douce qu'il s'imposa.

Le côté athénien du drame fut évidemment ce qui le séduisit le plus, et *Œdipe à Colone* pourrait être rangé parmi le groupe attique des tragédies de Sophocle, tout aussi bien que dans le cycle thébain (1). La légende, si modifiée déjà, du malheureux Œdipe le permettait. On montrait son autel à Colone ; on prétendait que ses ossements étaient dans le temple des Euménides à Athènes, et que l'Aréopage gardait le testament mystérieux confié par lui à Thésée ; on allait même jusqu'à dire que, lors d'une invasion des Thébains en Attique, il était apparu aux Athéniens et leur avait assuré la victoire (2). Sophocle s'autorisa de ces contes et de quelques autres semblables. Il amena Œdipe dans le dème de Colone ; et ce lui fut un prétexte d'exalter son bourg si joli, si riant, avec ses vues incomparables sur Athènes, sur la mer bleue jusqu'à Égine, sur la côte pittoresque de la péninsule; ce lui fut une occasion dernière de chanter un hymne suprême à cette glorieuse patrie, qu'il avait servie avec honneur pendant près de cent ans !

Analyse d'Œdipe à Colone : Prologue. — La scène est à Colone, sur la lisière d'un bois « où les lauriers, les oliviers, les vignes abondent et que de nombreux rossignols emplissent de leurs chants mélodieux ». Un vieillard aveugle s'avance, soutenu par une jeune fille qui s'occupe attentivement de lui. Ces deux infortunés sont Œdipe et sa fidèle Antigone. Comme ils ont cherché abri dans le bocage, un passant les informe qu'ils ont violé le sanctuaire des Euménides et s'éloigne pour prévenir les habitants. (Vers 1 à 80.)

Cette révélation ne trouble point Œdipe. Il s'en réjouit Phébus Apollon lui avait prédit qu'il verrait la fin de ses misères quand « les déesses vénérables, les Euménides, lui

(1) Une dizaine des pièces de Sophocle étaient empruntées à des légendes athéniennes ; il avait écrit notamment un *Égée*, un *Thésée*, un *Ion*.

(2) Voir sur ces légendes : Pausanias, *Description de la Grèce : les Attiques*, 28 et 30 ; Dinarque *Contre Démosthène*, c. 9. etc

offriraient un asile hospitalier ». En une admirable prière, l'exilé salue « les douces filles de l'antique Érèbe » et les supplie de prendre en pitié « le misérable fantôme d'Œdipe ». (Vers 81 à 116.)

Parodos. — Mis au courant par le passant, les Coloniates accourent, indignés de la profanation qu'on leur a dénoncée. L'infortune de l'étranger les touche et ils se contentent de le faire sortir du bois. Mais, dès qu'il a avoué son nom, ils s'effraient et veulent le chasser, malgré ses protestations d'innocence. (Vers 117 à 237.)

Épisode I. — Émus cependant par les plaintes d'Antigone, ils consentent à attendre la décision de Thésée, le roi du pays, qui ne saurait tarder de venir. (Vers 238 à 309.)

Sur ces entrefaites, arrive Ismène, la seconde fille d'Œdipe. Après une scène très pathétique de reconnaissance, elle donne des nouvelles de Thèbes. Polynice, détrôné par Étéocle son frère, réunit une armée pour envahir le territoire béotien. Mais les devins déclarent que seuls auront la victoire ceux qui posséderont, maintenant ou plus tard, la personne ou la dépouille funèbre d'Œdipe. Aussi Créon approche-t-il pour s'emparer du vieux roi banni, au nom d'Étéocle. Œdipe, joyeux de cette prédiction qui confirme l'ancien oracle, répond qu'il ne retournera jamais à Thèbes et lance sa malédiction aux fils ingrats qui l'ont chassé. (Vers 310 à 460.)

Cet épisode se termine par les préparatifs d'un sacrifice que fera Ismène, à la place de son père, et par un dialogue lyrique entre le Chœur et Œdipe sur les malheurs passés du roi. (Vers 461 à 548.)

Épisode II. — Thésée ayant montré beaucoup de bienveillance pour Œdipe, celui-ci le conjure de lui accorder aide et protection. Il ne veut point retourner à Thèbes, mort ou vivant. Qu'on le défende! Qu'on empêche les mauvais desseins de Créon! Qu'Œdipe puisse vivre en Attique et y être enseveli! Un jour, ses ossements donneront la victoire aux Athéniens. (Vers 549 à 667.)

Stasimon I. — Thésée a promis secours à Œdipe et l'a confié aux bons soins du Chœur. Celui-ci, en quatre strophes d'un éblouissant lyrisme, vante à l'étranger l'heureuse contrée vers laquelle l'ont conduit les dieux. (Vers 668 à 719.)

Épisode III. — Voici le danger! voici Créon!... Le Thébain essaie, par des paroles hypocrites et mielleuses, de décider son beau-frère à le suivre. Mais, démasqué par Œdipe qui l'injurie, il a recours à la force, insulte les Coloniates, fait enlever Ismène et Antigone. Il s'emparerait même du vieillard, si Thésée ne survenait à propos, ne retenait le ravisseur comme otage et ne lançait sa cavalerie à la poursuite des soldats du Thébain. (Vers 720 à 1043.)

Stasimon II. — Impatient de connaître le résultat de la rencontre, le Chœur invoque les dieux en faveur d'Athènes. (Vers 1044 à 1095.)

Épisode IV. — Ces prières sont exaucées. Thésée vainqueur ramène les deux jeunes filles à Œdipe, qui les embrasse avec effusion et se confond en remerciements. Le roi d'Athènes, en échange du service rendu, demande à son hôte d'accueillir la requête d'un suppliant qui sollicite une audience. Œdipe comprend qu'il s'agit de Polynice et refuse. Mais, sur les instances de Thésée et d'Antigone, il consent. (Vers 1096 à 1210.)

Stasimon III. — Les Coloniates se livrent sur les misères de la vie humaine à de philosophiques et poétiques réflexions, que leur inspire la destinée lamentable de leur récent ami. (Vers 1211 à 1248.)

Épisode V. — Polynice paraît. Au moment de marcher contre Thèbes, il a voulu implorer le pardon de son père. Mais Œdipe reste insensible aux remords de Polynice, comme tout à l'heure aux menaces de Créon. Il refuse d'accompagner son fils ; il renouvelle ses terribles malédictions, et, accablé par cette colère, le prince s'enfuit désespéré. (Vers 1249 à 1446.)

Cependant un coup de tonnerre a retenti : Œdipe reconnaît le signe céleste qui lui annonce sa fin prochaine. Il recommande à Thésée de ne révéler à personne dans quel lieu dormira pour toujours le pauvre aveugle : ce secret, fidèlement gardé, protégera éternellement la ville d'Athènes contre les entreprises des Béotiens. Puis, ayant salué une dernière fois le soleil, il disparaît dans les profondeurs du bois sacré. (Vers 1447 à 1555.)

Stasimon IV. — Le Chœur supplie les dieux d'accorder à Œdipe une mort douce et sans angoisses. (Vers 1556 à 1578.)

Exodos. — Un messager le rassure bientôt à cet égard. Les derniers moments d'Œdipe ont été calmes jusqu'à sa subite disparition, mystérieuse pour tous, sauf pour Thésée. Encore ému d'une émotion religieuse, le roi revient avec les deux sœurs qui se lamentent. Il les console et veut les retenir; mais elles partent. A Thèbes, un autre devoir les attend. (Vers 1579 à 1779.)

Étude littéraire : le drame. — A côté de l'*Œdipe roi*, l'*Œdipe à Colone* est une tragédie tout à fait simple. Elle n'est guère dramatique, au sens moderne du mot. Le sujet n'offre rien de compliqué. La marche de l'action est lente. « Ce qui domine, c'est une sorte de sérénité religieuse, des émotions touchantes et douces, un intérêt calme qui admet, non sans grâce, les longs développements et même les redites. Des touches plus molles, avec une raison plus mûre, y font sentir la vieillesse du génie (1). » C'est moins près de nous. C'est plus grec. Et, lorsque Ducis, au XVIIIe siècle, s'avisa de transporter ce drame sur notre scène, il le jugea trop sec et trop nu : aussi le mélangea-t-il avec *Alceste*, unissant Sophocle à Euripide et les trahissant tous les deux (2) !

La simplicité, dans *Œdipe à Colone*, n'exclut point la science la plus consommée. Comme Racine, Sophocle a eu cette habileté suprême : « Faire quelque chose de rien. »

Quel est le sujet? La vengeance, la réhabilitation, la glorification d'Œdipe. Le poète veut absoudre, au nom de l'intelligence, l'innocente victime du Destin. Il veut le montrer châtiant l'ingratitude de ses proches. Il veut enfin « effacer les hontes de sa vie par la gloire de son tombeau » (3). Voilà un sujet qui semble peu fécond et peu fait pour le théâtre. Sophocle en tire d'intéressantes péripéties.

Dans la prière aux Euménides, dans les dialogues avec le Chœur et Thésée, il pose nettement le problème et affirme la volonté vengeresse d'Œdipe qui, en léguant son cadavre à l'Attique, entend causer la perte des Thébains. Le récit d'Ismène nous apprend que, par la connaissance des oracles, cette volonté va rencontrer des obstacles. Les obstacles surgissent, en effet; et voilà la crise dramatique, voilà l'intérêt excité. Œdipe triom-

(1) Patin, *Études sur les tragiques grecs : Œdipe à Colone*, page 202.
(2) Cette tragédie de Ducis s'appelle *Œdipe chez Admète* et fut jouée en 1778.
(3) Schlegel, *Cours de littérature dramatique*, 4e leçon.

phera-t-il des violences de Créon et des supplications de Polynice? Restera-t-il ferme jusqu'au bout de cette épreuve qui le grandit? Son espoir d'une réparation tardive et sa confiance en la justice finale des dieux ne sont-ils pas de beaux rêves?... Il y a attente. Il y a incertitude, jusqu'au moment où le dénouement, avec sa majestueuse et mystérieuse horreur, répond à ces questions. Et, bien engagé, bien conduit, bien terminé, le drame conclut à la réhabilitation du maudit, recherché par ceux qui le bannirent naguère, accueilli par une grande nation, disparaissant presque d'ici-bas en une divine apothéose.

Ce drame d'une pureté tout attique fourmille de scènes d'une beauté naïve et sauvage. Citons seulement les imprécations d'Œdipe, la merveilleuse sortie du vieillard, et surtout l'immortel début, où, dans un entretien familier avec Antigone, l'aveugle expose si naturellement le sujet. Rarement on a vu pareille alliance de grâce et de vigueur, de science et de simplicité, de poésie suave et de splendeur tragique. C'est ce que Schlegel a très bien noté dans une ingénieuse comparaison, quand il écrit à propos d'*Œdipe à Colone :* « Si je voulais dépeindre la poésie de Sophocle sous un emblème tiré d'elle-même, je dirais que c'est une forêt consacrée aux sombres déesses de la destinée, mais où la vigne, l'olivier et le laurier verdissent, et où les chants du rossignol ne cessent de retentir (1). »

Les caractères : *ŒDIPE.* — Nous retrouvons le protagoniste de l'*Œdipe roi ;* mais quel changement ou plutôt quelle transfiguration d'un drame à l'autre!

Ce n'est plus le tyran qui violentait tout. Non! le malheureux est « un pauvre vagabond » en guenilles, « affreux à voir, affreux à entendre », qui demande son pain aux passants et qui provoque la pitié (2). Les premières paroles qu'il prononce sont caractéristiques à cet égard :

(1) Schlegel, *Cours de littérature dramatique*, 4e leçon.
(2) *Œdipe à Colone*, vers 50, 141, etc.

« Fille du vieillard aveugle, Antigone, — s'écrie-t-il — en quels lieux, près de quelle ville sommes-nous parvenus? De qui l'errant Œdipe recevra-t-il un faible don, aujourd'hui? Il sollicite peu et il reçoit moins encore; mais pour lui c'est assez : car les souffrances, l'âge et le courage du cœur m'ont enseigné la résignation (1)!... »

Ce n'est pas non plus le désespéré des dernières scènes de l'*Œdipe roi.* Il est calme. Il est « majestueusement apaisé ». Il a beaucoup réfléchi, pendant ses courses interminables à travers la Grèce, et il a vu clair avec les yeux de l'esprit. Coupable? mais il ne l'est point! Le Destin seul est responsable du parricide et de l'inceste. Œdipe n'a jamais eu l'*intention* de tuer son père et d'épouser sa mère. Il l'a fait malgré lui, par un fatal concours de circonstances indépendantes de sa volonté... Le maudit, dans sa nuit éternelle, a mûrement médité sur ces choses. « Il s'est jugé et il s'est absous (2). »

Aussi, quelle énergie à proclamer son innocence! Il revient souvent sur ce sujet. « J'arrive au milieu de vous irréprochable! » dit-il au Chœur des Coloniates. « J'ai subi plutôt que je n'ai commis ces actions. » « C'est sans rien savoir que j'en suis venu où j'en suis venu (3). » Et, quand son beau-frère ose l'insulter, il se redresse; cette victime d'une erreur judiciaire réclame justice; sa voix est fière; son discours est éloquent :

« En ce qui me concerne, s'écrie-t-il, tu ne peux m'imputer les fautes que j'ai commises contre moi et les miens. Explique-nous, en effet, si un oracle a prédit à mon père qu'il périrait de la main de son fils, comment tu pourrais me le reprocher justement à moi que mon père n'avait pas encore engendré, que ma mère n'avait pas conçu, et qui n'étais pas encore né? Si, par un malheur évident, j'en suis venu aux mains avec mon père, si je l'ai tué, sans savoir ce que je faisais, sans savoir contre qui j'agissais, comment blâmerais-tu avec raison une action bien involontaire? Quant à ma mère, malheureux, tu ne rougis point de me forcer à parler de mon hymen avec elle, ta sœur! Ce que fut cet hymen, je le dirai! Oui, je ne garderai point le silence, puisque toi tu abordes ce sujet impie. Elle m'a enfanté, elle m'a certainement enfanté, infortuné que

(1) *Œdipe à Colone*, vers 1-8.
(2) Paul de Saint-Victor, *Les Deux Masques*, tome II.
(3) *Œdipe à Colone*, vers 263-274, 287, 539, 547, etc.

je suis ! sans que la mère ait connu le fils, ni le fils sa mère ; et, plus tard, elle m'a donné des enfants qui furent son déshonneur Mais il y a une chose que je sais, c'est que tu parles mal d'elle et de moi volontairement, tandis que moi je l'épousai sans le vouloir et j'en parle sans le vouloir aujourd'hui. Et jamais je ne passerai pour coupable, ni à cause de ce mariage, ni à cause du meurtre de mon père, que tu ne cesses de me jeter à la face avec des outrages amers (1) !... »

Cette haute idée de son innocence le rend dur pour ceux qui l'ont repoussé comme coupable. Le père, qui n'a que des paroles douces et des baisers pour ses filles, ne connaît point la pitié pour ses fils, autrefois cruels, maintenant prosternés devant lui. Il ne pardonne pas leur faute *volontaire* à ceux qui le méprisèrent, aux jours de honte, quand sous le poids de ses fautes *involontaires* il gisait délaissé de tous et accablé. C'est peu chrétien, mais c'est logique. Les anciens comprenaient ces ressentiments-là.

Enfin, — et ceci complète le type — innocent devant sa conscience, Œdipe est déclaré innocent par les dieux. Ils ont revisé la cause et cassé l'arrêt. Les Euménides accueillent l'aveugle dans leur bois sacré. Apollon lui promet un avenir réparateur. Jupiter lui fait quitter si mystérieusement la terre que le mendiant pourrait être adoré comme un demi-dieu. Morale consolante et vraiment belle ! Le réprouvé a racheté par la souffrance les crimes dont il n'était pas responsable : il est devenu un élu.

ANTIGONE et ISMÈNE. — Antigone est la Cordélia de ce roi Lear de l'antiquité (2). En haillons, elle l'accompagne, implorant avec des larmes la pitié de ceux qui veulent le chasser (3), tendant la main pour lui, ayant à son égard mille petits soins qui sont charmants. « Chacun de ses mouvements, écrit joliment un critique, a la douce inquiétude d'une aile d'ange gar-

(1) *Œdipe à Colone*, vers 966-990.

(2) Le *Roi Lear* est une des plus dramatiques créations de Shakespeare. On y voit un monarque, devenu fou, chassé par deux de ses filles, soigné et guidé par Cordélia, la troisième, comme Œdipe par Antigone.

(3) *Œdipe à Colone*, vers 237 et suiv.

dien (1). » Sophocle, qui adorait cette fille de son imagination, l'avait louée lui-même d'une façon touchante dans cette tirade du vieil Œdipe :

« Depuis qu'elle est sortie de l'enfance et que son corps a pris de la force, toujours errante avec moi, la malheureuse guide le vieillard. Souvent, à jeun et les pieds nus, elle a parcouru la forêt sauvage. Souvent elle a essuyé les pluies et les ardeurs du soleil. Mais elle renonce aux joies d'une vie sédentaire, pourvu que son père ait de quoi manger (2). »

Ce dévouement de mère pour Œdipe malheureux, la noble fille est prête à en faire profiter tous ses proches. Sœur indulgente et aimante, elle intercède pour Polynice. Elle tâche de le réconcilier avec le père irrité. Elle retient ce frère qu'elle appelle « mon enfant » (3). Ce mot résume pour nous son caractère : Antigone ne vit que pour les siens ; elle a pris la place de Jocaste ; elle est la mère de la famille.

Ismène, nécessaire à l'action, est l'esquisse de sa sœur. Elle en a les qualités et le dévouement, mais elle manque de relief. Ici, comme dans la tragédie d'*Antigone*, c'est la très petite sœur de l'héroïne.

CRÉON et POLYNICE. — Antigone et Ismène étaient les fidèles. Créon et Polynice sont les ingrats. Il existe entre eux cependant des différences notables.

Créon n'est, en aucune façon, le prince humain et sage que nous admirions dans l'*Œdipe roi*. Il a pris les manières violentes et hautaines qu'avait autrefois son parent infortuné. Il tourne au tyran. Ne vous fiez pas à son attendrissement, à sa compassion bien jouée, à « ses paroles doucereuses ». Tout cela couvre « la dureté de son cœur ». Quand il voit que cette comédie ne réussit point, il jette le masque. Il devient brutal et cynique. Il emploie la force. Il raille et menace. Vaincu, il ne fait que se résigner : il a mal calculé son affaire, il sera plus adroit et plus heureux une autre fois (4).

(1) Paul de Saint-Victor, *Les Deux Masques*, tome II.
(2) *Œdipe à Colone*, vers 345-352.
(3) *Ibid.*, vers 1420.
(4) Voir toute la scène qui va du vers 728 au vers 1044.

Polynice, au contraire, est un ingrat qui se repent. L'aspect de son vieux père, échevelé, « couvert de sales vêtements », lui déchire l'âme. Il se déclare « le plus méchant des hommes de n'avoir pas pourvu à sa subsistance » (1). Il ne parle pas en maître, il s'humilie. Sans doute, son repentir n'est pas complètement désintéressé, mais il n'en demeure pas moins sympathique. La malédiction d'Œdipe le bouleverse, sans l'exaspérer, et il y répond par des vœux de bonheur. « Il y a dans ce personnage, un des plus dramatiques de la scène grecque, un mélange de malheur et de crime, d'emportement et de tendresse qui trouble singulièrement le cœur. On ne sait si on doit le condamner avec Œdipe, le plaindre avec Thésée, l'aimer avec Antigone (2). »

THÉSÉE et le panégyrique d'Athènes. — Mais le personnage de la tragédie que Sophocle a mis en scène avec le plus de plaisir, c'est Thésée. Il l'a doté libéralement de toutes les vertus.

Le fils d'Égée a la majesté, l'orgueil royal, la confiance en lui-même qui conviennent à un grand prince (3). Loyal au point que « sa parole vaut un serment » (4), il s'indigne contre les fourbes et les hommes injustes : il y a une admirable explosion de colère méprisante dans les reproches qu'il adresse à Créon. Ainsi doit s'exprimer un roi honnête et ami du bien (5). « Chez vous seul, entre tous les hommes, dit le mendiant à Thésée, j'ai trouvé la piété, l'équité et un langage sincère (6). » Il a trouvé mieux encore : la générosité et l'humanité. Thésée est bon. Thésée ne s'inquiète pas des souillures d'Œdipe, en présence d'une aussi cruelle infortune (7). Il relève le vieillard d'une main charitable. Il nomme Ismène et Antigone « *nos* enfants » (8). Il est réellement l'incarnation de cette

(1) *Œdipe à Colone*, vers 1254 et 1266.
(2) Patin, *Études sur les tragiques grecs : Œdipe à Colone*, page 243.
(3) *Œdipe à Colone*, voir notamment 649-667, 893-903, 1027-1035.
(4) *Ibid.*, vers 650 et 651.
(5) *Ibid.*, vers 904-936.
(6) *Ibid.*, vers 1125-1127.
(7) *Ibid.*, vers 555-568.
(8) *Ibid.*, vers 1021.

humaine et généreuse Athènes qui dressa un autel à la Pitié.

Athènes!... Ne serait-elle pas, en définitive, le principal personnage du drame?... Presque à chaque vers, un mot, une épithète flatteuse s'ajoute à l'éloge qu'on en fait. Elle est « la plus illustre des cités » (1). Elle est « la plus religieuse, la seule qui soit capable de sauver l'étranger malheureux, la seule qui soit en état de le secourir » (2). Athènes, « pieuse entre toutes », « pratique la justice et rien chez elle ne s'accomplit que par la loi » (3). Et le panégyrique de la Patrie, toujours invisible, mais présente, se poursuit jusqu'au moment où, saisi d'un enthousiasme lyrique, le poète la chante en des vers qu'on a cités souvent et qu'on citera toujours, car ils sont les plus mélodieux de Sophocle :

O étranger, tu es arrivé dans la plus belle région de la terre, dans le pays des beaux chevaux, la blanche Colone, où les rossignols mélodieux gazouillent dans les vallées vertes, cachés sous le lierre noir à fleurs rouges et sous le feuillage sacré chargé de mille fruits, à l'abri des feux du soleil et des souffles froids de l'hiver. Là, Bacchus, qui aime les orgies, se promène entouré des nymphes qui le nourrirent tout enfant.

Là, sous une rosée céleste, le narcisse aux belles grappes fleurit toujours, couronne antique des belles déesses; là, fleurit aussi le safran doré. Les inépuisables sources du Céphise répandent leurs eaux limpides dans la plaine. Et les chœurs des Muses n'abandonnent jamais cette terre, ni Aphrodite aux rênes d'or.

Et il y a ici un arbre — je n'ai pas entendu dire qu'il en ait poussé de pareil sur le sol de l'Asie ni dans l'île dorienne de Pélops — né de lui-même, non planté par la main des hommes, qui verdoie grandement sur cette terre et qu'aucun chef ennemi ne déracinera de sa lance : l'olivier aux feuilles glauques, nourricier de l'enfance, que gardent l'œil de Zeus et la prunelle bleue d'Athéné.

Mais j'ai encore à célébrer un autre honneur de cette cité : ses chevaux et ses navires, don magnifique d'un roi puissant. O roi Poseidon, tu l'as élevée toi-même à cette gloire, en inventant le frein qui dompta les chevaux sur les voies terrestres et la nef ornée d'avirons, qui, poussée par les bras des rameurs, vole sur la mer, rivale des Néréides nombreuses et bondissantes (4)!...

(1) *Œdipe à Colone*, vers 107 et 108.
(2) *Ibid.*, vers 260-263.
(3) *Ibid.*, vers 913, 1006 et suiv.
(4) *Ibid.*, vers 668-719.

ANTIGONE

(441 av. J.-C.)

Historique. — En 440 avant Jésus-Christ, Sophocle fut élu général et prit part à l'expédition dirigée contre Samos (1). Un grammairien nous apprend la raison de ce choix, au premier abord étrange (2). L'année précédente, le poète avait fait représenter *Antigone* et le succès avait été considérable. Les Athéniens voulurent lui donner une marque éclatante de leur faveur : ils le nommèrent stratège. « Tel était, dit M. Patin, le génie de ce peuple spirituel et frivole, qui, joignant au goût passionné des arts et de la poésie toutes les fantaisies du pouvoir absolu, mêlait bizarrement avec les soins les plus sérieux de sa politique l'administration de ses plaisirs (3). »

Écrite longtemps avant *Œdipe roi* et *Œdipe à Colone*, dont elle est la suite logique, cette tragédie est visiblement inspirée par la dernière partie des *Sept contre Thèbes* d'Eschyle. Dans ce drame, un héraut ordonnait, au nom du peuple thébain, que Polynice, traître à la patrie, fût privé des honneurs funèbres. Antigone, la sœur du défunt, protestait contre cet ordre barbare et déclarait qu'elle n'obéirait point... — Eschyle avait-il montré, dans une autre pièce, la princesse exécutant sa fière résolution ? On l'ignore. Mais Euripide et Sophocle composèrent tous deux une *Antigone*. Celle d'Euripide est perdue, et quelques rares fragments permettent seuls de conjecturer que les réflexions philosophiques et la passion amoureuse y tenaient une large place (4). Celle de Sophocle a subsisté ; et de nombreuses reprises, surtout

(1) Ce fait est attesté notamment par Cicéron (*De officiis*, I, 40) et par Plutarque (*Vie de Périclès*, c. 8).

(2) Ce grammairien est Aristophane de Byzance, qui nous a laissé un *argument* sur *Antigone*.

(3) Patin, *Études sur les tragiques grecs : Antigone*, page 231.

(4) M. Patin nous indique quelques-unes de ces conjectures : « Antigone était aidée par Hémon dans sa pieuse entreprise, et tous deux, unis par le même péril,

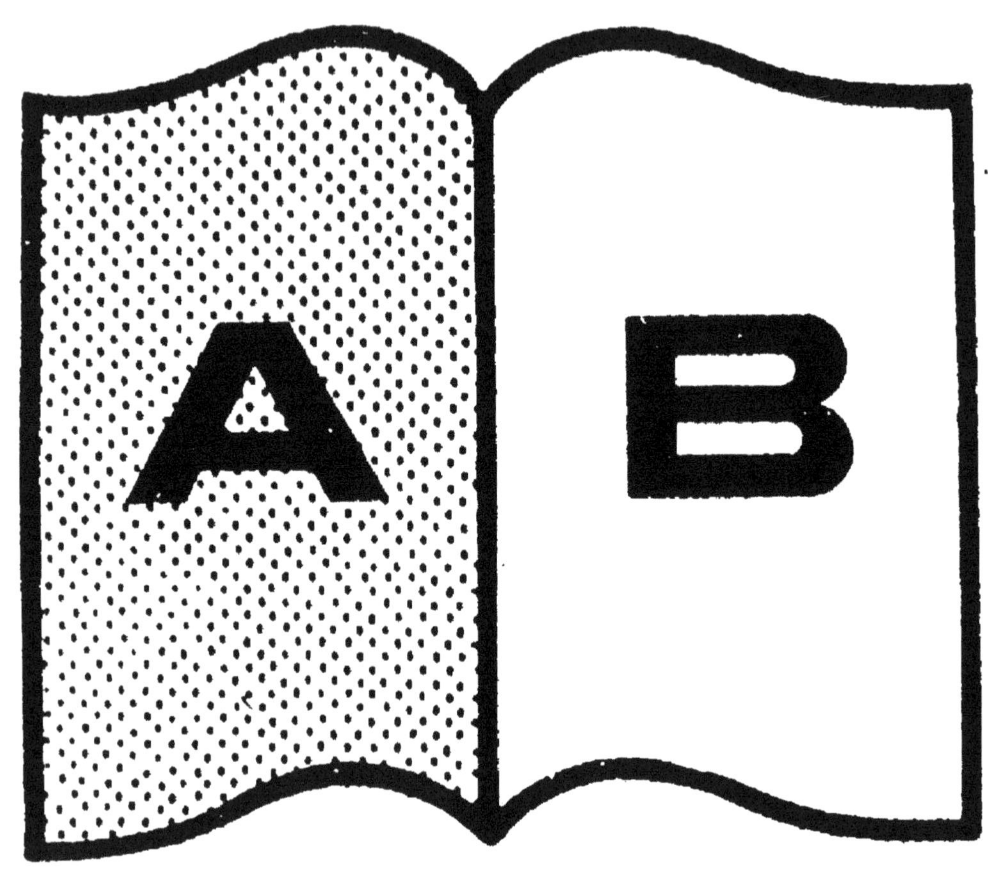
A
B

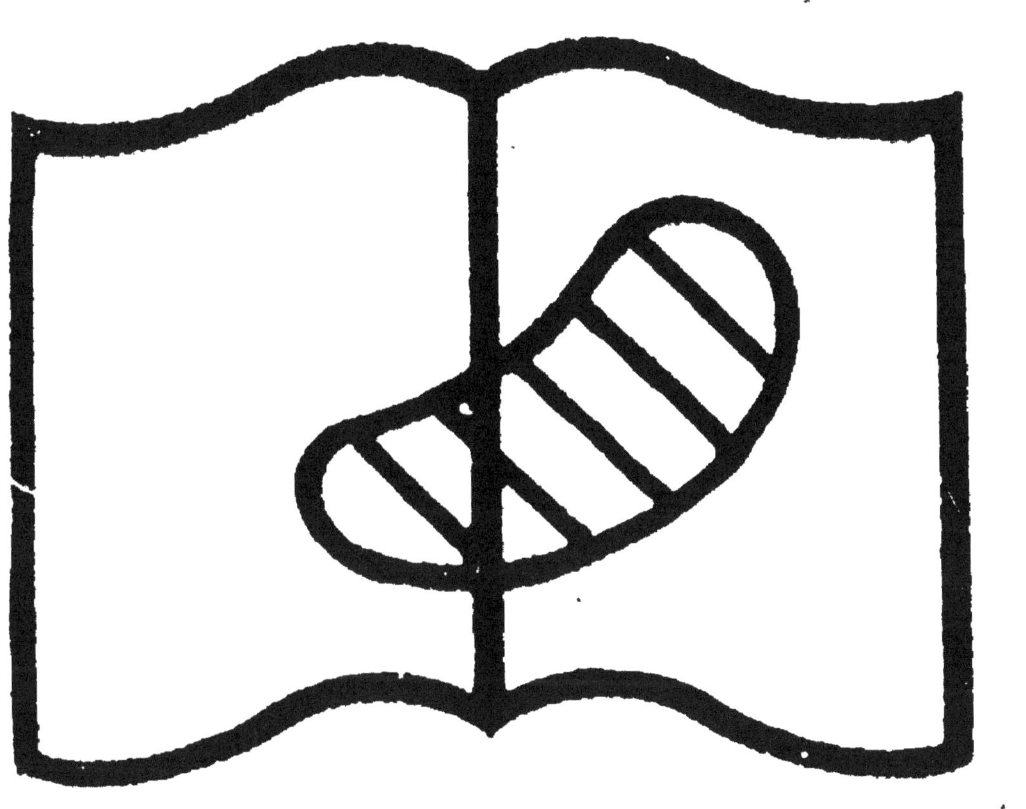

Illisibilité partielle

au IVe et au IIIe siècle, prouvent qu'elle resta, sur les scènes de la Grèce, un drame populaire et applaudi (1).

Analyse d'Antigone : Prologue. — Le siège de Thèbes vient de finir; les Argiens sont en fuite; Étéocle et Polynice se sont entre-tués dans la bataille. Créon, devenu roi par la mort de ses neveux, a promulgué un édit inhumain : il veut que le cadavre de Polynice « soit abandonné sans larmes et sans sépulture à la voracité des oiseaux » et il a décrété la peine capitale contre les imprudents qui enfreindraient cet édit.

Antigone, au début du drame, sort du palais avec une aiguière sur l'épaule. La courageuse fille a résolu de verser sur le corps de son frère l'eau lustrale et la poussière prescrite par les rites. Elle presse vivement sa sœur de se joindre à elle et de la seconder. Mais la petite Ismène n'a point cette audace virile; elle juge que c'est une folie; elle refuse. Antigone, avec une moue de mépris, se dirige seule vers la campagne où gît le cadavre de Polynice. (Vers 1 à 99.)

Parodos. — Le Chœur, composé de vieillards thébains, célèbre l'heureux jour où la cité a repoussé l'Argien « au bouclier blanc », qui fondait sur elle « comme s'abat sur la terre l'aigle aux ailes de neige ». Il chante les péripéties de la lutte. Et il engage les habitants « à former, durant la nuit entière, des chœurs de danse dans tous les temples des dieux ». (Vers 100 à 161.)

Épisode I. — Superbe et fier, Créon descend — comme autrefois Œdipe — les marches du palais. En termes énergiques, il renouvelle au peuple son ordre sacrilège. Il sera inflexible pour quiconque lui désobéira.

A peine a-t-il achevé cette proclamation qu'un garde arrive, tremblant. Avec une frayeur comique, il raconte au roi qu'un téméraire inconnu a jeté un peu de terre sur le cadavre de Polynice et, par conséquent, a accompli les rites prescrits. Créon s'emporte à cette nouvelle. Il insulte le Chœur; il menace le garde; il promet de faire un exemple terrible sur

comme ils l'avaient été par un dévouement pareil, étaient sauvés au dénouement, grâce à une de ces inventions merveilleuses si aimées d'Euripide, par l'intervention du dieu de Thèbes, Bacchus, venant intimer à Créon la volonté des dieux, et terminant la tragédie, moins tragiquement qu'elle ne se terminait chez Sophocle, par le mariage d'Antigone et d'Hémon et par l'annonce de leur future postérité. » (Patin ouvrage cité, page 279.)

(1) Patin, ouvrage cité, page 232. Dans une épigramme de Dioscoride, *Antigone* est appelée « le chef-d'œuvre de son auteur »

les responsables, si le coupable n'est pas découvert et livré. (Vers 162 à 331.)

Stasimon I. — Le Chœur, resté seul, chante le génie inventif de l'homme et ses merveilleuses victoires sur la nature. Mais il regrette qu'égaré par son orgueil, l'être humain « viole les lois de la patrie et les droits sacrés des dieux ». (Vers 332 à 383.)

Épisode II. — Le garde revient tout joyeux. Il amène Antigone à Créon et dénonce au roi la jeune fille. C'est elle qui a inhumé Polynice; c'est elle qu'on a surprise versant de la poussière sur le mort.

Alors s'engage entre le tyran et l'héroïne un dialogue immortel. Aux reproches et aux invectives de Créon, Antigone réplique par l'affirmation des lois « non écrites, mais immuables », par la revendication hautaine de l'équité divine sur la justice des hommes. Créon défendait; les dieux ordonnaient... Elle a écouté la voix des dieux. Et, repoussant Ismène qui, n'ayant point été sa compagne de dévouement, voudrait être sa compagne dans le martyre, elle tient tête au tyran qui écume de rage et hurle la sentence de mort. (Vers 384 à 581.)

Stasimon II. — Le Chœur déplore la triste condition des hommes et principalement les calamités qui accablent la race des Labdacides. (Vers 582 à 630.)

Épisode III. — Antigone trouve un défenseur résolu : c'est son fiancé, son cousin germain, le fils de Créon. Respectueux, quoique ferme, Hémon supplie son père de réfléchir et d'accorder la vie à Antigone. Mais son éloquence émue et insinuante ne peut rien contre l'implacable entêtement du roi. Injurié grossièrement, le jeune homme s'éloigne désespéré, en prononçant des paroles lugubres qui impressionnent péniblement le Chœur. (Vers 631 à 780.)

Stasimon III. — Les vieillards thébains disent la puissance et les effets de « l'indomptable Amour ». (Vers 781 à 805.)

Épisode IV. — Condamnée à être murée dans une caverne, où elle attendra que la mort la prenne, Antigone traverse la scène, escortée par Créon et des gardes. Raillée lâchement par le Chœur, elle a un moment de défaillance bien explicable et pleure sur ses espérances de jeunesse. Puis elle se redresse et marche au supplice avec l'exaltation d'une martyre, avec la conscience qu'elle périt victime du devoir. (Vers 806 à 943.)

Stasimon IV. — Dans un hymne purement mythologique.

le Chœur énumère les personnages qui furent traités comme va l'être Antigone et qui subirent la force du Destin. (Vers 944 à 987.)

ÉPISODE V. — Créon triomphe; mais l'expiation est proche. Voici venir Tirésias, le messager des dieux. Au nom de la divinité, il commande à Créon de délivrer Antigone et d'ensevelir Polynice. Le tyran raille et injurie; puis, effrayé par les prédictions sinistres du devin, il se précipite pour contremander l'ordre fatal. (Vers 988 à 1114.)

Stasimon V. — Le Chœur appelle Bacchus, le dieu protecteur de la ville, au secours des Thébains menacés de nouveaux malheurs. (Vers 1115 à 1154.)

EXODOS. — Il est trop tard! Les malheurs se suivent et s'accumulent. Un messager nous apprend qu'Antigone s'est pendue dans la caverne et qu'Hémon s'est suicidé auprès d'elle, après avoir craché au visage de son père. Cette catastrophe désespère la femme de Créon, qui se tue. Et, tout écrasé par cet amas inouï d'expiations, le tyran, devant les cadavres de son fils et de son épouse, comprend qu'il y a des dieux qui jugent et qui savent châtier même les rois. (Vers 1155 à 1353.)

Étude littéraire : le drame. — Schlegel constate, dans son *Cours de littérature dramatique*, qu'*Antigone* a été « en général peu comprise » par les modernes. L'action paraît trop simple. Les scènes qui suivent les adieux d'Antigone à la lumière sont considérées comme continuant inutilement un drame terminé. Enfin, on a trouvé que Sophocle introduisait trop tard, pour trop peu de temps, et sans préparations suffisantes, les personnages du fils et de la femme de Créon.

Ces critiques nous semblent mal fondées. L'esthétique dramatique des Grecs différait profondément de la nôtre. Aux complications qui nous sont chères, ils préféraient une extrême simplicité. Ils ignoraient l'art des préparations et ne se choquaient point si on leur présentait vers la fin de la pièce un personnage encore inconnu, dont le rôle n'était utile qu'à ce moment et pour cette scène. Quant aux épisodes postérieurs à la disparition de l'héroïne, loin d'être inutiles, ne sont-ils pas au contraire indispensables? Où serait sans eux la sanction? Où serait la morale de la tragédie? Le crime est consommé : il manque encore le châtiment. « Après le dévouement de la pieuse victime, il reste à la venger par la punition de son orgueilleux oppresseur. Il ne fallait pas moins que la destruction de la famille entière du tyran et le désespoir de Créon pour payer un sang aussi précieux... Les Grecs eussent été trop révoltés par la mort affreuse d'Antigone, et ils n'auraient pu regarder la pièce comme terminée sans une expiation (1). »

La vérité, c'est que la donnée première du drame ne saurait intéresser des modernes comme elle passionnait es anciens (2). Pour eux, l'âme n'était pas séparée du corps dans les Enfers. Aussi devait-on observer avec le plus grand soin les rites funéraires. Toute âme dont la dépouille corporelle n'avait pas été inhumée ou brûlée errait sans repos et sans espoir sur les rives du Styx, qu'il lui était interdit de franchir. On voit quel intérêt tragique devait exciter, sous l'empire de pareilles croyances, la question de la sépulture chez les Grecs. Il y avait là quelque chose qui touchait aux mœurs religieuses et aux sentiments les plus intimes d'une nation.

Cet élément d'intérêt n'existe plus pour nous, et, dans *Antigone*, le drame religieux nous laisse froids. Mais le drame humain subsiste, et, vif, rapide, émouvant, il fera battre toujours notre cœur. C'est la lutte de l'amour et de la haine. C'est la liberté s'insurgeant au nom du devoir contre la force. « C'est l'héroïque peinture de l'homme qui, pour accomplir une loi morale, non seulement accepte le malheur, mais va le chercher, mais se sacrifie, et par cet acte, le plus sublime qu'il lui soit donné d'exécuter, rend témoignage à la dignité de son être et de sa vocation terrestre (3). » Est-il rien de plus dramatique, de plus

(1) Schlegel, *Cours de littérature dramatique*, 4e leçon.

(2) Pour prouver l'importance de cette question chez les anciens, il suffit de rappeler les combats livrés autour des cadavres dans l'*Iliade* et la démarche du vieux Priam achetant à Achille le droit d'ensevelir son fils Hector. Notons encore ce fait historique : les Athéniens condamnèrent à mort les généraux victorieux aux Arginuses, parce qu'ils avaient négligé de rendre les honneurs funèbres aux guerriers és. Ce sont des exemples pris entre mille.

Patin, ouvrage cité, page 253.

éternellement vrai? Bien des siècles après, quand Pierre Corneille cherchera à provoquer l'*admiration* et en fera comme la base de son système, il retrouvera simplement les procédés employés par Sophocle dans *Antigone*.

Les caractères : *ANTIGONE*. — Nous avons prononcé le nom de Corneille. Le personnage d'Antigone nous fait penser bien davantage encore au grand tragique français. La noble fille, chez qui « le courage d'un héros s'allie aux plus pures vertus des femmes » (1), est la sœur aînée des Émilie et des Chimène.

Elle est farouche, énergique, rude de sentiment et de langage. Sa décision prise, elle n'hésite pas, elle ne tarde point. Ni les objections d'Ismène, ni la certitude du châtiment ne l'arrêtent. Elle a vu son devoir : elle y court avec emportement, avec enthousiasme. Et, comme il se mêle quelque chose de religieux à ce devoir naturel, on a pu la comparer aux martyres, qui bravaient les édits des despotes et se précipitaient au milieu du péril sans admettre la possibilité d'une transaction.

Cette fermeté semble chez Antigone se changer parfois en dureté. Ismène n'a pas, comme elle, la vocation du sacrifice et du dévouement jusqu'à la mort. Antigone l'accuse de lâcheté. Elle la malmène et la rudoie (2). Elle la repousse même plus tard, quand la gentille et craintive enfant, gagnée par la fièvre de l'héroïsme, veut partager avec sa grande sœur le châtiment (3). « Elle la renvoie d'un geste hautain vers la vie » (4); et, comme Curiace au jeune Horace, on serait tenté de lui dire que « sa fermeté tient un peu du barbare ».

Ne nous laissons pas prendre aux apparences. Sous cette rudesse se cache une exquise bonté. « Je suis née pour m'associer à l'amour et non pas à la haine », dit Antigone (5). En effet, qui fut plus aimante que la fille

(1) Schlegel, ouvrage cité.
(2) *Antigone*, vers 69-97.
(3) *Ibid.*, vers 536 et suiv.
(4) Paul de Saint-Victor. *Les Deux Masques*, tome II.
(5) *Antigone*, vers 523.

d'Œdipe? qui poussa l'affection fraternelle plus loin que la sœur de Polynice? Elle a un fiancé, et l'on s'étonne qu'elle en parle si peu au milieu de ces événements tragiques : mais un cri involontaire prouve son amour pour cet homme qui se tuera sur son cadavre, Roméo de cette Juliette de l'antiquité (1). Au fond, elle a le cœur tendre, et cette sensibilité éclate, lors de la défaillance tant reprochée, quand; le sacrifice accompli, elle songe à la lumière dorée, aux journées heureuses qu'elle aurait pu vivre, aux espérances fleuries qui vont se faner entre ses doigts (2).

Mais le Destin a décidé qu'elle immolerait tout à son devoir. Elle a obéi stoïquement. Héroïne de la piété filiale, elle meurt martyre de la piété fraternelle. Et, malgré un instant d'angoisse profonde, elle ne regrette rien, elle ne rétracte rien, elle reste la fille sublime qui jetait à la face de Créon cette magnifique et impérissable tirade sur la loi divine :

« Zeus ne m'a point fait cette défense; la justice, compagne des dieux infernaux, n'a pas dicté aux hommes de pareilles lois; et je ne pensais point que tes décrets eussent assez d'autorité pour permettre à un mortel de violer les lois non écrites, mais immuables, des dieux. Car ce n'est pas d'aujourd'hui qu'elles existent et nul ne sait quand elles ont pris naissance. Je ne pouvais donc pas, moi, par crainte d'agir contre la volonté d'un homme, m'exposer à la vengeance des dieux. Je savais — comment l'ignorer? — qu'il me faudra mourir, même sans ton édit. Mais si je meurs avant le temps, je me félicite de mon destin. Comment celui qui vit, comme moi, au milieu de maux sans nombre ne verrait-il pas dans la mort un avantage? Ainsi le sort qui m'attend ne saurait me causer aucun chagrin. Ah! si j'avais laissé sans sépulture le corps de celui qui est né de ma mère, j'en serais affligée; mais je ne le suis pas de ce qui arrive. Et maintenant si ma conduite te paraît insensée, peut-être est-ce un fou qui m'accuse de folie (3)... »

CRÉON. — Antipathique dans *Œdipe à Colone*, Créon est franchement odieux dans cette tragédie. On dirait que le poète a voulu réjouir la démocratique Athènes par la caricature d'un tyran.

(1) « O cher Hémon, comme ton père t'outrage! » s'écrie-t-elle au moment où Créon prononce des paroles malsonnantes à propos de leur amour (*Antigone*, vers 572).
(2) *Antigone*, vers 806 et suiv.
(3) *Ibid.*, vers 450 et suiv.

Tout gonflé d'orgueil, il a été grisé par son élévation récente et rapide au trône. Le pouvoir l'enivre « comme un vin grossier ». Il s'érige en théoricien du despotisme. Il en est « le pédant » (1). A chaque instant, il déclame avec une rhétorique ampoulée des maximes autoritaires (2). Il se rengorge, il s'admire, il se berce des phrases sonores qu'il prononce. Ni les nobles idées d'Antigone, ni les pénétrantes paroles d'Hémon, ni les menaces sévères de Tirésias n'agissent sur son âme (3). « Telle es ma volonté ! » déclare le despote (4). Comme son malheureux parent Œdipe, il est affolé par la toute-puissance.

A cet orgueil insensé s'ajoute un manque complet d'intelligence. Créon est une brute butée à une idée fixe : il en a l'obstination et la cruauté. Quiconque insinue que son acte n'est point de nature à plaire aux dieux, encourt sa colère. Antigone est envoyée au supplice et le tyran presse les bourreaux (5). Hémon est injurié par son père qui l'appelle « misérable », « cœur perfide », « esclave d'une femme » (6). Tirésias est chassé comme un charlatan cupide et « ami de l'injustice » (7). Le Chœur lui-même, le Chœur si complaisant et si lâche, est traité de radoteur et de fou (8).

Tel est le despote borné, têtu, cruel, qui ne cède « qu'à regret » et « par nécessité » (9). Insolent et impitoyable dans la bonne fortune, il est sans force et sans grandeur dans l'adversité. Œdipe était auguste après la catastrophe, Créon est lamentable et sans dignité. Sophocle n'a eu aucune pitié pour lui.

LES PERSONNAGES SECONDAIRES. — Les autres personnages ne sont là que pour faire valoir Antigone et Créon, les deux antagonistes du drame. Nous étudierons brièvement ceux qui méritent quelque attention.

(1) Paul de Saint-Victor, *Les Deux Masques*, tome III.
(2) *Antigone*, voir notamment 175-191.
(3) *Ibid.*, épisodes II, III et V.
(4) *Ibid.*, vers 207.
(5) *Ibid.*, vers 883, 931, etc.
(6) *Ibid.*, vers 742, 746, 756.
(7) *Ibid.*, vers 1045-1061.
(8) *Ibid.*, vers 281.
(9) *Ibid.*, vers 1105

La mignonne *Ismène* est, pour ainsi dire, l'esquisse d'Antigone. Aimante et dévouée comme elle, elle se décide moins brusquement. Ce n'est pas une enthousiaste, et il faut qu'on lui trace la route à suivre. La tendresse et le courage sont loin de lui manquer, malgré tout : elle défend sa sœur arrêtée et s'accuse faussement pour mourir avec elle (1). Sophocle la place auprès d'Antigone, comme ailleurs il a mis la douce Chrysothémis à côté de la violente Électre. Elle a les mêmes qualités que sa sœur, mais à un degré moindre. « Le poète aime à faire ressortir un caractère héroïque, non seulement par son contraire, mais par *sa ressemblance affaiblie* (2). »

Hémon, le fils du despote, est un caractère aimable. Soumis et respectueux, sans provocation et sans colère, avec une modération rare, il présente à son père de sages observations (3). Repoussé, il se tue sur le cadavre de celle qu'il aime, et cet acte suffit à faire de ce personnage très effacé un vrai type. Il est le premier qui agisse par *amour* sur la scène grecque, où cette passion était absolument inconnue jusqu'alors. Il est l'ancêtre des Roméo, des Clitandre, des Dorante, des Lindor, de tous les « amoureux » ou « jeunes premiers » qui ont pullulé depuis. Son apparition est une date dans l'histoire du théâtre : l'amour, ce tyran futur de la scène, vient de s'y glisser en tapinois (4)

ÉLECTRE

Historique. — Nous ignorons la date de la première représentation d'*Électre*. Autant qu'il nous semble, cette

(1) *Antigone*, vers 536-570.
(2) Patin, ouvrage cité, page 259.
(3) *Antigone*, vers 683-723.
(4) N'oublions pas qu'il a été fait de nombreuses imitations d'*Antigone* par Attius, chez les Romains; par Alamanni et Alfieri, en Italie; par Baïf, Garnier, Rotrou et MM. Paul Meurice et Vacquerie, en France.

tragédie fût composée par Sophocle dans la seconde partie de sa carrière. Les chants du Chœur y sont moins nombreux et n'ont qu'une médiocre étendue. On sent que le poète subit à cet égard l'influence d'Euripide, et c'est pourquoi nous n'hésitons point à considérer l'*Électre* comme postérieure à l'*Œdipe roi*.

Ce drame appartient au groupe de pièces, d'ailleurs fort riche, que Sophocle écrivit sur la guerre de Troie, ses préliminaires et ses suites (1). Il formait avec les *Laconiennes*, les *Noces d'Hélène*, *Iphigénie*, et sans doute quelques autres drames, une petite catégorie relative à la légende des Atrides. L'auteur s'attaquait ici résolument à un sujet traité avec puissance par Eschyle. Dans les *Choéphores*, le vieux tragique avait montré Oreste et Électre se reconnaissant dès le début de l'action, complotent la vengeance, abusant Clytemnestre par une ruse, et frappant cette femme coupable, ainsi qu Égisthe, son associé dans le crime (2). Nous allons voir ce qu'a tiré Sophocle de la même matière, et comment il fut original après son illustre prédécesseur.

Analyse d'Électre: Prologue. — C'est à Mycènes, devant le palais royal, au lever de l'aurore. Depuis l'assassinat d'Agamemnon, sa veuve Clytemnestre et son complice Égisthe règnent paisiblement sur les domaines du roi égorgé. Deux choses toutefois gâtent leur bonheur : les perpétuelles lamentations d'Électre, qui les accuse sans cesse du meurtre de son père, et l'existence d'Oreste, le jeune fils d'Agamemnon, qu'un serviteur fidèle ravit au trépas et qu'on élève sur la terre étrangère pour être, un jour, le vengeur.

Au moment où l'action s'engage, cet Oreste, accompagné de son cher ami Pylade (3) et du gouverneur qui le sauva jadis, paraît sur la grande place de Mycènes. Apollon lui a dit que l'heure propice avait sonné, et il est venu. Tous trois arrêtent les dernières mesures pour l'accomplissement de

(1) On en cite avec certitude 34 ou 35, parmi lesquelles : le *Jugement de Pâris*, les *Phrygiens*, *Memnon*, *Phénix*, *Ajax*, *Philoctète*, *Laocoon*, *Sinon*, *Priam*, *Polyxène*, *Nausicaa*, etc.

(2) Voir notre étude sur Eschyle.

(3) Pylade est un personnage muet.

leur projet. Le gouverneur se montrera le premier et endormira les soupçons de Clytemnestre, en lui annonçant le trépas d'Oreste. Oreste et Pylade, dont nul à Mycènes ne connaît les traits, arriveront ensuite pour apporter l'urne qui contient soi-disant les restes du fils d'Agamemnon. Et, introduits de la sorte dans le palais, ils s'acquitteront de leur sanglante besogne. (Vers 1 à 85.)

A peine se sont-ils éloignés, qu'Électre se précipite sur la scène et donne libre cours à sa douleur. Ordinairement, il lui est interdit de sortir; mais le cruel Égisthe est absent de Mycènes et elle en profite pour exhaler ses plaintes devant tous. Le Chœur, composé de jeunes filles qui l'aiment, accourt à sa voix; et, dans un dialogue lyrique tenant lieu ici de *parodos*, elles expriment leurs haines, leurs espoirs, et surtout leur désir de voir enfin surgir Oreste, si souvent appelé, mais qui ne vient jamais. (Vers 86 à 250.)

ÉPISODE I. — Chrysothémis, les mains chargées d'offrandes, sort de la maison royale et adresse à sa sœur Électre des conseils de modération, fort mal accueillis par la fougueuse princesse. Mais, bientôt, Électre s'adoucit, et la joie renaît dans son âme, en apprenant de la jeune enfant que ces offrandes sont envoyées par Clytemnestre, désireuse d'apaiser les mânes d'Agamemnon et d'écarter les présages d'un songe sinistre. (Vers 251 à 471.)

Stasimòn I. — Après le départ de Chrysothémis, le Chœur, que le récit du songe remplit de confiance, salue l'approche d'Erinnys, « la déesse aux cent pieds et aux cent bras », la justicière implacable. (Vers 472 à 515.)

ÉPISODE II. — Clytemnestre paraît à son tour sur la scène et rudoie « cette impudente créature », « qui diffame ses parents au dehors ». Une violente dispute éclate entre la fière Électre et sa mère. De part et d'autre on se lance des outrages et des menaces, jusqu'au moment où Clytemnestre vaincue ne sait que répliquer à son adversaire et supplie Apollon de supprimer ceux qui la gênent, c'est-à-dire Électre et Oreste. (Vers 516 à 659.)

Elle peut croire bientôt que le dieu a exaucé d'avance les vœux impies qu'elle formait. Le gouverneur d'Oreste, que tous sont incapables de reconnaître après tant d'années d'absence, joue le rôle d'un messager et raconte à la reine comment son fils a péri, victime d'un accident aux jeux Pythiques de Delphes. A cette fâcheuse nouvelle, Électre pousse des cris de désespoir, et Clytemnestre, débordante de joie, emmène pour le combler de présents l'homme qui vient ainsi de dissiper ses angoisses. (Vers 660 à 803.)

La douleur d'Électre est terrible et elle ne voit plus de refuge désormais que dans la mort. Chrysothémis arrive cependant du tombeau d'Agamemnon et l'informe, avec une allégresse sincère, qu'elle a trouvé l'antique sépulture couverte de fleurs et d'offrandes apportées par un inconnu. Mais, persuadée qu'Oreste n'existe plus, Électre n'accorde aucune créance aux paroles de Chrysothémis. Elle lui propose d'accomplir, à défaut de leur frère disparu, l'œuvre de sang. Cette offre épouvante la vierge timide; elle refuse, et elle se retire, poursuivie par les reproches de sa sœur. (Vers 804 à 1057.)

Stasimon II. — Le Chœur entonne l'éloge d'Électre qui, malgré l'abandon général, « lutte seule contre la tempête ». Il affirme que la victoire du crime est passagère et que la justice triomphera. (Vers 1058 à 1097.)

ÉPISODE III. — Les événements lui donnent raison avant peu. Deux jeunes gens se présentent au seuil du palais, et l'un d'eux tient entre ses mains une urne funéraire, dont Électre s'empare aussitôt quand on lui dit qu'elle enferme les cendres de son frère. Ses plaintes et ses sanglots sont si touchants qu'Oreste révèle le fameux secret, dans une scène de reconnaissance qui est une des plus pathétiques du théâtre grec. (Vers 1098 à 1321.)

Ils s'oublieraient, d'ailleurs, en effusions et en confidences, si le gouverneur ne revenait, ne les avertissait du succès de la ruse, et ne lançait contre Clytemnestre Oreste et Pylade armés de poignards. (Vers 1322 à 1383.)

Stasimon III. — Le Chœur constate qu'ils sont enfin dans Mycènes « les chiens inévitables qui poursuivent le crime » et il se réjouit de voir « que le rêve de son âme va se réaliser sur-le-champ ». (Vers 1384 à 1397.)

EXODOS. — Le dénouement ne tarde plus guère, en effet. On entend à l'intérieur du palais les cris déchirants de Clytemnestre, frappée mortellement par son fils. Égisthe, à son tour, est exécuté, lorsqu'il revient de voyage, après avoir été d'abord trompé par le même mensonge qui abusa tout à l'heure sa complice. Et le Chœur termine la tragédie en célébrant la victoire des enfants d'Agamemnon. (Vers 1398-1510.)

Étude littéraire : le drame. — A proprement parler, Sophocle n'ajouta rien à la donnée des *Choéphores*. Il ne chercha point à piquer la curiosité par des complications romanesques et par la splendeur de la mise en scène. Il écarta même des regards du spectateur ce tombeau d'Agamemnon, devant lequel se déroulait la tragédie d'Eschyle. Il rivalisa de simplicité avec celui qui avait été son maître en art dramatique. Et l'on serait déçu, nous le répétons encore une fois, si l'on espérait trouver dans *Électre* les péripéties ou les surprises qui sont le triomphe des dramaturges modernes et contemporains.

Aujourd'hui, par exemple, on ne ferait point exposer dès les soixante-quinze premiers vers tous les stratagèmes qu'Oreste et ses compagnons veulent employer pour atteindre leur but (1). On nous laisserait ignorer quel est ce vieillard qui apporte le message funeste et quels sont les éphèbes qui remettent à Électre l'urne cinéraire. L'angoisse serait plus forte, et l'effet de la *reconnaissance* plus grand. Mais, fidèle à la coutume grecque, Sophocle ne réserve au public que le minimum d'imprévu.

Cependant elle est fort bien faite, cette pièce, et Schlegel avait raison d'en louer « l'ordonnance admirable » (2). De quoi s'agit-il? De la venue d'un vengeur, que redoutent les uns et qu'espèrent les autres. Nous savons, nous spectateurs, qu'il est là, dans les murs de Mycènes, sous un déguisement. Mais Électre, Chrysothémis, Clytemnestre et le Chœur ignorent absolument sa présence. Et l'on comprend alors combien le récit du songe, la fausse nouvelle du trépas d'Oreste, l'annonce qu'on a trouvé des offrandes avec une boucle de cheveux récemment coupés sur la pierre tombale d'Agamemnon, et l'arrivée des jeunes gens porteurs de l'urne, doivent impressionner les acteurs. A tour de rôle, les deux partis passent de

(1) *Électre*, vers 1-76.

(2) Schlegel, *Cours de littérature dramatique*, 5e leçon. Ce chapitre renferme une fort intéressante comparaison entre les *Choéphores* d'Eschyle et les *Électre* de Sophocle et d'Euripide

l'inquiétude à la confiance et de la confiance au désespoir. L'habileté de l'auteur est remarquable; il ménage parfaitement l'intérêt, et, chose qui le préoccupe par-dessus tout, il profite de chaque revirement pour ajouter un trait nouveau à la peinture des caractères. Étant admise la conception que les Grecs se faisaient du drame, celui-ci est suffisamment mouvementé.

Pour bien saisir les mérites de Sophocle, il suffit de comparer son *Électre* aux tragédies écrites par les meilleurs poètes de la Grèce sur le même sujet. Dans les *Choéphores* d'Eschyle, le frère et la sœur se reconnaissent presque tout de suite; ils concertent ensemble la fameuse ruse, et, lorsqu'on apprend à Clytemnestre la prétendue mort de son fils, les pleurs d'Électre ne sont qu'une comédie destinée à duper l'ennemi commun. Quelle différence dans la pièce de Sophocle! L'héroïne n'est au courant de rien; elle accepte comme véridique le récit qu'on lui fait; elle pousse des gémissements sincères, et, quand vient l'heure où Oreste se révèle, l'émotion dramatique est à son comble. Mettez l'épisode de la *reconnaissance* au début, et vous supprimez un coup de théâtre qui excitait l'admiration des anciens, à fort juste titre, convenons-en!... Quant à l'*Électre* d'Euripide, elle ne saurait soutenir même un instant la comparaison avec celle de Sophocle. C'est un véritable roman. La fille d'Agamemnon a été mariée de force à un laboureur. Elle attire sa mère dans un guet-apens où Oreste l'égorge. Castor et Pollux descendent du ciel pour prédire au meurtrier qu'il sera absous par l'Aréopage. Et Électre, dont la première union est annulée par ordre supérieur, épouse Pylade, le fidèle ami de son frère. Eschyle avait été trop simple. Euripide s'efforce de compliquer, et verse dans la pastorale ou la comédie. C'est Sophocle qui traita cet épisode de la légende des Atrides avec le plus de justesse et le plus d'art.

Les caractères : *ÉGISTHE et CLYTEMNESTRE.* — Plaçons en première ligne le groupe des meurtriers d'Agamemnon.

Égisthe apparaît tardivement sur la scène. Au commencement du drame on nous avait informés de son absence. Un peu avant la fin, il rentre à Mycènes pour périr. Ce personnage antipathique n'a besoin que de prononcer quelques paroles, et il est répugnant au point qu'on désire le voir promptement châtié. Comme Électre lui confirme la nouvelle de la mort d'Oreste, il s'écrie avec un cynisme odieux : « Ton langage me comble de joie, et ce n'est point l'ordinaire (1). » Pris au piège, il se lamente tout d'abord et répond ensuite par des bravades, lorsque Oreste l'entraîne dans le palais afin de l'immoler à la place même où Agamemnon succomba (2). C'est le despote criminel qui, après la défaillance inévitable, marche au supplice le front haut.

Clytemnestre excite peut-être moins encore la sympathie. Cette misérable femme assassina jadis son époux; mais, au lieu de chercher à oublier sa monstrueuse action, elle s'en vante avec impudence, prétend avoir été une justicière, et fête, chaque année, par des réjouissances magnifiques, l'anniversaire du crime (3). Il semble qu'elle ait dépouillé tout sentiment humain. Elle traite sa fille Électre en captive, l'accable d'outrages, et médite de l'ensevelir vivante dans un cachot souterrain (4). Elle ose demander aux dieux de détruire son fils Oreste et elle manifeste une joie écœurante lorsqu'elle croit ses prières exaucées (5). Que penser d'une mère qui, apprenant la mort de son enfant, déclare « qu'il est bien comme il est », c'est-à-dire dans le tombeau?... Aussi attendons-nous impatiemment l'heure où elle expiera ses forfaits.

CHRYSOTHÉMIS. — Les deux coupables pourraient vivre de longs jours dans l'impunité la plus complète, s'ils n'avaient en face d'eux que la petite Chrysothémis. Mignonne et gracieuse, cette jeune fille n'a rien d'une

(1) *Électre*, vers 1442-1465.
(2) *Ibid.*, vers 1482-1507.
(3) *Ibid.*, vers 277-281.
(4) *Ibid.*, vers 261-302, 378-382, 516 et suiv.
(5) *Ibid.*, vers 637-659 et 773-803.

héroïne et d'une martyre. A propos d'Egisthe et de Clytemnestre, elle fait à Électre cette confidence : « Je sais aussi bien que toi combien notre situation présente est douloureuse, et, si j'en avais le pouvoir, je montrerais quels sentiments j'ai pour eux. Mais, battue par l'orage, je crois devoir plier mes voiles et je renonce à lutter contre des ennemis que je ne puis atteindre (1). » Tout le caractère s'explique par ces quelques mots. Au moindre indice qu'un danger sérieux menace les meurtriers d'Agamemnon, elle accourt, pleine d'une folle allégresse (2). Mais que la chance paraisse tourner, et elle redevient une craintive fillette, refusant de s'associer aux projets virils de sa sœur et prodiguant les conseils de prudence (3). Elle est bonne, elle est animée des meilleures intentions, mais elle est faible. C'est tout à fait le pendant de l'Ismène d'*Antigone*.

ORESTE. — Sophocle a singulièrement adouci la physionomie de l'Oreste légendaire. Il est parricide par devoir, mais il ne fait qu'obéir à la volonté des dieux et il peut alléguer la sainteté de sa cause. Au contraire d'Eschyle, notre poète n'a point mis face à face le fils et la mère. Clytemnestre et Oreste ne se rencontrent point sur la scène et n'échangent pas une parole devant nous. Qui frappe même la femme coupable dans la coulisse? Est-ce bien Oreste? Ne serait-ce point Pylade? Sophocle se garde de préciser. Un des deux jeunes gens a porté le coup; mais il ne dit point lequel, et Oreste n'est pas en proie, aussitôt après, comme dans les *Choéphores*, aux Furies « vêtues de noir », aux divinités infernales « entourées des replis de serpents innombrables », aux « chiens irrités qui vengent une mère » (4). Dans *Électre*, le fils d'Agamemnon est autre chose qu'une brute sanguinaire, et, dans le salut à la ville natale (5), dans la scène où il livre son secret parce que les sanglots de sa sœur lui brisent

(1) *Électre*, vers 332-336.
(2) *Ibid.*, vers 870-919.
(3) *Ibid.*, vers 372 et suiv., 992-1057.
(4) Voir les derniers vers des *Choéphores* d'Eschyle.
(5) *Électre*, vers 66-76.

l'âme (1), sa sensibilité nous émeut. Malheureusement, il ne se borne point au meurtre d'Égisthe, et nous ne saurions lui accorder que notre pitié.

ÉLECTRE. — Électre est le protagoniste du drame. Dès qu'elle a mis le pied sur le théâtre, elle ne le quitte plus. La pièce entière est consacrée à l'étude de ce caractère.

Nulle fille n'est aussi dévouée à la mémoire de son père. Elle passe des nuits sans sommeil; elle frappe sa poitrine « à coups redoublés », et, en proie à d'interminables souffrances, elle ne cesse point de gémir (2). Il lui eût été facile de prendre part « aux somptueux festins » et « à l'existence opulente » qui est celle de Clytemnestre et d'Égisthe. Mais, à son avis, « insensé est quiconque oublie ses parents, victimes d'une mort déplorable » (3). Elle vit donc, depuis le jour du crime, en tête à tête avec sa douleur. Pour les représailles futures, elle arracha Oreste aux meurtriers et le fit élever loin de Mycènes (4). S'il vient à manquer, elle est prête à suppléer le justicier absent (5). Pleurer Agamemnon, empoisonner par ses invectives ou ses plaintes le bonheur des coupables, souhaiter et préparer la vengeance, telle est sa raison d'exister!

On l'a jugée bien dure. Ses âpres reproches à Chrysothémis et ses emportements continuels ont semblé indignes d'une jeune fille. Elle exige pour Égisthe la mort sans phrases (6). Elle crie à celui qui frappe Clytemnestre : « Redouble, si tu peux (7)! » Et l'on a décidé que c'était une « furie » qui n'avait rien d' « adorable ». On oublie que la malheureuse est gardée à vue, couverte d'opprobres, menacée d'être enterrée à bref délai dans une caverne sombre : ce qui excuse sa violence. On oublie surtout qu'elle obéit au devoir et qu'elle regrette

(1) *Électre*, vers 1174 et suiv.
(2) *Ibid.*, vers 86-309.
(3) *Ibid.*, vers 145 et 146.
(4) *Ibid.*, vers 317 et suiv., 1131 et suiv.
(5) *Ibid.*, vers 947 et suiv.
(6) *Ibid.*, vers 1483-1490.
(7) *Ibid.*, vers 1415

de jouer un rôle « qui ne sied point à son âge et à son sexe » (1). Les circonstances le lui ont imposé, et il faut bien qu'elle l'accepte. Mais, quand une catastrophe la force à se rappeler qu'elle est une femme, elle laisse voir qu'elle a un cœur aimant; et rien n'est si beau que ses plaintes, alors qu'elle croit tenir dans une urne « légère » « le fardeau léger » des cendres d'Oreste (2). A cette heure-là, ce n'est point une furie; c'est la plus tendre des sœurs pleurant un frère adoré.

Nous ne recommencerons point le parallèle si souvent établi entre Antigone et Électre. Toutes deux sont les esclaves d'un impérieux devoir, ont pour sœurs des Chrysothémis ou des Ismène qui ne veulent point les suivre dans leurs entreprises périlleuses, et sont menacées d'un sort fatal. Antigone, cependant, bien qu'elle soit aussi énergique, est moins dure. Elle a un fiancé qu'elle aime; elle renonce avec des larmes à ses espérances de bonheur; elle pousse ce cri que ne comprendrait pas la fille d'Agamemnon : « Je m'unis à l'amour et non pas à la haine! » Mais, en dépit de ces différences, les deux caractères se ressemblent et sont admirables. Dans une épigramme, Dioscoride plaçait sur le tombeau de Sophocle l'image de Bacchus tenant à la main un masque de femme. « Quel est ce masque? » demandait un passant. « Celui d'Antigone ou celui d'Électre, répondait le dieu. Tu peux choisir, car l'une et l'autre sont le chef-d'œuvre de leur auteur! »

Les autres tragédies. — Nous avons étudié les plus importantes tragédies de Sophocle : nous nous bornerons à indiquer pour les autres ce qu'il y a de plus intéressant.

Ajax, que le poète dut écrire au début de sa carrière, est l'histoire d'Ajax, fils de Télamon. Ulysse, roi d'Ithaque, l'ayant emporté sur lui dans la dispute des armes d'Achille, le héros voulut se venger. Mais, croyant massacrer son rival et ses compagnons, il n'égorgea que les troupeaux des Grecs, et il se suicida le lendemain, pour

(1) *Électre*, vers 616-621.
(2) *Ibid.*, vers 1126-1170

se soustraire au ridicule. Sophocle prend l'action juste au moment où Ajax vient de saccager les bergeries. Il nous fait assister aux tentatives touchantes des matelots de Salamine et de la captive Tecmesse pour empêcher le pauvre insensé de se donner la mort. Tant de dévouement est inutile; Ajax se perce de son épée; et le reste de la tragédie est uniquement consacré à la discussion qui s'élève entre Teucer d'une part, Ménélas et Agamemnon de l'autre, pour savoir si l'on accordera aux restes du suicidé la sépulture.

On remarquera qu'il y a deux drames dans cette tragédie, l'un qui s'arrête à la mort d'Ajax (1), l'autre qui est une longue joute oratoire livrée à propos de son cadavre (2). Nous avons dit, en parlant d'*Antigone*, combien ce qui concernait l'accomplissement des rites funéraires passionnait les anciens. La question de la sépulture fut peut-être ce qui intéressa le plus vivement les spectateurs d'Athènes. Nous préférons, au contraire, maintenant la première partie de la pièce. Les plaintes de Tecmesse qui rappellent celles de l'Andromaque d'Homère (3), les adieux d'Ajax à la lumière du soleil (4), et les chants du Chœur, si dévoué au fils de Télamon, nous émeuvent plus que les discours de la fin. Cela seul reste admirable dans l'*Ajax*, qui ne dépendait point de l'actualité éphémère, mais qui est vrai d'une vérité éternelle.

C'est en 409, pendant sa glorieuse vieillesse, que Sophocle composa Philoctète. Cette tragédie éminemment simple consiste toute dans le développement de deux ou trois caractères. Philoctète, prince thessalien, auquel Hercule avait légué jadis son arc et ses flèches divines, a été abandonné dans l'île de Lemnos par les Grecs naviguant vers le rivage d'Ilion. Il était souffrant d'un ulcère affreux, et, par crainte de le voir répandre la contagion parmi les troupes, on le déposa sur cette côte inhospitalière. Voici neuf ans qu'il y traîne une existence mal-

(1) *Ajax*, vers 1-1039.
(2) *Ibid.*, vers 1040-1420.
(3) *Ibid.*, vers 485 et suiv.
(4) *Ibid.*, vers 815 et suiv.

heureuse, habitant une sombre caverne et dévorant la chair des animaux sauvages. Mais, comme un oracle déclare que les flèches d'Hercule sont nécessaires pour la prise de Troie, les Grecs délèguent Néoptolème et Ulysse vers le pestiféré. On comprend désormais quel doit être le sujet du drame : les ruses du roi d'Ithaque réussiront-elles? pourra-t-on dérober son arc à Philoctète? et surtout le héros consentira-t-il à rejoindre les Grecs si cruels pour lui autrefois? Après quelques péripéties, fort peu nombreuses du reste, Hercule se montre à son ami et lui ordonne de s'embarquer. L'intervention du *deus ex machina* termine cette pièce où l'action est, pour ainsi dire, toute morale. Elle vaut principalement, nous l'avons indiqué plus haut, par la peinture des caractères. Ulysse est bien le politique madré, sans scrupules, qui proclame la théorie du succès et ne recule devant aucun moyen. Néoptolème, au contraire, est le fils d'Achille, il a l'âme chevaleresque, il préfère « échouer par des voies honorables que de réussir par le mensonge ». Un instant, il se plie aux volontés d'Ulysse et ravit son arc à Philoctète par un indigne stratagème. Mais la fierté se réveille aussitôt dans son âme loyale, et, rougissant de sa vilaine action, il restitue son bien au héros désolé. Enfin, le personnage de Philoctète est un des plus beaux que Sophocle ait portés au théâtre. Quelle admirable patience chez cet infortuné, abandonné des dieux et des hommes, dévoré par d'atroces souffrances physiques, manquant de tout au milieu de tristes rochers! Le poète a merveilleusement décrit les sentiments que doit éprouver un être humain dans la situation de Philoctète : joie de rencontrer des semblables et d'écouter « le langage chéri » des Hellènes, confiance naïve en quiconque lui adresse de douces paroles et désespoir immense lorsqu'il se voit trompé, haine opiniâtre et aveugle pour les gens qui furent cause de sa misère. Et c'est pourquoi nous lisons encore avec plaisir cette tragédie de *Philoctète* où il y a, d'ailleurs, des tirades dignes d'*Antigone* ou d'*Œdipe roi* (1).

(1) Voir dans *Philoctète*, le récit des malheurs du héros (vers 219-316); le

Nous ne ferons que signaler les Trachiniennes, la plus faible des pièces de Sophocle. Pour se venger d'une infidélité présumée d'Hercule, son épouse Déjanire lui envoie la robe de Nessus qui le brûle, et, après qu'elle s'est suicidée, le héros apparait sur le théâtre pour y mourir. Le caractère de Déjanire n'est pas intéressant et le poète n'a point su peindre d'une façon vigoureuse la jalousie. Quant à Hercule, c'est à peine si on le voit et si on l'entend. Il est regrettable qu'on ne puisse nier l'authenticité des *Trachiniennes*.

Les chœurs et le style. — Avant de terminer cette étude, il convient d'apprécier en quelques lignes le lyrisme et le style de Sophocle.

Quoique le poète accorde, surtout dans *Philoctète* et dans les *Trachiniennes*, moins d'importance qu'Eschyle à la partie lyrique, il s'en faut qu'il l'ait négligée autant que le fit Euripide (1). Chez lui, le Chœur est encore un véritable acteur du drame; il intervient dans l'action (2), et, tantôt sage et généreux (3), tantôt versatile et lâche (4), il représente bien la moyenne de l'humanité.

A ce Chœur, déjà déchu de sa gloire antique, Sophocle fait chanter des hymnes que les Athéniens admiraient beaucoup. Parfois, ce sont de magnifiques développements sur les idées générales qui nous sont chères ou nous tourmentent : le premier *stasimon* d'*Antigone* en est un exemple, et c'est avec un élan, une ampleur, une majesté incomparables que Sophocle dit la puissance de l'homme et son néant (5). Parfois, au contraire, et avec le même mouvement, le poète exprime des senti-

prière à Néoptolème (vers 468-505) ; les imprécations après le vol de l'arc (vers 927 suiv.) ; les adieux à la caverne (vers 1452 et suiv.).

(1) Sophocle avait même composé un traité sur le *Chœur*.

(2) *Œdipe à Colone*, vers 117-210 et 829-885, par exemple.

(3) Voir notamment la tragédie d'*Ajax*. Le Chœur montre une fidélité inaltérable au héros, s'attriste en le voyant si malheureux, se réjouit lorsqu'il feint d'abandonner ses projets de suicide, le cherche ensuite avec inquiétude; se lamente devant son cadavre, s'accuse de n'avoir point suffisamment veillé sur lui, etc.

(4) *Antigone*, voir notamment l'épisode IV

(5) *Ibid.*, vers 332 et suiv.

ments gracieux, décrit de charmants paysages et nous ravit par son imagination printanière. Lisez plutôt l'hymne à Colone, l'invocation à Bacchus et les jolies strophes sur l'Amour (1). Partout jaillit une poésie lyrique, fraîche et souriante, merveilleusement riche et variée, resplendissante d'épithètes colorées et de mots chatoyants. Paul de Saint-Victor l'a dit : « Rien n'égale la beauté de ces chants divins, mêlés d'allégresse et de majesté, de méditation et de mélodie. »

Rien n'égale pareillement le style, soit dans les chœurs, soit dans le dialogue. Juste, précis, élégant et souple, c'est un modèle de simplicité et de correction. Mais à ces qualités se joignent la force, la chaleur, le coloris; il est ardent et pathétique; il a des mots qui peignent et d'autres qui vont au cœur. On pourrait le définir : la souveraine vigueur dans la grâce souveraine. Le philosophe Polémon lui trouvait « le goût sévère d'un vin généreux ». Soit! mais ce vin scintille dans une coupe artistement ciselée et couronnée, suivant l'usage antique, avec des fleurs.

SUJETS DE DEVOIRS.

1. Un jeune Sicilien qui assistait à la première représentation d'*Œdipe roi* écrit à un ami de Syracuse et lui communique ses impressions.
2. Sophocle, cité en justice par son fils Iophon, lut le grand chœur d'*Œdipe à Colone* et fut absous. Vous raconterez ce procès.
3. Aristophane répond à un ami qui lui demandait pourquoi il maltraitait Euripide et épargnait Sophocle. Le poète comique lui explique les motifs de sa conduite.
4. Lettre d'Euripide à Sophocle après l'échec d'*Œdipe roi*. Il le console, lui assure qu'il n'a jamais fait mieux et lui prédit que la postérité le vengera.
5. La légende d'Œdipe et les modifications que Sophocle y apporta. Motifs de ces modifications.
6. L'action dans *Œdipe roi*. Montrer ce que cette tragédie a de moderne.
7. Étudier dans *Œdipe roi* la scène de la « double confidence ».
8. Le caractère d'Œdipe dans *Œdipe roi*.

(1) *Œdipe à Colone*, 668-719; *Antigone*, 781-805 et 1115-1155.

9. Étudier l'exposition d'*Œdipe à Colone* et faire voir en quoi elle diffère de celle d'*Œdipe roi*.

10. L'action dans *Œdipe à Colone:* prouver qu'il y a une très grande science dramatique sous l'apparente simplicité de Sophocle.

11. Le panégyrique d'Athènes et de l'Attique dans *Œdipe à Colone.*

12. Le rôle d'Œdipe dans *Œdipe à Colone.*

13. Œdipe dans *Œdipe à Colone* et dans *Œdipe roi.*

14. Antigone dans *Œdipe à Colone :* le rôle d'Ismène fait-il double emploi avec le sien ?

15. En quel sens peut-on dire qu'*Œdipe à Colone* est la suite *nécessaire* d'*Œdipe roi?*

16. L'action dans *Antigone:* ce qui passionnait les anciens dans cette tragédie et ce qui reste intéressant même aujourd'hui.

17. Le caractère d'Antigone. Est-elle, dans la tragédie d'*Antigone*, la même que dans *Œdipe à Colone?*

18. Créon. Son caractère dans *Œdipe roi, Œdipe à Colone* et *Antigone.*

19. Ismène dans *Œdipe à Colone* et dans *Antigone.*

20. Le rôle d'Hémon dans *Antigone.*

21. La liberté morale dans *Œdipe roi, Œdipe à Colone* et *Antigone.*

22. Comparer Électre et Antigone.

23. Établir un parallèle entre les *Choéphores* d'Eschyle, l'*Électre* de Sophocle et l'*Électre* d'Euripide. Dire laquelle de ces tragédies vous préférez et pourquoi.

24. Étudier le caractère d'Électre.

25. Montrer, d'après *Philoctète*, avec quelle science Sophocle savait peindre les caractères.

26. Le Chœur dans les tragédies de Sophocle.

27. La poésie lyrique de Sophocle.

28. Le style de Sophocle.

29. Quand Sophocle mourut, les Lacédémoniens occupaient le territoire de Décélie où se trouvait le tombeau de famille du poète. Bacchus — d'après une légende — apparut en songe au chef des Spartiates et lui ordonna de laisser tranquillement accomplir les funérailles de Sophocle. Vous raconterez ce songe et décrirez les obsèques de l'auteur d'*Œdipe à Colone.*

EURIPIDE

(480-406)

TRAGÉDIES.

(Alceste. — Médée. — Hippolyte. — Hécube Iphigénie à Aulis. — Iphigénie en Tauride.)

Notice biographique (1). — Euripide naquit à Salamine, le 5 octobre 480, le jour de la fameuse bataille, si nous en croyons la tradition. Sur sa famille nous n'avons que des renseignements contradictoires. Elle était très honorable, d'après les uns. Mais les autres ont fait descendre le poète d'un aubergiste ou d'un banqueroutier et d'une marchande de légumes. Ce fut même, pour les auteurs comiques d'Athènes, l'occasion des plus mordantes épigrammes.

Quoi qu'il en soit, Euripide reçut une excellente éducation. Un moment, à l'âge où l'on choisit sa carrière, il fut tenté de

(1) Sur Euripide et sur l'ensemble de son œuvre, voir l'*Histoire de la littérature grecque* de M. Max Egger (Paul Delaplane, Paris).

se faire athlète ; mais ce métier le dégoûta et il n'en parle qu'avec mépris. Il essaya ensuite de la peinture, l'abandonna pour suivre les leçons des philosophes, et fréquenta Anaxagore, Protagoras, Socrate. Enfin sa vocation se décida. En 455, il donna sur le théâtre d'Athènes sa première trilogie ; et les nombreuses tragédies, qu'il ne cessa plus de produire, affirmèrent ses rares qualités dramatiques, son audace de novateur, son inépuisable fécondité.

Le succès ne répondit point à ses efforts. Sur 92 pièces qu'il écrivit, cinq trilogies seulement lui valurent la couronne, et, bien qu'il obtînt souvent la seconde ou la troisième place dans les concours, il prit en haine ses concitoyens. Harcelé par les poètes comiques, malheureux dans son intérieur, il se réfugia tout d'abord à Salamine, où il travaillait, loin des hommes odieux, au fond d'une grotte. Il gagna ensuite Magnésie, et la cour littéraire du roi de Macédoine Archélaos. Il y mourut, dit-on, déchiré par les chiens, et l'on enterra dans la vallée d'Aréthuse ce poète qu'avait méconnu sa patrie et qu'avec Sophocle et la Grèce entière elle pleura (1).

ALCESTE

(438 av. J.-C.)

Historique. — Dans la Thessalie, amoureuse des récits merveilleux, on racontait une étrange histoire. Pour punir Apollon du meurtre des Cyclopes, Jupiter l'avait exilé de l'Olympe. Le dieu s'était retiré alors dans la ville de Phères, chez Admète, prince hospitalier et généreux. Il s'attacha vite à son bienfaiteur et le récompensa du service rendu. D'abord, il fit conclure son mariage avec Alceste. Pélias, le père de la jeune fille, exigeait que son futur gendre vînt le visiter sur un char

(1) Voici la liste des tragédies d'Euripide qui nous restent : *Alceste* (438) ; *Médée* (431) ; *Hippolyte* (428) ; *Ion* (427) ; *Hécube* (424?) ; *les Héraclides* (421) ; *Andromaque* (420) ; *les Suppliantes* (418) ; *les Troyennes* (415) ; *Électre* (412) ; *Hélène* (412) ; *Iphigénie en Tauride* (410?) ; *Oreste*, *les Phéniciennes*, *Hercule furieux* (408) ; *Iphigénie à Aulis* et *les Bacchantes* (405?), ainsi qu'un drame satyrique : *le Cyclope*.

traîné par des lions et des ours : Apollon soumit ces animaux féroces et les attela au char d'Admète. Plus tard, il le sauva des serpents, dont une déesse offensée avait rempli la chambre nuptiale. Enfin, il put obtenir des Parques qu'Admète échapperait à une mort prochaine, si son père, sa mère ou sa femme se sacrifiaient par amour pour lui. Les vieux parents refusèrent ; la jeune épouse, consentit, et elle descendit au royaume des Ombres, d'où la retirèrent Proserpine ou Hercule que son héroïsme avait touchés.

Cette attendrissante légende était populaire dans la Grèce, et Platon y fait allusion dans le *Banquet*. « Les Hellènes, dit-il, parleront éternellement d'Alceste, fille de Pélias. Elle donna sa vie pour son époux et elle se trouva seule à oser mourir pour lui, bien qu'il eût son père et sa mère. L'amour de l'amante surpassa tellement leur amitié qu'elle les déclara, pour ainsi dire, des étrangers à l'égard de leur enfant... Aussi, quoiqu'il se soit accompli dans l'univers un nombre considérable de belles actions, celle d'Alceste a paru si belle aux dieux et aux hommes qu'elle a mérité une récompense, accordée bien peu souvent aux mortels. Charmés de son courage, les dieux l'ont rappelée à la vie. Tant il est vrai qu'un amour noble et généreux s'attire l'estime des dieux mêmes !... »

Euripide n'avait garde d'oublier cette légende qu'admiraient ainsi les philosophes. Il y vit matière à des scènes pathétiques et à des analyses cruelles du cœur humain. Alceste plut à sa sensibilité féminine. Admète intéressa ce misanthrope, cet observateur peu complaisant de l'égoïsme. Et, en 438, il fit jouer son *Alceste* à la suite de trois tragédies, c'est-à-dire à la place du drame satyrique. Nous allons voir ce que tira de la tradition ce poète, qui n'en était plus à son coup d'essai et qui écrivait pour la scène depuis dix-sept ans déjà.

Analyse d'Alceste : Prologue (1). — Apollon quitte le palais et nous expose le sujet en quelques mots. Le jour fatal a

(1) Pour l'explication des différentes parties du drame, voir notre étude sur Sophocle, page 70, note 2.

lui ; Alceste va périr, et le dieu s'éloigne afin d'éviter la vue d'un cadavre, qui est une souillure pour les Immortels. (Vers 1 à 27.) — Sur le seuil, il se heurte au Génie de la Mort, à Thanatos guettant sa proie. Dans un dialogue vif, railleur et subtil, Apollon essaie d'attendrir cette divinité inexorable ; mais il échoue et se retire, en lui prédisant que sa victime lui sera enlevée par un héros. (Vers 28 à 76.)

Parodos. — Après le drame surnaturel, le drame humain. Le Chœur des vieillards fait son entrée et s'interroge sur le sort d'Alceste. Aucun signe de deuil ; point d'eau lustrale pour les purifications ; point de chevelures coupées dans le vestibule ; point de gémissements dans le palais... Et les uns expriment timidement un faible espoir, pendant que les autres affirment avec conviction la puissance irrésistible du Destin. (Vers 77 à 135.)

Épisode I. — Une servante accourt, les larmes aux yeux, et met fin à leur poignante incertitude. Alceste vit encore ; mais elle agonise, « elle se débat contre la Mort ». En un récit très naturel, très émouvant, la servante éplorée nous montre sa maîtresse se parant pour le sacrifice, priant la déesse du foyer et couvrant de larmes son lit nuptial. Elle nous annonce enfin sa venue ; car Alceste, qui défaille, « veut regarder une dernière fois vers les rayons brillants du soleil ». (Vers 136 à 212.)

Encore quelques lamentations du Chœur (Vers 213 à 244) ; et, soutenue par son époux, entourée de ses domestiques et de ses enfants, la pauvre femme sort du palais, le corps brisé, l'esprit perdu. Dans le délire de la fièvre, elle sent le toucher froid de Thanatos qui la saisit ; mais, avant de mourir, elle fait promettre à son époux de ne point donner à ses enfants une marâtre. Puis, doucement, elle s'affaisse sans souffrance, tandis que le petit Eumélos exhale les plaintes touchantes de son désespoir enfantin. (Vers 245 à 435.)

Stasimon I. — En attendant les funérailles, le Chœur chante « la meilleure des femmes » ; il lui souhaite d'être heureuse chez « le dieu à la noire chevelure » ; il prédit que les poètes la célébreront dans leurs vers. (Vers 436 à 475.)

Épisode II. — Survient Hercule, qui se rend chez les Thraces pour s'emparer des cavales de Diomède. Admète retient son hôte malgré lui ; il lui persuade que ces funérailles sont celles d'une étrangère, et il ordonne de servir au voyageur un copieux repas dans un appartement écarté. (Vers 476 à 568.)

Stasimon II. — Le Chœur exalte la vertu hospitalière d'Admète et ne peut croire que cette observation scrupuleuse des lois divines reste longtemps sans récompense. (Vers 569 à 605.)

Épisode III. — Le cortège funèbre va partir. Phérès, père d'Admète, arrive avec des offrandes pour la morte. Admète repousse durement cet homme qui a refusé de se sacrifier. Une dispute violente s'engage, où les injures les plus grossières sont échangées entre les deux égoïstes ; et c'est là une scène très pénible, car elle a lieu devant un cercueil. (Vers 606 à 746.)

Tous sont allés aux funérailles. Par un esclave, Hercule, qui s'enivrait et chantait, apprend la triste vérité. Confus de sa méprise, il se précipite pour arracher Alceste à Thanatos. (Vers 747 à 860.)

A peine s'est-il enfui que le roi, désespéré, reparaît. Il se repent d'avoir accepté le sacrifice et il verse abondamment des larmes amères, malgré les bonnes paroles du Chœur, qui lui prodigue des consolations. (Vers 861 à 961.)

Stasimon III. — Le Chœur chante un hymne sur la Fatalité et promet l'immortalité à Alceste. (Vers 962 à 1005.)

Exodos. — Hercule amène une femme voilée. C'est, dit-il, un prix gagné dans un combat d'athlètes, et il prie Admète de la lui garder jusqu'à son retour de Thrace. Par respect pour la morte, le roi s'y refuse longtemps. Il consent enfin. Alors Hercule écarte le voile ; Admète reconnaît sa chère épouse, qui ne retrouvera la parole que trois jours après, et, commencée dans le deuil et les larmes, la tragédie s'achève en des transports de joie. (Vers 1006 à 1163.)

Étude littéraire : le drame. — Ce drame nous permet d'apprécier le système dramatique d'Euripide.

Il part d'une légende, mais il la transforme. Ici, son travail a consisté surtout dans la simplification de la tradition thessalienne. Il a retranché ce qui concerne Pélias et les aventures antérieures d'Admète. Il n'a réservé que l'anecdote intéressante : le dévouement d'Alceste. C'était la seule vraiment susceptible de lui fournir les situations tragiques et les études psychologiques qu'il recherchait avec passion.

Il subsiste pourtant du merveilleux dans son œuvre. Il est au dénouement, et, plus encore, au *prologue*. On a beaucoup critiqué les prologues d'Euripide (1), et, à coup sûr, les spectateurs modernes s'en accommoderaient mal. On détruirait pour eux le plaisir de la surprise en leur apprenant, dès la première scène, qu'Alceste sera sauvée par un hôte d'Admète. Les Grecs étaient plus complaisants. Ils désiraient savoir, non « ce qui arrivera », mais « comment les choses arriveront ». D'ailleurs, quelle surprise pouvait leur enlever un prologue, qui permettait à l'auteur d'exposer ses transformations des légendes : ne connaissaient-ils point, de longue date, le dénouement de ces mythologiques récits?... Quoi qu'il en soit, le prologue d'*Alceste* est fort beau. Ce dieu qui sort d'une maison chérie et qui heurte au seuil l'exécuteur des hautes œuvres du Destin ; cette humanité d'Apollon et cette soif du sang qui possède Thanatos ; ce dialogue, tantôt brutal, tantôt subtil, entre le génie de la clarté et le génie des ténèbres, tout constitue une préparation très vive du drame et un tableau impressionnant.

Ainsi engagée, l'action est conduite avec une habileté surprenante pendant le premier épisode. Le chœur du début et le récit de la servante excitent un intérêt croissant en faveur de l'héroïne. Et quand elle entre, quand nous assistons au délire de son agonie, quand nous entendons ses cris déchirants ou ses belles recommandations à Admète, nous sommes obligés d'avouer qu'il était un maître dans l'art dramatique celui qui a fait preuve d'un pathétique si émouvant. « C'est de la tragédie de tous les jours et de toutes les familles », a dit fort justement M. Patin (2). Et c'est pour cela justement que c'est dramatique, que c'est éternellement vivant, et que nous sommes secoués en entendant gémir le petit Eumélos devant le cadavre de sa mère :

(1) « C'est faire retomber l'art dans son enfance, écrivait Schlegel, que d'introduire un personnage qui dit : « Je suis un tel. Voici ce qui est arrivé ; voici ce qui arrivera. » (*Cours de littérature dramatique*, 5e leçon.)

(2) Patin, *Études sur les tragiques grecs : Euripide.*

« Hélas ! ma maman est morte ; elle n'est plus, mon père, sous le soleil. Elle m'abandonne ; elle me laisse orphelin, hélas ! Regarde, regarde sa paupière, ses mains étendues. Écoute, maman, écoute, je t'en prie. Maman, c'est moi qui t'appelle, moi, ton poussin penché sur tes lèvres (1) !... »

Cette première partie est d'une beauté supérieure et incontestée. Le reste du drame n'a point bénéficié de la même approbation unanime.

On a reproché au poète la *recherche de l'odieux* à propos de la scène entre Admète et Phérès. « Jamais, dit Paul de Saint-Victor, Euripide n'a porté plus bas sa triste manie de fouiller le bas-fond des âmes et d'en extraire les ignominies qu'elles recèlent (2). » Avant lui, Voltaire avait exprimé le même dégoût (3). Il est certain que ces injures, ce manque de dignité, ce cynisme dans l'égoïsme nous répugnent et nous choquent. Cela heurte nos habitudes mondaines. Mais Euripide est surtout soucieux de vérité. Suivant un système qui lui est cher, il fait dire *tout haut* aux personnages ce que, d'ordinaire, on pense *tout bas*. « Il peint les hommes tels qu'ils sont », disait Sophocle. Moins pudibonds que nous, les Athéniens ne furent point blessés par cette brutale dénonciation des instincts égoïstes et cachés de l'homme. Il leur suffit qu'Euripide eût adroitement et spirituellement traité cette délicate situation.

Enfin, on a blâmé le *mélange du tragique et du comique*. Hercule, s'empiffrant et s'enivrant dans une maison en deuil, n'a point paru digne de la tragédie. « De telles scènes ne seraient pas souffertes chez nous à la foire », écrivait Voltaire ; et Ottfried Müller ne veut voir dans *Alceste* qu'une « tragi-comédie » tout au plus. C'est juger les poètes anciens d'après des principes trop classiques. Ils ne connaissaient point ces séparations des genres et ces distinctions absolues. Ce que s'efforce de peindre Euripide, c'est la vie, la vie avec ses joies et ses tristesses, la vie où le dévouement coudoie l'égoïsme, la

(1) *Alceste*, vers 393 et suiv.
(2) Paul de Saint-Victor, *Les Deux Masques*, tome II.
(3) Voltaire, *Dictionnaire philosophique* : Anciens et Modernes.

vie où le rire bruyant des uns éclate à côté du désespoir des autres. Comme Shakespeare fait plaisanter des musiciens auprès de Juliette pour toujours endormie (1), Euripide nous montre la grosse belle humeur d'Hercule auprès du cercueil d'Alceste. Réalisme et vérité! « C'est de la tragédie de tous les jours. »

En somme, malgré des longueurs dans la scène finale où Hercule abuse un peu de la patience d'Admète, nous avons une pièce bien menée, bien construite, et faite de main d'ouvrier.

Les caractères : *ALCESTE.* — Le caractère d'Alceste est sublime. Cette jeune femme a tout en partage : la fortune, la beauté, la jeunesse souriante. Elle a des enfants qu'elle adore et elle est adorée du peuple. Elle sacrifie tout pour son mari. On va la trouver surhumaine : eh bien, non! c'est une femme comme les autres. Elle n'affiche point un faux mépris de la mort. Le sacrifice lui coûte et elle n'en dissimule point la grandeur. Quitter la douce lumière pour l'Hadès ténébreux, c'est horrible! Elle le déclare à son époux avec un juste orgueil, avec une ingénuité touchante :

« Admète, tu vois où j'en suis!... Avant ma mort, je veux t'exprimer mon désir. Pour t'honorer, pour te permettre par le sacrifice de ma vie de voir cette lumière, je meurs, quand je pouvais ne point mourir à ta place, mais choisir un mari parmi les Thessaliens et habiter une demeure riche des biens de la royauté. Je n'ai pas voulu vivre, privée de toi, avec des enfants orphelins. Je n'ai point ménagé ma personne, moi qui avais les dons de la jeunesse et qui en étais joyeuse. Et pourtant ton père et ta mère t'ont abandonné, à leur âge, quand il était beau de s'en aller, quand il était beau de sauver leur fils en mourant avec gloire; car tu étais leur unique enfant et ils n'avaient plus espoir d'en avoir d'autres, si tu mourais. Et moi, j'aurais vécu avec toi le reste de notre âge; et veuf tu n'aurais point à gémir sur ton épouse, à élever des enfants orphelins. Un dieu en a disposé d'autre sorte. Soit! Maintenant, à toi

(1) Villemain : « Cette belle Juliette, qui a brillé au milieu du bal, deux jours après elle est morte. Voilà des musiciens qu'on avait fait venir pour sa noce; il n'y a plus de noce à faire; ces musiciens vont servir à autre chose, à l'enterrement. A côté de la salle où est étendue Juliette morte, où sa famille pleure, ils sont là qui causent et font des plaisanteries. Voilà Shakespeare éminemment classique : il se rencontre avec Euripide. »

de me témoigner, pour cela, ta reconnaissance. Je ne t'en demanderai jamais assez, car rien n'est plus précieux que la vie (1) ! »

Elle raisonne donc son héroïsme : mais elle se dévoue, et ce n'en est que plus beau. C'est la martyre de l'amour conjugal et maternel. Elle a voulu sauver celui qu'elle aime, sauver le père de ses enfants. Ses enfants ! Elle y pense toujours. Elle les embrasse avec des larmes. Elle crie à Admète : « Sers-leur de mère à ma place. » Elle lui fait jurer de ne point les rendre esclaves d'une nouvelle épouse, « car pour les enfants du premier lit une marâtre n'est pas plus douce qu'une vipère » (2). Pieux testament d'une femme vertueuse qui a vécu en faisant le bien ; qui a eu la pitié, peu commune alors, des malheureux et des humbles, et qui est pleurée « comme une mère » par ces déshérités du sort (3) ! Le théâtre grec compte peu d'héroïnes aussi sympathiques et aussi charmantes, et l'on ne s'étonne point que le Chœur la salue dans un très bel hymne comme une bienheureuse divinité (4).

ADMÈTE. — En face d'Alceste, Admète paraît petit et n'a rien d'un personnage sympathique. Ce n'est point pourtant un méchant homme. Apollon loue sa piété, Hercule l'estime fort, et le Chœur vante à tout instant ses vertus. Une seule chose le gâte à nos yeux : c'est d'avoir accepté l'horrible échange. Malgré son art, Euripide ne nous empêche pas de nous en souvenir. Serait-ce donc qu'Admète n'aime point sa femme ?... Tout au contraire, il l'adore. Il la serre dans ses bras. Il la supplie de ne point l'abandonner. Il lui jure sincèrement fidélité éternelle. Et, quand les funérailles sont accomplies, après avoir voulu se jeter dans la tombe, il trouve, au milieu de ses sanglots, des phrases pénétrantes pour dire sa douleur :

« O longs deuils ! ô regret des êtres chéris, descendus sous la terre !... Pourquoi m'as-tu empêché de me coucher dans le trou

(1) *Alceste*, vers 280-300.
(2) *Ibid.*, vers 309.
(3) *Ibid.*, vers 769 « πᾶσι τ' οἰκέταισιν ἦν μήτηρ ».
(4) *Ibid.*, vers 995-1005.

profond du tombeau et de reposer, mort, à côté d'elle, à côté de la meilleure des femmes?... — Comment supporterai-je d'entrer dans ce palais? Qui saluerai-je? Qui me répondra et me rendra l'entrée agréable?... Où me tourner?... Certes la solitude m'en bannira, quand je verrai sa couche vide, et le siège où elle s'asseyait, et dans la maison le plancher malpropre, et, à mes genoux, mes enfants pleurant leur mère, et mes serviteurs gémissant sur la maîtresse qu'ils ont perdue (1)... »

Mais, s'il aimait sa femme, il aimait la vie ; il avait, comme tous les Grecs, la peur affreuse de l'Érèbe sans soleil, et l'instinct de la conservation l'a égaré. Il le reconnaît et le déplore — ceci est parfaitement bien vu — quand il est trop tard, quand le sacrifice est consommé (2). Ce repentir le réhabilite un peu. Ce n'est point un héros évidemment, mais c'est un homme avec les faiblesses de l'humanité. Les Alceste ou les Iphigénie sont rares ici-bas, les Admète ou les Agamemnon s'y rencontrent ; et, dans des circonstances moins graves, il leur arrive de mettre au-dessus de tout, sans héroïsme, leur intérêt.

PHÉRÈS. — Phérès, c'est Admète moins les côtés généreux, un Admète vieilli. Près du terme, il connaît le prix de l'existence, il est avare des heures fugitives qui glissent si rapidement entre ses doigts tremblants. « Rien n'est plus précieux que la vie ! » soupirait la pauvre Alceste. Phérès le répète avec cette énergie que l'âge donne à certaines passions. « Voilà les épouses comme je les comprends », dit-il d'abord (3). Mais, quand on lui reproche de n'avoir pas agi comme elle, il s'irrite, il proclame son droit de n'être pas un héros, et il fait la théorie de cet égoïsme, que son fils se contentait de pratiquer :

« Quel tort t'ai-je donc fait? de quoi t'ai-je privé? Ne meurs pas pour moi ; je ne mourrai pas pour toi. Tu aimes à voir la lumière... Crois-tu que ton père n'aime pas à la voir? Je calcule qu'aux Enfers le temps est long et que, si la vie est courte, elle est cependant

(1) *Alceste*, vers 895-899, 941-949.
(2) *Ibid.*, vers 935-940, 955-961.
(3) *Ibid.*, vers 627.

agréable... — Tais-toi ! et songe que, si tu chéris l'existence, les autres la chérissent aussi (1). »

HERCULE. — C'est une étrange figure que celle d'Hercule. Il avait exercé la verve des poètes comiques, qui le surnommaient *Bouphagos* ou *Pamphagos* (2), et Aristophane le railla dans les *Oiseaux* et les *Grenouilles*. Les Grecs admettaient ces parodies de leurs dieux, et prétendaient que ceux-ci n'étaient point les derniers à en rire.

L'Hercule d'Euripide est un mélange de gloutonnerie et de bravoure. Quand il est à table, il montre un appétit athlétique, il boit sec, il chante, il débite des maximes d'un épicurisme grossier (3). Mais cette jovialité cesse aussitôt, lorsqu'il apprend le malheur et la délicatesse d'Admète. C'est le réveil du héros. Sans hésiter une seconde, sans discuter, en homme qui ne sait rien d'impossible il part; et la façon chevaleresque dont il ramène Alceste à Admète nous fait pardonner au joyeux goinfre pour ne plus voir que le demi-dieu.

Si nous ajoutons que les esclaves sont simples et touchants ; que le Chœur joue son rôle de conseiller sage et grave; que tout est écrit dans le style souple et musical d'Euripide, on ne jugera point avec Schœll qu'*Alceste* est « une des plus faibles productions du poète », mais on comprendra qu'elle ait tenté Racine, et, songeant au caractère idéalement beau d'Alceste, on souscrira à cette appréciation d'un critique : « Si ce n'est point le chef-d'œuvre du génie d'Euripide, c'est peut-être celui de son cœur (4). »

MÉDÉE

(431 av. J.-C.)

Historique. — Euripide avait débuté au théâtre avec les *Péliades*, une tragédie où il traitait certain épisode de

(1) *Alceste*, vers 689-693.
(2) « Qui mange des bœufs » et « qui dévore tout ».
(3) *Alceste*, vers 773-802.
(4) Paul de Saint-Victor, *Les Deux Masques*, tome II.

l'histoire des Argonautes. Vingt-quatre ans plus tard, il emprunta au même groupe de légendes le sujet de sa *Médée*. Après avoir raconté autrefois les services rendus à Jason par la magicienne de Colchos, il montra la vengeance que cette femme violente osa tirer de son époux.

Médée — nous le savons par un grammairien qui invoque le témoignage de Dicéarque et d'Aristote (1) — fut une adaptation plutôt qu'une œuvre originale. Un contemporain d'Eschyle et de Sophocle, le Sicyonien Néophron, avait écrit un drame portant le même titre. On nous assure qu'Euripide mit fort à contribution cette *Médée*. Les fragments de Néophron qui subsistent permettent d'affirmer que la copie ne fut point servile et n'avait rien d'un plagiat (2). Mais Euripide prit certainement à son prédécesseur le plan de la tragédie et la plupart des situations. Ce fut, pour ainsi dire, un collaborateur intelligent qui sut rajeunir une pièce vieillie et l'arranger au goût du public.

Présentée au concours, en 431, sous l'archontat de Pythodore, avec *Dictys*, *Philoctète* et le drame satyrique des *Moissonneurs* (ce qui composait une tétralogie libre), la nouvelle *Médée* ne remporta point le prix. Ce fut Euphorion, fils d'Eschyle, qui triompha, sans doute avec une œuvre de son père (3). Sophocle obtint la seconde place, et l'on n'accorda que la troisième à Euripide. Tout en lui témoignant certaine estime, on lui sut peut-être mauvais gré d'avoir été surtout, dans la circonstance, un adaptateur.

Analyse de Médée : PROLOGUE. — A Corinthe, devant le palais où le roi Créon loge l'Argonaute Jason récemment marié à sa fille, la nourrice de Médée se lamente sur le triste sort de sa maîtresse. Pour suivre le séduisant aventurier, la princesse de Colchos a tout quitté; et, s'il est encore en vie,

(1) Voir le premier *argument* dans *Sept tragédies d'Euripide* par M. Weil (Hachette).

(2) M. Weil cite dans son édition des vers de Néophron qui sont d'une belle venue.

(3) On sait que les tragédies d'Eschyle furent souvent remises à la scène après la mort de leur auteur.

s'il s'est emparé de la toison d'or, c'est à elle que Jason le doit. Il abandonne cependant cette femme, et les enfants qu'elle eut de lui, pour une jeune et nouvelle épouse. La nourrice craint que Médée ne se venge cruellement de cette trahison, et elle confie au précepteur des adolescents ses pressentiments lugubres. (Vers 1 à 95.)

Parodos. — On entend à l'intérieur du palais les cris de désespoir et les imprécations de Médée. Attirées par le bruit, les femmes de Corinthe accourent, s'informent auprès de la nourrice, et témoignent leur sympathie à la princesse, que Jason répudie si lâchement. (Vers 96 à 212.)

Épisode I. — Médée annonce au Chœur des Corinthiennes qu'elle ne supportera point cet outrage. Dans l'intérêt même du sexe féminin, trop méprisé et trop maltraité par les hommes, un exemple est indispensable, et elle le fera. Le roi Créon ne doute point des funestes résolutions de l'étrangère, et c'est pourquoi il vient lui signifier un arrêté d'expulsion hors du territoire de Corinthe. Tout ce qu'elle peut obtenir par ses discours et ses prières, c'est un délai de vingt-quatre heures. Elle ne cache point, d'ailleurs, qu'elle profitera de ce répit pour faire expier à ses ennemis leur alliance odieuse et la mesure de bannissement dont elle est victime. (Vers 213 à 409.)

Stasimon I. — Le Chœur s'indigne de la perfidie des hommes, bien supérieure à celle des femmes, et, prenant prétexte de l'aventure actuelle, il déclare que « la sainteté des serments a disparu ». (Vers 410 à 445.)

Épisode II. — Sans avoir conscience de sa vilenie, Jason entreprend d'apaiser Médée. Il plaisante ; il développe de jolis sophismes, que lui suggère son égoïsme ; il semble railler la malheureuse. Celle-ci lui réplique éloquemment, en rappelant les services rendus, et elle le menace de détruire, avant qu'il soit longtemps, son bonheur. (Vers 446 à 626.)

Stasimon II. — Le Chœur maudit l'amour coupable, qui cause de si grandes calamités ici-bas, et il plaint la pauvre Médée, que tous délaissent dans son infortune. (Vers 627 à 662.)

Épisode III. — Égée, roi d'Attique, se trouve justement à passer par Corinthe. Il vient saluer Médée, son amie, et, jugeant « infâme » l'acte de Jason, il jure à l'épouse répudiée de lui donner asile dans Athènes. Cette promesse remplit

Médée d'une joie sans bornes. Elle prépare sa vengeance et révèle au Chœur les meurtres qu'elle accomplira sur-le-champ. (Vers 663 à 823.)

Stasimon III. — Les Corinthiennes chantent les louanges de l'Attique, et se demandent comment cette contrée bénie des dieux pourra bien accueillir une femme souillée par le sang de ses fils. (Vers 824 à 865.)

Épisode IV. — Médée, qui a fait mander Jason, s'excuse auprès de lui des violences précédentes et feint de consentir à son sort. Le prince se laisse duper aisément par cette comédie. Il accepte de plaider la cause des enfants de Médée, afin qu'on ne les bannisse point avec leur mère, et il les emmène dans le palais, chargés de cadeaux que la magicienne destine à la nouvelle épouse. (Vers 866 à 975.)

Stasimon IV. — Le Chœur n'ignore pas que ces bijoux contiennent un poison mortel, et il gémit en prévoyant que la malheureuse jeune femme va trop promptement s'en parer. (Vers 976 à 1001.)

Exodos. — Le précepteur ramène à Médée ses enfants qui ont obtenu leur grâce. Au moment de les immoler, comme elle en avait formé le dessein, elle hésite. Mais le récit des événements qui se sont passés dans le palais la décide à perpétrer ce dernier crime. La nouvelle épouse de Jason vient d'être consumée par les flammes qui se dégagèrent des ornements dont on lui avait fait cadeau; Créon a péri en voulant secourir sa fille; et les Corinthiens cherchent Médée pour la punir. Elle entraîne alors ses enfants dans la coulisse et les égorge. Puis, sur un char traîné par des dragons ailés, elle apparaît dans les airs. Avant de partir en Attique, elle jouit de sa vengeance, raille la douleur de Jason éperdu, et lui refuse même les cadavres de ses fils qu'elle emporte afin de les ensevelir au loin. (Vers 1002 à 1419.)

Étude littéraire : le drame. — A la fin de la tragédie, Euripide met dans la bouche du Chœur ces paroles : « Ce qu'on attendait n'arrive pas, et un dieu fraye la voie aux événements qu'on attendait le moins. » Cette conclusion, avouons-le, ne convient pas à notre drame. Dès le début, on prévoit ce qui se passera, et le seul plaisir qu'on nous refuse est celui de la surprise.

Médée est composée, néanmoins, avec beaucoup d'art.

Tout se ramène à cette donnée très simple : une épouse délaissée tirera-t-elle vengeance de l'ingrat, et de quelle façon? Les confidences de la nourrice et les discours de Médée nous font pressentir que cette vengeance s'apprête. Les scènes de Créon et de Jason la rendent absolument inévitable. La résolution est prise désormais : Médée atteindra celui qui l'abandonne en frappant sa rivale et les enfants qui sont nés de lui. C'est le point culminant du drame, et l'on voit que jusqu'ici tout est bien préparé. Mais, lorsqu'on médite de pareils crimes, il faut s'être assuré un asile inviolable : Égée vient le promettre à Médée. Il faut un moyen d'approcher des personnes qu'on exècre et dont on vous écarte prudemment : la magicienne invente la ruse infernale des parures envoyées à la jeune femme. Rien qui ne soit donc expliqué ou amené de façon naturelle. C'est l'histoire d'une *vendetta*, dont l'idée, vague tout d'abord, se précise, que semblent contrarier certains événements, et que favorise enfin un heureux concours de circonstances. Cela se trouvait, paraît-il, dans la *Médée* de Néophron; et le poète de Sicyone serait alors le maître qui enseigna à Euripide l'art des petits moyens ingénieux, si utiles dans la conduite d'un drame.

Aujourd'hui, nous regrettons qu'il y ait dans *Médée* des dissertations philosophiques, des tirades sur la condition sociale des femmes, et des allusions à quelques préjugés contemporains (1). On notera également un certain amour de l'observation cruelle (2) et du réalisme répugnant (3). Voici, par exemple, comment Euripide décrit la mort d'une princesse brûlée vive :

Elle se lève et court tout en feu. Elle secoue en tous sens sa tête et ses cheveux ; elle voudrait en arracher la couronne, mais le diadème d'or y reste fixé; et, chaque fois qu'elle agite sa chevelure, elle en fait jaillir une flamme plus vive. Elle tombe enfin sur le sol, vaincue par la souffrance et méconnaissable pour tout autre

(1) Par exemple, *Médée*, vers 230 et suiv. condition des femmes) ; vers 294-305 (la science tenue en suspicion).

(2) *Médée*, épisode II et épisode IV : le rôle de Jason.

(3) *Ibid.*, vers 1167-1230.

que pour un père. On ne pouvait distinguer ni la place de ses yeux, ni les traits de son beau visage. Du sommet de sa tête ruisselait le sang au milieu des flammes, et les chairs, rongées par l'invisible morsure du poison, se détachaient des os et coulaient comme les larmes du pin... Affreux spectacle !... Cependant, le malheureux père, qui ignorait cette catastrophe, entre tout à coup dans la chambre, se précipite sur le cadavre de sa fille et pousse des cris déchirants... Quand il a cessé de se lamenter et de gémir, il essaie de relever son corps débile; mais il reste attaché au fin tissu comme le lierre aux rameaux du laurier. C'est alors une lutte effroyable. Veut-il soulever un genou? elle le retient en arrière. Fait-il un violent effort? les chairs du vieillard se détachent de ses os. Enfin, il s'éteint, il rend l'âme : infortuné ! ses souffrances étaient au-dessus de ses forces.

Il y a là un effort sensible pour frapper l'imagination par la peinture de l'horrible. C'est le genre d'Euripide, et nous n'aimons pas beaucoup cet art trop matérialiste. Reconnaissons, cependant, qu'il y a dans *Médée* de belles scènes, et que le monologue où l'héroïne se demande si elle égorgera les fils de Jason est d'un pathétique incomparable (1).

Les caractères. — Les rôles sont nombreux; mais ils sont, pour la plupart, épisodiques. La nourrice dévouée, le précepteur fidèle, le messager un peu bavard ne tiennent pas grande place, et ne diffèrent pas de leurs semblables dans les autres tragédies grecques (2). Deux personnages plus importants ne font que traverser la scène. Le premier, c'est *Créon*, non point celui de Thèbes dont nous avons parlé à propos de Sophocle, mais le monarque qui régnait sur Corinthe aux époques légendaires. Son apparition est des plus courtes. Il signifie assez brutalement à Médée l'arrêté d'expulsion. Il invite cette « insensée » à s'en aller sur-le-champ et menace de faire venir ses serviteurs pour l'entraîner hors de la ville. Puis il accorde à cette femme qu'il appelle « son ennemie » un délai d'un jour. On n'est pas plus dur en paroles et plus

(1) *Médée*, vers 1019-1080.

(2) Voir *Médée*, vers 1-203 (rôle de la nourrice) ; vers 1121-1230 (le messager) ; vers 49-88 et 1002-1018 (le précepteur).

faible en actions. Ce malheureux Créon n'est que l'ombre d'un roi (1). *Égée*, prince de l'Attique, ne retient pas davantage l'attention. Il est le héros, vite oublié, d'un épisode (2). Euripide l'a introduit dans le drame pour être agréable aux Athéniens (3). Généreux, prompt à blâmer la conduite « infâme » de Jason, respectueux de l'hospitalité et du serment prêté devant les dieux, il inspire la sympathie. Mais il se montre un instant et ne revient point. Ce n'est qu'un personnage secondaire.

JASON. — L'illustre Jason, au contraire, est quelqu'un de fort intéressant à étudier. Oublions qu'il s'agit d'un héros préhistorique, et nous croirons entendre un bourgeois d'Athènes, ou d'ailleurs, qui se trouve dans une fausse situation.

Sauvé par la magicienne de Colchos, l'ayant épousée et l'ayant rendue mère de deux fils, il divorce et se marie à une femme plus jeune. Quelle est son attitude à l'égard de l'abandonnée?... Elle est ridicule et cynique. D'abord, il offre de lui servir une pension. A celle qu'il fait chasser de Corinthe, il ose dire : « Si tu veux accepter de ma main pour tes enfants ou pour toi-même dans ton exil un secours d'argent, parle ! Je suis prêt à te le donner sans compter (4). » Et, tout étonné qu'elle le déteste, il ajoute avec une mansuétude admirable : « Tu as beau me haïr, je ne saurais jamais te vouloir du mal (5). » On ne pratique pas plus largement l'oubli des injures... qu'on a faites aux autres.

Des injures?... Ce mot excite l'indignation de Jason. Certes, Médée lui rendit des services, dont elle exagère l'importance; mais ne travaille-t-il point à la récompenser? « D'abord, lui dit-il, au lieu d'un pays barbare, tu habites la Grèce. Tu as appris à connaître la justice et à recourir aux lois plutôt qu'à la force. Ta science est

(1) *Médée*, vers 271-356.

(2) *Ibid.*, vers 663-755. Euripide avait écrit également une tragédie d'*Égée*.

(3) M. Weil conjecture que Néophron mettait Égée sur la scène dans sa *Médée*. C'est possible, mais ce n'est pas certain.

(4) *Médée*, vers 459-462 et 610-613.

(5) *Ibid.*, vers 463-464

renommée dans toute la Grèce et tu as trouvé la gloire, mais si tu habitais encore aux extrémités de la terre, on ne parlerait point de toi (1). » Au fond, il n'y a qu'une ingrate : c'est Médée ! Pourquoi Jason l'a-t-il répudiée?.. Pourquoi la fait-il bannir avec ses fils ?... Par dévouement !... « J'ai voulu te sauver, déclare l'aimable prince, donner des rois pour frères à tes enfants et assurer ainsi ma maison (2). » Est-ce bien la *Médée* d'Euripide ? N'est-ce point une parodie que nous lisons ? Quelques paroles de ce triste sire nous feront comprendre la pensée du poète :

« Quant au mariage royal que tu me reproches, — dit Jason à son ancienne épouse — je te prouverai qu'en cela je me suis montré sage, chaste, tout dévoué à toi et à mes enfants. Mais reste calme ! Venu ici d'Iolchos, en traînant après moi une longue suite de malheurs inextricables, quelle chance plus heureuse pouvais-je rencontrer que d'épouser la fille d'un roi, moi, un exilé ? non pas, comme le suppose ta jalousie, par haine de toi et désir d'une autre femme, ni par ambition d'une plus nombreuse postérité, — les fils qui me sont nés me suffisent et je n'ai point lieu de me plaindre — mais pour vivre dans l'aisance (c'est ce qui importe par-dessus tout) et non dans la gêne ; car je sais que la pauvreté fait fuir au loin tous les amis (3)... »

Il n'est besoin de rien ajouter. Ce joli phraseur, ce sophiste élégant, ce bellâtre parlant si haut de correction est le dernier des égoïstes. En notre début de XXe siècle, on aime à mettre sur les planches des personnages cyniques qui étalent avec une sorte d'ironie mondaine les laideurs de leur âme. Euripide avait devancé nos dramaturges novateurs de plus de deux mille ans : il a créé le Phérès de l'*Alceste* et le Jason de *Médée*.

MÉDÉE. — « Moi seule... et c'est assez ! » dit la Médée de Pierre Corneille (4). L'héroïne d'Euripide pourrait jeter, elle aussi, ces fières paroles : seule, elle remplit le drame, et cela suffit.

(1) *Médée*, vers 536 et suiv.
(2) *Ibid.*, vers 593 et suiv.
(3) *Ibid.*, vers 547 et suiv. (traduction Hinstin).
(4) Corneille a écrit une *Médée*, imitée moins d'Euripide que de la pièce attribuée faussement au philosophe Sénèque.

C'était un étrange personnage que cette princesse de Colchos, à la juger d'après les légendes : une magicienne redoutable, une épouse passionnée, une mère criminelle. Eschyle aurait vigoureusement dessiné les côtés effrayants du caractère. Un auteur moderne se complairait à noter les fluctuations d'une âme agitée par des sentiments qui se contrarient. Euripide a surtout montré la femme qui se venge.

Avant même qu'elle paraisse, nous avons entendu Médée pousser dans la coulisse des cris de haine. « Enfants maudits d'une mère odieuse, disait-elle, mourez avec votre père ! Périsse toute notre maison (1) ! » Sauf un moment de défaillance, elle ne tiendra point d'autre langage. Elle est l'incarnation de la jalousie furieuse que surexcite l'orgueil froissé. Parfois, elle feindra l'apaisement, quand cela sera nécessaire à l'accomplissement de ses projets (2). Mais jamais elle ne se calme en réalité : elle ne songe qu'à torturer ses ennemis ; elle est, selon ses propres paroles, « altérée de sang » (3). Toujours elle a l'injure ou la menace à la bouche. Elle médite et exécute avec une résolution implacable les pires forfaits. Elle jette un cri de joie sauvage lorsqu'elle apprend la mort du roi Créon et de sa fille. « Heureuse nouvelle ! dit la malheureuse au messager. Je te compterai désormais au nombre de mes amis et de mes bienfaiteurs... Dis-moi comment ils ont péri. Mon plaisir sera double si leur trépas fut bien cruel (4). » C'est une femme possédée par le génie du mal, une furie, la « farouche » Médée.

Quoi ! pas une hésitation, pas un remords ?... Un seul moment, elle s'arrête épouvantée devant l'œuvre qu'elle va commettre : le meurtre de ses enfants ! Mais c'est son unique défaillance, et elle se reprend aussitôt (5). Nous le regrettons; car si quelque chose nous intéresse dans

(1) *Médée*, vers 112 et suiv.
(2) *Ibid.*, épisode II, vers 270 à 356 et épisode IV.
(3) *Ibid.*, vers 265 et 266.
(4) *Ibid.*, vers 1127 et 1128, 1133-1135.
(5) *Ibid.*, vers 1021-1080.

Médée, c'est surtout la courte scène où se livre chez la criminelle un conflit de sentiments; et nous voudrions avoir beaucoup de pages semblables où se trahirait le trouble d'une conscience. Mais Euripide a conçu autrement son personnage. Il a soin de faire répéter par Médée qu'elle ne veut pas être « *un objet de raillerie* » (1). Cela dicte tous ses actes. Elle n'est qu'une orgueilleuse, blessée au vif par l'abandon d'un époux qu'elle n'aime point. Et la tragédie est l'histoire des crimes auxquels nous sommes entraînés par l'orgueil.

HIPPOLYTE

(428 av. J.-C.)

Historique. — A une date que nous ignorons, Euripide avait écrit une tragédie qui s'appelait l'*Hippolyte voilé* (Ἱππόλυτος καλυπτόμενος). Le titre s'explique par ce fait que le héros se voilait la face, à certain moment où on lui adressait des paroles inconvenantes. Ce premier *Hippolyte* était, semble-t-il, une œuvre audacieuse. Phèdre y jouait un rôle peu sympathique et s'abandonnait sans réserve à sa criminelle passion. Le public dut manifester son mécontentement et Euripide remania sa tragédie, en tenant un compte plus sérieux de la bienséance. « Ce qu'il y avait d'indécent et de blâmable dans le premier *Hippolyte*, nous dit l'auteur de l'argument grec, a été corrigé dans le second. » Le nouveau drame fut intitulé *Hippolyte porte-couronne* (Ἱππόλυτος στεφανηφόρος), sans doute parce que le dévot de Diane orne d'un diadème de fleurs la statue de sa déesse chérie et que ce charmant épisode avait frappé les spectateurs.

Cet *Hippolyte* fut représenté la 4e année de la 87e olympiade, sous l'archontat d'Épaminon, c'est-à-dire en 428 avant Jésus-Christ. Ion de Chios obtint la troisième

(1) *Médée*, vers 381-383, 403-405, 797, 1048-1050, etc.

place ; Iophon, fils de Sophocle, la seconde, et le prix suprême échut à Euripide. Les Athéniens récompensaient ainsi les efforts qu'il avait faits pour leur plaire en remaniant sa tragédie, et, par leur suffrage, ils désignaient à la postérité un drame qui méritait d'être immortel.

Analyse d'Hippolyte : Prologue. — L'action se passe à Trézène, devant le palais, sur une place publique où se dressent les statues de Diane et de Vénus.

Dans un court monologue, Vénus expose le sujet du drame et fait connaître les événements qui vont suivre. Hippolyte, fils de Thésée, dédaigne la déesse de l'amour. Pour se venger de lui et pour le perdre, elle a voulu que Phèdre, épouse du roi d'Athènes, s'éprît violemment de son beau-fils. La malheureuse reine, jusqu'à cette heure, dissimula sa monstrueuse passion. Mais elle laissera bientôt échapper l'aveu fatal et il en résultera les plus grandes calamités. (Vers 1 à 57.)

A peine la déesse a-t-elle disparu, qu'Hippolyte revient de la chasse, accompagné de nombreux amis. Il couronne de fleurs la statue de Diane, dont il est le chaste adorateur. Quant à celle de Vénus, malgré les conseils d'un fidèle esclave, il lui refuse le moindre hommage. (Vers 58 à 120.)

Parodos. — Le Chœur, composé de femmes de Trézène, se présente aux portes du palais. Il a appris que Phèdre est dévorée par la souffrance et, en attendant des nouvelles, il multiplie les conjectures au sujet de cette mystérieuse maladie. (Vers 121 à 170.)

Épisode I. — Désireuse de respirer le grand air et de voir le ciel bleu, Phèdre, malgré la fièvre qui la brûle, se fait amener devant le palais. Depuis trois jours, elle ne mange point ; elle est comme en proie à une sorte de délire, et elle garde le silence quand on l'interroge. La nourrice et le Chœur unissent leurs efforts pour arracher son secret à la reine. Après mille hésitations et mille réticences, elle se décide enfin. Elle déclare aimer Hippolyte, mais préférer la mort à la honte d'une passion coupable. Le Chœur approuve cette résolution généreuse ; mais la nourrice ne rougit point de donner à Phèdre, qui les repousse avec indignation, de pernicieux conseils. Enfin, cette servante trop dévouée s'éloigne, en promettant de sauver sa maîtresse. (Vers 171 à 524.)

Stasimon I. — Les femmes de Trézène disent la puissance de

Vénus et de l'Amour, qui sèment la ruine et les calamités, quand ils fondent sur les mortels. (Vers 525 à 564.)

Épisode II. — Soudain retentit dans le palais la voix courroucée d'Hippolyte. Le jeune homme paraît, injuriant la nourrice qui lui a fait la confidence terrible. Si, avant d'écouter cette misérable, il n'avait point juré de se taire au sujet des révélations qu'on lui promettait, il dévoilerait tout à Thésée, dès qu'il reviendra de son voyage actuel. Il se retire, en exprimant le mépris que lui inspire le sexe féminin. Phèdre, désespérée, maudit sa criminelle nourrice et rentre au palais pour se suicider, non sans prédire que sa mort sera funeste à Hippolyte. (Vers 565 à 731.)

Stasimon II. — Le Chœur regrette de ne pouvoir fuir au bout du monde et rappelle que Phèdre débarqua jadis en Attique sous de sinistres auspices qui annonçaient une épouvantable catastrophe. (Vers 732 à 775.)

Épisode III. — Une esclave se précipite sur la place en criant que la reine vient de se pendre. On apporte le cadavre de la suicidée, et Thésée arrive tout justement pour contempler ce lugubre spectacle. Tandis qu'il se lamente, il aperçoit entre les mains de Phèdre des tablettes ; il s'en empare, et avec terreur il lit une accusation d'inceste lancée par la défunte contre Hippolyte. Le prince accourant sur ces entrefaites, il se passe une scène émouvante entre le père qui maudit et le fils que son serment empêche de se disculper. Thésée chasse Hippolyte et le voue à la colère de Neptune, qui promit d'exaucer les souhaits du roi d'Athènes. (Vers 776 à 1101.)

Stasimon III. — Le Chœur déplore l'infortune d'Hippolyte et s'étonne que les dieux laissent périr un innocent. (Vers 1102 à 1150.)

Exodos. — Un messager annonce au roi que son fils a été victime d'un accident, dont les suites seront mortelles. Effrayés par l'apparition d'un monstre marin qu'envoya Neptune, ses coursiers l'ont jeté à terre et l'ont traîné longtemps, embarrassé dans les guides. Thésée se réjouirait presque ; mais Diane se manifeste et lui dévoile la vérité. Littéralement accablé par cette révélation, le malheureux presse dans ses bras le corps d'Hippolyte, qu'on ramène expirant et qui pardonne à son père, après un entretien suprême avec la déesse chérie. (Vers 1151 à 1466.)

Étude littéraire : le drame. — S'il est une critique

qu'on puisse adresser justement à l'*Hippolyte*, c'est que le poète y abuse des tirades satiriques et philosophiques. La nourrice disserte sur la vanité de notre existence et sur la maxime « Rien de trop » (μηδὲν ἄγαν) qui devrait être, dit-elle, pour nous la règle immuable de conduite (1). Phèdre oublie un moment ses peines cruelles et définit les causes qui poussent les mortels à mal agir (2). Hippolyte lance contre les femmes, « créatures de mauvais aloi », « engeance funeste », des imprécations qu'Euripide s'est plu à renouveler dans d'autres drames (3). Tous ont beaucoup trop fréquenté les moralistes ou les philosophes ; et l'on ne saurait nier que ces dissertations ne ralentissent l'action d'une manière fâcheuse.

Mais, quant au *prologue* et à l'intervention du *deus ex machina*, nous en trouvons ici l'emploi fort légitime. Qu'a voulu faire Euripide ? Dans *Médée*, il racontait une vengeance humaine : *Hippolyte* est l'histoire d'une vengeance divine. Le fils de Thésée est le dévot de Diane et il n'a pour Vénus que du dédain. La déesse de l'amour a juré de le punir et d'atteindre sa rivale en frappant son favori. N'est-il point naturel qu'on nous la montre dès le début de la pièce et qu'elle nous expose ses desseins ? N'est-il point nécessaire qu'elle prononce ces paroles : « Partout où la lumière du soleil éclaire les mortels, j'élève ceux qui adorent ma puissance ; j'abats les orgueilleux qui me dédaignent !... Hippolyte m'a offensée... Je veux qu'aujourd'hui même il soit puni ? » Toute la tragédie n'est que le développement de ces quelques phrases. La petite scène si caractéristique entre Hippolyte et le serviteur (4), les paroles de Phèdre, qui se plaint sans cesse d'être la victime d'une divinité (5), les chants du Chœur lui-même (6) ne nous permettent pas

(1) *Hippolyte*, vers 189 et suiv., 253-266.
(2) *Ibid.*, vers 372 et suiv.
(3) *Ibid.*, vers 616 et suiv. Cf. certains passages de la tirade de Phèdre qui commence au vers 372.
(4) *Ibid.*, vers 72-120.
(5) Voir, par exemple, *Hippolyte*, vers 241, 399 et 400, 438, 723 et suiv. etc.
(6) *Ibid.*, voir notamment, vers 525 et suiv., 764 et suiv., etc.

un instant d'oublier le sujet du drame. Après avoir déclamé les cinquante-sept premiers vers, Vénus se retire et ne paraît plus. Mais on sent partout et toujours l'action de cette déesse invisible qui est le personnage important d'*Hippolyte*. Et, si le prologue n'existait point, on peut dire que, l'idée du drame nous échappant, nous n'en saisirions point la parfaite unité (1). L'apparition de Diane vers la fin, outre qu'elle donne lieu à une fort belle scène, est aussi naturelle et indispensable que le *prologue*. D'abord, il faut bien que l'innocence du malheureux jeune homme soit proclamée, et le double serment prêté par Hippolyte et par le Chœur de garder le silence empêche toute réhabilitation près de Thésée (2). Puis, cette intervention de la divine chasseresse achève d'imprimer à la tragédie son véritable caractère. Empêchée par les règlements de l'Olympe (3), elle n'a pu secourir son ami terrestre; mais elle vient le consoler au moment suprême et lui promettre qu'à son tour il sera vengé sur la personne d'un adorateur de Vénus (4). L'*Hippolyte porte-couronne* est donc moins l'aventure de Phèdre et de son beau-fils que le récit d'une rivalité entre deux déesses ennemies. Aux yeux des païens, ce devait être une sorte de drame religieux.

Ce qui précède nous explique pourquoi la pièce nous intéresse moins qu'elle n'intéressa les anciens. Certains épisodes cependant nous frappent par leur puissance dramatique. L'entrée de Phèdre, abattue, brûlée de fièvre, délirante, est d'un grand effet; et la scène qui suit, avec les paroles à double entente de l'infortunée, ses hésitations, ses aveux déguisés jusqu'au moment où elle murmure : « C'est toi qui l'as nommé ; ce n'est pas moi », nous permet de louer l'habileté d'Euripide (5). Il est peu de coups de théâtre aussi beaux que l'arrivée du roi d'Athènes et sa rencontre avec Hippolyte devant le

(1) Voir, d'ailleurs, pour les critiques légitimes, ce que nous disons plus haut du prologue d'*Alceste*.

(2) *Hippolyte*, vers 656-658, 710-714.

(3) *Ibid.*, vers 1328-1334.

(4) *Ibid.*, vers 1416-1422.

(5) *Ibid.*, vers 193-352.

cadavre de Phèdre (1). Enfin, quelle scène poétique et charmante que l'entrevue dernière de Diane et d'Hippolyte ! Ce père qui sanglote à côté de son fils, cette déesse qui apparaît dans le ciel bleu et qui adresse de douces paroles à son ami, ce mourant qui contemple dans une extase la vierge céleste, tout cela compose un tableau exquis et émouvant (2). Lorsque Racine imita l'*Hippolyte*, il fut obligé de sacrifier cette scène, car il faisait, non point un drame *religieux*, mais une tragédie *humaine* : il dut en éprouver un vif regret.

Les caractères : *LA NOURRICE*. — La plupart des personnages ne sont que des instruments entre les mains de Vénus. Ce sont toutefois des figures intéressantes. La nourrice, par exemple, n'a rien de la confidente vulgaire. Expérimentée, elle est, avant tout, malgré quelques belles paroles au début, une femme pratique. Les nobles sentiments et la vertu ?... Chimères ! La principale chose ici-bas, c'est de vivre, et on ne doit reculer, quand il s'agit de sauver sa vie, devant aucun moyen. Cette méprisable femme n'hésite point à donner à Phèdre les conseils les plus immoraux, et à s'autoriser pour cela de la théologie païenne. On pourra invoquer en sa faveur qu'elle est dévouée ; mais qu'est-ce qu'un dévouement qui s'égare de la sorte ? Sa maîtresse elle-même la maudit et l'appelle « monstre », en souhaitant que Jupiter l'écrase de sa foudre. Cette nourrice est, somme toute, une personne vile et cynique. Vénus ne pouvait désirer une meilleure auxiliaire (3).

THÉSÉE. — Après celle qui provoque la crise fatale par son zèle maladroit, voici Thésée qui se fait, inconsciemment, l'exécuteur des hautes œuvres de Vénus. Ce roi d'Athènes a un cœur sensible, mais une nature violente : c'est l'homme du premier mouvement. Il trouve Phèdre inanimée, et il gémit (4). Il s'imagine qu'Hippolyte

(1) *Hippolyte*, vers 790 et suiv.
(2) *Ibid.*, vers 1389-1466.
(3) Voir surtout l'épisode I, pour le développement de ce caractère.
(4) *Hippolyte*, vers 790-851.

est coupable, et, sans rien vouloir entendre, il l'injurie, il le chasse, il le voue à la mort (1). Tout à l'heure, lorsque Diane lui aura dessillé les yeux, il se lamentera en pressant sur son sein Hippolyte qui rend le dernier soupir (2). Une explosion de colère irraisonnée entre deux crises de larmes bien naturelles, c'est tout le rôle. Et pourtant ce farouche Thésée, qui n'admet point la possibilité d'une calomnie, n'excite point notre antipathie. Lui aussi, « il a été trompé par les artifices de la déesse » (3).

PHÈDRE. — Nous ne dirons point que cette pauvre reine soit sympathique ; mais, pas plus que Thésée, elle ne nous est odieuse. Elle avait tout ce qu'il faut pour être une femme irréprochable. Une passion coupable s'est emparée d'elle ?... Elle résiste ; elle préfère la mort au déshonneur ; elle blâme quiconque, en pareil cas, écoute d'autres conseils que ceux de la conscience et du devoir (4). Trahie par une indigne nourrice, elle la repousse avec horreur et préfère se suicider que de vivre sous le poids d'une honte dont elle n'est point responsable (5). Pourquoi faut-il qu'elle accuse un innocent avant de se pendre ?... Hélas ! la malheureuse n'est pas maîtresse de ses actions. Elle accomplit ce que lui suggère Vénus, affamée de vengeance. Elle est une chose dont se sert la déesse, plutôt qu'un être raisonnable et conscient.

HIPPOLYTE. — Tous les autres n'étaient pour la divinité jalouse que des moyens. Celui-ci, c'est le but à atteindre ; c'est la victime à frapper.

Il mérite bien, du reste, la haine de Vénus et l'amitié de Diane. Chaste au point de vouloir se purifier les oreilles quand on lui adresse des paroles déshonnêtes (6) ; respectueux de tous les dieux auxquels on doit le respect, mais non des autres (7) ; fidèle observateur du

(1) *Hippolyte*, vers 936-980, 1045-1050, 1169-1172, 1265-1267.
(2) *Ibid.*, vers 1408-1414, 1446 et suiv.
(3) *Ibid.*, vers 1406.
(4) *Ibid.*, vers 390-430, 482-485, 503-508, etc.
(5) *Ibid.*, vers 595 et 596, 599 et 600, 673 et suiv., 682 et suiv.
(6) *Ibid.*, vers 653-655. Cf. tout son discours à partir du vers [illegible].
(7) *Ibid.*, vers 99-113.

serment prêté, même au prix de sa réputation, même au péril de sa vie (1), c'est un héros. Il n'aurait qu'un mot à prononcer pour arrêter la malédiction de Thésée prête à s'abattre sur sa tête : il se refuse au parjure ; il s'incline devant celui qui le chasse, et, après la catastrophe, il pardonne avec ces paroles sublimes : « Je pleure aussi les malheurs de mon père !... Que tu es à plaindre, ô père infortuné (2) ! »

Les anciens voyaient autre chose qu'un héros dans Hippolyte. Il était celui que Diane honorait « d'une amitié trop haute pour un mortel » (3) ; celui qui ornait sans cesse les statues de la vierge divine avec des guirlandes de fleurs nouvelles (4) ; celui qui conduisait les coursiers de la déesse et chassait, en sa compagnie, dans les vertes forêts (5). Initié aux mystères de l'orphisme et conversant avec les Olympiens, il était moins qu'un demi-dieu et plus qu'un homme. C'était le héros mystique d'un drame religieux

---

HÉCUBE

(424 av. J.-C. ?)

Historique. — Certains indices permettent de fixer approximativement la date de la première représentation d'*Hécube*. Euripide, selon la coutume de nombreux auteurs, glisse dans ses tragédies des allusions aux événements contemporains. C'était une façon de plaire au public, en lui rappelant les choses qui avaient excité sa curiosité ou satisfait son orgueil. Le premier *stasimon* d'*Hécube* renferme une phrase sur Délos, qui a semblé relative aux fêtes et aux jeux extraordinaires célébrés par les

(1) *Hippolyte*, vers 1021-1024, 1060-1063.
(2) *Ibid.*, vers 1405 et suiv., 1448 et suiv
(3) *Ibid.*, vers 19.
(4) *Ibid.*, vers 73-87.
(5) *Ibid.*, vers 15-16 et 1399.

Athéniens, en 425, lors de la purification générale de cette île (1). Dans le second *stasimon*, le Chœur prononce ces paroles caractéristiques : « Elle nous a valu la guerre, le carnage, la ruine de nos foyers. Mais on gémit aussi sur les bords de l'Eurotas : plus d'une jeune Lacédémonienne fond en larmes dans sa maison ; plus d'une mère, apprenant la mort de ses fils, porte une main furieuse sur sa tête blanche et se déchire le visage où elle enfonce ses ongles ensanglantés (2). » Et ceci nous prouve qu'*Hécube* fut certainement écrite après les invasions des Péloponésiens en Attique (431-430) et au lendemain d'un grand succès des troupes athéniennes, sans doute la prise de Sphactérie par Démosthène, en 425. Enfin, dans sa comédie des *Nuées* (représentée en 423), Aristophane parodie quelques vers d'*Hécube* (3). On peut donc conjecturer que cette pièce d'Euripide fut jouée entre 430 et 423. Nous ajouterons que M. Weil et tous les critiques compétents s'accordent à considérer comme très probable la date de 424. C'est celle que nous adoptons avec eux.

Analyse d'Hécube : Prologue. — L'action se passe dans la Chersonèse de Thrace, où les Grecs ont établi leur camp, après la prise et la destruction d'Ilion. Devant les tentes, au lever du jour, apparaît le fantôme de Polydore, fils du roi Priam et de la reine Hécube. Lorsque la ville fut assiégée par les Grecs, les deux souverains avaient confié leur enfant à Polymestor, prince de Thrace, ainsi que des trésors considérables. Mais le traître, ayant appris le désastre des Troyens, a égorgé l'adolescent et s'est approprié les richesses. L'ombre de Polydore expose tous ces faits, prédit ce qui doit arriver dans quelques heures, et se retire en voyant la vieille Hécube sortir du logis d'Agamemnon. La reine déchue gémit sur ses infortunes et se plaint que des visions nocturnes lui en présagent de plus terribles encore. (Vers 1 à 97.)

(1) *Hécube*, vers 455-465. Thucydide, dans son *Histoire de la guerre du Péloponèse* (livre III, c. 104), raconte longuement ces cérémonies. C'est évidemment signe qu'elles produisirent alors une vive impression.

(2) *Hécube*, vers 647-656.

(3) Voir Aristophane, *Nuées*, vers 1165 et suiv. : « ὦ τέκνον, ὦ παῖ, παῖ, ἔξελθ' οἴκων, ἄιε σοῦ πατρός » et cf. avec *Hécube*, vers 172-173 : « ὦ τέκνον, ὦ παῖ, etc.

Parodos. — Les captives troyennes accourent affolées vers leur ancienne maîtresse. Elles lui annoncent que l'ombre d'Achille a réclamé le sacrifice de Polyxène, fille de Priam, sur son tombeau. Persuadés par l'éloquence d'Ulysse, les Grecs ont décidé que ce crime serait commis. (Vers 98 à 153.)

ÉPISODE I. — A peine la pauvre mère a-t-elle échangé quelques tristes paroles avec Polyxène qu'Ulysse est là, exigeant la victime. Hécube se lamente, embrasse les genoux du roi d'Ithaque, lui rappelle qu'autrefois elle lui sauva la vie. Rien n'émeut ce froid et cruel politique, dont toutes les actions sont dictées par l'égoïsme. Alors la petite Polyxène se dresse héroïquement en face de son bourreau. Joyeuse d'échapper par la mort aux humiliations et aux hontes de l'esclavage, elle déclare que le glaive du sacrificateur ne l'effraie point, et, après de tendres adieux à sa mère, elle marche fièrement vers la délivrance, c'est-à-dire vers le trépas. (Vers 154 à 443.)

Stasimon I. — Les Troyennes se demandent dans quelle région de la Grèce chacune d'elles sera emmenée par le vainqueur. (Vers 444 à 483.)

ÉPISODE II. — Le héraut Talthybios vient raconter à Hécube, qu'il trouve étendue dans la poussière, la mort de Polyxène. Cette jeune fille a montré une grandeur d'âme qui a soulevé l'admiration des Grecs, bons connaisseurs en pareille matière. On désire donc que l'ancienne reine s'empresse de rendre à l'héroïne tous les honneurs funèbres, et elle se prépare à accomplir ce triste devoir. (Vers 484 à 628.)

Stasimon II. — Le Chœur regrette que l'enlèvement d'Hélène ait été cause, pour les femmes d'Asie et d'Europe, d'aussi terribles calamités. (Vers 629 à 656.)

ÉPISODE III. — Un autre malheur accable la misérable Hécube. L'esclave, qui allait puiser de l'eau pour laver le corps de Polyxène, a trouvé sur le rivage le cadavre de Polydore. Plus de doute ! L'infâme Polymestor a égorgé le dernier des Priamides !... Hécube ne respire plus que la vengeance ; et Agamemnon, indigné que le prince thrace se soit fait l'assassin de son hôte, permet à sa captive d'agir comme bon lui semblera. (Vers 657 à 904.)

Stasimon III. — Le Chœur rappelle la dernière nuit de Troie, dit ses émotions à cette heure fatale, et maudit les auteurs de son infortune. (Vers 905 à 931.)

EXODOS. — Mandé par Hécube, Polymestor accourt avec ses

deux enfants. Sous prétexte de lui indiquer des richesses cachées, son ennemie l'entraîne dans sa tente, lui crève les yeux, et poignarde ses fils. Il réclame justice, mais Agamemnon ordonne de le transporter dans une île déserte ; et Polymestor prophétise les plus terribles malheurs au roi d'Argos et à Hécube qui s'écrie : « Peu m'importe ! Je suis vengée ! » (Vers 952 à 1295.)

Étude littéraire : le drame. — Il y a dans *Hécube* deux parties fort distinctes, qui semblent indépendantes l'une de l'autre et qui sont mal reliées entre elles. Au vers 656 un drame finit et un drame commence. Jusqu'alors il n'a été question que du sacrifice de Polyxène, et désormais on n'en parlera plus. Le poète entame une autre action : la vengeance tirée par Hécube du roi Thrace qui assassina Polydore. En allant puiser de l'eau dans la mer, une servante aperçoit le cadavre du malheureux enfant et le traîne jusqu'à la tente. Cette transition suffit à Euripide pour abandonner son premier sujet et en aborder un nouveau. Ce sont licences que nous ne pardonnerions pas à un auteur moderne.

On a dit, afin d'excuser Euripide, qu'il y avait toutefois une certaine unité dans ce drame. Nous ne saurions le nier; mais c'est plutôt une unité *morale* que dramatique. L'auteur a voulu montrer la vanité de la puissance humaine, lorsque les dieux se déclarent contre elle; et il l'a fait en mettant sur la scène Hécube, autrefois souveraine de l'Asie, maintenant esclave, cruellement frappée par la mort de Polyxène et de Polydore, tombant au dernier degré de l'infortune. Cette intention est manifeste dès la fin du *prologue*, qui est ici bien nécessaire pour faire saisir l'unité secrète de la tragédie. « Hélas ! ô ma mère, s'écrie l'ombre de Polydore, après avoir habité le palais d'un roi, tu as vu le jour de l'esclavage. Cruelle infortune, égale à ta félicité ancienne ! C'est un dieu qui te perd et te fait expier ton bonheur passé (1) ! » Ailleurs, la pauvre Hécube elle-même se charge d'exprimer la moralité de cette pièce : « O splen-

(1) *Hécube*, vers 54-58.

eur de mon palais ! dit-elle. O demeure jadis fortunée ! ô Priam, père de tant de beaux et de vaillants enfants, et moi, leur vieille mère, en quel néant nous sommes tombés !... Quel abaissement de notre orgueil !... Et chacun exalte ou l'opulence de sa maison, ou les titres d'honneur qu'il reçoit de ses concitoyens ! Néant que tout cela ! Vanité de nos ambitions inquiètes et des noms pompeux (1) ! » Jamais Euripide ne nous permet d'oublier cette idée mère de sa tragédie (2), et nous reconnaissons qu'il en résulte une faible mais une réelle unité. D'ailleurs, ajoutons-le, Euripide n'aurait point été sensible au reproche que nous lui adressons. Il tenait moins à écrire des pièces fortement charpentées qu'à charmer ou émouvoir le spectateur par une suite de tableaux impressionnants, qu'il reliait d'une façon quelconque. Les *Troyennes* sont le modèle de ces tragédies formées par juxtaposition d'épisodes (3) ; mais déjà dans *Hécube* nous voyons le poète adopter cette manière, que de pré tendus novateurs nous présentent aujourd'hui comme la plus artistique et la plus parfaite.

Il y a, du reste, dans la première partie du drame, deux scènes admirables : les adieux de Polyxène et le récit des instants suprêmes de cette vierge héroïque (4). C'est pathétique, et l'on y note avec plaisir ce caractère de beauté pure, calme, idéale, que les sculpteurs et les poètes grecs surent imprimer à leurs chefs-d'œuvre. Ces pages d'*Hécube* sont comparables aux plus émouvantes d'*Alceste* ou d'*Iphigénie à Aulis* (5). Nous regrettons qu'Euripide en compromette l'effet, en les faisant suivre de froides dissertations philosophiques (6). Lui-même le comprend, et il s'arrête brusquement sur ces mots :

(1) *Hécube*, vers 619-628.

(2) Voir, par exemple, vers 282-285, 349-378, 422-431, 488-500, 782-786, 809-832 etc.

(3) Histoire de Cassandre ; histoire d'Andromaque et d'Astyanax ; histoire de Ménas et d'Hélène ; funérailles d'Astyanax ; incendie de Troie et départ de la flotte.

(4) *Hécube*, vers 342 et suiv., 518 et suiv.

(5) Voir nos études sur *Alceste* et *Iphigénie à Aulis* (*Alceste*, vers 245-238, *Iphigénie*, 1368 et suiv.).

(6) Par exemple, *Hécube*, vers 585 et suiv.

« Mais assez de traits lancés par mon esprit dans le vide (1). » Après un tel aveu, il serait cruel d'insister.

Les caractères : *LES PERSONNAGES SECONDAIRES.* — Les rôles d'hommes ne sont point considérables dans *Hécube* et n'offrent rien d'intéressant. *Polymestor* est un tyran perfide, sachant dissimuler sous les dehors d'une amitié mensongère ce qu'il y a de vil dans son âme (2) ; mais peu intelligent, et facile à prendre au piège, parce qu'il est possédé par la passion des richesses (3). Euripide nous donne là une de ces caricatures de tyrans qui plaisaient tant, nous l'avons dit, au public athénien. *Agamemnon*, malgré les nobles sentiments dont il fait étalage (4), n'est rien moins que sympathique. Au lieu de remplir son office de justicier vis-à-vis de Polymestor, qui est un voleur et un assassin, il déclare ne pouvoir rien contre cet indigne allié des Grecs et il se contente de laisser agir Hécube (5). Mais, une fois l'acte accompli, il insulte et brutalise le tyran aveugle (6). Ce n'est point le fait d'un grand cœur. *Ulysse*, enfin, qui ne paraît que dans une scène, est un bien triste personnage. Autrefois, par pure générosité, Hécube lui sauva la vie (7). Le roi d'Ithaque ne connaît point la reconnaissance. Dans l'assemblée, il exige la mort de Polyxène (8). Il tient à venir lui-même arracher la jeune fille des bras de sa mère, lorsqu'il lui était loisible de se décharger sur quelque autre de ce devoir. Il répond, en invoquant des maximes d'État, à la malheureuse qui se lamente (9). C'est le plus méprisable et le plus égoïste des hommes politiques : « un rusé, un fourbe, un doucereux flatteur du peuple » (10).

(1) *Hécube*, vers 603.
(2) *Ibid.*, vers 952 et suiv.
(3) *Ibid.*, vers 1000 et suiv.
(4) *Ibid.*, vers 902-904, 1240 et suiv.
(5) *Ibid.*, vers 850-863.
(6) *Ibid.*, vers 1240 et suiv., 1280 et suiv.
(7) *Ibid.*, vers 238-253.
(8) *Ibid.*, vers 130 et suiv.
(9) *Ibid.*, vers 299-331.
(10) *Ibid.*, vers 131 et 132.

HÉCUBE. — Le « misogyne » Euripide a, dans cette pièce comme dans *Alceste* et *Iphigénie à Aulis*, donné aux femmes le plus beau rôle.

Hécube est, d'abord, la reine devenue esclave, qui songe avec amertume aux splendeurs passées et dit, non sans tristesse, aux autres femmes de Troie : « Moi, votre ancienne souveraine, votre compagne de servitude. » Elle se rappelle ce palais, aujourd'hui incendié, où elle s'avançait au milieu de ses brus et de ses filles, toutes éclatantes de beauté, dans les grandes salles lambrissées d'or. Et, maintenant, « appuyée sur un bâton recourbé », « hâtant la pesante lenteur de ses pas », image vivante et inoubliable de l'infortune, elle attend qu'Agamemnon l'emmène dans Argos, elle, la veuve de Priam, la mère d'Hector (1) !

Mais il lui reste cependant quelques biens précieux : Cassandre que le roi des rois prit sous sa protection, Polydore qui est en Thrace, Polyxène qu'on lui a laissée. Pour eux, elle consent à vivre ! Pour eux, elle s'abaisse aux humbles supplications ! Chez cette femme, moralement brisée, un seul sentiment subsiste : l'amour maternel. Il faut entendre ses cris de désespoir quand on lui arrache Polyxène ! Elle gémit ; elle remémore à Ulysse les services rendus ; elle se traîne à ses pieds ; elle adjure la jeune fille de se faire suppliante, elle aussi ; elle veut mourir à sa place ou en sa compagnie ; et elle trouve ces paroles, qui fléchiraient tout autre que le barbare roi d'Ithaque : « Je t'en prie, ne l'arrache point de mes bras !.. Ne la tuez pas !.. Il y a eu assez de morts !... Elle est ma joie, l'oubli de mes maux, et, pour me tenir lieu de ce que j'ai perdu, ma consolation, la nourrice de ma vieillesse chenue, mon bâton de voyage, mon guide (2) ! »

Aussi l'on doit penser quelle crise violente provoque chez cette mère la nouvelle de l'assassinat de Polydore. Elle a pleuré et elle s'est couchée dans la poussière,

(1) Par exemple, *Hécube*, vers 79 et suiv., 619 et suiv., etc.
(2) *Hécube*, tout l'épisode I.

lorsque les vainqueurs ont immolé sa fille... Que pouvait-elle davantage contre le droit de la guerre et la force qui prime tout ?... Mais le Thrace qui a égorgé son enfant pour le piller n'est qu'un traître ; et celui-là elle l'exécute, sans crainte, sans pitié, avec une barbarie asiatique. Elle l'attire dans un guet-apens (1) ; elle poignarde ses deux fils ; avec les agrafes de sa tunique elle lui arrache les yeux. Elle éprouve une joie sauvage à se venger sur quelqu'un du mal qu'on fit aux siens (2). La douleur maternelle la pousse à commettre des actes dignes d'une tigresse ou d'une furie.

POLYXÈNE. — Si légitime que soit sa haine, si excusable que puisse paraître sa vengeance, Hécube excite plutôt la pitié que la sympathie. Mais Polyxène mérite notre admiration, et il est fâcheux qu'Euripide n'ait point, comme Sophocle, fait de cette jeune fille l'héroïne, non d'un épisode, mais d'un drame.

A l'appel d'Hécube, elle accourt de la tente, « toute palpitante de frayeur, comme un oiseau de son nid » (3). Le sort affreux qui lui est réservé ne l'épouvante point ; et, si elle pleure, ce n'est point sur elle-même ; c'est sur « sa mère malheureuse, accablée de tant de maux, condamnée à une existence misérable » (4). Cette princesse a bien examiné la situation ; et, par orgueil, ou plus justement par dignité, elle souhaite le trépas qui la préservera de toute souillure :

« Pourquoi vivrais-je ? dit-elle. Celui qui me donna le jour commandait à tous les Phrygiens : tel a été mon début dans la vie. Puis, j'ai grandi pour les plus brillantes espérances, fiancée à des rois, prix envié de rivaux qui se disputaient la gloire de m'introduire dans leur maison, à leur foyer, souveraine, hélas ! parmi les femmes de l'Ida, admirée entre toutes les vierges, égale aux déesses, sauf qu'il me fallait mourir. Et maintenant je suis esclave ! Ce nom seul nouveau pour moi me fait désirer la mort. Peut-être rencontrerais-je des maîtres cruels qui m'achèteraient à prix d'argent, moi,

(1) *Hécube*, vers 968-1022. (On remarquera surtout les vers 979 et 980, 999, 1000, 1005 et 1006, 1021 et 1022.)

(2) *Ibid.*, vers 1052 et 1053, 1254, 1256, 1258, 1274, etc.

(3) *Ibid.*, vers 176 et suiv.

(4) *Ibid.*, vers 197 et suiv

la sœur d'Hector et de tant de héros, qui me réduiraient à pétrir leur pain, et me feraient balayer leur maison, manier la navette, passer mes jours dans la douleur.... Non, jamais! que plutôt mes yeux éteignent leur regard, pendant qu'ils sont encore libres! que mon corps appartienne à Hadès! Emmène-moi, Ulysse, emmène-moi à la mort! Dans l'état où je suis, je ne puis me flatter de l'espérance, de la pensée même d'un meilleur avenir (1)... »

Et elle meurt d'une manière si simple, si héroïque, la petite Troyenne, que les Grecs l'admirent et couvrent son cadavre de feuillage comme s'il s'agissait d'un guerrier vainqueur (2). Il est extraordinaire de constater qu'Euripide, dont le génie fut moins mâle que celui d'Eschyle et de Sophocle, ait si souvent et si bien décrit l'héroïsme féminin, l'héroïsme d'une Iphigénie, d'une Alceste, d'une Polyxène.

IPHIGÉNIE A AULIS

(405 av. J.-C.)

Historique. — Ce n'est point à l'épopée homérique qu'Euripide emprunta la légende du sacrifice d'Iphigénie. L'auteur de l'*Iliade* ne semble point la connaître, et il est probable qu'elle s'introduisit assez tardivement dans les récits sur la guerre de Troie. Nous savons que Stasinos de Chypre en parlait dans ses *Cypriennes*, une des nombreuses épopées par lesquelles on s'ingénia à compléter les poèmes d'Homère (3). Il racontait comment, pour se venger d'un propos présomptueux du « roi des rois », Diane envoya des vents contraires aux Achéens; comment Calchas, inspiré par elle, ordonna le meurtre rituel d'Iphigénie; comment elle substitua une biche à la princesse, prête à tomber sous le couteau, et la trans-

(1) *Hécube*, vers 349 et surv.
(2) *Ibid.*, vers 546-580.
(3) Stasinos chantait, dans ce poème en onze chants, les événements antérieurs à la colère d'Achille.

porta en Tauride, où elle la fit prêtresse de son temple fameux.

Eschyle et Sophocle, avant Euripide, avaient déjà traité ce sujet. Malheureusement, leurs tragédies sont perdues, et il est impossible d'établir une comparaison qui ne manquerait point d'intérêt. On conjecture seulement, d'après le récit du sacrifice dans l'*Agamemnon*, que l'*Iphigénie* d'Eschyle devait avoir une grandeur barbare; et l'on sait que, dans celle de Sophocle, Ulysse et Clytemnestre avaient des rôles importants. Euripide reprit la légende et la modifia. Il remplaça Ulysse par Ménélas; il donna plus d'ampleur au personnage d'Agamemnon; il fit de la jeune fille une héroïne qui marche fièrement au martyre, et non une faible enfant qu'on y traîne avec un bâillon sur la bouche. Et, justes cette fois, les Athéniens lui décernèrent la couronne d'olivier sacré, due au vainqueur.

Cette réparation venait trop tard. C'était le fils du poète qui présentait aux Grandes Dionysies la tragédie de son père, en même temps que les *Bacchantes* et *Alcméon*. Euripide était mort l'année précédente, et l'on ne put que déposer la couronne glorieuse sur son tombeau.

Analyse d'Iphigénie a Aulis : Prologue. — La scène est au camp d'Aulis, devant la tente d'Agamemnon. Il fait nuit. Le roi sort de chez lui dans une grande agitation : un vieux serviteur l'accompagne et lui demande la cause de ce trouble étonnant. Le roi la lui expose avec trop de longueurs. En deux mots, voici la situation tragique dans laquelle il se trouve. Pour permettre aux vaisseaux grecs de voguer vers Ilion, la déesse Diane a exigé le sacrifice d'Iphigénie. Pressé par Ménélas, Agamemnon a cédé; il a écrit à son épouse Clytemnestre de lui envoyer la jeune fille; il a prétexté un mariage avec Achille, le héros thessalien. Mais, à la veille d'accomplir l'acte cruel, il se repent, et il dépêche le fidèle vieillard vers Argos pour contremander ses premiers ordres. (Vers 1 à 162.)

Parodos. — Le messager est parti, le roi est rentré dans sa tente, l'aube se lève. Et voici venir le Chœur, composé de jeunes filles de Chalcis. Curieuses et bavardes, elles disent leur visite à travers le camp des Grecs; elles vantent les capitaines qu'elles ont vus, surtout Achille « aussi rapide que le vent »; elles décrivent, en quelques strophes lyriques, la flotte admirable des Achéens. (Vers 163 à 302.)

Épisode I. — Ménélas, qui faisait la garde, a surpris le vieillard, et, malgré sa résistance, lui a enlevé la lettre d'Agamemnon. Au bruit de la dispute, le roi accourt. Une explication très vive se produit entre son frère et lui, Ménélas criant à la trahison, Agamemnon se refusant à immoler son enfant. Un coup de théâtre met fin à cette querelle. On apprend l'arrivée d'Iphigénie et de Clytemnestre; le roi cède au Destin, et Ménélas, malheureusement trop tard, rougit enfin de son égoïsme. (Vers 303 à 542.)

Stasimon I. — Le Chœur, à propos d'Hélène et de Pâris, fait des réflexions sur l'amour chaste et sur l'amour coupable. Il se prépare à bien recevoir les deux princesses. (Vers 543 à 589.)

Épisode II. — Clytemnestre et sa fille descendent de leur char, Agamemnon vient au-devant d'elles; mais la joie enfantine et les questions naïvement cruelles d'Iphigénie lui déchirent le cœur. Après avoir expliqué à son épouse la généalogie d'Achille, le soi-disant fiancé de leur enfant, il essaie de décider Clytemnestre à s'en retourner vers Argos. La reine repousse cette étrange proposition et déclare qu'elle assistera au mariage d'Iphigénie. (Vers 590 à 750.)

Stasimon II. — Le Chœur célèbre, par avance, la prise d'Ilion et peint le triste sort des Troyennes qui seront réduites en esclavage. (Vers 751 à 800.)

Épisode III. — Achille cherche Agamemnon: il veut se plaindre de l'inaction où languit l'armée. Clytemnestre l'aborde, et, à la grande surprise du prince, elle salue en lui son futur gendre. La méprise s'explique bientôt, et tous les voiles se déchirent. Le vieux serviteur du prologue révèle la déplorable vérité. Achille s'indigne qu'on se soit joué de lui si misérablement, et il promet sa protection à Clytemnestre qui s'est, en suppliante, jetée à ses genoux. (Vers 801 à 1035.)

Stasimon III. — Les jeunes filles de Chalcis chantent les noces de Pélée, père d'Achille, et opposent cet hymen joyeux à l'hymen funèbre d'Iphigénie. (Vers 1036 à 1097.)

Exodos. — Agamemnon vient demander sa fille à Clytemnestre. Elle lui dit qu'elle sait tout et l'accable de reproches. Mais, malgré ces menaces, malgré les prières émouvantes de la princesse elle-même, il affirme ne rien pouvoir contre la volonté des Grecs et il se retire. (Vers 1098 à 1275.)

Alors un changement soudain se produit chez Iphigénie. Bien qu'Achille s'offre à la défendre contre le camp révolté, elle se résigne à la mort et y marche, dans un transport d'enthousiasme, heureuse de donner son sang pour le triomphe de la Grèce. (Vers 1276 à 1531.)

Bientôt un messager nous annonce le miracle de la biche substituée à la victime sur l'autel. Agamemnon se réjouit et s'élance avec impatience vers la victoire, sans voir Clytemnestre incrédule... qui garde le silence et qui se souviendra. (Vers 1532 à 1629.)

Étude littéraire : le drame (1). — *Iphigénie à Aulis* n'a point échappé aux critiques; mais celles qu'on lui adresse sont peu nombreuses et peu graves. Tout d'abord, on critique le changement subit qui s'opère dans les sentiments d'Iphigénie : c'est une question que nous examinerons plus loin. Ensuite, on blâme le poète d'écarter, pour ainsi dire, le Chœur de l'action, et ce reproche est fondé. Chez Eschyle et Sophocle, le Chœur était un important personnage. Euripide n'ose point complètement le supprimer; il le relègue au second plan. Dans *Iphigénie*, par exemple, les chants lyriques, qui servent d'entr'actes, sont étrangers au sujet, et il est rare que les jeunes filles de Chalcis interviennent dans le dialogue, comme faisait le Chœur autrefois. Pour les anciens, c'était un défaut. Aux yeux des modernes, ne serait-ce pas un progrès?...

En tout cas, si c'est une imperfection, elle n'ôte rien à la beauté d'*Iphigénie*. La pièce est merveilleusement conduite, et jusqu'au récit final du messager l'intérêt va toujours en augmentant. On pourra regretter des lenteurs et, aussi la trop grande fréquence des maximes philosophiques qui plaisaient au disciple d'Anaxagore. Mais l'exposition est dramatique, naturelle, vraisemblable. Les deux coups de théâtre — l'arrivée de Clytemnestre et les révélations du vieillard — sont tragiques. Et il

(1) Nous comparerons ailleurs l'*Iphigénie* d'Euripide et celle de Racine.

est impossible de ne point sentir combien sont pathétiques et vraies d'une vérité éternelle les plaintes naïves d'Iphigénie. Euripide produit de grands effets par des contrastes : quand la reine descend de son char et veille tranquillement aux mille petites choses de l'arrivée, quand Iphigénie joyeuse presse de questions son père tourmenté par de poignants soucis, l'horreur de la situation est accrue par ce calme, cette allégresse et ces détails familiers... Sauf le miracle du dénouement, rien dans *Iphigénie* qui ne soit la nature même, la réalité prise sur le vif. Et ce qui nous charme justement, ce qui est l'originalité de cette tragédie, c'est la vérité des sentiments et des situations jointe à l'extrême simplicité de l'intrigue.

Les caractères : *IPHIGÉNIE.* — Avec Alceste, Iphigénie est la plus charmante, la plus noble héroïne d'Euripide. Au début, ce n'est qu'une enfant, à l'esprit curieux et candide, au cœur débordant d'affection. Elle sourit à la vie, elle rêve de bonheur, elle se précipite avec tendresse dans les bras d'un père bien-aimé. Et quand la mort surgit pour la faucher en pleine fleur, elle se désespère, elle se lamente, elle supplie avec des caresses, elle a encore la faiblesse de l'enfance :

« Ne me fais pas mourir avant le temps ; la lumière est si douce ! Ne me force point de voir les ténèbres souterraines. Je suis la première qui t'aie appelé père, que tu aies appelée ta fille ; la première, assise avec abandon sur tes genoux, je t'ai donné et j'ai reçu de toi de tendres caresses. Et tu me disais alors : « Te verrai-je, ma fille, heureuse au foyer d'un époux, vivre et briller dans un rang digne de toi ? » Et je te répondais, suspendue à ton cou, pressant ta barbe que ma main touche encore : « Et moi, que ferai-je pour toi ? Pourrai-je offrir à ta vieillesse, ô mon père, la douce hospitalité de ma maison, et te rendre les peines, les tendres soins que t'a coûtés mon enfance ? » J'ai gardé le souvenir de ces paroles ; mais toi, tu les as oubliées et tu veux me faire mourir. Oh ! non, par Pélops, par Atrée ton père, par cette mère qui m'a jadis enfantée dans la douleur, et qui, pour la deuxième fois aujourd'hui, souffre à cause de moi la même torture ! Suis-je pour quelque chose dans les noces de Pâris et d'Hélène ? Et parce que ce Pâris est venu en Grèce, faut-il donc que je meure, ô mon père ? Tourne les yeux vers moi donne-moi un baiser pour que j'emporte au moins ce souvenir de toi en mourant, si tu ne te laisses pas fléchir par mes prières. Et toi, mon frère, tu n'es encore qu'un faible soutien pour ceux qui t'aiment; pleure cependant avec moi et supplie notre père de ne pas faire mourir ta sœur : les petits enfants eux-mêmes ont quelque sentiment de nos misères. Vois comme sans parler il t'implore, ô père! Eh bien! épargne-moi. Pitié pour ma vie! Oui, par ce menton que je touche, nous t'en supplions, nous deux que tu aimes, lui petit oiseau, moi déjà plus grande. Je résume ma prière en ce seul mot plus fort que tout ce qu'on pourrait dire : la lumière est bien douce à voir, la nuit souterraine ne l'est pas. Insensé qui souhaite de mourir! Mieux vaut une misérable vie qu'une belle mort (1)! »

Mais la Fatalité commande, il faut mourir. Alors la faible enfant se révèle la vraie fille d'Agamemnon. Au lieu d'être égorgée comme un agneau sur l'autel, elle veut périr avec gloire, ainsi qu'il convient à une princesse de sang royal. Elle se dévoue pour la Grèce. Elle chante son immortalité future. Elle devient l'Alceste, non pas d'un homme, mais de la patrie. Nous avons dit qu'on avait trouvé ce revirement défectueux. « Mais, remarque M. Patin, ces mouvements d'une âme qui cède à la douleur et se raidit ensuite contre elle sont conformes à la nature et conformes à l'esprit du théâtre grec. » D'ailleurs, qu'on relise le premier entretien d'Iphigénie avec son père : son ardeur patriotique s'y trahit par instants, elle souhaite la victoire rapide d'Agamemnon, elle voudrait l'accompagner sur sa galère. C'est déjà l'héroïne, inconsciente encore, du dénouement.

AGAMEMNON. — Après la victime, le bourreau. De même qu'Admète aimait son épouse, Agamemnon aime sa fille. Il a consenti à la livrer. Mais le remords le ronge. Son cœur de père est déchiré; son agitation est violente. Il s'indigne de ce sacrifice à l'égoïsme de Ménélas; il essaie de sauver Iphigénie; il ne peut contenir ses larmes devant elle, et il soupire : « O poitrine, ô joues, ô blonde chevelure! combien la ville des Phrygiens, combien Hélène vous est funeste! Je m'arrête : car, en te caressant, je sens aussitôt mes yeux se mouiller de pleurs (2). »

(1) *Iphigénie à Aulis* (traduction Hinstin), vers 1218-1252.
(2) *Ibid.*, vers 681-684.

Mais il y a chez lui un ambitieux féroce. Pour obtenir le commandement suprême, il s'était humilié devant les Grecs (1); pour le garder, il leur abandonne son enfant. Lorsqu'il se repent, il est trop tard et la Fatalité l'écrase. Ce serait le châtiment de son égoïsme, si l'ambitieux pouvait être longtemps sensible à ce châtiment.

MÉNÉLAS et ACHILLE. — N'insistons point sur le caractère de Ménélas. Il est franchement odieux. Cet oncle qui guette la venue de sa nièce, comme un oiseau de proie, et qui s'emporte contre Agamemnon après avoir surpris et décacheté la fameuse lettre, nous répugne. Ses regrets tardifs ne l'absolvent point, et il reste un des types peu sympathiques que le poète aimait à mettre sous nos yeux.

En revanche, pour nous consoler, Euripide a dessiné la franche et mâle figure d'Achille. Ne cherchons point ici le héros amoureux et chevaleresque de Racine. Celui du poète grec est calme, prudent, et il n'aime pas Iphigénie C'est tout à fait l'élève du centaure Chiron. Mais il se révolte parce qu'on abusa de son nom pour attirer une innocente dans un piège. Avec sa bravoure froide et tranquille, il s'offre jusqu'au bout à mourir en la défendant. Et c'est le sage de la pièce, cet homme courageux et modeste, prêt à se faire tuer pour une femme qu'il n'a jamais vue avant cette heure et qu'il finit par admirer.

CLYTEMNESTRE. — Mais le caractère qui nous frappe le plus dans *Iphigénie* est, sans contredit, celui de Clytemnestre. Voilà bien la femme antique avec sa grandeur naïve et un peu sauvage. Ménagère attentive à l'arrivée, reine orgueilleuse lorsqu'elle interroge son mari sur la noblesse d'Achille, mère aimante et dévouée qui lutte courageusement pour sa fille, elle intéresse, elle passionne. Elle est touchante aux pieds d'Achille; mais regardez-la en face d'Agamemnon. La prière ne lui réussit point : elle s'abandonne à la colère. Tout son être frémit. Tous ses nerfs se détendent. C'est une explosion effrayante d'imprécations. Elle s'emporte, elle s'exaspère,

(1) *Iphigénie à Aulis*, vers 337 et suiv.

elle menace. Sa parole siffle. Sa voix est rauque. Ses yeux lancent des éclairs. Euripide retrouve en cette argumentation âpre et brutale les accents tragiques du vieil Eschyle :

« Voyons, si tu pars pour cette guerre, si tu y restes longtemps, quels sentiments penses-tu que j'éprouve, seule chez moi quand je verrai son siège vide et vide aussi son appartement ? Assise solitaire et tout en larmes, je m'écrierai : « Il t'a tuée, ma fille, lui, ton père. Ce n'est pas un autre, ce n'est pas une main étrangère, c'est lui-même qui t'immola. » Et après m'avoir laissé une telle récompense, oseras-tu rentrer sous ton toit ? Cependant, il ne faudrait qu'un léger prétexte pour que, moi et tes filles restées là-bas, nous te fissions à ton retour la réception que tu mérites. Au nom des dieux, ne m'oblige point à devenir mauvaise pour toi ; ne sois point cruel à mon égard !... Eh bien, soit ! tu immoleras ton enfant. Mais quelles prières diras-tu alors ? Quelle grâce demanderas-tu en égorgeant ta fille ? Un voyage funeste, sans doute, toi qui pars infâme de chez toi. Et moi, sera-t-il juste que je prie pour ton bonheur ? Certes, ce serait croire les dieux insensés que de former des vœux favorables pour les parricides ! De retour à Argos, embrasseras-tu tes enfants ? Non ! tu n'en as pas le droit !... Et lequel voudra seulement te regarder, quand tu auras tué l'un d'entre eux après l'avoir admis à tes embrassements (1) ?... »

Il y a là une puissance dramatique qui fait frissonner le spectateur. Malgré les critiques âpres et acharnées d'Aristophane, on comprend que les Athéniens aient fini par goûter cette poésie forte ; qu'avec le temps l'estime se soit changée en fanatisme, et qu'on ait surnommé Euripide, ce philosophe de la scène : « le plus tragique des poètes ».

IPHIGÉNIE EN TAURIDE

Historique. — La date d'*Iphigénie en Tauride* est inconnue, et il n'y a point là de ces allusions précises aux événements contemporains qui autorisent d'intéressantes conjectures.

(1) *Iphigénie à Aulis*, vers 1162-1184.

Une seule chose paraît probable, c'est que cette tragédie fut écrite après l'échec des Athéniens en Sicile. Les devins, gagnés sans doute par les largesses d'Alcibiade, avaient prophétisé une heureuse issue de l'expédition. La nouvelle du désastre diminua fort leur prestige. « Le peuple, dit Thucydide, se déchaîna contre les colporteurs d'oracles, les devins, et tous ceux qui, dans le temps, avaient par leurs prédictions éveillé l'espoir de conquérir la Sicile (1). » Or, dans *Iphigénie en Tauride*, que trouvons-nous fréquemment? Des railleries contre les devins et des réflexions amères contre les dieux qui, par leurs réponses soi-disant véridiques, attirent les mortels dans des « pièges » (2).

Il est même un passage qu'on n'a point suffisamment remarqué, et au sujet duquel nous risquerons une hypothèse nouvelle. A propos de la mort d'Agamemnon, Oreste dit à la prêtresse de Diane : « Grande est la confusion qui règne dans les choses divines comme dans les choses humaines. Ce qui est surtout déplorable, c'est que, pour avoir écouté les paroles des devins, un homme ne manquant point d'intelligence ait péri comme on sait qu'il a péri (3). » Nous serions tenté de voir là une allusion à Nicias. Sous les murs de Syracuse, ce général, dont tous s'accordent à louer les rares mérites, perdit d'heureuses occasions et finit par être massacré avec toutes ses troupes, à cause de « l'importance exagérée » qu'il attribuait aux présages et aux oracles (4). Le passage que nous citons convient donc parfaitement au cas de Nicias; et il nous décide à affirmer, comme l'ont fait certains critiques, que cette tragédie n'est pas antérieure à l'année 412 avant Jésus-Christ.

(1) Thucydide, *Guerre du Péloponèse*, livre VIII, c. 1.

(2) *Iphigénie en Tauride*, vers 77 et suiv., par exemple, 572-575, 710-713, 1034 et 1035, etc.

(3) *Ibid.*, vers 572-575.

(4) Voir notamment à ce sujet Thucydide, *Guerre du Péloponèse*, livre VII, c. 50 : « La plupart des Athéniens, intimidés par ce phénomène (une éclipse de lune), demandèrent qu'on attendît. Nicias, qui attachait aux présages et à tous les faits de cette nature une importance exagérée, soutint que le départ devait être suspendu jusqu'à ce que, suivant la déclaration des devins, il se fût écoulé trois fois neuf jours. » Or ce retard perdit l'armée.

Elle n'est point davantage une œuvre posthume, comme *Iphigénie à Aulis* et les *Bacchantes*. Dans sa comédie des *Grenouilles*, représentée au lendemain de la mort du poète tragique, Aristophane parodie quelques vers d'*Iphigénie en Tauride* (1). On approchera donc, autant qu'il est possible, de la vérité, si l'on admet que ce drame fut joué entre 412 et 406.

Analyse d'Iphigénie en Tauride : PROLOGUE. — Le lieu de la scène est dans la capitale du roi Thoas, tyran de Tauride. Une jeune femme sort du temple de Diane et nous expose la situation. C'est Iphigénie, fille d'Agamemnon, celle que les Grecs voulurent immoler jadis, au moment de naviguer vers la Troade, pour obtenir des vents favorables. Mais Diane trompa les sacrificateurs, substitua une biche à la vierge, et amena Iphigénie sur ces rivages. Depuis lors, celle-ci est prêtresse de sa bienfaitrice et elle a pour mission d'égorger devant l'autel les étrangers qui abordent en Tauride, horrible besogne qui lui répugne ! Tels sont les faits nécessaires à l'intelligence des événements qui suivront.

Lorsque la tragédie commence, Iphigénie est tourmentée par un songe. Elle a rêvé que son frère Oreste était mort, et elle s'afflige du trépas de ce frère, qu'elle n'a point vu depuis son enfance. Mais à peine est-elle rentrée dans le temple, que ce fameux Oreste apparaît. Avec son fidèle Pylade, il vient ravir la statue de Diane pour la transporter en Attique. S'il réussit dans cette périlleuse entreprise, les dieux lui ont promis la fin de ses malheurs. (Vers 1 à 122.)

Parodos. — Le Chœur, composé de captives grecques, s'informe de ce qui cause la douleur d'Iphigénie et gémit sur la destinée funeste des Atrides. (Vers 123 à 235.)

ÉPISODE I. — Bientôt, un bouvier annonce à la prêtresse qu'on a découvert dans une caverne deux étrangers qui se cachaient. Ils se seraient enfuis sans doute, si l'un d'entre eux n'avait été saisi tout à coup d'un étrange accès de délire. On s'est emparé de leur personne, et on les entraîne vers le temple pour que leur sang coule sur l'autel. Iphigénie, non

(1) Voir Aristophane, *Grenouilles*, vers 1232 (Πέλοψ ὁ Ταντάλειος, etc.), et *Iphigénie en Tauride*, vers 1. Aristophane semble également se moquer des vers 1089 et suivants d'*Iphigénie en Tauride* dans les *Grenouilles* (vers 1309 et suiv. ἀλκυόνες, etc.).

sans juger barbare le culte de Diane, s'apprête à accomplir une fois de plus son triste devoir. (Vers 236 à 391.)

Stasimon I. — Le Chœur se demande quels sont les Grecs qui ont affronté tant de dangers et parcouru tant de mers pour aborder à ces rives maudites. Il voudrait s'embarquer avec eux et retourner enfin dans sa douce patrie. (Vers 392 à 455.)

Épisode II. — On amène à la princesse les captifs, chargés de fers. Elle ordonne qu'on les délie et les interroge sur leur pays natal. En apprenant qu'ils sont d'Argos, elle manifeste une grande joie, et, sans rien dire qui la fasse reconnaître, elle presse ses compatriotes de questions. Comment s'est terminé le siège d'Illion? demande-t-elle. Quel a été le sort des guerriers qui y assistèrent? Qu'est il advenu d'Agamemnon et de sa famille?... Chaque réponse de l'inconnu excite sa douleur ou son allégresse; et, comme il lui affirme qu'Oreste vit toujours, elle est si heureuse qu'elle veut sauver celui dont les paroles lui causent tant de bonheur. Elle favorisera son évasion et lui remettra une lettre qu'il jurera de porter à un citoyen d'Argos. Oreste refuse pour lui-même cette faveur et demande qu'on l'accorde de préférence à Pylade. Ici se place une scène célèbre. Pylade déclare qu'il mourra avec son beau-frère, et il ne cède qu'après une longue lutte de générosité, vaincu par les excellentes raisons que lui donne Oreste. (Vers 456 à 724.)

Iphigénie confie à Pylade les tablettes ; mais, de peur qu'il ne les égare en route, elle lui en lit à haute voix le contenu. O surprise! c'est à Oreste que la prêtresse de Diane les adressait! « Il ne me faudra point longtemps pour accomplir ce que j'ai juré de faire, s'écrie Pylade. Tiens, Oreste, je t'apporte cette lettre; je te la remets de la part de ta sœur! » Et Iphigénie tombe dans les bras de son frère, après que le fils d'Agamemnon a dissipé sa méfiance en lui fournissant des preuves de son identité. (Vers 725 à 901).

On échange rapidement des confidences sur le passé et l'on cherche le moyen de fuir la Tauride en emportant la statue de Diane. Iphigénie déclare qu'elle a imaginé un stratagème, qui lui semble infaillible autant qu'il est nouveau. (Vers 902 à 1088.)

Stasimon II. — Les esclaves grecques se réjouissent du bonheur de leur maîtresse. Que ne peuvent-elles également retourner dans les contrées chéries où jadis elles formaient des chœurs de danse avec leurs compagnes? (Vers 1089 à 1151.)

Épisode III. — Le roi Thoas venant voir si le sacrifice est consommé, la prêtresse lui fait savoir que des cérémonies sont, au préalable, nécessaires. Les victimes sont des parricides, et il importe de les purifier, ainsi que la statue de la déesse qu'ils ont souillée par leur contact. Le tyran se laisse abuser ; il écarte son monde, et il laisse partir Oreste, Iphigénie, Pylade, vers le rivage de la mer où la purification doit être opérée. (Vers 1152 à 1233.)

Stasimon III. — Le Chœur entonne l'éloge d'Apollon, le divin citharède, le dieu à la chevelure d'or. (Vers 1234 à 1283.)

Exodos. — Un messager annonce au roi qu'il a été la dupe d'Iphigénie. Avec les captifs et l'idole, elle s'était embarquée pour la Grèce ; mais une tempête les a rejetés sur la côte. Thoas s'apprête à se venger, lorsque lui apparaît la déesse Minerve. Elle ordonne au Taurien de relâcher les enfants d'Agamemnon et de renvoyer les esclaves grecques du Chœur dans leur patrie. Le roi s'incline, et tout finit bien. (Vers 1284 à 1499.)

Étude littéraire : le drame. — L'unité, qui fait défaut, ainsi que nous l'avons constaté, à tant de pièces d'Euripide, ne manque point à cette *Iphigénie*. Oreste s'est imposé une mission difficile : jusqu'au dernier moment on peut se demander s'il réussira. Il est sous le coup d'un danger mortel : jusqu'à l'apparition de Minerve, il semble douteux qu'il y échappe. Nous avons là une action unique, et non, comme dans *Hécube* ou les *Troyennes*, des épisodes ou des tableaux faiblement reliés entre eux.

Tout, cependant, n'a point la même valeur dans *Iphigénie en Tauride*, et il faut distinguer, au point de vue du mérite littéraire, deux parties. La première s'étend à peu près jusqu'au vers 900 : c'est l'histoire de la « reconnaissance » d'Iphigénie et d'Oreste. Elle est absolument supérieure, et rarement on excita tant d'émotion avec des péripéties plus habilement ménagées. Voici un frère et une sœur qui ne se connaissent point et qu'un hasard met en présence l'un de l'autre : la sœur égorgera-t-elle son frère alors qu'elle ne croit frapper qu'un indifférent ?

Question terrible ! Situation dramatique s'il en fut jamais ! Ce qui permet de la prolonger, c'est qu'Iphigénie n'a point à donner son nom aux étrangers qu'elle interroge et que, d'autre part, le fier Oreste refuse de livrer le sien (1). Euripide en profite pour nous tenir en suspens. A chaque instant, on espère que la vérité éclatera : la prêtresse déclare qu'elle est Argienne (2); elle maudit Hélène, Ménélas, Ulysse, qui exigèrent le sacrifice d'Aulis (3); elle s'informe avec une curiosité inquiète de la famille d'Agamemnon (4); elle pousse même un cri de douleur significatif, lorsqu'elle apprend la mort de son père : « Il est mort ? comment ? *infortunée que je suis* (5) ! » A chaque instant, nous sommes déçus dans notre attente, et le poète prend comme une sorte de malin plaisir à retarder l'événement désiré. Rien de plus naturel, d'ailleurs, puisque Oreste s'imagine que sa sœur Iphigénie fut réellement sacrifiée à Aulis !... Il faut bien arriver toutefois au dénouement obligé; mais Euripide n'a point voulu terminer cette scène admirable d'une façon banale. Il a inventé le moyen si ingénieux de la lettre, et il a couronné par un merveilleux coup de théâtre cette pathétique première partie, où l'émotion toujours intense n'est jamais obtenue par des procédés de mauvais aloi. Voilà vraiment de l'art dramatique, et du grand art !

Malheureusement, la seconde partie, c'est-à-dire « l'évasion », ne répond point à la première. Toutes ces histoires de statue et de captifs à purifier, cette naïveté invraisemblable du roi, cette bataille au bord de la mer entre les fugitifs et leurs gardiens (6), ce navire ramené à la côte par une tempête opportune (7), n'est-ce point trop romanesque, trop compliqué, et même un peu bouffon ? Le drame s'achève en une manière de comédie

(1) N'oublions point que Pylade est né depuis le séjour de la jeune fille en Tauride et que, par conséquent, son nom n'éveille en elle aucun souvenir (vers 914-922).

(2) *Iphigénie en Tauride*, vers 541, 582 et suiv.

(3) *Ibid.*, vers 521-535.

(4) *Ibid.*, vers 543-569.

(5) *Ibid.*, vers 549.

(6) *Ibid.*, vers 1364-1379.

(7) *Ibid.*, vers 1391 et suiv.

Notons-le bien, car nous saisissons là sur le vif une tendance d'Euripide. Il y avait chez lui certain fond d'ironie, et il semble se moquer des légendes qu'il transporte sur la scène. Les récits du bouvier et du gardien sont pleins de traits comiques et ont des allures de parodies (1). Quant au roi Thoas, se laissant berner comme un enfant et tenant une torche devant le temple alors qu'on lui enlève ses captifs, il est trop évident que c'est une amusante caricature. Euripide ne croit plus à ce qu'il raconte ; il n'a point la foi profonde d'un Eschyle (2), et il ne peut empêcher son ironie de percer quelquefois, ce qui est un défaut grave chez un poète tragique. Néanmoins, *Iphigénie en Tauride* mérite l'estime des connaisseurs : c'est un drame intéressant, bien conduit et qui renferme deux scènes immortelles (3).

Les caractères : ***THOAS.*** — Les caractères n'ont rien de complexe dans *Iphigénie en Tauride*, et chaque personnage n'est guère sous l'empire que d'un sentiment ou d'une passion.

Le roi Thoas se montre au IIIe épisode et son rôle n'est point très important. Nous le signalons, malgré tout, pour les motifs précédemment indiqués. Ce prince, qui fait immoler des victimes humaines, ne ressemble guère à un farouche tyran. Il a une confiance illimitée en sa prêtresse. Elle emmène les prisonniers vers le bord de la mer : il l'approuve et il dit avec candeur : « Conduis-les où il te plaît ; je ne tiens pas à voir ce qu'il est interdit de connaître (4). » Elle ordonne que chacun se tienne enfermé dans sa demeure pendant la purification et que le roi, couvert de son manteau, veille seul auprès du

(1) *Iphigénie en Tauride*, vers 238-339 et vers 1327-1419. Par exemple (vers 1379 et suiv.), dans un danger pressant, Iphigénie craint de « se mouiller les pieds » et Oreste l'emporte sur son épaule.

(2) Voir, par exemple, comment il rit des légendes païennes (*Iphigénie en Tauride*, vers 380-391).

(3) La scène entre Oreste et Pylade (vers 657-724) et celle de la « reconnaissance ».

(4) *Iphigénie en Tauride*, vers 1199.

sanctuaire avec un flambeau à la main (1) : l'imbécile s'extasie, loue le zèle d'Iphigénie pour la cité, et lui recommande « de prendre son temps afin de bien accomplir ce qu'exige la déesse » (2). En réalité, c'est la bonne dupe qu'on berne à plaisir et qui admire toujours ce qu'on lui dit. Veut-on nous permettre un rapprochement sacrilège ? Thoas est un monarque d'opérette.

PYLADE et ORESTE. — Nous ne séparerons point les deux beaux-frères qui donnent un si bel exemple d'amitié. — L'un d'eux, *Pylade*, parle peu, mais parle bien. A l'heure où son camarade hésite à poursuivre l'entreprise et songe à se rembarquer, Pylade refuse de fuir (3). Plus tard, ayant à jurer quelque chose, il a soin de spécifier qu'en cas de force majeure il ne sera point criminel s'il ne peut tenir son serment, car un serment est chose grave (4). Scrupuleux et soucieux de sa réputation (5), c'est avant tout l'homme du devoir ; et son dévouement héroïque fait de lui un personnage fort touchant (6). — *Oreste* a plus de morgue que Pylade. Il garde l'incognito et explique son silence par ces mots pleins d'orgueil : « Si je meurs sans révéler mon nom, on ne rira point de moi (7). » Agamemnon, le roi des rois, n'eût pas dit mieux. Aussi le fier jeune homme répond-il avec brusquerie aux questions importunes de la prêtresse, et nous avons vu qu'Euripide avait raison de lui prêter cette attitude. Mais il a une âme « généreuse » ; il veut sauver Pylade aux dépens de ses jours (8) ; et, lorsqu'il retrouve sa sœur, il nous révèle par ses transports de joie toute sa tendresse pour ceux qu'il aime.

IPHIGÉNIE. — Dans le rôle d'Iphigénie, on peut négliger ce qui concerne la prêtresse. Elle préside à des rites odieux, parce qu'elle y est contrainte ; elle ne craint point de

(1) *Iphigénie en Tauride*, vers 1200-1221.
(2) *Ibid.*, vers 1212, 1214, 1220.
(3) *Ibid.*, vers 104 et suiv.
(4) *Ibid.*, vers 753-765.
(5) *Ibid.*, vers 674-686.
(6) *Ibid.*, vers 310 et suiv., 674-686, 716 et suiv.
(7) *Ibid.*, vers 499-504.
(8) *Ibid.*, vers 597-603.

critiquer les actes « déraisonnables » de Diane, et, sans hésitation d'aucune sorte, elle dépouille un temple de son idole (1). C'est qu'elle a dans le cœur un sentiment qui prime tout : l'amour de son frère. Cet Oreste, qui était encore au berceau quand elle dut le quitter, elle l'adore. Un rêve lui fait croire qu'il a péri : elle pleure, et sa douleur est telle qu'elle devient méchante (2). Elle ne pense qu'à lui ; elle en parle même aux étrangers (3) ; et, sur le point d'immoler des victimes humaines, elle s'attendrit en songeant qu'ils ont des sœurs qui ne les verront plus revenir (4). Son bonheur est inexprimable lorsqu'elle serre enfin dans ses bras « son frère chéri », c'est-à-dire « ce qu'elle a de plus précieux au monde » (5), et tout le reste est oublié !... Dans *Hécube*, Euripide avait décrit l'amour maternel et, dans *Alceste*, l'amour conjugal. Ici, c'est l'amour fraternel dont il nous fait une peinture émouvante. Ces trois tragédies se complètent ; et ce n'est point pour le poète un mince honneur que d'avoir créé trois personnages, qui représentent si bien la mère, l'épouse et la sœur idéales !

SUJETS DE DEVOIRS.

1. Étudier le prologue d'*Alceste :* le prologue et la pièce ; les personnages du prologue.
2. Montrer par une analyse et une critique détaillée d'*Alceste* avec quelle habileté Euripide a su conduire son action.
3. *Alceste* est-elle une tragédie ou une tragi-comédie ? Le tragique et le comique chez Euripide.
4. Le rôle d'Admète. Comment n'est-il pas odieux ? Notez les analogies qui existent entre Admète et Agamemnon.
5. Le caractère d'Alceste. En montrer la vérité psychologique et la beauté.
6. Étudier le caractère d'Hercule et les questions qu'il soulève.
7. Expliquer ce jugement de M. Patin : « *Alceste*, c'est de la tragédie de toutes les familles et de tous les jours. »

(1) *Iphigénie en Tauride*, vers 24-41, 380-391, 620, 773-775, etc.
(2) *Ibid.*, vers 143-177, 229-235, 344 et suiv.
(3) *Ibid.*, vers 612 et 613.
(4) *Ibid.*, vers 627-635.
(5) *Ibid.*, vers 827-849, etc.

8. Pendant la funeste expédition de Sicile, beaucoup d'Athéniens durent leur salut et leur délivrance à Euripide. En déclamant des scènes de ce poète à leurs vainqueurs, ils les attendrirent et les charmèrent. Supposez qu'un captif est amené dans une salle de festin. Les Siciliens lui ordonnent de leur dire des fragments d'Euripide. Il choisit les scènes les plus touchantes d'*Alceste*, excite l'émotion des auditeurs et obtient sa liberté.

9. Le caractère de Médée dans la tragédie de ce nom.

10. L'amour maternel dans le théâtre d'Euripide d'après les tragédies inscrites au programme (Médée, Hécube, Clytemnestre).

11. Montrer quel est le véritable sujet d'*Hippolyte*.

12. Racine, en train de composer sa *Phèdre*, écrit à un ami qui lui avait demandé des nouvelles de son œuvre. Il lui explique pour quelles raisons il a choisi ce sujet et pourquoi il est obligé de modifier beaucoup l'*Hippolyte* d'Euripide qui lui sert de modèle.

13. Le caractère d'Hippolyte. Pourquoi Euripide a-t-il mis ce personnage au premier plan? Pourquoi Racine l'a-t-il, au contraire, relégué au second plan?

14. Montrer que la plupart des personnages dans l'*Hippolyte* ne sont que des instruments entre les mains de Vénus.

15. Le caractère d'Hécube dans la tragédie de ce nom.

16. L'héroïsme féminin dans les drames d'Euripide : Alceste, Iphigénie, Polyxène (*Hécube*).

17. L'action dans les tragédies d'Euripide inscrites au programme.

18. Les chœurs d'Euripide. Les comparer à ceux d'Eschyle et de Sophocle.

19. Les rôles de tyrans chez Sophocle et chez Euripide.

20. Aristote a loué dans sa *Poétique* la « reconnaissance » d'*Iphigénie en Tauride*. Dites si vous êtes de son avis et pourquoi.

21. Étudier l'exposition d'*Iphigénie à Aulis:* en montrer le naturel et la vraisemblance.

22. Le caractère d'Iphigénie dans *Iphigénie à Aulis*. Est-il vrai de dire qu'il manque d'unité?

23. Achille dans Homère, dans Euripide, dans Racine.

24. Le pathétique dans *Alceste*, *Hippolyte*, *Hécube* et *Iphigénie à Aulis*.

25. Clytemnestre : grandeur tragique de ce personnage.

26. Un Athénien écrit à Aristophane après la représentation d'*Iphigénie à Aulis* et exprime l'espoir qu'il cessera ses critiques en présence de ce chef-d'œuvre du poète défunt.

27. Vous raconterez la première représentation d'*Iphigénie à Aulis*.

28. Comparez les héroïnes d'Euripide à celles de Sophocle (Alceste, Iphigénie, Polyxène, Antigone, Électre).

29. Les qualités et les défauts d'Euripide considéré comme auteur dramatique et comme écrivain.

30. Les rôles de Ménélas dans *Iphigénie à Aulis*, de Jason dans *Médée* et de Phérès dans *Alceste :* pourquoi Euripide met-il de pareils caractères sur la scène?

31. La question des *prologues* dans les tragédies d'Euripide.

THUCYDIDE

(460?-396?)

EXTRAITS

Notice biographique.

Les Extraits. — Historique et vue d'ensemble. — Les *Extraits* : 1° les narrations et les tableaux; 2° les pays et les races; 3° les discours et les portraits. — Étude littéraire : le philosophe et l'historien. — L'écrivain.

Notice biographique (1). — En 446, lorsque Hérodote lut devant les Athéniens quelques fragments de ses *Histoires*, on rapporte que parmi ses auditeurs il remarqua un tout jeune homme pleurant d'admiration. Le conteur ionien s'avança, félicita le père d'avoir un tel fils et prédit à l'éphèbe un glorieux avenir (2). Rien ne prouve que cette anecdote soit une légende. On aime, au contraire, à se figurer qu'en effet le créateur de l'Histoire devina son successeur et son rival.

L'adolescent, qui versait ainsi des larmes en écoutant déclamer la prose d'Hérodote, était Thucydide, citoyen du dème d'Halimunte. Né en 460 probablement (3), il descendait de Miltiade par sa mère Hégésipyle et se rattachait, du côté paternel, à une famille royale de Thrace (4). Enfant de noble race et de maison riche, il étudia auprès des meilleurs maîtres. Nous

(1) Lire l'*Essai sur Thucydide* de M. Jules Girard, la notice de M. Alfred Croiset (édition des livres I et II chez Hachette) et l'*Histoire de la littérature grecque* de M. Max Egger (Paul Delaplane, Paris).

(2) Voir Marcellin, *Vie de Thucydide*, 54, et Eusèbe, *Chronique*, 169.

(3) On ignore la date exacte. Thucydide, au début de son livre, dit qu'il était, lorsque commença la guerre du Péloponèse (431), assez âgé pour en prévoir l'importance. En lui attribuant alors une trentaine d'années, on doit être près de la vérité.

(4) Sa mère était, dit-on, la petite-fille de Miltiade.

manquons à cet égard de renseignements précis, mais l'étude de son œuvre et de son style nous révèle qu'il subit l'influence directe et profonde du philosophe Anaxagore, de l'orateur Antiphon, des sophistes Prodicos et Gorgias. D'ailleurs, dans l'Athènes de Périclès, tout n'était-il point fait pour impressionner et tremper fortement un esprit déjà si bien doué par la nature?

On pourrait croire qu'avec ses alliances, sa fortune et son talent Thucydide joua dans la politique un rôle considérable. Il n'en fut rien. Il aborda, sans doute, très rarement la tribune et se rangea parmi ces modérés qui laissent agir les démagogues tout en déplorant leurs excès. Il se contenta de lutter contre les ennemis du dehors et mérita par sa belle conduite d'être nommé stratège en 424. Alors lui arriva une fâcheuse aventure. Il commandait la flotte athénienne dans les parages de Thasos; il ne put secourir à temps la colonie d'Amphipolis surprise par le Spartiate Brasidas, et il ne sauva que la ville d'Eion. On était à l'époque sinistre où Cléon avait décrété la victoire: Thucydide évita une condamnation certaine en s'enfuyant (1).

Vingt ans, il vécut loin de la patrie, exploitant ses propriétés de Thrace (2), voyageant à travers le monde grec et travaillant à la composition de son ouvrage. Plus tard, en 404, lorsque fut promulguée l'amnistie générale, on le rappela; mais son séjour favori resta cependant Scapté-Hylé, qui avait été son refuge lors de l'exil. C'est là qu'il mourut vers 396, et l'on rapporta en Attique, pour les placer dans le tombeau de famille où étaient celles de Cimon, les cendres du grand homme qui, moins heureux qu'Hérodote, avait dit les jours néfastes de la Grèce (3).

LES EXTRAITS

Historique et vue d'ensemble. — Dans le premier chapitre de son livre, Thucydide nous déclare « qu'il se mit à l'œuvre, dès le début de la guerre » (4).

(1) Il parle avec brièveté de ces événements (livre IV, c. 104-107; livre V, c. 26).
(2) Il y possédait notamment des mines d'or à Scapté-Hylé (livre IV, c. 105).
(3) Pausanias, I, 23, et Plutarque, *Vie de Cimon*, c. 4.
(4) *Guerre du Péloponèse*, livre I, c. 1.

Sans prévoir évidemment la longue durée de cette lutte, non plus que ses résultats, il présumait toutefois « qu'elle surpasserait les précédentes par son importance et sa grandeur ». Il entreprit d'en écrire l'histoire, et à peine les hostilités furent-elles engagées qu'il amassa des matériaux. Soldat, il vit de près certaines batailles et en conserva le souvenir précis, de même que, pendant la trêve des mois d'hiver, il interrogea les camarades qui avaient guerroyé sur d'autres points de la Grèce ou qui avaient assisté aux discussions orageuses de l'Agora. Sa récolte d'informations devait donc être déjà fort abondante quand il fut obligé de s'enfuir ; mais il n'avait encore rien rédigé. Dans la solitude de l'exil, Thucydide eut les loisirs nécessaires pour faire son office d'historien.

C'est là qu'il composa la majeure partie de sa *Guerre du Péloponèse* (1). Parfois, il s'en allait pour de lointains voyages que lui facilitait sa qualité de proscrit (2). Puis il revenait à Scapté-Hylé avec son butin de renseignements, et de ces témoignages contradictoires il dégageait la vérité. On admet généralement aujourd'hui que les sept premiers livres étaient écrits, lorsqu'il revint à Athènes en 404. Il se serait borné, par la suite, à les compléter, à y faire des retouches de détail, à leur donner la perfection absolue. A cet égard, il n'y a guère de contestations sérieuses. La véritable difficulté commence lorsqu'on aborde le huitième livre (3). Selon quelques érudits, Thucydide ne serait pas l'auteur de ces pages, qui leur semblent trop inférieures ; mais nous aurions l'œuvre de sa fille, de Xénophon ou de Théopompe de Chios (4). Selon d'autres, ce livre injustement sacrifié porterait bien la marque de l'illustre écrivain, sans être plus qu'un canevas ou une première rédaction (5). Si l'on

(1) Le titre grec original est inconnu.

(2) Il semble, en effet, qu'il ait visité la Sicile et surtout les environs de Syracuse.

(3) Disons, en passant, que la division par livres n'est pas de Thucydide et que des critiques antiques avaient découpé l'ouvrage en 9 et même en 13 livres.

(4) Théopompe de Chios, historien et orateur, né probablement en 380, écrivit un *Abrégé d'Hérodote*, une *Histoire grecque* allant de 410 à 393 et une *Histoire philippique* (en 58 livres) depuis 362 jusqu'à 336.

(5) Il aurait sans doute développé les discours qui, dans ce livre, sont tous en style indirect.

veut ne point l'exagérer, nous acceptons cette dernière théorie. C'est après la fin de son exil que Thucydide ébaucha le huitième livre, mais il n'eut point le temps de le polir à son gré, tout occupé qu'il était à reviser les parties précédentes et à préparer celles qui devaient suivre (1). N'oublions pas, d'ailleurs, que son œuvre fut publiée quand Thucydide n'était plus (2), et nous comprendrons que les derniers feuillets n'aient point la même valeur littéraire. Il leur manque l'empreinte définitive du génie.

Tout inachevée qu'elle soit, la *Guerre du Péloponèse* est un ouvrage qui frappe par la force dramatique des événements racontés et par la méthode rigoureuse avec laquelle Thucydide les expose. Après avoir résumé l'histoire primitive de la Grèce et étudié les causes apparentes ou réelles du conflit, il entame le récit des hostilités (livre I). Il dit les incidents mémorables qui se produisent pendant dix ans : l'invasion de l'Attique et la peste d'Athènes (livre II); le siège de Platée, la reddition de Mytilène, les troubles de Corcyre (livre III); l'affaire de Sphactérie et les campagnes de Brasidas dans la Thrace (livre IV). Il nous permet ensuite de constater que jamais une paix ne fut plus « mal assise » que celle de Nicias en 421 (livre V), et il nous fait contempler le désastre inouï des Athéniens sous les murailles de Syracuse (livres VI et VII). Enfin, il montre, au VIIIe livre, la guerre se rallumant sur tous les points de la Grèce et la cité de Minerve, bien que torturée par des révolutions terribles, tenant tête aux ennemis qui la traquent. — Ce n'est point une vaste épopée comme les *Histoires* d'Hérodote où le pygmée triomphe du géant. C'est le compte rendu d'un duel politique et militaire; c'est un drame poignant, mais restreint. Nous allons voir pourtant que cette œuvre rapide et nerveuse égale et très souvent surpasse la chronique ample et élégante du vieux conteur de l'Ionie.

(1) Il annonçait lui-même qu'il pousserait jusqu'à la prise d'Athènes par Lysandre (livre V, c. 26).

(2) On prétend qu'elle fut éditée par Xénophon qui, dans les *Helléniques*, continua l'œuvre de son maître.

Les Extraits : 1° Les narrations et les tableaux. — Ce qui nous plaît surtout chez Hérodote, ce sont les fables amusantes, les « nouvelles » gracieuses, les historiettes romanesques (1). Rien de pareil dans le livre de Thucydide. Le grave savant s'occupe d'une époque fort triste où les passions se déchaînent, où se multiplient les lugubres aventures, où s'accomplissent des violences abominables. Au milieu de ces tragédies, il n'y a point de place pour le sourire, et les narrations de Thucydide offrent moins de variété et d'agrément que celles de son prédécesseur. Elles ne leur cèdent pas toutefois en relief, en vigueur, en coloris.

Lorsque les haines sont exaspérées et lorsque l'on combat entre fils de la même race ou de la même patrie, l'ivresse du meurtre affole les cerveaux et l'on s'égorge sans pitié. Thucydide a peint quelques scènes de massacre avec une énergie incomparable. Lisez *le sac de Mycalessos* en Béotie par des Thraces à la solde d'Athènes. On ne savait que faire de ces brigands et l'on avait chargé Diitréphès de les reconduire jusque chez eux. Sur la route, il trouve Mycalessos, ville ennemie, et il lâche ses bandes sanguinaires. En un instant, tout est massacré, « femmes, enfants, bêtes de somme, et tout ce qu'on rencontre de vivant ». Les adolescents sont passés au fil de l'épée dans l'école où ils viennent de se réunir pour la classe. « C'est une désolation immense et la mort paraît sous mille formes. » Thucydide, en moins de vingt lignes, évoque à nos yeux cette boucherie atroce, et la rapidité de son récit nous donne l'impression de cette hâte fiévreuse dans le carnage (2). La relation des *troubles de Corcyre* est tout aussi saisissante (3). Deux partis sont aux prises ; on se bat dans les rues ; on incendie les maisons, et les femmes écrasent avec une grêle de tuiles les adversaires qui grouillent en bas. Cependant, deux flottes athénienne et lacédémonienne se heurtent aux alentours de l'île. On attend la victoire des uns ou des autres pour reprendre l'œuvre de destruction ; et alors c'est quelque chose d'affreux. « De toutes les horreurs communes en pareille circonstance, dit Thucydide, il n'y en eut point qui ne fut commise et même dépassée. Le père tuait son fils ; on arrachait des asiles sacrés les suppliants ou on les égorgeait au pied des autels ; quelques-uns même périrent murés dans le temple de Bacchus. Tant fut cruelle cette sédi-

(1) Voir, plus haut, notre étude sur *Hérodote*, page 58.
(2) Thucydide, VII, 29 et 30.
(3) *Ibid.*, III, 70-85.

tion, qui le parut encore davantage parce qu'elle fut la première! » Aujourd'hui, après Michelet, après ses descriptions brutales du sac de Dinant et de la prise de Liège par Charles le Téméraire (1), ces tableaux peuvent sembler un peu ternes. Mais, dans la simplicité de l'historien attique, il y a autant de réalisme et d'émotion que dans l'exubérance de l'historien français du XIXe siècle.

Le récit des batailles et des opérations militaires présente de grandes difficultés. Il faut une exactitude technique qui se concilie mal avec l'intérêt littéraire. Souvent Thucydide n'est qu'un chroniqueur sec et gauche qui énumère, sans aucun plaisir pour le lecteur, une suite de faits peu importants. Mais vienne une occasion favorable et il excelle à raconter les beaux exploits.

Certaines narrations nous montreront son talent. La *bataille navale de Naupacte* (2), l'*affaire de Sphactérie* (3), le *coup de main des gens de Thèbes sur Platée* (4) sont des modèles de précision. On suit parfaitement les manœuvres; on se rend compte des accidents de terrain qui devaient favoriser telle ou telle armée (5); et les moindres détails, qui expliquent le résultat du combat, sont si bien notés que nous croyons voir toute l'action se dérouler devant nos yeux (6). D'autres récits, avec la même sobriété expressive, ont un caractère dramatique plus prononcé. C'est, par exemple, l'*évasion des Platéens* qui, pendant une nuit sombre et pluvieuse, forcent les lignes des Thébains, dépistent l'ennemi acharné à leur poursuite, et regardent de loin scintiller dans l'obscurité les torches des assiégeants lancés sur une fausse route (7). C'est également l'*histoire du héraut d'Ambracie*. Le malheureux parlementaire vient réclamer les cadavres de deux cents compatriotes tués l'avant-veille dans un combat. Quand il arrive, un second engagement a eu lieu, et plus de mille Ambraciotes ont péri L'infortuné apprend la triste nouvelle de la bouche des vain

(1) Voir Seignobos, *Extraits historiques de J. Michelet*, pages 148 et 156.
(2) Thucydide, livre II, 83-92.
(3) *Ibid.*, livre IV, 3-5, 8-23, 26-40.
(4) *Ibid.*, livre II, 2-5. Lire, dans le même genre : I, 46 et suiv. (batailles navales entre les Corcyréens et les Corinthiens); II, 75-78 (siège de Platée); III, 36-41 (la bataille dans le port de Syracuse), 42-44 (l'assaut nocturne des Épipoles).
(5) Surtout, livre IV, 31, 33, 34.
(6) Par exemple, étudier à ce point de vue les chapitres 3 et 4 du livre II (obscurité, « la lune étant sur son déclin »; pluie battante; terrain boueux; barricades de chariots, etc., etc.).
(7) Thucydide, livre III, 20-24.

queurs, et rien n'est si poignant que sa surprise. « Atterré de cette catastrophe, dit Thucydide, il poussa un profond soupir et se retira immédiatement, sans remplir sa mission et sans redemander les corps (1). » N'est-elle pas simple et puissante, cette narration, comme une scène d'Eschyle ou de Sophocle?

On retrouve les mêmes qualités, mais à un degré supérieur, dans le *tableau de la peste* et dans la *déroute des Athéniens en Sicile*. Ici, Thucydide nous décrit une ville populeuse en proie à l'épidémie meurtrière : avec un implacable réalisme, il étudie les causes, les symptômes et la marche de cette maladie qui fait périr les hommes « comme des troupeaux »; il nous conduit à travers les rues, les places publiques, les temples eux-mêmes, encombrés de cadavres et emplis d'une odeur pestilentielle; il constate l'immoralité cynique d'un peuple découragé par le fléau et ne gardant aucune pudeur en face du trépas imminent. Ce sont des pages vigoureuses, qui hantent l'imagination et qu'on n'oublie point (2). Là, le rude historien raconte l'agonie d'une armée : après les péripéties et les angoisses de la bataille navale, après le désespoir de la défaite, après l'abandon du camp où les pauvres blessés « se cramponnaient à leurs camarades de tente déjà en marche », les Athéniens s'en vont, « la mort dans l'âme », semant des cadavres sur la route et n'ayant pour les soutenir dans leur voie douloureuse que les exhortations de Nicias, le chef au grand cœur. Quand on voit ce bétail humain courir fiévreusement sous le ciel noir, se ruer malgré les flèches de l'ennemi vers une rivière où l'on boit de l'eau « bourbeuse et ensanglantée », périr enfin « de froid et de famine » dans des carrières où l'ont « parqué » ses vainqueurs, on éprouve un frisson d'horreur et de pitié (3). C'est sobre et précis, mais c'est irrésistible à force d'éloquence et d'émotion contenues. Le pathétique est bientôt à son comble, et l'historien nous entraîne, anxieux, haletants, énervés, avec une maîtrise que bien des dramaturges lui envieraient à bon droit.

2° LES PAYS ET LES RACES. — Nous avons insisté sur les narrations qui tiennent la plus large place dans l'œuvre de Thucydide. A côté d'elles, il y a des morceaux d'un genre particulier. Ce sont ceux où il nous présente les nations qui prirent part à la guerre du Péloponèse. Hérodote lui fournissait à cet

(1) Thucydide, livre III, 113.
(2) *Ibid.*, livre II, 47-54.
(3) *Ibid.*, livre VII, 70-87 (surtout 71, 75, 80, 84 et 87).

égard de curieux modèles. Nous avons dit plus haut avec quel soin minutieux l'infatigable voyageur avait étudié la géographie physique des pays, consigné ce qu'il avait appris de la flore et de la faune, décrit les villes et les monuments, noté les modes et les mœurs de chaque peuple (1). Thucydide — et, au point de vue archéologique, nous ne saurions trop le regretter — n'a pas suivi la même méthode.

Il y a trois passages célèbres où nous pourrions chercher des détails de cette nature : l'introduction, qui est consacrée à *la Grèce* (2); la *description de la Sicile* (3), et le *dénombrement des troupes* qui se rencontrèrent sous les murs de Syracuse (4). Mais, dans aucun d'entre eux, nous n'avons même à glaner des indications géographiques ou topographiques de quelque intérêt. Cela se conçoit pour la Grèce que connaissaient tous les lecteurs de Thucydide. Cela est moins pardonnable pour la Sicile que la plupart n'avaient pas vue ; et nous aimerions à posséder un tableau de Syracuse tracé par ce maître écrivain (5). Quant aux mœurs et aux costumes, qui auraient attiré l'attention d'Hérodote, c'est à peine si l'historien s'en occupe (6). Il dit les origines de chaque nation, les localités différentes qu'elle occupa, les révolutions qu'elle eut à subir (7). Il expose pourquoi l'une suivit la fortune d'Athènes, et l'autre, celle du parti contraire (8). Par une enquête sérieuse sur le développement de la puissance maritime, il tâche de déterminer les causes qui assurèrent à telle ou telle race la supériorité (9). En un mot, il se borne à l'essentiel, et, plus soucieux de la politique que du pittoresque, il condense les renseignements nécessaires à l'intelligence des événements qui vont suivre.

Cependant, quand nous avons lu son ouvrage, il est deux peuples dont nous connaissons parfaitement, selon l'expression de M. Croiset, « l'esprit particulier, l'âme et la physionomie ». Ce sont les *Spartiates* et les *Athéniens*. Voilà bien les

(1) Voir, plus haut, notre étude sur Hérodote, pages 60 et suivantes.

(2) Thucydide, livre I, 2-19.

(3) *Ibid.*, livre VI, 1-6.

(4) *Ibid.*, livre VII, 57 et 58.

(5) Voici ce qu'il a écrit de plus précis sur la géographie de la Sicile : « Pour en faire le tour, il ne faut pas moins de huit jours à un vaisseau marchand. Quoique si vaste, elle n'est séparée du continent que par un bras de mer large tout au plus de vingt stades. » (VI, 1.) C'est en lisant le récit des opérations militaires qu'on arrive à avoir quelques notions sur les lieux (I, 46 : Ephyra ; VII, 4 : le Plemmyrion, etc.).

(6) Il n'y a guère qu'un chapitre à mentionner, le chapitre 6 du livre I.

(7) Thucydide, livre I, 2-12 ; VI, 2-5.

(8) *Ibid.*, livre VII, 57 et 58.

(9) *Ibid.*, livre I, 13 15.

enfants de l'austère Lacédémone. Graves et prudents, ils ne se lancent point à la légère dans des entreprises périlleuses; ils s'occupent peu des choses du dehors, pourvu qu'on les laisse tranquilles chez eux, et ils sont si longs à s'émouvoir que leurs alliés les accusent d'inertie. En réalité, la qualité principale de cette race est, comme le dit Archidamos, « une sage modération », qui leur fait chérir leur pauvreté, qui les défend contre les entraînements de l'imagination et les mauvais conseils d'autrui, qui les préserve « de l'insolence dans le succès » et « de l'abattement dans les revers ». D'ailleurs, quand ils ont tiré l'épée pour une cause qui leur paraît légitime, ces rudes soldats montrent une patience, un courage, une opiniâtreté légendaires. Au lendemain d'une défaite comme celle de Sphactérie, ils font de fières réponses à ceux qui les raillent, et, bien loin de désespérer, ils préparent la revanche prochaine. Peuple énergique, sans rien de brillant ni qui séduise, ils n'inspirent point la sympathie, mais ils commandent l'admiration (1).

En face de ces hommes sérieux et moroses, voici les Athéniens légers et joyeux. Ceux-ci nous plaisent dès le premier abord. « Entreprenants et aussi prompts à exécuter un projet qu'à le concevoir », audacieux, téméraires, avides de mouvement, ils couvrent les mers de leurs vaisseaux, s'élancent de conquêtes en conquêtes et fondent un immense empire maritime. « On peut dire qu'ils sont nés pour n'être jamais en repos et pour n'y jamais laisser les autres (2). » Leur goût de l'élégance, leur libéralisme d'esprit et de mœurs, leur amour des lettres et des arts les rendent aussi fort séduisants (3). Mais ces gens aimables ont de graves défauts de caractère: ils sont frivoles, ils sont changeants, ils passent d'une folle confiance à un abattement complet. Vantards et ayant de leur propre valeur une opinion exagérée, ils se passionnent pour les entreprises extraordinaires et déraisonnables; ils rêvent la domination universelle; ils cherchent « je ne sais quel monde imaginaire, sans jamais s'inquiéter de la réalité » Enfin, « fascinés par le plaisir de l'ouïe et plus semblables à des auditeurs de sophistes qu'à des citoyens délibérant sur les intérêts de l'État », ils sont à la merci des beaux parleurs (4).

(1) Voir notamment, sur les Spartiates, *Guerre du Péloponèse*, livre I, c. 68-71 livre IV, c. 38 et 40, etc.

(2) *Guerre du Péloponèse*, livre I, c. 70.

(3) *Ibid.*, livre II, c. 37, 38, 40.

(4) Voir, sur les Athéniens, livre I, c. 70, 73-79; II, c. 11, 36-41; III, c. 8 et suiv., 37 et 38; VI, c. 9, 24, 76 et suiv., etc.

Sparte était une caserne endormie; Athènes semble une ruche où s'agite une population active et turbulente. On peut sourire des Athéniens et de leurs travers; mais il est impossible de ne point aimer ce peuple charmant et épris des belles choses tel qu'il nous apparaît dans la *Guerre du Péloponèse*. Le portrait qu'en trace Thucydide est vrai et vivant. Notons seulement qu'il faut en recueillir les traits épars un peu partout et que l'historien, évitant ce qui serait trop personnel, se sert des *discours* pour exposer les qualités ou les défauts des Athéniens et des Spartiates.

3° Les discours et les portraits. — Aujourd'hui, lorsque nous pensons que le discours d'un personnage politique eut une importance décisive, nous le reproduisons tel qu'il fut prononcé; mais nous jugerions absolument contraire à la bonne méthode historique de le refaire. Pas plus qu'Hérodote, Thucydide n'éprouva un pareil scrupule. Il estima qu'il fallait insérer dans son histoire de nombreuses harangues, car la parole était toute-puissante dans les républiques grecques de cette époque; mais il ne se piqua point d'une rigoureuse fidélité: « Les reproduire exactement, disait-il, était chose difficile, soit pour moi lorsque je les avais entendues, soit pour ceux qui m'en rendaient compte. J'ai prêté à chacun le langage qui me semblait le plus conforme à la situation dans laquelle il se trouvait placé, tout en me tenant pour le fond des idées aussi près que possible des discours réels (1). » On ne saurait être plus explicite. Thucydide ne prétend point à l'exactitude; il n'est point un sténographe, mais un artiste; et, dans ces harangues, non seulement d'après des données sérieuses, mais avec l'aide de son imagination, il s'efforce d'exprimer *ce que l'orateur a dit* ou plutôt *ce qu'il aurait dû dire*, étant données les circonstances.

Insistons sur ce point afin de bien comprendre pourquoi Thucydide jugea des discours nécessaires et ne rapporta point brièvement, en style indirect, le sens général des paroles prononcées. Décidé à ne point intervenir dans le récit des événements pour exposer les causes de ce qui arrive ou les réflexions que cela lui suggère, il imagine que tel ou tel orateur voit ces causes, fait ces réflexions, et les communique à l'auditoire. Tous les discours du premier livre, par exemple, surtout ceux des Corinthiens et de Périclès, n'ont pour but que

(1) Thucydide, *Guerre du Péloponèse*, livre I, c. 22.

de nous faire connaître les motifs de cette longue guerre (1). L'*oraison funèbre* du livre II est un panégyrique d'Athènes et nous révèle l'orgueil insensé des Athéniens qui les conduisit aux pires folies (2). Veut-on apprécier leur politique à l'égard des alliés? il y a au livre III de curieux discours des Mytiléniens, de Cléon, de Diodotos (3). Veut-on saisir sur le vif les rivalités et les haines qui désolaient toutes les cités grecques? qu'on lise les harangues d'Hermocratès et d'Athénagoras (4). Et quelle dissertation sur la nécessité ou sur les dangers d'une expédition en Sicile vaudrait la joute oratoire du livre VI entre Nicias et Alcibiade (5)? Les discours servent donc à Thucydide pour formuler son opinion sur les hommes et les choses. Parmi les orateurs qui montèrent à la tribune certain jour, il choisit ceux qui se distinguèrent particulièrement et il établit entre eux un débat contradictoire (6). Il leur fait plaider le pour et le contre, et condense dans leurs plaidoiries les arguments qui furent présentés. Il est trop évident qu'ils n'ont point dit tout cela; que leurs discours sont trop bourrés de faits et d'idées, et qu'aucun ne traita aussi magistralement la question. Mais, derrière eux, il faut voir Thucydide qui leur souffle ce qu'il y avait à dire et qui se trahit lui-même quelquefois (7).

Enfin, c'est dans les discours que l'historien a essayé de peindre les caractères des principaux personnages du drame. Sauf quelques lignes sur Périclès et Alcibiade (8), on ne trouve chez lui aucun renseignement sur les héros et l'on regrette qu'il n'ait pas fait, à proprement parler, un *portrait* physique et moral de tous les politiques de son temps. Nous serions si heureux de connaître jusqu'à leurs moindres tics et manies, notés par un contemporain. Mais Thucydide s'est préoccupé

(1) *Guerre du Péloponèse*, livre I, c. 32-36, 37-43, 68-71, 73-78, 80-85, 86, 120-124 140-144.

(2) *Ibid.*, livre II, c. 35-46.

(3) *Ibid.*, livre III, c. 9-14, 37-40, 42-48.

(4) *Ibid.*, livre VI, c. 33-40.

(5) *Ibid.*, livre VI, c. 9-23.

(6) Les ambassadeurs corinthiens et athéniens (livre I, c. 68-78); Archidamos et Sténélaïdas (livre I, c. 80-86); Cléon et Diodotos (livre III, c. 37 et suiv.); les Méliens et les Athéniens (livre V, c. 85 et suiv.); Nicias et Alcibiade (livre VI, c. 9 et suiv.); Hermocratès et Athénagoras (livre VI, c. 33 et suiv.); Hermocratès et Euphémos (livre VI, c. 76 et suiv.), etc.

(7) Par exemple, livre I, c. 144 : « Mais je traiterai ce sujet dans un autre discours quand les opérations auront commencé. » Est-ce bien Périclès et non Thucydide qui parle?

(8) *Guerre du Péloponèse*, livre II, c. 65 et livre VI, c. 15.

surtout des idées : chaque fois qu'un personnage important monte à la tribune, il s'est ingénié à nous donner l'image exacte de son esprit. Nous avons là en quelques pages une impression fort nette de ce qu'étaient la gravité olympienne de Périclès, l'ambition folle et la jactance d'Alcibiade, la prudence de Nicias, le despotisme cruel de Cléon. Et c'est pourquoi nous pardonnons à Thucydide l'inexactitude relative de ses discours, eu égard à ce qu'ils renferment de vérité psychologique et de philosophie de l'histoire.

Étude littéraire : le philosophe et l'historien. — Thucydide n'est point seulement, comme Hérodote et ses autres devanciers, un esprit curieux et un conteur amusant. Il a sur la vie humaine une opinion raisonnée. Il glisse à tout instant des maximes dans son œuvre et l'on en pourrait faire un joli choix (1). On sent qu'il a été le disciple d'Anaxagore et le contemporain de Socrate. Nous ne saurions ici développer longuement ses idées philosophiques, et nous n'indiquerons que l'essentiel. Thucydide est loin d'être irréligieux ou athée. Il respecte profondément les choses saintes, et, comme indices de la décadence morale en Grèce, à propos des troubles de Corcyre ou de la peste d'Athènes, il note le mépris des lois divines et le fait « qu'on ne met plus de différence entre la piété et l'impiété » (2). Mais il ne croit point à cette fatalité religieuse qui, selon le vieil Hérodote, régissait les affaires d'ici-bas. S'il mentionne encore, par scrupule d'historien, les oracles et les présages, il n'a garde d'attribuer à tout cela quelque importance que ce soit, et il raille le pusillanime Nicias qu'une éclipse de lune terrifiait, tant il était superstitieux (3). Pour Thucydide, élevé à l'école des philosophes, tous les événements historiques sont le résultat de l'intelligence et de la volonté humaines. Il y a comme une liaison nécessaire des

(1) Par exemple, entre mille : « La prudence est une arme plus sûre que la force aveugle » (III, 48); « Il est dans la nature de l'homme de fouler ce qui lui cède et de se garer de ce qui le menace » (IV, 61); « Tels sont les hommes : ils croient volontiers ce qu'ils désirent et ne font usage de leur raisonnement que pour repousser ce qui leur déplaît » (IV, 108), etc., etc.

(2) *Guerre du Péloponèse*, livre II, c. 52 et 53; livre III, c. 82 et 83, etc.

(3) Par exemple, livre II, 8, 17, et surtout 54; livre V, 103; VII, 50 (à la fin), etc.

faits, et, étant posée telle cause, tel effet doit en résulter logiquement. On souhaiterait souvent qu'il eût moins le culte de la raison et de l'intelligence, et qu'il montrât plus de sensibilité. Il fait développer avec trop d'éloquence par ses personnages la doctrine de l'intérêt (1). Il raconte sans protestation, sans un cri d'horreur, les plus grandes atrocités, les plus monstrueux attentats contre le droit des gens (2)... Mais nous n'avons qu'à constater ses préférences pour un système qui subordonne tout à l'intelligence et ne voit ici-bas qu'un enchaînement rigoureux des faits.

De là sortit sa conception de l'histoire. Elle doit, selon lui, reconnaître et noter cet enchaînement dont nous parlons. Elle doit restituer les événements dans leur réalité même et dégager les lois qui les régissent. Elle est « une acquisition pour toujours » (κτῆμα εἰς ἀεί), et non « un morceau d'apparat pour des auditeurs d'un instant » (3). Elle cesse d'être un conte amusant et devient une science exacte.

Pénétré de ces vérités, Thucydide a tout fait pour réaliser son idéal. Dès le début de la guerre, il s'était mis à l'œuvre; il s'était assuré des correspondants; il avait pu, grâce à sa fortune, se procurer les matériaux nécessaires. Mais il soumit à l'examen le plus sévère ces informations que lui avaient fournies des Athéniens, des Siciliens, des Spartiates. Lui-même l'affirme dès les premières pages de son livre: « Pour ce qui est des faits, déclare-t-il, je ne m'en suis point rapporté au dire du premier venu ou à mes impressions personnelles. J'ai raconté seulement ceux dont j'avais été le spectateur ou sur lesquels j'avais acquis des renseignements certains et d'une exactitude absolue. Or j'avais de la peine à y parvenir, parce que les témoins oculaires n'étaient pas toujours d'accord sur le même événement et variaient suivant leurs sympathies

(1) Par exemple, dans les discours de Diodotos (III, 42-48) et d'Euphémos (VI, 82-87).

(2) Pour ne citer qu'un exemple, il y avait lieu de protester contre le crime des Syracusains massacrant Démosthène et les Athéniens qui ne s'étaient rendus que sous promesse de la vie sauve (livre VII, c. 82, 86, 87).

(3) *Guerre du Péloponèse*, livre I, c. 22.

ou la fidélité de leur mémoire (1). » Ce souci d'être *complet* et d'être *exact* ne l'abandonne jamais. On s'en aperçoit aisément en le voyant donner des détails circonstanciés sur les ressources matérielles et les forces morales de telle ou telle des nations belligérantes, et principalement d'Athènes. On saisit cette préoccupation dans ses efforts pour faire comprendre l'ordre chronologique à toutes les nations grecques qui n'avaient point de calendrier uniforme (2). On remarque aussi qu'il est heureux d'insérer des textes de traités, chaque fois que l'occasion s'en présente et chaque fois qu'il possède de bonnes copies (3). Tout, en un mot, nous prouve son amour de la vérité et des recherches consciencieuses. Tout nous est garant qu'il n'épargna ni son argent, ni sa peine afin d'obtenir le plus de renseignements possible et les meilleurs.

Mais pour lui, comme plus tard pour César, Salluste, et les historiens qui jouèrent un rôle politique, se pose impérieusement la question d'impartialité. Athénien, n'a-t-il point été injuste à l'égard de Lacédémone?... Aristocrate banni, ne fut-il pas trop sévère pour le parti démocratique?... Sur le premier point, la réponse est facile. Non! le patriotisme n'aveugla point Thucydide. Il adorait cette ingrate ville d'Athènes qui le frappa de bannissement; mais, dans les harangues, où nous avons dit qu'il faut chercher ses jugements et ses opinions, il n'hésite point à blâmer les travers de ses compatriotes et à proclamer les mérites de leurs ennemis. Il parle même avec sympathie du Spartiate Brasidas qui fut, sous les murs d'Amphipolis, son adversaire heureux. Il ne connaissait donc pas le patriotisme étroit — ce qu'on appelle au-

(1) *Guerre du Péloponèse*, livre I, c. 22.

(2) Voici quelques-unes des indications, fort générales, dont il se sert et qui reviennent continuellement dans son œuvre : « Le même été », « à la fin du même été », « le blé était mûr alors », « là-dessus l'été se termina », « l'automne finissait », « au commencement de l'hiver », « l'hiver suivant », « il y avait tant d'années que... (tel événement bien connu s'était passé) », « là-dessus se termina cet hiver et la troisième année de la guerre que Thucydide a racontée ». Il justifie lui-même cette méthode (livre V, c. 20).

(3) Par exemple, livre IV, c. 118; V, 18, 23 et 24. 47.

jourd'hui le chauvinisme — et son amour pour Athènes ne l'induisit point à altérer la vérité. Nous serons moins affirmatif en ce qui concerne la politique intérieure. Thucydide avait eu à souffrir des démagogues, et il n'est guère favorable notamment à Cléon qui avait fait prononcer contre lui une sentence d'exil. Il le représente comme un agitateur populaire, aussi lâche qu'il est vantard et violent. Mais — sans compter que ce Cléon n'était pas sympathique, qu'il avait exigé le massacre général des Mytiléniens, et que les auteurs comiques l'ont encore plus maltraité — notre historien fut très réservé dans ses blâmes, et rien ne dit qu'il n'ait eu raison d'attaquer ce personnage. En tout cas, même s'il céda légèrement dans la circonstance à un sentiment de rancune personnelle, cela ne diminue point ses mérites. A une époque où l'on ne distinguait pas encore assez nettement un livre d'histoire d'une épopée en prose, il a jeté les premiers fondements de la critique historique et il a montré par son exemple qu'on devait être exact comme un savant et impartial comme un juge.

L'écrivain. — Thucydide a transporté dans la composition et dans le style ses habitudes et ses qualités d'esprit comme historien. Il n'y a pas chez lui de ces digressions qui plaisaient tant à Hérodote : s'il s'en permet quelques-unes, elles sont courtes et se rattachent toutes plus ou moins au sujet (1). L'œuvre est bien conduite et d'une tenue sévère. Obligé de passer brusquement et sans cesse du Péloponèse en Asie Mineure ou d'Attique en Sicile, puisqu'on se bat sur tous les points et que tout concourt au résultat général, l'auteur ne s'attarde point, comme son aimable devancier, à cueillir des fleurs sur la route; il ne quitte point un instant des yeux le but à atteindre; il marche toujours droit devant lui.

(1) Les plus considérables sont le récit de la mort de Pausanias et de Thémistocle (livre I, c. 127-131 et 136-138) et l'histoire de l'expulsion des Pisistratides (livre VI, c. 54 et suiv.). Quant au tableau de la peste d'Athènes, nous nous refusons à le considérer comme une digression.

Le style est également en conformité absolue avec caractère et la méthode de Thucydide. Il avait étudié la rhétorique chez les sophistes et il avait gardé de leur enseignement le goût des antithèses. Mais il comprit qu'une conception nouvelle de l'histoire exigeait un style original, et, ce style, il le créa. On n'y relèvera rien qui vise à charmer le lecteur. Point de gentillesses; point de grâce; point d'aimable laisser-aller comme chez Hérodote. Tout est grave, sobre et précis. Tout est calculé en vue de l'effet à produire; et, à force de logique, de brièveté, de condensation, Thucydide atteint au suprême degré de la puissance dramatique dans ses discours et ses récits. Malheureusement, il ne garde point la mesure, et, en voulant trop concentrer ses pensées, il tombe parfois dans l'obscurité, il devient monotone, il fatigue. Nous signalons ces défauts, et nous nous hâtons de passer outre. Il y aurait mauvaise grâce à reprocher de légères imperfections de style à celui qui fut le maître de Démosthène en l'art d'écrire et que nous vénérons aujourd'hui comme le véritable créateur de l'histoire savante.

SUJETS DE DEVOIRS.

1. Thucydide, exilé après l'affaire d'Amphipolis, annonce à un ami qu'il va commencer d'écrire l'histoire de la guerre, pour laquelle il amasse depuis si longtemps des matériaux, et lui expose quelle méthode historique il compte adopter.
2. Un jeune Athénien, qui a survécu au désastre de l'armée devant Syracuse, écrit à Thucydide et lui donne des renseignements sur cette fatale expédition.
3. Xénophon écrit à un ami pour lui apprendre la mort de Thucydide et fait l'éloge de l'historien défunt.
4. Étudier, d'après quelques exemples bien choisis, les narrations et les tableaux dans la *Guerre du Péloponèse*.
5. Comparer le tableau de la peste d'Athènes au IIe livre de la *guerre du Péloponèse* de Thucydide et au VIe livre du *De natura rerum* de Lucrèce.
6. Faire, d'après la *Guerre du Péloponèse*, le portrait du peuple lacédémonien et du peuple athénien.
7. Lequel d'Hérodote ou de Thucydide nous fait le mieux connaître les civilisations de l'antiquité?

8. Les discours dans l'œuvre d'Hérodote, dans celle de Thucydide, et dans l'*Anabase* de Xénophon.

9. Expliquer et discuter, à l'aide d'exemples, cette phrase de Thucydide : « J'ai prêté à chacun le langage qui me semblait le plus conforme à la situation dans laquelle il se trouvait placé, tout en me tenant pour le fond des idées aussi près que possible des discours réels. »

10. Discuter cette opinion de M. Jules Girard : « On peut dire que Thucydide peint plus ses personnages par les discours qu'il leur prête que par les appréciations résumées qu'il lui arrive rarement d'ajouter en son propre nom. »

11. Expliquer ces mots appliqués par Thucydide à son ouvrage : « κτῆμα εἰς ἀεί », « une acquisition pour toujours ».

12. Quelles sont les règles de la méthode historique formulées par Thucydide. Y fut-il fidèle dans sa *Guerre du Péloponèse ?*

13. Les qualités de Thucydide considéré uniquement comme historien.

14. Comparer Hérodote et Thucydide.

ARISTOPHANE

(444-380?)

EXTRAITS.

Notice biographique.

LES EXTRAITS. — Historique et vue d'ensemble. — Étude littéraire : les opinions d'Aristophane ; le polémiste. — L'auteur comique et le poète.

Notice biographique (1). — Aux grandes Dionysies de 426, les Athéniens applaudirent une comédie, intitulée *les Babyloniens* et qui contenait de violentes attaques contre le démagogue Cléon. Elle était présentée par l'acteur Callistratos ; mais chacun désignait comme l'auteur véritable un jeune homme, ou plutôt un adolescent, qui, n'ayant point l'âge de « demander » et de se voir « accorder le chœur » (2), faisait jouer ses pièces sous le nom de ses amis. L'année précédente, ses Δαιταλῆς ou *Convives* avaient obtenu le second prix. Cette année même, il remportait un beau succès de scandale, chose dont les débutants sont avides. Ce poète audacieux et précoce s'appelait Aristophane, fils de Philippe.

Quelques-uns prétendaient qu'il était d'origine rhodienne ou égyptienne. En réalité, il appartenait au dème Cydathénéen, et ses parents, établis depuis peu dans l'île d'Égine,

(1) Lire sur Aristophane : Deschanel, *Études sur Aristophane* ; Couat, *Aristophane et la comédie attique* ; J. Denis, *la Comédie grecque* ; Alfred et Maurice Croiset, *Histoire de la littérature grecque*, tome III.

(2) Aristophane fait allusion à cela dans les *Chevaliers*, vers 513 ; *Nuées*, vers 530 ; *Guêpes*, vers 1018. Les *Convives*, les *Babyloniens*, les *Acharniens* parurent sous le nom de Callistratos et de Philonidès. Expliquons ce que signifiait « accorder le chœur ». Les auteurs tragiques ou comiques soumettaient leurs pièces à l'archonte, qui leur donnait ou leur refusait le chœur, c'est-à-dire l'autorisation de prendre part au concours dont il était l'organisateur.

avaient toujours joui en Attique des droits de citoyens libres. Il suffit cependant à Cléon qu'il y eût doute. Non content de poursuivre Callistratos devant le sénat, il accusa Aristophane d'avoir par des moyens illicites usurpé le titre de citoyen. C'était une γραφὴ δωροξενίας (1), et, lorsque celui qui en était l'objet n'arrivait point à se disculper, il courait risque d'être vendu comme esclave. Aristophane fournit des preuves irréfutables de sa qualité d'Athénien. Il confondit son adversaire. Et, deux ans plus tard, dans les *Chevaliers*, la première des comédies qu'il donna sous son nom, il s'acharna contre le démagogue qui avait essayé de lui ravir sa liberté et son honneur.

A partir de ce moment, l'histoire de sa vie se confond avec celle de ses œuvres. Nous savons qu'il triompha souvent dans les concours et qu'il échoua quelquefois; mais nous manquons de tout autre renseignement. Si l'on s'en rapporte aux biographes, il eut trois fils, Philippe, Nicostrate, Araros (2); et il mourut en 380. En tous cas, il vivait encore en 388, époque où fut représenté le second *Plutus*, et il vit la décadence de cette patrie, à laquelle bien inutilement il avait prodigué les plus sages conseils.

LES EXTRAITS

Historique et vue d'ensemble. — Aristophane avait composé au moins une quarantaine de comédies. La plupart d'entre elles ont disparu. Il en reste de nombreux fragments et des titres. Certains de ces titres sont, d'ailleurs, fort alléchants. Sans parler des *Convives* et des *Babyloniens* qui furent les brillants débuts de notre poète, on aimerait à posséder les *Saisons*, la *Poésie*, les *Cigognes*, les *Femmes aux fêtes de l'Isthme*, les *Iles*, les *Rôtisseurs* ou *Fricoteurs* (3). Ces deux dernières pièces, par exemple, n'étaient-elles point une critique de la

(1) La δωροξενία était l'accusation dirigée contre les étrangers qui, par la corruption, s'étaient fait reconnaître indûment citoyens.

(2) Quelques-unes des dernières pièces d'Aristophane, le *Cocalos* et l'*Eolosicon* furent jouées comme étant l'œuvre d'Araros.

(3) Nous choisissons ces titres parmi ceux que donnent MM. Alfred et Maurice Croiset dans leur *Histoire de la littérature grecque*.

conduite des Athéniens envers leurs alliés des Cyclades et une satire mordante des personnages qui faisaient alors une détestable « cuisine » politique?... Quant à la *Poésie* et aux *Cigognes*, n'avons-nous point été privés, en les perdant, de délicieuses fantaisies littéraires comme les *Oiseaux* et les *Grenouilles?...* Et les *Femmes aux fêtes de l'Isthme* ne furent-elles pas aussi un joyeux pendant aux *Fêtes de Cérès* et à l'*Assemblée des femmes?...* Mais, si vifs que soient nos regrets, nous devons être toutefois heureux qu'il subsiste onze comédies absolument intactes. Elles permettent d'apprécier le genre d'Aristophane et de comprendre ce que fut la comédie grecque à l'époque de Périclès.

La plus ancienne de ces onze pièces s'appelle les **Acharniens** (1) et fut représentée aux Lénéennes (2), sous l'archontat d'Euthyménos, en 425. C'était en pleine guerre du Péloponèse. De part et d'autre, on soupirait après la fin de ces hostilités ruineuses; mais les intrigants travaillaient sans relâche à prolonger une situation qui leur était si favorable. Aristophane entreprend de donner à ses compatriotes un salutaire avertissement. Il met sur la scène Dicéopolis, brave campagnard, obligé par l'invasion lacédémonienne de se réfugier dans Athènes, mais qui regrette son village et ses vignobles. Après avoir vainement essayé de faire prévaloir la cause de la paix dans l'assemblée du peuple, où l'on n'écoute que des bavards et des ambassadeurs fripons, Dicéopolis a recours aux moyens extraordinaires. Il conclut avec les Spartiates une trêve personnelle de trente années. Dès lors, malgré les sycophantes qu'il rosse, il jouit du plus parfait bonheur et se goberge joyeusement, tandis que les autres souffrent autour de lui et que l'on ramène de la bataille le stratège Lamachos, gravement blessé. Cette comédie, présentée par Callistratos, valut à son auteur la couronne, bien que Crati-

(1) Le titre s'explique par ce fait que le chœur était composé de citoyens d'Acharnes, dème de l'Attique.

(2) C'est aux Dionysies et aux Lénéennes, fêtes de Bacchus, qu'avaient lieu les représentations de comédies.

nos et Eupolis, c'est-à-dire les rois du théâtre, fussent au nombre des concurrents.

L'année suivante, sous l'archontat de Stratoclès, aux Lénéennes, Aristophane triompha encore de Cratinos et d'Aristomène avec la pièce des **Chevaliers**. Il semble difficile de pousser plus loin la hardiesse. Démosthène et Nicias (2), serviteurs du bonhomme Peuple, se lamentent parce que leur maître se laisse duper par un corroyeur de Paphlagonie, certain Cléon, dont on peut dire qu'il est « la méchanceté et la calomnie en personne ». Sa faveur doit durer, déclarent les oracles, jusqu'au jour où il sera supplanté par un plus vil scélérat que lui. Démosthène et Nicias se mettent en quête de ce mortel rare, et découvrent un marchand de saucisses, fils de coquin, coquin lui-même. On style ce privilégié de la fortune, on lui promet l'appui des chevaliers (2), et on le lâche contre Cléon. La lutte est terrible. Les deux adversaires s'injurient avec le vocabulaire des halles, s'évertuent à démontrer chacun qu'ils sont passés maîtres en friponnerie, et rivalisent de platitude auprès de Peuple, qui est bien le plus sot des vieillards. La victoire demeure au charcutier; Cléon est disgracié; et, subitement rajeuni, grâce aux bons soins de son nouveau serviteur, Peuple revient à la raison. Si l'on songe que les *Chevaliers* furent représentés au lendemain de la victoire de Sphactérie et au moment où Cléon était l'idole de la foule, on s'étonnera qu'un jeune homme ait osé porter sur le théâtre cette satire si âpre et si insolente. D'après une tradition, Aristophane aurait tenu lui-même le rôle du corroyeur paphlagonien, en se peignant le visage, car aucun fabricant n'avait accepté de faire le masque de Cléon (3). Il y avait un rare courage chez ce poète de vingt ans !

(1) Ce sont les deux généraux, chefs du parti conservateur, qui s'en allèrent plus tard mourir si misérablement en Sicile.

(2) On appelait *chevaliers* les hommes appartenant à la classe riche, grands propriétaires terriens, etc.

(3) Aristophane nous donne ce dernier détail dans les *Chevaliers*, vers 231 et suivants. — Nous prévenons nos lecteurs que toutes nos citations sont faites d'après une édition *complète* d'Aristophane (édition Weisse, chez Tauchnitz).

La comédie des **Nuées**, en 423, fut au contraire un échec. Aristophane n'eut que la troisième place après Amipsias et Cratinos, qu'il avait traité de radoteur et de poète fini dans la parabase des *Chevaliers* (1). Cette chute l'irrita profondément, car il estimait beaucoup sa pièce pour des raisons que nous exposerons plus tard. Il la refit (2), et c'est cette seconde version qui subsiste : la première s'est malheureusement perdue. Les *Nuées* méritaient cependant d'être admirées par les Athéniens. C'est une charge à fond de train contre l'éducation telle que la concevaient les philosophes et les sophistes. Strepsiade, excellent campagnard, est harcelé par les créanciers de son fils, l'élégant et dépensier Phidippide. Il cherche un moyen de ne point payer ses dettes ; et, sachant que certains philosophes, qui enseignent à confondre le bien et le mal, sont experts en fourberie, il frappe à la porte de Socrate. Celui-ci interrompt sa conversation avec les Nuées (3), déesses qu'il a substituées aux dieux de l'Olympe, et fait à son nouvel élève une leçon où la sottise le dispute à l'impiété. Mais, Strepsiade manquant de dispositions pour l'étude, on lui conseille d'envoyer son fils à sa place. Phidippide vient à contre-cœur, entend l'Injuste réfuter les raisonnements du Juste, et profite merveilleusement de l'enseignement philosophique. Il aide Strepsiade à berner ses créanciers ; mais, ensuite, il bâtonne son père et lui prouve par des sophismes qu'il a le droit d'agir ainsi. Pour se venger, le bonhomme met le feu à la maison des gens qui pervertirent Phidippide... et c'est la moralité de cette comédie ! Chose étrange ! en accueillant aussi mal les *Nuées*, le public athénien sembla prendre contre le poète la défense de Socrate : vingt-quatre ans plus tard, ce peuple volage condamnait le philosophe à mort pour les

(1) *Les Chevaliers*, vers 526 et suiv.

(2) Un argument grec nous renseigne à cet égard : Ἀριστοφάνης ἀποῤῥιφθεὶς παραλόγως ᾠήθη δεῖν ἀναδιδάξαι τὰς Νεφέλας τὰς δευτέρας. L'auteur de cet argument ajoute que le poète « échoua encore beaucoup plus » : peut-être se vit-il refuser le chœur pour cette seconde représentation qu'il désirait.

(3) Les Nuées composent le chœur : de là le titre de cette pièce.

griefs mêmes qu'invoquait jadis Aristophane : corruption de la jeunesse et athéisme.

En 422, aux Lénéennes, les **Guêpes** fournirent à l'auteur comique l'occasion d'une revanche. Il eut le second rang, ce qui était considéré comme honorable. Dans cette pièce, il bafoue l'institution des tribunaux populaires, où siégeaient des quantités de juges, tirés au sort, recevant un triobole pour chaque audience (1), et prêts à frapper d'une sentence grave tous les accusés qu'on leur déférait. Philocléon, dont le nom seul indique les sympathies pour le fameux démagogue (2), est atteint de la passion de juger. Bdélycléon, son fils, aidé des serviteurs Sosie et Xanthias, s'efforce de l'empêcher d'aller au tribunal. Pour le retenir à la maison, on lui fait examiner le procès d'un chien qui a volé un fromage. Désolé d'avoir absous par mégarde ce grand coupable, Philocléon renonce au métier de juge, s'habille avec élégance et court les joyeuses aventures. Au XVIIe siècle, Racine a imité cette pièce dans les *Plaideurs*. Mais il s'est borné à prendre quelques tirades et quelques détails de l'intrigue (3), c'est-à-dire l'accessoire, et il laissa de côté ce qui était pour Aristophane l'essentiel, à savoir la satire de la magistrature athénienne devenue entre les mains des démagogues un instrument précieux de domination (4).

La comédie de la **Paix**, représentée aux grandes Dionysies de l'année 421, nous semble bien supérieure aux *Guêpes*. Cléon s'était fait tuer devant Amphipolis, et Nicias négociait avec les Spartiates un arrangement honorable pour les deux nations. Aristophane veut contribuer à cet heureux dénouement (5). Il montre Trygée, vigneron de l'Attique,

(1) Une obole valait un peu plus de 0 fr. 15, et le triobole, par conséquent, trois fois plus.

(2) *Philocléon*, « ami de Cléon » ; *Bdélycléon*, « ennemi de Cléon ».

(3) Par exemple, la grande discussion entre le [illegible] et son fils, le procès du chien, etc.

(4) Aristophane a intitulé cette comédie *les Guêpes*, parce que le stylet dont les héliastes se servaient pour écrire sur les tablettes de cire lui a rappelé l'aiguillon des guêpes.

(5) Il avait, entre 424 et 421, traité déjà cette question de la paix dans les *Laboureurs* et les *Vaisseaux de transport*.

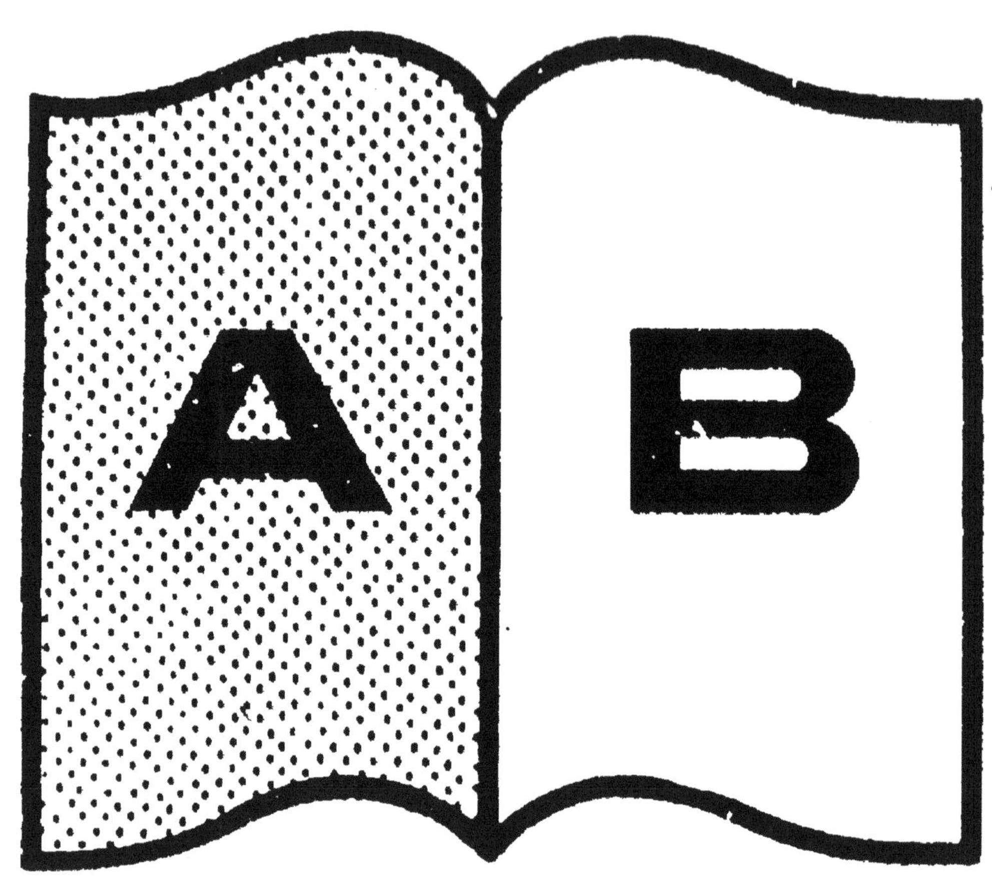
A
B

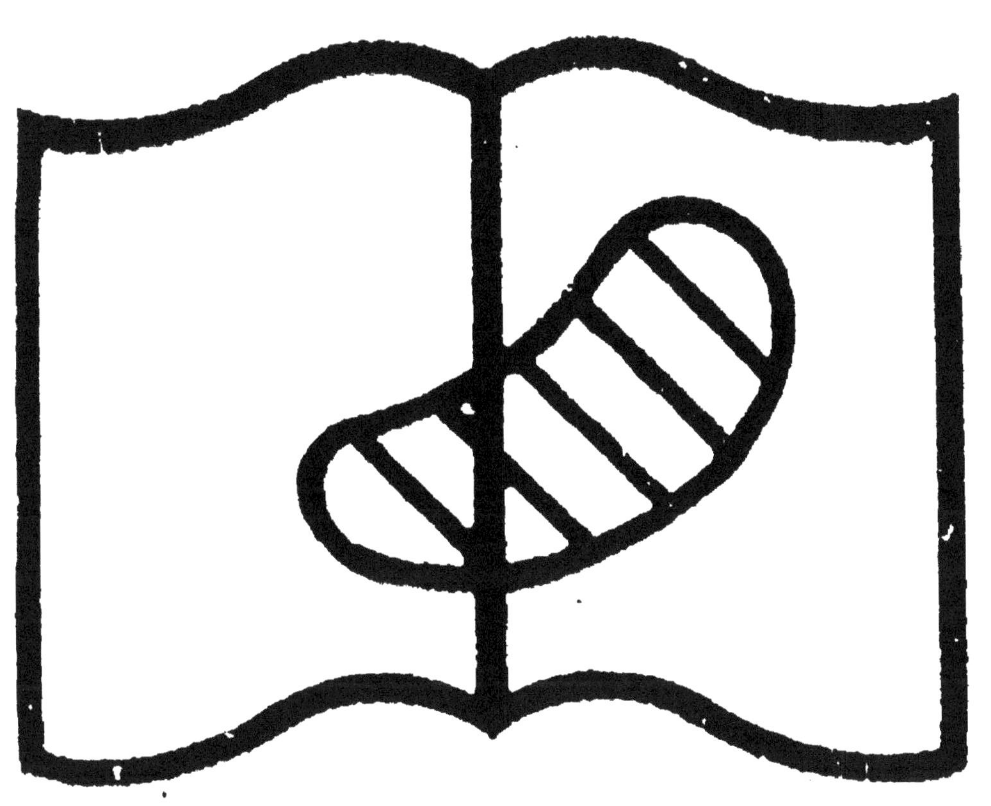

Illisibilité partielle

s'envolant vers l'Olympe sur un énorme escarbot, afin de sommer Jupiter de rendre le calme à la Grèce. L'Olympe est vide, et les dieux sont absents, sauf le concierge Mercure qui reçoit l'importun avec une amabilité toute professionnelle. Touché cependant par la générosité de l'Athénien, il lui indique la caverne où la Guerre tient captive la pauvre Paix. Avec le secours de robustes vignerons, Trygée délivre la prisonnière et la ramène en Attique, accompagnée de Théoria et d'Opora, déesses des fêtes et de l'abondance. Désormais, la joie règne dans les villages, et ceux-là seuls sont affligés qui vivaient de la guerre, les intrigants, les colporteurs d'oracles, les marchands d'armures. Cette comédie est pleine de verve et de poésie. On se demande ce que pouvaient être les *Flatteurs* d'Eupolis qui lui ravirent le premier prix (1).

Nous n'avons point conservé les œuvres qu'Aristophane écrivit depuis la paix de Nicias jusqu'à l'expédition de Sicile. Mais nous avons les **Oiseaux**, que Callistratos présenta aux grandes Dionysies de 414. C'est la meilleure comédie d'Aristophane (2). Deux Athéniens, Évelpide et Pisthétère, sont dégoûtés de leur ville natale et des humains. Guidés par une corneille et par un geai, ils dirigent leur marche vers le royaume des oiseaux. Très mal accueillis d'abord, ils apaisent, grâce au secours que leur prête la Huppe, le courroux de la race ailée. Ils persuadent aux oiseaux que la souveraineté du monde leur appartient et qu'il faut la reconquérir sur les dieux qui sont de méprisables usurpateurs. Une ville est aussitôt bâtie entre ciel et terre, Néphélococcygie, « la cité des nuages et des coucous ». On en écarte les charlatans de toute sorte : poètes faméliques, devins menteurs, géomètres, inspecteurs, crieurs de décrets, sycophantes. On intercepte la fumée des sacrifices et l'on affame les dieux, si bien que ceux-ci capitulent et cèdent la souveraineté pour un bon festin. Rien n'est si léger et si charmant que

(1) Aristophane, qui espérait mieux, corrigea, paraît-il, la *Paix* et la représenta un autre concours.

(2) Il n'eut ue la seconde place ; Amipsias était premier.

cette féerie. Il y a là une fantaisie délicieuse que seul Skakespeare saura égaler plus tard dans le *Songe d'une nuit d'été*.

On nous permettra de ne point insister sur **Lysistrata**, qui est un plaidoyer pour la paix, et sur les **Fêtes de Cérès**, parodie de quelques pièces d'Euripide (1). Intéressantes et pétillantes d'esprit, ces comédies sont trop souvent licencieuses et grossières. Nous arriverons donc immédiatement aux **Grenouilles**, qui furent couronnées aux Lénéennes de 405. Affublé de la défroque d'Hercule, Bacchus descend chez Pluton avec son esclave Xanthias. Son intention est d'aller chercher un bon poète tragique dans le royaume des ombres; car tous ceux qui illustrèrent la scène grecque sont morts et n'ont laissé que d'indignes successeurs. Il traverse l'Achéron où il entend harmonieusement coasser des grenouilles musiciennes (2); il rencontre le chœur des Initiés aux mystères d'Éleusis; et il subit mille aventures fâcheuses que lui vaut son déguisement, Hercule ne jouissant point dans ces parages d'une excellente réputation. Arrivé au but, il hésite s'il ramènera sur terre Eschyle ou Euripide. Il institue donc entre eux un concours où les défauts et les qualités des deux rivaux sont signalés de façon judicieuse et avec humour. On devine bien qu'Eschyle triomphe à la fin et qu'il suit Bacchus vers les régions supérieures, laissant Euripide se morfondre dans le triste empire de Pluton. Cette pièce, où la fantaisie déborde et où la critique littéraire la plus solide se dissimule sous d'amusantes inventions, fut fort goûtée des Athéniens. Ils demandèrent qu'elle fût remise à la scène, et c'est un honneur qu'ils n'avaient encore accordé, nous nous en souvenons, qu'aux tragédies de cet Eschyle si magnifiquement célébré par Aristophane dans les *Grenouilles*.

Les deux dernières comédies subsistantes, l'**Assemblée des femmes** et le **Plutus**, n'ont point le même caractère que les précédentes (3). Dans la première, aussi licencieuse

(1) Toutes deux furent jouées en 411.
(2) D'où le titre de la comédie.
(3) L'*Assemblée des femmes*, 392 avant J.-C. ; le *Plutus*, 388 avant J.-C.

d'ailleurs que *Lysistrata*, le poète raille les utopistes qui rêvaient la communauté parfaite des biens. Dans la seconde, il montre ce qui devrait se passer, si la fortune n'était pas aveugle. — Plus de politique ici ; plus d'attaques violentes contre les personnes. Ne croyez point toutefois à une conversion d'Aristophane. Il a toujours le tempérament batailleur et la dent aussi dure. Ce n'est pas lui : c'est le public qui a changé. Ce peuple malheureux, qui a connu la défaite, les hontes de la capitulation et la tyrannie des Trente, est moins indulgent qu'autrefois et restreint la liberté des poètes comiques. Aristophane a dû subir ces nécessités politiques, modifier sa manière, et finir presque moraliste. Mais il ne le fit qu'à contrecœur, et soyons bien sûrs qu'il en gémit.

Étude littéraire : les opinions d'Aristophane ; le polémiste. — Pour avoir une idée exacte du théâtre d'Aristophane, il convient de savoir ce qu'était la comédie attique, avant qu'il débutât et à l'époque de ses premiers succès.

On ne considérait pas les auteurs comiques comme de simples amuseurs. On les autorisait à donner leur avis sur les affaires de l'État et les hommes publics. Ils profitaient, ou plutôt ils abusaient, de la permission. Déjà Hermippos avait traité Périclès d'une façon indigne, l'appelant « roi des satyres » et étalant sur la scène les faiblesses de sa vie privée. Eupolis, Téléclidès, Cratinos n'avaient point épargné davantage l'illustre politique qui exerça une sorte de dictature morale sur Athènes par la seule force du génie. Platon le comique revendiquait l'honneur d'avoir le premier attaqué Cléon tout-puissant. Eupolis accusait Socrate d'être un voleur ; il bafouait le démagogue Hyperbolos dans le *Maricas* et faisait danser la cordace (1) par sa mère prise de boisson ; il malmenait dans les *Dèmes* et dans les *Baptes* le jeune et ambitieux Alcibiade. On voit que c'était une extrême liberté ; tranchons le mot, une singulière licence. A certain moment

(1) La cordace était une sorte de danse grossière et même indécente.

de la pièce, le chef du chœur tourné vers le public débitait la *parabase*, sorte de discours où le poète s'exprimait, sans contrainte aucune, sur tout sujet. Le théâtre de Bacchus devenait une tribune ; et chaque comédie était pour ainsi dire, un pamphlet en vers ou un numéro de journal dialogué. Il y avait là — si l'on nous permet l'assimilation — et la liberté de la parole, et la liberté de la presse. C'est quelque chose d'unique dans l'histoire, quelque chose qu'on n'a point revu depuis.

Ce rôle de polémiste, de justicier, de conseiller politique, séduisit Aristophane, et il réclama énergiquement comme un droit ce qui n'était que toléré. A l'entendre, le poète comique discerne ce qui convient au bien de l'État. Mieux que tout autre, il peut apprécier sainement la situation, et, s'il croit que la politique suivie mène aux abîmes, il a l'impérieux devoir d'en avertir ses concitoyens. Il lui faut, comme le Dicéopolis des *Acharniens*, « risquer sa tête pour dire ce qu'il estime la vérité » (1). Aristophane a toujours agi de la sorte, et il s'en vante. Malgré les plus redoutables menaces, il n'a pas craint de parler franchement aux Athéniens « frivoles et volages », « il a rendu de nombreux services » ; et maintenant les alliés se pressent sur son passage pour l'admirer, tandis que le Grand Roi, là-bas, tout au fond de son empire, prédit la victoire aux Athéniens s'ils écoutent ce sage poète. « N'abandonnez point, dit-il, celui qui, dans ses comédies, défendra toujours la cause de la justice. Ses leçons vous conduiront au bonheur, sans qu'il emploie ni les cajoleries, ni la corruption, ni l'intrigue, ni la fraude, ni les louanges exagérées : il vous enseignera seulement la meilleure voie. Après cela, que Cléon entasse contre moi les machinations et les artifices ! J'ai pour compagnes de lutte la justice et l'honnêteté (2). » Aristophane se considère donc comme investi d'une mission exceptionnelle. Et il faut voir, au lendemain des *Nuées*, avec

(1) *Grenouilles*, vers 686, 1008 et suiv., 1030 et suiv.; *Acharniens*, vers 485-492, 496 et suiv., etc. Voir à cet égard les différentes parabases.

(2) Voir, sur tout ceci, les *Acharniens* (parabase), depuis le vers 628 jusqu'au vers 663.

quelle orgueilleuse indignation il s'écrie : « Ce protecteur que vous aviez trouvé, ce purificateur de votre pays, vous l'avez trahi l'an dernier (1) ! »

Persuadé de l'importance de son rôle, notre poète se lance hardiment dans la mêlée. Il fait comparaître devant lui philosophes, auteurs tragiques, démagogues, stratèges, administrateurs des finances, devins officiels. Il stigmatise l'impudence des parvenus ou des coteries au pouvoir. Il parle de tous et de tout. Il discute avec une éloquence simple et forte les projets et les actes des gouvernants.

Quel est, ou plutôt quel devrait être, actuellement le maître suprême? C'est « Peuple du Pnyx », personnage « colérique, brutal, mangeur de fèves, atrabilaire », « petit vieillard rageur et quelque peu sourd » (2). Aristophane ne ménage guère ce pauvre Peuple. Il le représente bavard, désœuvré, tournant au moindre souffle, dédaignant les questions vitales pour s'occuper de niaiseries, s'imaginant avoir tout fait lorsqu'il a tout rempli de tapage. Crédule et badaud, le bonhomme Peuple redoute les gens instruits et leur préfère des corroyeurs ou des charcutiers, qui ne savent ni lire, ni écrire (3). Aussi est-il la dupe d'un ramassis d'aventuriers, qui le caressent d'une main tandis qu'ils le détroussent de l'autre. Tout heureux qu'on lui donne un triobole pour siéger aux tribunaux, Peuple accorde sa confiance aux intrigants de toute espèce. Et il est difficile de penser plus de mal de la souveraineté populaire qu'Aristophane n'en a dit.

S'il parle ainsi du maître, on conçoit tout de suite quels seront les jugements de notre auteur sur le personnel politique de l'époque. Il exècre ces démagogues qui crient à tue-tête : « Athéniens, je ne trahirai point la foule ! Je combattrai toujours pour le peuple (4) ! » Il

(1) *Guêpes*, vers 1042 et 1043. Voir également toute la partie de la parabase qui va du vers 1015 à 1050.

(2) *Les Chevaliers*, vers 40 et suiv.

(3) *Ibid.*, vers 188-193. Il faudrait citer toute la comédie.

(4) *Les Guêpes*, vers 666 et suiv. Toute cette scène des *Guêpes* est à lire du vers 652 à 724.

trace en quelques lignes le portrait de l'agitateur populaire : « Tu possèdes toutes les qualités du démagogue : voix de chenapan, nature de gueux, langage de voyou. Tu as tout ce qu'il faut pour gouverner (1). » Il dévoile le manège de ces « maltôtiers », de ces « concussionnaires », de ces « voleurs », « dévorant les propriétés publiques », « pressurant les comptables et les tâtant comme figues, pour voir s'ils sont à point », « guettant les tributs des alliés, comme le pêcheur guette les thons du haut d'une roche » (2). Ignorance, malhonnêteté, éloquence creuse et déclamatoire avec laquelle on dupe les imbéciles : tels sont, d'après Aristophane, les caractères distinctifs du démagogue, d'Hyperbolos, d'Eucrate, de Cléon. Nous ne jugeons point; nous n'approuvons pas et n'infirmons point son dire; nous constatons.

Ayant ainsi apprécié le régime démocratique et ceux qui s'en prétendent les plus fermes soutiens, quels remèdes Aristophane veut-il apporter au mal dont souffre Athènes?... Il en préconise deux : la conclusion de la paix et le retour aux anciennes mœurs, grâce à une éducation plus sévère. — La paix?... Mais tous la désirent, comme le Trygée, comme le Dicéopolis du poète. Néfaste à la majorité, la guerre actuelle ne profite qu'à une bande d'aigrefins qui se maintiennent au pouvoir en invoquant les intérêts supérieurs de la patrie. Il faut un accord honorable avec Lacédémone, et, le calme rétabli dans toute la Grèce, ces pêcheurs en eau trouble disparaîtront (3). — Les anciennes mœurs?... Elles avaient produit les héros qui triomphèrent des Mèdes à Marathon, à Salamine, à Platée. Mais, depuis, sont venus les sophistes comme Gorgias, les philosophes comme Socrate, les poètes comme Euripide. Ils ont formé une génération efféminée, ergoteuse, et plus sensible au charme des jolies périodes ou des arguments subtils qu'aux raisons solides et sérieuses. Dans les *Nuées* et

(1) *Les Chevaliers*, vers 217 et suiv.

(2) *Ibid.*, vers 258-313. On ne saurait citer : toute la comédie des *Chevaliers* est une satire des démagogues.

(3) Voir les *Acharniens* et la *Paix*.

dans les *Grenouilles*, Aristophane s'acharne contre ces novateurs (1). Il leur oppose les hommes d'autrefois et le vieil Eschyle, si patriotique, si austère, si religieux. Il leur reproche de former de jeunes ambitieux, assez indifférents sur le choix des moyens, et des auditeurs trop disposés à se laisser séduire par d'élégants sophismes. Il poursuit comme ennemis publics ces hommes qui lui paraissent les meilleurs auxiliaires de la démagogie.

En un mot, Aristophane est, en matière de politique, de poésie, de philosophie et d'éducation, ce qu'on nomme un « conservateur » (2). Il appartenait à la faction de Nicias et des chevaliers, dont il avoue en quelque endroit « partager les haines » (3). Sans prétendre bouleverser la constitution, il est probable qu'il voulait la réviser et surtout voir appliquer les lois existantes par des personnages plus sympathiques. Cet ensemble d'opinions, auxquelles il tenait beaucoup, il l'a exposé avec fougue et avec opiniâtreté. Quand une question lui semblait capitale, il la traitait dans plusieurs comédies (4). Quand une pièce sur laquelle il avait compté échouait, il en faisait une seconde ou même une troisième édition (5). Courageux jusqu'à la témérité, passionné jusqu'à l'injustice, il n'a reculé devant rien. Il a ridiculisé ou diffamé ses adversaires; il les a couverts d'outrages; il leur a ravi la considération ou l'honneur. C'est le plus rude et le plus brillant des polémistes de l'antiquité.

L'auteur comique et le poète. — Le développement

(1) *Les Acharniens*, vers 393-484 ; *les Nuées* en entier ; *les Fêtes de Cérès* ; *les Grenouilles*.

(2) On nous objectera qu'il y a dans toutes ses pièces, notamment dans les *Oiseaux*, des railleries irrévérencieuses contre les dieux ; que le Mercure de la *Paix* est un singulier personnage et le Bacchus des *Grenouilles* un grotesque poltron. On nous demandera si un poète qui se permet à l'égard des divinités nationales de telles licences peut être un « conservateur ». Il n'y a là qu'une tradition admise depuis longtemps chez les Grecs. Ces plaisanteries, ne portant point atteinte au culte, étaient considérées comme inoffensives, et, assis à la place d'honneur, le prêtre de Bacchus souriait tout le premier.

(3) *Les Chevaliers*, vers 509 et 510.

(4) La question de la paix dans les *Acharniens*, les *Laboureurs*, la *Paix*, *Lysistrata*, etc. ; celle de l'éducation dans les *Convives*, les *Nuées*, etc.

(5) C'est ce qui arriva pour les *Nuées*, nous l'avons dit.

qui précède nous prouve qu'il ne faut point rapprocher de nos comédies modernes celles d'Aristophane. On aurait donc tort de chercher dans les *Acharniens*, les *Nuées* et les *Oiseaux*, soit une étude de caractère, soit une intrigue où des péripéties habilement ménagées nous font attendre un dénouement incertain. Il n'y a là rien de commun avec nos théories et nos habitudes actuelles.

Est-ce à dire cependant que ces comédies soient dépourvues de toute action? Ce serait une erreur de le croire. Pour être d'un genre particulier, cette action n'en existe pas moins, et elle n'est pas si faible ni si légère qu'on l'a prétendu quelquefois. Aristophane part généralement d'une idée dont il entreprend de démontrer la justesse. Par exemple : « Il n'est rien de si précieux que la paix », ou bien encore : « L'éducation nouvelle, telle que la donnent Socrate et les sophistes, est pernicieuse » (1). Sans que nous nous en doutions, il nous conduit au cœur même du sujet et nous met adroitement en face de la question qu'il s'agit de discuter. Puis, par une série de scènes, qui sont ici comme autant de preuves, il s'efforce de faire triompher son opinion. Prenons la *Paix!* Le vigneron Trygée, qui est ruiné par la guerre, délivre la bienfaisante déesse et la ramène parmi les Grecs : cela remplit la première moitié de la pièce. La seconde partie nous montre les campagnards se livrant à la joie, tandis que les devins, les fabricants d'aigrettes, les marchands de cuirasses, de casques et de clairons se désolent. Lorsqu'on arrive au bout, bien qu'Aristophane n'ait point épuisé tous les arguments possibles, mais uniquement ceux qui devaient frapper son auditoire, la preuve est faite. Il en serait de même si l'on examinait les *Acharniens*, les *Oiseaux*, ou telle autre comédie. On y saisirait du premier vers au dernier un progrès constant dans la démonstration d'une idée. Et c'est là une action, peu mouvementee sans doute, mais réelle et dramatique.

Aristophane, d'ailleurs, déploie une habileté suprême dans la conduite de ses pièces. Il dissimule au début son

(1) Voir les *Acharniens*, la *Paix*, les *Nuées*.

dessein, et, lorsque nous l'entrevoyons, il est trop tard : nous sommes pris (1). Il veut donner une leçon et démontrer quelque chose ; mais il a bien soin de ne point procéder de façon dogmatique. Nul n'a plus libre et plus franche allure que lui. Ici, quelque grosse plaisanterie ou quelque propos obscène sollicite le rire bruyant des matelots du Pirée. Là, d'éloquentes tirades ou de délicieux morceaux lyriques charment les délicats. A tout instant, éclatent des saillies imprévues et irrésistibles ; à tout instant ce sont des comparaisons fort drôles et des inventions ingénieuses : Amphithéos fait déguster à Dicéopolis des trêves de cinq, de dix et de trente ans, mises spécialement en bouteilles (2) ; Socrate et Euripide travaillent dans un panier suspendu en l'air et conversent avec les Nuées (3) ; Bacchus, ayant à se prononcer entre deux poètes, pèse leurs vers dans une balance, « comme du fromage » (4). Il y a chez Aristophane un effort très souvent heureux pour traduire sous une forme matérielle et mettre ainsi à la portée du vulgaire des idées qu'il ne comprendrait peut-être point sans cela. Il y a aussi une merveilleuse fantaisie, indice de la plus fraîche et plus souriante imagination. Ces vignerons qui montent au ciel pour arracher la Paix de la prison où elle languit ; ce dieu qui descend aux enfers et entend les mélodieux concerts d'un chœur de Grenouilles ; ces Athéniens qui vont au royaume des Oiseaux, conversent avec la Huppe, le Roitelet, le Rossignol, et bâtissent une ville dans les nuages (5), n'est-ce pas tout ce qu'il y a de plus charmant ? et n'est-il pas admirable qu'après quelque page ordurière, Aristophane nous transporte soudain au pays bleu, dans des paysages de rêve ?...

(1) Dans les *Guêpes*, les *Nuées*, les *Grenouilles*, on peut croire qu'il ne s'agira que d'un juge maniaque, des dettes du bonhomme Strepsiade et des aventures de Bacchus. Bientôt, sans qu'on sache comment, tout s'est agrandi : c'est l'institution des tribunaux populaires, l'éducation nouvelle et l'esthétique contemporaine que l'on discute.

(2) *Les Acharniens*, vers 187 et suiv.

(3) *Les Acharniens*, vers 396 et suiv. ; *les Nuées*, vers 217 et suiv.

(4) *Les Grenouilles*, vers 1365 et suiv. De pareilles inventions abondent dans les comédies d'Aristophane.

(5) *La Paix ; les Grenouilles ; les Oiseaux.*

Il n'est point seulement un auteur comique et un fantaisiste de génie ; il est aussi un maître écrivain et un poète lyrique de grand talent. On ne saurait exactement définir son infinie variété. Chez lui, c'est un mélange perpétuel d'expressions pittoresques et spirituelles, d'obscénités, de bizarreries, de calembredaines, de coq-à-l'âne, de pensées hautes et fines, de délicate poésie. Nous devons avoir une image de la conversation d'alors dans ce style où les mots roturiers coudoient sans façon les mots nobles, où se fondent dans un harmonieux ensemble le vocabulaire des grossiers matelots et celui des coquets chevaliers. Élégant et gracieux, il est éminemment dramatique. Par d'originales associations d'idées, par des comparaisons piquantes, par des alliances de mots inattendues et qui étonnent, Aristophane rend tout vivant, met en vive lumière ce qui a le plus d'importance, et fait un sort même aux plus petites choses. Rarement on a vu un style aussi plastique, habillant aussi bien l'idée, et possédant une telle puissance d'évocation.

Parfois, lorsque l'occasion s'en présente, Aristophane s'élève jusqu'à l'éloquence et jusqu'à la grande poésie. L'homme, qui, tout à l'heure, lançait des calembours saugrenus, écrit maintenant des morceaux lyriques d'une grâce et d'une pureté incomparables. On a souvent, avec raison, loué le lyrisme d'Aristophane. Quoi de plus joli que certains chœurs de la *Paix* et des *Grenouilles* (1)? Quoi de plus frais et de plus aérien que certains passages des *Oiseaux?* Il y a là un sentiment exquis de la nature, et ces vers chantants nous rappellent des paysages entrevus ou des sensations éprouvées dans la campagne par quelque belle journée de soleil. Donnons comme spécimen le mélodieux appel de la Huppe, dans les *Oiseaux:*

Epopoi, popoi, popoi, popoi, popoi, popoi, io, io! Vite, vite, vite, ici, ici tous, mes compagnons ailés; vous qui butinez dans les champs, dans les fertiles guérets; innombrables essaims qui pillez l'orge, granivores au vol rapide, à la voix légère; et vous qui, dans les sillons, autour des glèbes, jetez sans fin ce doux et joyeux

(1) Par exemple, dans la *Paix*, vers 583 et suiv., 1128 et suiv.; les *Nuées*, vers 275 et suiv., 299 et suiv.; les *Grenouilles*, 241 et suiv., 324-459.

gazouillement, tio, tio, tio, tio, tio, tio, tio, tio! vous qui, dans les jardins, habitez les rameaux du lierre; oiseaux des montagnes, qui becquetez l'olive sauvage et l'arbouse, vite, accourez à ma voix : trioto, trioto, trioto, tobrix! Vous aussi qui, dans les humides vallons, happez le cousin à la trompe aiguë; et vous, hôtes des lieux charmants que rafraîchit la rosée, des riantes prairies de Marathon; oiseau au plumage diapré, francolin, francolin; vous tous qui volez avec les alcyons sur les flots agités de la mer, venez apprendre la nouvelle. Nous réunissons ici toutes les tribus des oiseaux au long col; car il nous est arrivé un vieillard avisé avec des idées neuves et de grands projets tout frais éclos. Venez tous à la conférence; ici, ici, ici, ici; torotorotorotorotorotinx! Kikkabau! kikkabau! torotorotorotorotorotinx (1)!

En définitive, c'est une figure originale que cet Aristophane, polémiste implacable, fantaisiste à l'imagination féconde, auteur comique à la verve folle, puissant écrivain, poète charmant et inspiré. On comprend qu'il ait été le favori de ce peuple qu'il raillait, mais qui pardonnait à l'artiste les audaces du pamphlétaire. Un bon juge en matière d'atticisme et de poésie, le philosophe Platon, envoyait les comédies de l'auteur des *Nuées* à Denys le Jeune qui désirait connaître les Athéniens, et il se délectait, pour sa part, en les lisant. Que dire de plus? on lui fit cette flatteuse épitaphe : « Les Grâces, cherchant un sanctuaire indestructible, trouvèrent l'âme d'Aristophane. » Ces Grecs étaient décidément une nation admirable, eux que les rancunes politiques n'empêchaient point de rendre hommage au génie d'un adversaire et de s'incliner devant le beau!

SUJETS DE DEVOIRS.

1. Vous raconterez la première représentation des *Chevaliers*.
2. Un chevalier d'Athènes écrit à un ami étranger après la première représentation des *Chevaliers*.
3. Vous supposerez qu'au lendemain des *Chevaliers* un orateur populaire propose de restreindre par une loi les libertés accordées aux poètes comiques (Discours).
4. Lettre d'un Athénien à Aristophane au sujet des *Nuées* : il lui

(1) *Les Oiseaux*, vers 227 et suiv., 675-751, etc

reproche d'avoir calomnié Socrate. (On s'inspirera des *Mémorables* de Xénophon et des dialogues de Platon.)

5. Nicias écrit à un ami et lui fait l'éloge des *Acharniens*, en insistant sur l'utilité politique de pareilles œuvres.

6. Quelqu'un s'étonnant qu'Aristophane mît tant d'acharnement à combattre Euripide, le poète lui expose par lettre les motifs de sa conduite.

7. Denys le Jeune voulant connaître le peuple et le gouvernement des Athéniens, Platon lui envoya les comédies d'Aristophane. Vous ferez la lettre qui accompagne l'envoi.

8. Refaire le dialogue du Juste et de l'Injuste dans les *Nuées*, en donnant la victoire au Juste.

9. Comparer les *Guêpes* d'Aristophane avec les *Plaideurs* de Racine.

10. Faire, d'après Aristophane, le portrait du parfait démagogue à l'époque de la guerre du Péloponèse.

11. Exposer les opinions politiques, sociales et littéraires d'Aristophane.

12. Cléon tel que l'a dépeint Thucydide ressemble-t-il au Cléon des *Chevaliers*?

13. Donner les principales raisons des préférences d'Aristophane pour Eschyle et de sa haine pour Euripide.

14. La fantaisie chez Aristophane.

15. L'action dans les comédies d'Aristophane.

16. Montrer, par des exemples, que la comédie d'Aristophane avait surtout un caractère politique.

17. Les qualités d'Aristophane considéré uniquement comme auteur comique.

18. La poésie et le lyrisme d'Aristophane.

XÉNOPHON

(435-355)

L'ANABASE. — LES MÉMORABLES. — L'ÉCONOMIQUE.

Notice biographique.

I. L'ANABASE. — Historique. — Analyse de l'*Anabase*. — Étude littéraire. L'intérêt historique : 1° les Perses; 2° les Grecs; 3° Xénophon. — L'intérêt artistique et littéraire : 1° les descriptions et les narrations; 2° les discours et les portraits. — Le style.

II. LES MÉMORABLES. — Historique. — Analyse des *Mémorables*. — Étude littéraire : la composition des *Mémorables*. — Socrate d'après Xénophon.

III. L'ÉCONOMIQUE. — Historique. — Analyse de l'*Économique*. — Étude littéraire : l'intérêt moral, psychologique et littéraire.

Notice biographique. — L'auteur de l'*Anabase* naquit à Erchia, dème de l'Attique, en 435 avant Jésus-Christ. Il était riche et d'une famille aristocratique; il s'adonna, toute sa jeunesse, aux arts, à l'éloquence, à la philosophie, sous la direction morale de Socrate.

Un jour, après des aventures mal connues et un voyage à Syracuse, son « humeur inquiète » l'entraîna jusque dans les plaines de Babylone. Il y suivait le jeune Cyrus qui voulait détrôner son frère Artaxerxès, et, lorsque ce prince eut péri, ce fut Xénophon qui ramena vers la côte les mercenaires grecs abandonnés (401-399). A partir de cette date, l'historien a une existence mouvementée. Il se met à la solde d'un roi thrace; il s'engage dans les bandes du Spartiate Dercyllidas; il accompagne Agésilas dans son expédition d'Asie. Revenu en Grèce, il assiste à la bataille de Coronée, sans songer qu'il légitimait ainsi l'injuste arrêt de bannissement dont les Athéniens l'avaient frappé (394).

L'année suivante, il s'établit à Scillonte, petite ville d'Élide, près d'Olympie. Les Lacédémoniens, pour le récompenser de ses services, lui avaient donné là un domaine magnifique. Il y vécut jusqu'en 368, s'occupant de chasse, d'agriculture et de la rédaction de ses ouvrages. Mais il fut obligé de le quitter pendant la guerre thébaine. Et, réconcilié avec Athènes pour qui son fils Gryllos mourut à Mantinée, il acheva ses jours à Corinthe, en 355, vers l'âge de quatre-vingts ans (1).

L'ANABASE

Historique. — C'est à Scillonte, au milieu des coteaux boisés, au bord de sa petite rivière poissonneuse, que Xénophon recueillit ses souvenirs et rédigea l'*Anabase*. Nous en avons la preuve certaine : au cinquième livre de cet ouvrage, il s'interrompt pour nous parler des temples qu'il fit construire dans son domaine avec sa part du butin (2). La chose, d'ailleurs, est naturelle. Auparavant, les mille soucis d'une vie perpétuellement agitée n'avaient point permis à Xénophon de raconter cette glorieuse aventure de jeunesse. Dans la tranquillité de la solitude, il lui fut doux de revivre les moments terribles, les luttes acharnées, les nuits d'angoisse et les jours de souffrance. Ainsi, au moyen âge, Joinville, en son château de Champagne, écrira avec une sorte de plaisir les boucheries sanglantes près du Nil et les tristes mois de captivité.

Le titre de l'ouvrage est très clair. Ἀνάβασις signifie l'action de monter loin des rivages de la mer dans l'intérieur d'un pays élevé. La marche de Cyrus vers la haute Asie, comme plus tard celle d'Alexandre, est, par conséquent, une *anabase*. On a critiqué ce titre, qui n'est vrai, dit-on, que du premier livre, et souvent on y substitue celui de *Retraite des Dix-Mille*. Mais c'est plus que la retraite, c'est toute l'expédition qu'a voulu narrer

(1) Voici la liste complète des écrits de Xénophon : *les Mémorables*, *l'Apologie de Socrate*, *le Banquet*, dédiés à la mémoire de son maître ; *les Helléniques* et *l'Anabase*, des œuvres historiques ; *la Cyropédie*, un roman ; *l'Agésilas*, un panégyrique, et des traités politiques ou didactiques : *Hiéron*, *l'Économique*, *la République des Lacédémoniens*, *les Revenus de l'Attique*, *Sur le commandement de la cavalerie*, *Sur la chasse* et *Sur l'équitation*.

(2) *Anabase*, V, 3.

l'historien : le mot d'*Anabase* qu'il inscrivit en tête était le seul qui convînt, le seul aussi probablement par lequel on désignait en Grèce cette fabuleuse campagne d'une poignée de soldats.

Xénophon n'était pas l'unique écrivain qui eût publié une *Anabase*. Il existait un livre analogue de l'Arcadien Sophénète, un des plus vieux capitaines de l'armée (1). Il est regrettable qu'il soit perdu et qu'on ne puisse le confronter avec le récit de Xénophon : la comparaison n'eût point manqué d'être instructive et intéressante. On a déploré aussi quelquefois la disparition d'un ouvrage sur les mêmes événements, qui était signé « Thémistogène de Syracuse », et, en y renvoyant dans ses *Helléniques*, Xénophon autorisait de tels regrets (2). Plutarque nous rassure par une affirmation fort nette : Thémistogène de Syracuse était le pseudonyme derrière lequel s'abrita Xénophon, « afin que l'on admît comme plus digne de confiance un ouvrage où il parlait de lui comme d'un autre » (3). Cette précaution était bonne à prendre, à l'époque de la publication. Mais, plus tard, on reconnut la vérité, et cette ruse innocente ne nuisit point à un livre qui est, — nous le verrons — par certains endroits, une ingénieuse et délicate apologie.

Analyse de l'Anabase.

Livre Ier : *De Sardes à Cunaxa. La bataille.* — Cyrus le Jeune, pour se venger d'une humiliation subie et pour ravir le trône à son frère, fait réunir des mercenaires grecs par des capitaines qui lui sont dévoués. Il part ensuite, sous prétexte de combattre les Pisidiens, et, à travers la Phrygie et la Lycaonie, conduit ses troupes jusqu'en Cilicie, où la reine du pays les reçoit fort bien. Alors les Grecs, soupçonnant le vrai but de l'expédition, refusent d'avancer et se mutinent; mais le général Cléarque les apaise et les décide, par un stratagème, à continuer leur route. (C. 1 à 3.)

On franchit les Portes de Cilicie, on passe l'Euphrate, et l'on

(1) Xénophon parle de ce Sophénète à plusieurs reprises, notamment V, ch. 3, § 1.
(2) *Helléniques*, III, c. 1.
(3) Plutarque, *Œuvres morales* (Collection Didot), page 423.

s'engage dans les déserts de Mésopotamie, où l'armée souffre cruellement de la faim. Le Grand Roi, cependant, approche avec des troupes et il est renseigné par des traîtres, comme le Perse Orontas que Cyrus fait exécuter. (C. 4 à 6.)

Les deux armées se rencontrent à Cunaxa. Les mercenaires grecs sont vainqueurs; mais les troupes asiatiques de Cyrus sont vaincues, et le prince est tué dans la mêlée. Ignorants de son destin, les Grecs campent sur le champ de bataille, entre leurs ennemis et leurs alliés qui, de part et d'autre, se sont enfuis. (C. 7 à 10.)

Livre II : *Le meurtre des généraux grecs.* — Le lendemain, ils apprennent la fatale nouvelle, repoussent les propositions déshonorantes d'Artaxerxès et commencent leur mouvement de retraite. Le Grand Roi feint de ne pas vouloir empêcher leur retour vers la côte et leur envoie le satrape Tissapherne, qui jure de les escorter sans trahison. (C. 1 à 3.)

Tissapherne manque bientôt à son serment. Après quelques actions suspectes, il attire les principaux chefs à un banquet et les fait traîtreusement égorger. À cet endroit du récit, Xénophon insère de magnifiques portraits des malheureuses victimes du satrape. (C. 4 à 6.)

Livre III : *La retraite sous les ordres de Xénophon.* — L'armée est accablée par ce désastre : tous sont plongés dans le désespoir et la torpeur. Heureusement, Xénophon fait preuve de décision : il rassemble ce qui reste de capitaines, harangue les soldats, relève leur moral. On se réorganise et l'on reprend la marche à travers les pays ennemis. (C. 1 et 2.)

Après avoir échappé à la fourberie du Perse Mithridate et refoulé dans cent escarmouches les troupes de Tissapherne qui les harcèlent, les Grecs se trouvent arrêtés par le Tigre. Faute de moyens de transport, ils ne peuvent le franchir et escaladent de hautes montagnes pour pénétrer dans le Kourdistan actuel, chez les Carduques. (C. 3 à 5.)

Livre IV : *Du Tigre au Pont-Euxin.* — Tissapherne renonce à la poursuite; mais les Carduques belliqueux assaillent à tout instant l'armée, et, sans l'héroïsme de deux mille volontaires, elle serait écrasée dans un passage difficile. Enfin, au bout de sept jours de lutte, on atteint le Centrite. Malgré les Carduques qui pressent l'arrière-garde et les cavaliers de Tiribaze, sous-gouverneur d'Arménie, qui défendent ce fleuve, on parvient à le traverser. (C. 1 à 3.)

On déjoue les ruses de Tiribaze et on le repousse avec pertes. Mais le froid est cruel en Arménie et une tempête de neige tombe sur les Grecs découragés. Leurs souffrances sont telles qu'ils périraient dans ces plaines blanches, s'ils ne rencontraient des villages où ils se reposent de leurs fatigues et se remettent de leurs privations (C. 4 et 5.)

Encore des combats chez les Chalybes, chez les Taoques et les Scythènes ; encore quelques assauts de forteresses ; et, du haut du mont Tchéchès, les Grecs, absolument fous de joie, aperçoivent le Pont-Euxin, « la mer ! » Ils taillent en pièces les Colchidiens pour arriver jusqu'à elle, et, sur ses bords, dans la ville de Trébizonde, ils donnent des jeux pour célébrer leur délivrance inespérée. (C. 6 à 8.)

Livre V : *Sur les bords du Pont-Euxin.* — Pendant qu'un Lacédémonien va chercher des vaisseaux à Byzance, Xénophon occupe l'armée par différentes expéditions, notamment contre les Driles, nation ennemie de Trébizonde. (C. 1 et 2.)

L'envoyé ne revenant point, on part en longeant la côte. On voit Cérasonte ; on traverse le territoire des Mosynèques qu'il faut combattre et l'on campe à Cotyore, qui ouvre ses portes, après des difficultés innombrables, par crainte du pillage. (C. 3 à 5.)

Accusé de vouloir fonder une ville dans ces parages, Xénophon se disculpe devant l'assemblée des soldats et répond victorieusement aux critiques que l'on fait de sa conduite pendant son commandement. (C. 6 à 8.)

Livre VI : *La marche vers Byzance.* — A la suite de discordes violentes, l'armée se partage en trois bandes dans les environs d'Héraclée. Mais l'une d'entre elles est presque anéantie par les Thraces de Bithynie, et cet échec amène la réunion complète des différents corps. (C. 1 à 3.)

Toujours bataillant et maraudant chez les Bithyniens, on rencontre enfin Cléandre, harmoste de Byzance ; et, après un malentendu vite dissipé, il promet de recevoir les Grecs dans cette ville. (C. 4 à 6.)

Livre VII : *La fin de l'expédition.* — Admis à Byzance, les mercenaires ne tardent point à épouvanter les habitants. Ils se révoltent et sont brutalement châtiés : quelques-uns même sont vendus à l'encan. On demande à Xénophon comme un service de les éloigner au plus tôt. (C. 1 et 2.)

Il les conduit alors chez Seuthès, roi de Thrace, et ils font campagne pour ce barbare. Mais, la solde promise n'étant point payée, ils s'irritent et ils tueraient peut-être Xénophon, si les Spartiates ne le délivraient de ces troupes peu commodes et ne les emmenaient à Pergame. — Ainsi se termina l'expédition de cette vaillante petite armée, qui, au milieu des plus grands périls, avait parcouru en quinze mois près de six mille kilomètres ! (C. 3 à 8.)

Par cette analyse, on voit l'importance de l'œuvre et l'on comprend combien elle doit intéresser les modernes. L'intérêt qu'elle excite est double. D'abord, nous pouvons apprécier, d'après leurs actes, les Perses de l'époque, les soldats grecs, et surtout leur général improvisé, l'habile et courageux Xénophon. C'est là ce que nous appellerons l'intérêt historique de l'*Anabase*. Mais, d'autre part, ce livre, par son unité, par sa sincérité, par ce qu'il a de vivant et de vécu, est le chef-d'œuvre de l'auteur. Si bien qu'en noter, même brièvement, les mérites littéraires, ce sera dire les qualités distinctives et toutes les qualités du sobre, de l'élégant écrivain que fut Xénophon.

Étude littéraire : l'intérêt historique : 1° Les Perses. — Alexandre avait dû lire souvent l'*Anabase*, et ce fut certainement cette lecture qui le décida à s'enfoncer avec trente mille hommes dans les profondeurs de la Perse. Rien ne démontre mieux la faiblesse de cet empire que l'ouvrage de Xénophon. Lui-même en touche un mot quelque part : « Quiconque réfléchit, dit-il, s'aperçoit que le royaume du Grand Roi est puissant par l'étendue et la population de ses provinces, mais que la longueur des distances et la dispersion des forces le rendent faible contre un adversaire qui mène la guerre rapidement (1). » Ceci est juste. Il convient d'y ajouter une autre chose que l'historien prouve par son récit. Les Perses étaient restés les soldats et les hommes d'autrefois : comme au temps de Marathon et des Thermopyles, on les poussait au combat en les fouettant (2). C'était une nation efféminée, gâtée par la douceur du climat, pourrie

(1) *Anabase*, I, 5, § 9.
(2) *Ibid.*, III, 4, § 25.

par le luxe. Regardez-les après Cunaxa. Ceux qui suivaient Cyrus ont fui ou trahissent leurs compagnons grecs. Ceux qui composent l'armée du Roi tremblent devant une poignée de mercenaires. Ils sont pourtant douze cent mille et pourraient broyer ces audacieux. Ils n'osent point. Ils préfèrent la ruse, le guet-apens, le parjure, comme Tissapherne, Mithridate et Tiribaze. Et ils laissent échapper les aventuriers qui sont venus les braver, à quelques étapes de leur capitale. Le courage leur manque et la fourberie ne leur réussit pas. « Vous verrez, et j'en rougis d'avance, disait Cyrus à ses Grecs, quelle espèce d'hommes produit ce pays (1). » On sent chez Xénophon le même mépris. L'événement prouvera que le prince et l'historien jugeaient sainement le peuple perse, et la leçon ne fut point perdue pour l'avenir.

2° **Les Grecs.** — L'attitude et les sentiments des troupes grecques contrastent singulièrement avec ceux des barbares. Ici, point d'autocrate : on élit ses chefs; point d'esclavage : on obéit volontairement. Cette supériorité morale engendre un courage à toute épreuve. A Cunaxa, la conduite des Grecs est admirable ; et, pendant le reste de la campagne, il n'est point de citadelles chez les Taoques, point de montagnes bien défendues chez les Carduques qui ne soient prises d'assaut par ces soldats sans peur (2). Ils se disputent l'honneur du poste le plus périlleux (3), et qu'un barbare vienne les sommer de rendre leurs armes, ils lui répondent avec hauteur ou indignation (4).

Ces qualités rares sont compensées par des défauts nombreux. Ce ne sont point des troupes régulières que ces Grecs, mais un ramassis d'aventuriers ignorants et brutaux, accourus des quatre coins de leur patrie pour la curée et le butin : dissipateurs ruinés, enfants qui ont fui leurs parents, pères de famille voulant gagner de quoi se reposer toute leur vie (5). Nous

(1) *Anabase*, I, 7, § 4.
(2) *Ibid.*, IV, 2 et 7.
(3) *Ibid.*, IV, 1, §§ 26 et 27.
(4) *Ibid.*, II, 1, § 6 et suiv. II, 5, § 39.
(5) *Ibid.*, VI, 4, § 8.

sommes en présence d'une des premières armées de mercenaires. Aussi, pas de discipline durable et peu de cohésion dans ce grand corps. Au moment du péril, on se rapproche. A-t-il disparu? On se dispute, on en vient presque aux mains, on se sépare (1). Quand les barbares sont là qui pourchassent l'arrière-garde, tous approuvent les chefs, tous obéissent sur un geste. Mais, lorsqu'on est arrivé à la côte du Pont-Euxin, l'esprit d'indépendance se réveille; et, loin du danger, on accuse ceux qui ont réussi à vous en tirer. Xénophon en fit la triste expérience à Héraclée, et, non sans amertume, il rapporte les manifestations de cette ingratitude condamnable (2).

Pourquoi pareil mélange de qualités et de défauts? Parce que ces hommes étaient des aventuriers, avides de butin plus que de gloire ; parce qu'ils étaient des Grecs aussi. Bravoure et jactance; facilité à se laisser abattre et à reprendre courage aussitôt; amour du gain et de la bonne chère; jalousies, haines et discordes, avec beaucoup d'ingratitude et de légèreté, n'est-ce point le caractère grec lui-même? Et n'est-elle pas intéressante à étudier, comme représentative des vertus et des vices de toute la race, l'armée dont Taine a pu dire justement: « Rien de plus curieux que cette république voyageuse, qui délibère et qui agit, qui combat et qui vote, sorte d'Athènes errante au milieu de l'Asie, avec ses sacrifices, sa religion, ses assemblées, ses séditions, ses violences, tantôt en paix, tantôt en guerre, sur terre et sur mer, dont chaque événement éprouve et révèle une faculté et un sentiment! »

3° Xénophon. — Pour conduire une foule aussi peu homogène, dans laquelle on comptait même des femmes et des enfants (3), il fallait un chef énergique, à la fois bon soldat et orateur habile, qui sût voir clair dans la situation et eût l'adresse de faire adopter ses avis. Cet homme se rencontra: ce fut Xénophon. En dépit de Socrate, il s'était laissé entraîner à cette expédition pour

(1) *Anabase*, VI, 1.
(2) *Ibid.*, V, 7 et 8; VII, 6.
(3) *Ibid.*, IV, 3, § 19 et V, 3, § 5.

prendre part à une belle promenade militaire et visiter des pays nouveaux (1). Les circonstances firent du simple curieux un général en chef ; il n'en eut jamais le titre ; il déclina même cet honneur (2) ; en réalité, il exerça sur les troupes une autorité suprême.

« On avait reconnu en lui l'homme nécessaire, — dit M. Croiset — le plus influent, le plus prudent, le plus résolu, le plus ferme dans le péril, malgré son élégance et sa grâce athéniennes (3). » Cette opinion qu'il avait donnée de son talent, par sa décision et son initiative dans la nuit qui suivit l'assassinat des généraux, il s'en rendit parfaitement digne. Il fut toujours à la hauteur de sa tâche, dictant les meilleurs plans de bataille, inspirant les plus salutaires résolutions (4). Il avait ce qu'on exige d'un capitaine : la présence d'esprit, le coup d'œil rapide et sûr, la promptitude dans l'exécution de la chose conçue, et cette qualité précieuse entre toutes : l'art d'inspirer confiance au soldat. Aux moments difficiles, une boutade de lui ranime les Grecs. Il combat à pied dans leurs rangs ; il s'occupe des traînards et des blessés ; il fend du bois, le premier, pour faire du feu dans la neige (5).

Au conseil ou dans l'assemblée, il est plus brillant encore. Il faut parler : c'est une fête pour cet Athénien. Lisez ses discours après le massacre des chefs ou ses plaidoyers à Héraclée (6). Sa parole vive, alerte, insinuante, séduit les soldats et leur en impose. Sans complaisance, sans brutalité non plus, il expose clairement ses idées et réfute celles de l'adversaire. Peu de vivacité, aucun mouvement oratoire ; mais de bonnes raisons, des ripostes familières, un style souple et enveloppant : voilà les moyens dont il dispose et avec lesquels il maintient dans l'obéissance sa république de citoyens armés.

L'entreprise était rude : il l'accomplit modestement,

(1) *Anabase*, III, 1, §§ 4-11.
(2) *Ibid.*, VI, 1, §§ 18-30.
(3) Croiset, *Xénophon, son caractère, son talent* (Thorin, 1873).
(4) *Anabase*, III, 1 ; IV, 3 ; V, 14, etc.
(5) *Ibid.*, III, 4, §§ 46-49 ; IV, 4, §§ 11 et 12 ; IV, 5, §§ 7-8 et 15-21.
(6) *Ibid.*, III, 1 et 2 ; IV, 6 ; V, 5, 6, 7 et 8 ; VI, 1, § 26, 5, § 14, 6, § 12 ; VII, 1, 3, 6, § 11, 7, § 20.

mais à son honneur. Sa foi religieuse le soutint, car ce disciple de Socrate était un dévot. Il consultait les oracles ; il croyait aux songes ; il n'engageait point la lutte, si les entrailles des victimes n'étaient pas favorables (1). Cette piété fervente complète la physionomie aimable de Xénophon. Comme nous le disions, c'est presque une apologie que l'*Anabase ;* mais elle est faite avec une réserve charmante. L'auteur ne parle de lui-même qu'à la troisième personne (2), et son récit porte l'empreinte d'une réelle sincérité.

L'intérêt artistique et littéraire : 1° Les descriptions et les narrations. — Taine a très finement défini l'impression que produit sur nous, en tant qu'œuvre d'art, le livre de Xénophon. « Xénophon, dit-il, a le génie attique qui est la perfection dans la mesure, plutôt exquis que grand, semblable à l'architecture de son pays... Son sujet, l'expédition des Dix-Mille, d'une étendue médiocre, est un tout indivisible, qui se détache brillant et simple sur la suite de l'histoire, comme le temple de marbre sur le promontoire de Sunium (3). » Brillant et simple, voilà bien, en effet, ce qui caractérise Xénophon. Il ne s'attarde point, comme Hérodote, à mille jolies choses de détail ; mais il évite la concision un peu sèche et froide de Thucydide.

Ses *descriptions* sont un exemple de cette élégante simplicité. Un mot, un trait précis, une épithète lui suffisent. Hérodote était curieux du pittoresque ; Xénophon envisage tout au point de vue militaire et stratégique. Pour lui, une ville est « grande », « opulente », « peuplée » ou « déserte » (4). Les fleuves ne le préoccupent qu'autant qu'ils sont larges de deux plèthres comme le Méandre ou d'un stade comme le Pyrame (5). Il note qu'en Cilicie les plaines sont « vastes, bien arrosées, pleines d'arbres variés et de vignes » ; que, chez les Carduques, les défi-

(1) *Anabase*, III, 1, § 6 ; III, 1, §§ 11-14 et IV, 3, § 8 ; V, 2, § 9 et VI, 4.
(2) Il est le premier à avoir agi de la sorte.
(3) Taine, *Essai sur Tite-Live*
(4) *Anabase*, I, 2, § 7 ; 2, § 10, 5, § 4, etc.
(5) *Ibid.*, I, 2, § 5 ; 4, § 1 et *passim*.

lés sont étroits, et que les collines d'Arménie sont au contraire « douces et peu élevées » (1). Ne lui demandez guère autre chose. S'il parle des productions d'un pays, c'est à cause de l'entretien de ses troupes. Et il faut des singularités bien fortes pour qu'il leur accorde une longue attention : le chou palmiste et le miel de Colchide qui rendaient malades les soldats, ou les demeures souterraines d'Arménie dans lesquelles ils trouvèrent un abri contre le froid (2). La plus développée de ces descriptions est celle de l'Arabie. Citons-la pour donner un exemple de la manière si précise et si juste de Xénophon :

> Dans ce lieu, la terre était une plaine tout unie comme la mer et peuplée d'absinthes. S'il y avait quelque peu d'autres plantes ou roseaux, elles avaient toutes une bonne odeur comme des aromates. Mais point d'arbres. Des bêtes sauvages de toutes sortes, des onagres en très grand nombre, beaucoup d'autruches de la grande espèce. Il y avait aussi des outardes et des chevreuils. Les cavaliers poursuivaient ces bêtes. Les onagres qu'on chassait couraient en avant, puis s'arrêtaient; car ils allaient beaucoup plus vite que les chevaux; et, quand les chevaux se rapprochaient, ils recommençaient, de sorte qu'on ne pouvait les prendre, sinon lorsque les cavaliers, se postant de distance en distance, les chassaient en se relayant. La chair de ceux qu'on prenait ressemblait à celle des cerfs, mais était plus tendre. — Pour les autruches, personne n'en prit; et ceux des cavaliers qui les poursuivaient cessèrent bientôt; car elles les distançaient de fort loin par la vitesse de leurs pieds et grâce à leurs ailes qui les soulevaient et dont elles se servaient comme d'une voile. Quant aux outardes, si on les fait lever brusquement, on peut les prendre; car elles ont le vol court comme les perdrix et se lassent vite. Leur chair est très bonne (3).

N'oublions pas un autre talent. Xénophon est un maître dans les descriptions de la vie militaire. Taine a si bien noté ce rare mérite que nous lui laissons la parole : « On voit dans ce livre, dit-il, une foule de tableaux comme en font les peintres de scènes militaires, le campement, les groupes qui se forment, les tentes qu'on dresse, les cuisines qu'on installe, la fumée qui monte dans les arbres, tout le laisser-aller de la vie

(1) *Anabase*, I, 2, § 22; IV, 4, § 1, etc.
(2) *Ibid.*, II, 3, § 14; IV, 5, § 25 et 8, § 20.
(3) *Ibid.* I, 5.

errante, toute la régularité de la vie disciplinée, et ce mélange de poésie et de vérité, de détails intimes et d'aventures singulières, qui, touchant le goût par tous ses points sensibles, lui apportent le plaisir de tous côtés (1). »

Les *narrations* sont aussi nettes et aussi sobres. Rien n'y manque, mais il n'y a rien de trop. L'auteur n'intervient pas. Il ne commente point. Il laisse parler les faits eux-mêmes, et c'est pourquoi ses récits sont vrais et vivants. Celui de la *Bataille de Cunaxa*, avec la charge des Grecs qui se précipitent « comme des vagues en courroux », est un modèle du genre (2). « On croit, dit Plutarque, y assister et non pas le lire, et ce serait folie que de vouloir raconter cela après lui. » La *Marche dans la neige* et l'*Arrivée en vue de la mer* se recommandent par d'identiques qualités et sont devenues des morceaux classiques (3). Citons le dernier. C'est un petit tableau, mais il est parfait :

On arriva le cinquième jour à la montagne qu'on nomme Tchéchès. Dès que les premiers eurent gravi le sommet et virent la mer, une grande clameur s'éleva. Xénophon et l'arrière-garde, qui les entendirent, pensèrent que d'autres ennemis attaquaient la tête de l'armée; car déjà la queue était harcelée par les gens de la contrée brûlée... Les cris augmentaient à mesure qu'on approchait. De nouveaux soldats se joignaient en courant à ceux qui criaient : leur nombre augmentait, le bruit redoublait, et Xénophon crut qu'il se passait quelque chose d'extraordinaire. Il monte à cheval, prend avec lui Lycios et la cavalerie, se porte au secours. Mais bientôt il entend les soldats crier : « La mer! la mer! » en s'appelant les uns les autres. Là-dessus, ils courent tous vers le sommet, arrière-garde, équipages, cavaliers. Quand tous y furent parvenus, ils s'embrassèrent, les larmes aux yeux; ils sautèrent au cou de leurs généraux et de leurs capitaines. Puis, soudain, d'un commun accord, ils apportent des pierres et dressent une grande colonne, sur laquelle ils entassent les boucliers de cuir cru, les bâtons, les boucliers d'osier pris à l'ennemi.

2° Les discours et les portraits. — Il y a de nombreux discours dans l'*Anabase*. Nous avons apprécié déjà

(1) Taine, *Essais de critique et d'histoire*, page 69.
(2) *Anabase*, I, 8, § 18.
(3) *Ibid.*, IV, 5 et IV, 7, §§ 21-26.

ceux que Xénophon prononça. Ceux qu'il prête à Cyrus à Cléarque et à d'autres orateurs (1) sont dans la même note et écrits du même style : mesurés et sensés, ils visent moins à éblouir qu'à convaincre. Remarquons seulement qu'ils sont plus authentiques que ceux insérés par Hérodote dans les *Histoires*. Xénophon les a entendu prononcer et a pu en consigner les principales idées, les principaux arguments, les expressions saillantes peut-être.

Quelque chose de neuf et d'assez piquant, ce sont les *portraits*. Hérodote n'y avait pas songé. Thucydide se les interdisait le plus souvent (2). Formé par Socrate aux études psychologiques, Xénophon en a crayonné quelques-uns. Il fait revivre les physionomies. Voilà bien le généreux et brave Cyrus, ami fidèle, juge éclairé du vrai mérite et du courage, commandant l'estime et l'amour, « celui qui, depuis l'ancien Cyrus, s'est montré le plus digne de l'empire et qui possédait le plus les vertus d'un grand roi » (3). Voilà le fourbe et cupide Ménon ; l'honnête Proxène ; l'actif et intelligent Cléarque, ce maître dans l'art de la discipline et de la guerre (4). Xénophon dégage la qualité dominante d'un homme et excelle à la faire valoir par le détail des qualités de second ordre. Le moraliste vient au secours de l'historien.

Le style. — Que dire enfin du style que nous n'ayons dit du reste ? Xénophon était simple et modeste : son style est entièrement à son image. Sans recherche et sans coquetterie, l'écrivain exprime clairement ses idées. Il n'emploie pas la période et lui préfère, comme Hérodote, le développement successif par l'enchaînement de phrases juxtaposées qu'une particule relie. C'est grêle parfois, et ce n'est pas sans mollesse. Mais il en résulte une facilité douce et charmante qui a valu à Xénophon le surnom de l' « Abeille attique ».

Tel est le double intérêt que présente l'*Anabase* ; telles

(1) *Anabase*, I, 3 et 7 ; II, 5 ; III, 2 ; V, 6 ; VI, 6, etc.
(2) Il ne s'est guère départi de cette réserve que pour Périclès.
(3) *Anabase*, I, 9.
(4) *Ibid.*, II, 6

sont les qualités de son auteur. Scipion appréciait fort ce livre et en faisait sa lecture favorite. Arrien et César, avec beaucoup d'autres, l'ont imité. Gardons-nous cependant de le comparer à quoi que ce soit ! Les *Commentaires* de César sont trop secs; ceux de Montluc sont trop inspirés par la vantardise. Le premier journal militaire qu'on ait écrit est demeuré le chef-d'œuvre : si vous voulez le livre d'un soldat, prenez l'*Anabase* de Xénophon.

LES MÉMORABLES

Historique. — Lorsque Xénophon revint de son expédition en Asie Mineure, il apprit la mort de Socrate et connut les détails du procès intenté à son maître chéri (1). Les philosophes socratiques, dispersés aux quatre coins de la Grèce, essayaient de provoquer un mouvement d'opinion et réhabilitaient celui qu'ils considéraient comme un martyr. Le cordonnier Simon rédigeait les entretiens que Socrate avait eus avec tel ou tel Athénien dans son échoppe. Eschine (2) et Platon écrivaient des dialogues, dont la victime de Mélétos était le héros. Antisthène, Simmias, Euclide, Cébès, Phédon, Aristippe répandaient son enseignement un peu partout et le glorifiaient. Xénophon, indigné de ce crime juridique, entreprit avec preuves à l'appui de réfuter les accusateurs du maître défunt. Ce fut l'occasion des *Mémorables*.

On ignore la date exacte de la publication de cet ouvrage. Pour quelques-uns, il aurait été composé à Scillonte, vers 384 avant Jésus-Christ. Nous croyons que Xénophon n'attendit pas si longtemps et qu'il l'écrivit avant de suivre Agésilas dans sa campagne contre Pharnabaze, c'est-à-dire entre 399 et 396. Le désordre qui règne dans ce livre, et dont nous parlerons plus loin, indique

(1) Il sera bon de se reporter, pour tout ce qui concerne Socrate et son procès, à notre étude sur Platon.

(2) Cet Eschine n'a rien de commun avec l'orateur Eschine qui fut l'adversaire de Démosthène.

suffisamment qu'il n'appartient pas à l'époque où Xénophon vivait dans son domaine d'Élide, loin des agitations du monde, et pouvait consacrer de nombreux loisirs à la rédaction de ses œuvres. Rien de si précieux, d'ailleurs, que ce recueil des conversations et des actes du philosophe. Ce sont, à proprement parler, des « *Mémoires* », des « *Souvenirs* » sur Socrate, et, en les désignant depuis la Renaissance sous le nom de *Mémorables*, il nous semble qu'on traduit mal le titre donné par Xénophon lui-même : Ἀπομνημονεύματα Σωκράτους.

Analyse des Mémorables (1) : LIVRE Ier. — Après avoir rappelé les termes de l'accusation portée contre Socrate, Xénophon la discute longuement. — On a prétendu que son maître était un impie et qu'il ne vénérait pas les dieux nationaux ?... C'est un mensonge !... Socrate vivait au grand jour. Chacun l'a vu sacrifier aux divinités d'Athènes, soit dans sa maison, soit sur les autels publics, et jamais il n'a enfreint les prescriptions de la religion ou de la morale. Profondément croyant, il conseillait à ses amis de recourir à la divination pour les choses incertaines; et quiconque agirait de la même manière que lui serait considéré comme « le plus pieux des hommes ». — On a déclaré Socrate coupable d'avoir corrompu la jeunesse ?... Il est impossible que ce citoyen, si sobre et si respectueux de la légalité, ait formé des disciples pervers et contempteurs des lois. On objectera peut-être Alcibiade et Critias (2) : mais ils furent sages tant qu'ils écoutèrent les leçons du philosophe, et, si plus tard ils devinrent mauvais, leur maître n'en saurait être responsable, pas plus que le joueur de flûte ou le cithariste des fausses notes faites par un élève oublieux de l'enseignement donné. Xénophon énumère, en revanche, les jeunes gens dont Socrate fit des hommes de bien ; et, repoussant quelques griefs subsidiaires, il proclame qu'au lieu de la mort ce professeur de vertu méritait « les plus grands honneurs dans sa patrie ». (C. 1 et 2.)

Cette sorte de préface terminée, l'auteur commence à nous montrer, « en rassemblant de son mieux ses souvenirs », de quelle façon Socrate rendait service aux autres par l'exemple

(1) Nous conservons la division par livres qui date de l'époque alexandrine.

(2) Accusé de sacrilège après l'affaire des Hermès, Alcibiade s'enfuit à Sparte et servit contre sa patrie. Quant à Critias, ce fut le plus cruel des Trente tyrans.

de sa vie et par ses entretiens. A l'égard des dieux, il recommandait de ne point leur adresser des vœux injustes, de leur offrir des sacrifices en reconnaissance de leurs bienfaits, et d'honorer « la divinité, qui peut à la fois tout voir, tout entendre, être présente partout, et prendre soin de tout ce qui existe ». En ce qui concerne la conduite de la vie, il prêchait la tempérance absolue. Un être qui est « esclave de son ventre, de la boisson, de la mollesse et du sommeil » n'est digne de tenir aucun rôle important dans une cité. Simple et frugal, ennemi du luxe et de l'ostentation, Socrate démontra un jour au sophiste Antiphon, qui le raillait, que dans la modération seule réside pour nous le souverain bien. (C. 3 à 7.)

Livre II. — Le premier chapitre du second livre se rattache immédiatement à ce qui précède. Il y est encore question de l'intempérance; et Xénophon fait raconter par Socrate à Aristippe de Cyrène l'apologue célèbre de Prodicos sur Hercule entre le Vice et la Vertu. (C. 1.)

Puis, nous arrivons aux devoirs de famille. Dans une conversation avec son fils Lamproclès irrité contre sa mère Xanthippe, le philosophe parle en termes fort élevés de nos obligations envers nos parents, qui nous donnèrent la vie, qui nous élevèrent et qui nous prodiguèrent leur dévouement. Ailleurs, pour réconcilier deux frères, il sermonne Chérécrate, le plus jeune des deux, et lui décrit les avantages de l'affection fraternelle. Voilà celui qu'on accusa de s'acharner à détruire les liens de la famille ! (C. 2 et 3.)

Des sentiments comme l'amour filial ou fraternel Xénophon passe tout naturellement aux relations sociales. Socrate avait coutume de dire : « Le plus précieux des biens est un ami sûr et vertueux. » Il s'indignait de voir les hommes faire fi d'une amitié sincère. Il n'admettait point qu'on négligeât les camarades tombés dans le malheur. Il enseignait à choisir un ami, ni dépensier, ni avare, ni querelleur, ni asservi à de mauvaises passions ; et, persuadé qu'il ne saurait y avoir d'amitié entre les méchants, il donnait ce conseil à ses disciples : « Essaie de devenir bon, et, une fois la chose accomplie, mets-toi à la recherche des gens de bien. » Xénophon ajoute que Socrate était expert en pareille matière ; car cent anecdotes prouveraient que jamais un homme ne fut meilleur pour ses amis. (C. 4 à 7.)

Livre III. — Nous abordons, ensuite, la politique. Socrate était, paraît-il, un guide excellent et dont il fallait suivre les préceptes quand on aspirait aux dignités. Xénophon nous rapporte certains entretiens où son maître exposa merveilleusement les devoirs d'un bon général. Il avait, d'ailleurs, le coup d'œil très juste, et surprit fort le fils de Périclès en lui indiquant les causes de la décadence d'Athènes et les moyens de rendre à la ville son antique supériorité. On l'a donc calomnié quand on a dit qu'il détournait ses disciples des affaires publiques. Certes, il écartait de l'Agora et du Pnyx les jeunes présomptueux comme Glaucon qui ignoraient le premier mot des questions essentielles. Mais, s'il voyait un citoyen éloquent, un homme de valeur, un Charmide, se réfugier dans une prudente abstention, il lui faisait honte de sa « lâcheté » et le taxait d'ingratitude à l'égard de la patrie... Était-ce là, en bonne conscience, desservir les intérêts de la cité ? (C. 1 à 7).

La fin de ce livre est fort décousue. Discussions sur le beau et sur le bien ; causeries avec des artistes ; éloge des exercices gymnastiques ; pensées diverses ou bons mots sur le courage, la sagesse, l'oisiveté, la colère, la fatigue, les voyages ; réflexions sur la gourmandise et la frugalité, tout cela se suit sans transition d'aucune sorte. C'est une partie des *Mémorables* qui défie absolument l'analyse. (C. 8 à 14.)

Livre IV. — Xénophon revient à son point de départ, et démontre que l'enseignement de Socrate n'était pas nuisible à la jeunesse. Le philosophe éprouvait le caractère de ses auditeurs et amenait les vaniteux à confesser leur ignorance. Il leur ordonnait d'honorer les dieux. Il exigeait de tout honnête homme l'obéissance aveugle aux lois sociales et naturelles, à celles que rédigèrent des législateurs et à celles qui, non écrites, s'imposent par la volonté d'en haut à notre conscience. (C. 1 à 4.)

A l'aide de la dialectique, dont on nous révèle les avantages, Socrate conduisait ses disciples vers le bien. Il les dissuadait de trop approfondir les sciences spéculatives pour se consacrer aux études pratiques. Il les rendait plus tempérants et plus justes. Et c'est pourquoi il est universellement regretté par les amis de la vertu. (C. 5 à 8.)

Étude littéraire : la composition des Mémorables. — Les *Mémorables*, on peut s'en rendre compte d'après cette courte analyse, sont un ouvrage assez mal construit. Le plan qui se présentait naturellement était fort simple. Affirmer dès le début que les accusateurs de Socrate avaient menti ; le prouver par des anecdotes habilement groupées sous différents chefs, et conclure, en s'appuyant sur tous ces faits accumulés, qu'on avait mis à mort en la personne du philosophe le meilleur des hommes. C'est bien ce qu'a voulu faire Xénophon. Il n'y a pas complètement réussi.

Dans le Ier livre, par exemple, une partie du chapitre 3 est consacrée aux sentiments religieux de Socrate; puis il est question de sa tempérance jusqu'au chapitre 4, où nous entendons parler de sa piété; enfin, dans le chapitre 5, c'est de nouveau la tempérance dont l'auteur nous entretient. N'oublions point qu'au IVe livre Xénophon revient encore sur ces deux sujets (1), et nous avouerons qu'il eût été préférable de réunir ces renseignements en deux chapitres bien distincts plutôt que de les disséminer ainsi dans le cours de l'œuvre. Nous avons signalé plus haut le désordre qui existe à la fin du livre III. Le lecteur dérouté passe d'une dissertation sur le bien à des conversations avec des armuriers ou des peintres, et d'un plaidoyer en faveur des exercices physiques à une série de maximes ou de bons mots sur la colère, la délicatesse dans le genre de vie, la gourmandise, les voyages (2). On vit rarement pareille incohérence, et rien ne relie ces historiettes entre elles. Xénophon n'est point, d'ailleurs, difficile en matière de transitions. Généralement, il s'en passe ou il se sert de formules analogues à celles-ci : « Comment Socrate faisait avancer ses disciples dans la pratique du bien, c'est ce que je vais dire maintenant » ; « comment Socrate formait ses disciples à la dialectique, c'est ce que je tenterai encore de rapporter » (3). Le procédé est fort commode et notre auteur en abuse. Mais on désirerait plus de variété et plus d'art.

Pour expliquer ces défaillances, on a supposé qu'il y eut plusieurs éditions qui furent mal fondues ensemble. On a parlé d'interpolations faites par des gens peu

(1) *Mémorables*, livre IV, c. 3 et 5.
(2) *Ibid.*, livre III, c. 8-14.
(3) Voir par exemple livre I, début du c. 3; livre III, début du c. 1; livre IV, début des c. 2, 3, 6, 7, etc. (Cf. également livre I, début des c. 2, 4, 5, 7, etc. livre I, début des c. 1 et 6; livre III, début des c. 4, 7, 12, etc.)

habiles. Ne vaut-il pas mieux croire que c'est là une œuvre de débutant, ne sachant point ordonner ses idées d'une façon rigoureuse ?... Ou bien Xénophon ne pense-t-il point que dans un livre de « Souvenirs » on pouvait adopter une allure plus libre que dans un ouvrage historique et un traité ?

Socrate d'après Xénophon. — Ce qui constitue pour nous l'intérêt des *Mémorables*, c'est le portrait de Socrate tracé par son élève fidèle. Xénophon l'a dessiné avec amour. Il s'est ingénié à représenter tous les traits de sa physionomie. Lorsqu'on a lu ce livre, il semble qu'on vient de rencontrer Socrate et qu'on a été la victime de ses terribles interrogatoires.

Quel est donc ce philosophe qui traîne à sa suite les éphèbes les plus élégants d'Athènes ? Quelque ami du luxe et de la bonne chère, évidemment ?... C'est, en réalité, tout le contraire ! Satisfait de la plus médiocre fortune, cet homme, qui aime la propreté et qui répudie la coquetterie féminine, est un modèle de simplicité et de sobriété. « Il ne mange jamais sans appétit ; il ne boit jamais sans avoir soif. » Il s'habille de façon grossière ; et le moins fortuné des citoyens est plus raffiné que lui. Cette modestie excite les railleries des sophistes et Antiphon, l'un d'entre eux, adresse ces paroles au philosophe : « Tu vis de telle sorte que pas un esclave ne voudrait vivre avec un tel maître. Tu te nourris des aliments les moins recherchés et tu prends les plus viles boissons. Tu as un méchant vêtement qui te sert l'été comme l'hiver. Tu vas sans chaussures ni tunique. Et cependant tu n'acceptes aucun argent, quoique l'argent soit agréable à recevoir et qu'il permette à ceux qui le possèdent de vivre avec plus d'indépendance et de douceur (1) ». Autant de mots, pourrait-on dire, et autant d'éloges. N'est-il point admirable ce professeur de philosophie, dont les auditeurs sont des jeunes gens riches et qui jouit de moins de bien-être que le dernier des artisans ?

(1) *Mémorables*, livre I, c. 2 au début, c. 3, 5 et 6 ; livre II, c. 1 ; livre IV, c. 8.

Mais il a une déplorable réputation dans la ville ?... Les auteurs comiques, les politiciens, les sophistes ne cessent de le dénoncer comme un athée et un mauvais citoyen ?... Qu'on interroge ceux qui l'écoutèrent, ceux qui le virent agir ! Ils diront que nul n'a tenu sur la Providence de plus nobles propos ; qu'il faisait aux dieux de justes prières et des sacrifices aussi beaux que le lui permettait sa fortune, et qu'il prescrivait de ne rien entreprendre sans avoir consulté les maîtres célestes (1). Ils diront aussi que, présidant l'assemblée du peuple, il refusa de laisser émettre un vote contraire à la constitution ; qu'il résista aux ordres illégaux des Trente, et « qu'il préféra mourir en respectant la loi que vivre en cessant de l'observer » (2). Et alors peut-on reprocher à cet homme d'avoir été un semeur d'idées pernicieuses et un perturbateur de la cité ?...

Ce « modèle de vertu » se mêla d'enseigner parce qu'il n'était point égoïste et que, se croyant en possession de la vérité, il voulait la partager avec les autres. Rien de plus désintéressé que son enseignement, car il jugeait honteux de recevoir un salaire (3) ! Rien de plus libre et de plus varié ! Dans la boutique d'un armurier ou chez un marchand de brides, dans l'atelier d'un statuaire ou d'un peintre, en se promenant ou en soupant, Socrate cause et discute avec des hommes politiques, des artistes, des philosophes. A vrai dire, c'est toujours lui qui a la parole et ses interlocuteurs se bornent à répondre brièvement. Mais il s'exprime d'une façon si fine et si sensée ; il a tant de bonne humeur ; il raille si joliment les Euthydème et les Glaucon (4), qu'on est charmé de l'entendre. Ses entretiens, du reste, ne sont pas seulement agréables, ils sont utiles. Peu curieux de physique et de métaphysique, quoi qu'ait prétendu Aristophane dans les *Nuées* (5), il traite principalement de la morale. Il examine « ce qui est pieux ou impie, ce qui est beau ou

(1) *Mémorables*, livre I, c. 1, c. 3, c. 4 ; livre IV, c. 3.
(2) *Ibid.*, livre I, c. 1 à la fin ; livre IV, c. 4.
(3) *Ibid.*, livre I, c. 2 passim et c. 6
(4) *Ibid.*, livre III, c. 6 et livre IV, c. 2.
(5) *Ibid.*, livre I, c. 1 et livre IV, c. 7.

honteux, ce qui est juste ou injuste, ce que c'est que la sagesse ou la folie, la valeur ou la lâcheté... et toutes les autres choses, dont la connaissance lui semble indispensable pour être vertueux et dont l'ignorance fait mériter le nom d'esclave » (1). Quand on lui demande quelle est à son avis « la plus belle occupation de l'homme », il répond : « *Bien agir* », et ces deux mots résument sa doctrine (2). Aussi quiconque le voit et l'écoute désire l'imiter et s'efforce de suivre ses conseils. On revient meilleur d'une conversation avec lui (3). Ce n'est pas un théoricien ; c'est le plus pratique des moralistes.

Tel est le portrait que Xénophon nous a laissé de son maître. Certains estimeront qu'il y avait autre chose chez Socrate et que les *Mémorables* ne nous font pas suffisamment voir le dialecticien et le grand penseur qu'il fut. Platon nous le représente comme un métaphysicien de premier ordre. Xénophon exagère plutôt le côté pratique de sa philosophie. C'était évidemment nécessaire dans cette sorte de plaidoyer. Mais surtout cela répondait mieux à la tournure d'esprit de l'auteur. Le chef des Dix Mille et le confident d'Agésilas était, dans toute la force du terme, un homme d'action. Et des entretiens du maître il avait retenu presque exclusivement ce qui convenait à son caractère pratique. Sous le couvert de cette autorité vénérable, il a même exposé des opinions qui lui sont toutes personnelles. Il fallait avoir commandé devant l'ennemi pour disserter si minutieusement sur le rôle et les devoirs d'un général (4) : jamais Socrate n'a dû s'occuper de ces questions techniques et nous avons là quelques théories militaires de celui qui dirigea l'armée grecque après le désastre de Cunaxa.

Quoi qu'il en soit, l'impression définitive est excellente. Socrate nous apparaît comme un bon homme et un brave homme. Et il y a toute une apologie dans ces quelques lignes qui terminent le livre :

(1) *Mémorables*, livre I, c. 1.
(2) *Ibid.*, livre III, c. 9.
(3) *Ibid.*, livre I, c. 1 ; livre IV, c. 1, *etc.*
(4) *Ibid.*, livre III, c. 1-4.

Pour moi, qui l'ai vu tel que je l'ai dépeint, si religieux qu'il ne faisait rien sans l'assentiment des dieux; si juste qu'il ne causa jamais le moindre tort à personne et rendit les plus signalés services à ceux qui le fréquentaient; si tempérant qu'il ne préféra jamais l'agréable à l'honnêteté; si prudent qu'il ne se trompait jamais dans l'appréciation du bien et du mal, mais suffisant à l'intelligence de toutes ces notions, capable de les expliquer et de les définir, habile à juger les gens, à leur montrer leurs fautes, à les tourner vers la vertu et vers le bien, il me semblait fait pour être le meilleur et le plus heureux des mortels. Si quelqu'un n'est point de mon avis, qu'il compare cette manière d'être à celle des autres; et qu'il juge!

L'ÉCONOMIQUE

Historique. — On désigne sous le nom d'*Économique* un ouvrage qu'il conviendrait mieux d'appeler *Discours sur l'Économie* (1). Cet opuscule est généralement classé dans le groupe des écrits « socratiques » de Xénophon. Quelques-uns même ont voulu y voir une suite ou un fragment détaché des *Mémorables*. Ce n'est point du tout notre avis. Certes, s'il n'y avait que les cinq premiers chapitres, l'hypothèse serait fort séduisante. Mais, à partir du sixième, Socrate passe au second plan; Ischomaque attire toute l'attention, et il n'y a rien dans cette causerie qui se rapporte aux sujets traités dans l'*Apologie* et les *Mémorables*. Nous n'avons point un exposé des doctrines du philosophe ni un essai de réhabilitation. C'est le livre d'un propriétaire, qui se trouve être en même temps un délicat moraliste et un charmant écrivain. Il consigne les résultats de son expérience. Il célèbre un art qui lui est cher. Et, afin de piquer davantage la curiosité, il met ses propres idées sous la protection de Socrate. On prétend qu'à propos de Platon, le philosophe se serait écrié : « Que de belles choses ce jeune homme me fait dire, auxquelles je n'ai jamais songé! » S'il avait pu lire l'*Économique*, il eût émis quelque réflexion ana-

(1) Le titre grec est Οἰκονομικός, sous-entendu λόγος.

logue, tout étonné qu'on lui prêtât de tels discours sur l'agriculture, à lui qui ne savait pas le premier mot de cet art et qui n'allait jamais aux champs!

Analyse de l'Économique. — Le livre se divise naturellement en deux parties très distinctes, qui sont de longueur inégale et n'offrent point le même intérêt.

La première contient une discussion de Socrate avec Critobule, fils du dévoué Criton. Il lui enseigne que, tout comme la médecine, la métallurgie et l'architecture, l'économie est une véritable science. Certains hommes, doués des plus grands talents, n'arrivent point à jouir du bonheur, non seulement parce qu'ils subissent l'esclavage des passions, mais parce qu'ils ignorent les principes de l'économie. Critobule conjure Socrate de lui apprendre cette science merveilleuse qui consiste dans la bonne administration d'une maison et qui permet d'accroître sa fortune. Le philosophe se déclare incompétent; car il ne possède rien et n'a jamais géré les propriétés d'autrui. Mais il adressera Critobule à des gens experts en cette matière et le jeune homme deviendra vite « un faiseur d'affaires excellent ». (C. 1 et 2.)

En attendant, après avoir démontré dans tous les métiers les avantages de l'économie, il recommande à son disciple de se consacrer principalement à l'art militaire et à l'agriculture. C'est ce que font les rois perses, et Socrate les loue très fort d'agir ainsi. Quoi de plus profitable, en effet, de plus doux et de plus moral que l'agriculture! Gagné par l'enthousiasme de son maître, Critobule le prie de lui dire les moyens nécessaires pour prospérer, lorsqu'on est cultivateur. Socrate y consent volontiers, et raconte un entretien très curieux qu'il eut jadis sur ce sujet avec le « beau et bon » Ischomaque. (C. 3 à 6.)

Ici commence la seconde partie qui pourrait se détacher aisément et former un dialogue séparé. Socrate, ayant rencontré Ischomaque sous le portique de Jupiter libérateur, s'étonne de trouver oisif ce travailleur infatigable. L'autre explique qu'il est là pour affaires, et, insensiblement, la conversation tombe sur l'économie domestique. Ischomaque dit, tout d'abord, au philosophe comment il fit l'éducation de sa femme, jeune fille inexpérimentée de quinze ans. Il la guérit de la coquetterie malsaine; il lui inculqua l'amour de l'ordre; il lui apprit à pratiquer joyeusement les devoirs d'une bonne ménagère qui veille aux choses de l'intérieur, tandis que le mari travaille au dehors. Et, depuis lors, absorbée par les multiples occupations de son sexe, elle reste au logis, conservant la fortune acquise avec le soin jaloux d'une industrieuse abeille qui garde la ruche. (C. 7 à 10.)

Que fait, cependant, son époux? Il va aux rendez-vous d'affaires et il passe le meilleur de son temps à la campagne pour surveiller et diriger ceux qui cultivent ses domaines. Certes, Ischomaque a des contremaîtres dévoués, honnêtes et bien instruits, mais, si l'on veut qu'une ferme prospère, il faut que le moindre ouvrier se sente toujours sous l'œil du maître. (C. 11 à 14.)

Socrate demande alors à ce vigilant propriétaire de lui donner une leçon d'agriculture. Ischomaque s'empresse d'accéder à ce désir, en déclarant qu'au surplus la culture de la terre est un métier facile à apprendre. Il fait un cours, sommaire mais assez complet, sur la façon de juger un terrain, sur le labourage, les semailles, la moisson; sur la plantation des arbres fruitiers, tels que le figuier, l'olivier, la vigne. « Mais, objecte le philosophe, d'où vient que tant de gens ne réussissent pas dans un art si facile? » L'objection n'embarrasse point Ischomaque. Il réplique qu'on n'arrive à rien si l'on est maladroit et négligent. Pour bien mener sa barque, il suffit d'observer et de ne pas ménager ses peines. Il faut aussi savoir commander à ses hommes et se faire obéir volontiers. C'est le talent suprême aux yeux d'Ischomaque, et pour l'acquérir il ne cache point qu'on doit posséder « l'instruction, un bon naturel, et, chose plus précieuse encore, une inspiration d'en haut ». (C. 15 à 21.)

Étude littéraire : l'intérêt littéraire, moral, et psychologique. — L'*Économique* appartient à un genre qui fut très en honneur chez les Grecs. Ils aimaient ces livres où les recommandations techniques s'alliaient aux préceptes moraux. C'est pour cette cause que les œuvres des poètes gnomiques, ainsi que les *Travaux et les Jours* d'Hésiode, jouirent d'une longue popularité. Au IVe siècle, les mêmes motifs assurèrent un beau succès à l'opuscule de Xénophon.

C'est d'abord un petit manuel d'agriculture. Les chapitres sur le choix d'un contremaître et sur les travaux des champs sont remplis de détails techniques (1). Ils

(1) *Économique*, c. 12-20.

n'ont plus pour nous qu'un intérêt documentaire et ne servent qu'à nous renseigner sur les procédés et les méthodes en usage après la guerre du Péloponèse. On remarquera, d'ailleurs, que Xénophon est loin d'épuiser le sujet et qu'on chercherait vainement, par exemple, dans l'*Économique*, quoi que ce soit qui se rapporte à l'élève du bétail et des abeilles. C'est peut-être qu'avant de donner de plus longs et plus nombreux préceptes, il veut rendre à ses compatriotes le goût de l'agriculture, fort diminué chez eux par trente années de guerre. Nous devons avoir là une tentative analogue à celle de Virgile, essayant de ramener vers les plaines en friche les paysans qu'avaient découragés les discordes civiles et qui émigraient vers les cités populeuses. Xénophon entonne l'éloge de l'agriculture plutôt qu'il n'en fait la théorie.

« Est-il, demande Socrate à Critobule, un art qui nous rende mieux qu'elle aptes à courir, à lancer, à sauter; qui paye d'un plus grand retour ceux qui l'exercent; qui offre plus de charmes à ceux qui s'y livrent; qui tende plus généreusement les bras à quiconque sollicite d'elle ce qu'il lui faut; qui fasse à ses hôtes un meilleur accueil? En hiver, où trouver mieux un bon feu contre le froid ou pour les étuves qu'à la campagne? En été, où chercher une eau, une brise, un ombrage plus frais qu'aux champs? Quel art offre à la divinité des prémices plus dignes d'elle, ou célèbre des fêtes plus magnifiques? En est-il un qui soit plus agréable pour les serviteurs, plus délicieux pour l'épouse, plus désirable pour les enfants, plus libéral pour les amis? Quant à moi, je serais surpris qu'un homme libre cherchât une position plus attrayante ou une occupation plus utile à la vie (1). »

On voit que l'auteur s'adresse bien plus aux instincts utilitaires qu'à l'imagination de ses lecteurs. Virgile, même quand il parle des travaux champêtres, éprouve un sentiment mélancolique et délicieux tout à la fois en face de la belle nature. Horace, lassé des importuns ou froissé des exigences de Mécène, va chercher le calme dans sa villa et goûte en épicurien le charme des paysages frais et riants. Pas un moment de sensibilité, pas un éclair de poésie chez Xénophon ! Cette race grecque, si artistique

(1) *Économique*, c. 5 et 19.

pourtant, aimait le bien-être matériel. Depuis Hésiode jusqu'à Théocrite, l'idéal des campagnards hellènes, c'est, après les rudes labeurs, quelques coupes de vin généreux et un festin où la chère est abondante. Lisez certains passages des *Acharniens* et de la *Paix*, ces comédies d'Aristophane qui connut bien l'âme attique (1). Et vous comprendrez pourquoi Xénophon est si pratique, lorsqu'il vante aux Grecs l'agriculture et ses bienfaits.

Plus encore qu'un manuel technique, ce livre est un traité de morale. « La terre, dit le Socrate de l'*Économique*, enseigne d'elle-même la justice à ceux qui sont en état de l'apprendre (2). » Xénophon semble persuadé que, s'ils reviennent au métier de leurs ancêtres et s'ils respirent le bon air de la campagne, les Hellènes retrouveront les vertus d'autrefois. Il conseille donc à ses lecteurs d'aller aux champs, afin de savoir comment l'on doit vivre. Il les exhorte à s'affranchir des passions qui les tiennent asservis, et à réprimer ces mêmes passions chez les personnes de leur entourage (3). Il leur propose enfin deux modèles : Ischomaque et son épouse. La petite Athénienne est la plus gentille des jeunes femmes. Elle a quinze ou seize ans, à peine, et, en quelques mois, elle devient une maîtresse de maison exemplaire. Elle était coquette et mettait de hauts talons pour paraître plus grande : une raillerie d'Ischomaque la corrige (4). Elle manquait d'ordre et ne savait où retrouver les objets qu'on lui demandait : elle en rougit et s'applique à être soigneuse (5). Intelligente, dévouée, comprenant parfaitement les intérêts du ménage, elle se réjouit, quand son époux lui enseigne ce qu'elle doit faire, et elle jure, devant les dieux, de rester fidèle à ses leçons (6). C'est, ainsi que le dit quelque part l'auteur, la mère abeille de la ruche. Ischomaque nous apparaît, lui aussi, comme

(1) Aristophane, par exemple, *Acharniens*, 970 et suiv.; *Paix*, 551-602 et 1128-1191 (Édition Tauchnitz).
(2) *Économique*, c. 5.
(3) *Ibid.*, c. 1, par exemple, 12 et 14 etc.
(4) *Ibid.*, c. 10.
(5) *Ibid.*, c. 8.
(6) *Ibid.*, c. 7

le moins frivole des Athéniens. Toujours dehors, car c'est dehors que l'appelle son métier, il ne connaît pas l'oisiveté mondaine. Rendez-vous d'affaires à la ville, surveillance rigoureuse à la campagne, exercices physiques dans les moments de loisir, tout cela suffit à remplir sa journée (1). Difficile dans le choix des serviteurs, il les encourage par mille moyens à imiter sa bonne conduite et gagne rapidement leur affection (2). Amoureux de l'ordre, il est méticuleux même en ce qui concerne le rangement des chaussures, des ustensiles de table et des marmites (3) ; car c'est une vertu suprême dans une maison, et le désordre matériel engendre trop souvent le désordre moral. En outre, il est humain pour les esclaves (4), il est indulgent pour sa jeune épouse (5), il est plein de piété pour les dieux (6). C'est le καλὸς κἀγαθός; « l'honnête homme ».

Quoiqu'il pratique quelquefois un peu trop la morale de l'intérêt, il est fort sympathique, ce petit ménage grec; et nous voici loin des Athéniens désœuvrés ou des Athéniennes trop amies du bon vin que nous dépeignait Aristophane. A vrai dire, nous avons ici des souvenirs personnels, et il y a, dans l'*Économique*, le charme intime d'une confidence. Cette maison, rendue si confortable par la sage administration du chef (7), est-ce autre chose que le domaine de Scillonte? Cette excellente ménagère, qu'il oublie peut-être à dessein de nommer, ne serait-ce point la femme de Xénophon? Quant à Ischomaque, pas de doute possible : c'est l'auteur lui-même. Le voilà tel que nous l'ont fait connaître ses précédents écrits : religieux, humanitaire, passionné pour le bien, ayant les plus nobles idées sur l'égalité de l'homme et de la femme (8), mais éminemment pratique. Il n'est point

(1) *Économique*, c. 11.
(2) *Ibid.*, c. 12-14.
(3) *Ibid.*, c. 8 et 9.
(4) *Ibid.*, c. 7; la femme d'Ischomaque les soigne elle-même quand ils sont malades Voir également c. 13.
(5) *Ibid.*, début du c. 8, notamment.
(6) *Ibid.*, c. 7, 11, etc.
(7) *Ibid.*, c. 9.
(8) *Ibid.*, c. 3 à la fin, c. 7, etc.

jusqu'aux fréquentes comparaisons empruntées à l'art militaire qui ne soient un indice frappant (1). Ischomaque a certainement guerroyé en Asie Mineure, et, dans un moment difficile, on dut le choisir avec confiance pour être général en chef !...

Technique, moral, intime tout à la fois, cet aimable livre est un chef-d'œuvre. Nous le répétons, quiconque y chercherait la moindre poésie serait déçu. Mais les premiers chapitres et la rencontre de Socrate et d'Ischomaque sont pleins de bonne humeur (2); l'anecdote de Cyrus le Jeune montrant son jardin au spartiate Lysandre est amusante (3); et ce sont de bien jolies pages que celles sur l'agriculture et sur la reine des abeilles, à qui l'on compare la bonne maîtresse de maison (4). Aussi Virgile s'inspira de l'*Économique*, Cicéron la traduisit en latin, La Boétie la mit en français sous le titre de « Mesnagerie ». Ces lettrés délicats avaient reconnu en elle l'œuvre la plus exquise du disciple de Socrate, qui, après avoir été un brillant soldat, finit propriétaire rural, mais fut toujours un esprit pratique, un moraliste austère et, au IVe siècle, le type parfait de l'honnête homme.

SUJETS DE DEVOIRS.

1. Xénophon veut suivre en Asie Mineure son ami Proxène qui va prendre part à l'expédition de Cyrus le Jeune. Socrate essaie de détourner son disciple de ce dessein. (Lettre ou dialogue.)
2. Un Grec de l'armée des Dix Mille, de retour en sa patrie, écrit à un ami, lui raconte ses aventures et fait l'éloge de Xénophon.
3. Le caractère de Xénophon d'après l'*Anabase*.
4. Les Grecs et les Perses dans l'*Anabase*.
5. Le style de Xénophon.
6. Les descriptions et les narrations dans l'*Anabase* : les apprécier en choisissant des exemples.
7. Les portraits dans l'*Anabase* : art et méthode de Xénophon.
8. Étudier les discours de Xénophon, d'après ses harangues du troisième livre et du cinquième.
9. Comparer Hérodote et Xénophon.

(1) *Économique*, c. 8, 9, 20, 21. Voir également, sur l'art militaire, c. 4.
(2) *Ibid.*, c. 1 et suiv., c. 7 au début.
(3) *Ibid.*, c. 4 à la fin.
(4) *Ibid.*, c. 5, 7, et 19 à la fin.

10. Xénophon peintre de la vie militaire dans l'*Anabase*.

11. Montrer les talents militaires de Xénophon.

12. Un jeune Romain avait demandé à Scipion de lui indiquer un ouvrage dont la lecture le préparerait au métier des armes. Scipion lui envoie l'*Anabase* et lui explique par lettre les raisons de ce choix.

13. Quelle idée vous faites-vous de Socrate d'après les *Mémorables?*

14. Xénophon a écrit les *Mémorables* pour faire connaître Socrate aux Athéniens et à la postérité : montrez comment il a atteint ce but.

15. Vous supposerez qu'un sophiste attaque la mémoire de Socrate et qu'un jeune Athénien, qui est présent, lui réplique. (Dialogue.)

16. Après son retour d'Asie, Xénophon écrit à un autre disciple de Socrate, absent d'Athènes. Il lui annonce son intention de réhabiliter leur maître dans un livre et lui expose comment il conçoit cet ouvrage.

17. Étudier dans les *Mémorables* les chapitres sur l'amitié et les rapprocher du *De amicitia* de Cicéron.

18. Xénophon écrit à un de ses amis pour lui dire comment il a arrangé sa vie dans son domaine de Scillonte (on s'inspirera de l'*Économique*).

19. L'éloge de la vie des champs dans l'*Économique*.

20. Le caractère d'Ischomaque. Montrer qu'il a toutes les qualités qui étaient aux yeux de Xénophon celles du « parfait honnête homme ».

21. Varron ayant manifesté à Cicéron l'intention d'écrire un grand ouvrage sur l'agriculture et la vie rustique, celui-ci lui envoie l'*Économique* qu'il avait traduite en latin et lui vante fort le charmant opuscule de Xénophon.

22. Décrire, d'après l'*Anabase*, les *Mémorables* et l'*Économique*, le caractère de Xénophon.

PLATON

(427?-347?)

MÉNÉXÈNE. — ION. — EXTRAITS.

Notice biographique.
I. Ménéxène. — Historique. — Analyse du *Ménéxène.* — Étude.
II. Ion. — Historique. — Analyse de l'*Ion.* — Étude.
III. Les extraits. — L'*Apologie de Socrate.* — Historique. — Analyse de l'*Apologie.* — Etude littéraire : 1° le plaidoyer; 2° l'apologie.
Le *Criton.* — Historique. — Analyse du *Criton.* — Étude.
Le *Phédon.* — Historique. — Analyse du *Phédon.* — Étude. Autres dialogues philosophiques.
Étude générale : le philosophe. — L'art du dialogue et le style.

Notice biographique (1). — Les Athéniens, grands amateurs de légendes, racontaient que, dans un songe, Socrate vit venir vers lui un beau cygne. Le lendemain, un jeune homme prenait place parmi les auditeurs du philosophe. C'était Aristoclès, celui que la largeur de son front ou de ses épaules avait fait surnommer Platon, celui que devaient immortaliser tant d'écrits au style pur et, pour ainsi dire, mélodieux.

Ce nouveau disciple était né dans le dème de Cottylos, aux environs de l'année 427, le 7 du mois Thargélion qui correspond à notre mois de mai. Par son père Ariston il descendait du fameux roi Codrus, et par sa mère Périctoné il appartenait à la race du législateur Solon. Issu de cette famille noble entre toutes, Platon, après une éducation soignée, s'était con-

(1) Sur Platon et sur l'ensemble de son œuvre, consulter l'*Histoire de la littérature grecque* de MM. Alfred et Maurice Croiset, l'*Histoire de la littérature grecque* de M. Max Egger, et la savante étude critique de M. Huit : *La vie et l'œuvre de Platon.*

sacré aux belles-lettres et à la poésie. Mais, admis dans la société de Socrate, il brûla ses tragédies, ses odes, ses dithyrambes, et, sous la direction du maître, il approfondit les problèmes philosophiques, qui sont l'éternel tourment de l'humanité.

En 399, Socrate est condamné à boire la ciguë. Les disciples se dispersent. Platon s'exile et voyage. Il étudie auprès d'Euclide à Mégare ; il va, comme Hérodote, interroger les prêtres d'Égypte ; il visite le mathématicien Théodore à Cyrène et les pythagoriciens en Italie. Il fréquente même les tyrans de Sicile et tâche de leur faire adopter les principes politiques qu'il préconisera dans la *République* et dans les *Lois*. Mais trois voyages successifs et trois tentatives différentes sont inutiles. C'est à grand'peine si le philosophe, brouillé avec Denys le Jeune, parvient à sauvegarder sa liberté (1).

Dans l'intervalle, il était rentré à Athènes et y avait ouvert une école. Après son dernier échec, il ne la quitta plus. Et jusqu'en 347, date approximative de sa mort, il enseigna sa doctrine à de nombreux disciples, non point du haut d'une chaire comme un maître moderne, mais en de libres conversations, dans le jardin d'Académus, au milieu d'une végétation luxuriante, sous les platanes et les oliviers (2).

MÉNÉXÈNE

Historique. — Une grave question se pose au sujet du *Ménéxène*. Ce dialogue est-il l'œuvre de Platon ? Les anciens n'en doutaient guère, et nous voyons par une

(1) Denys l'Ancien le fit vendre comme esclave en 388 ; Denys le Jeune l'emprisonna en 365 et en 361.

(2) Voici la liste des œuvres de Platon, qui ne sont peut-être pas toutes authentiques : l'*Euthyphron* (sur la piété), l'*Apologie*, le *Criton*, le *Phédon* ; le *Cratyle* (sur la propriété des mots), *le Théétète* (sur la science), *le Sophiste* (sur l'être), *le Politique* (sur la royauté) ; le *Parménide* (sur l'unité), le *Philèbe* (sur le plaisir) *le Banquet* (sur l'amour), le *Phèdre* (sur la beauté) ; l'*Euthydème* (sur les sophistes) le *Protagoras* (sur la science des sophistes), le *Gorgias* (sur la rhétorique), le *Ménon* (sur la vertu) ; *le grand Hippias* (sur le beau), *le petit Hippias* (sur le mensonge), l'*Ion* (sur la poésie), le *Ménéxène* (sur l'oraison funèbre) ; le *Théagès* (sur le démon de Socrate), le *Charmide* (sur la sagesse), le *Lachès* (sur le courage) ; le *Lysis* (sur l'amitié) ; *le premier* et *le second Alcibiade*, l'*Hipparque* (sur l'amour du gain), *les Rivaux* (sur la philosophie et l'érudition), le *Timée* (sur la nature), le *Critias* (sur l'Atlantide), et des dialogues politiques : *la République*, le *Clitophon*, *les Lois*.

phrase de l'*Orateur* que Cicéron croyait fermement à son authenticité (1). De nos jours on n'a plus la même confiance ; l'opuscule nous paraît des plus médiocres, et un grand nombre de critiques autorisés déclarent qu'il est apocryphe (2).

Nous n'y retrouvons, en effet, ni la grâce charmante, ni le talent ordinaire de Platon ; et les idées qu'on y exprime ne furent jamais celles du philosophe et de son maître, si sévères pour les institutions et les hommes politiques d'Athènes. Les partisans de l'authenticité répondent que Platon voulut parodier le genre des rhéteurs ou se mesurer avec eux et les battre sur leur propre terrain. Mais, sauf dans quelques passages, très rares du reste, il n'y a point d'ironie ; et, quant à la seconde supposition, il nous semble que le philosophe aurait opposé à ses adversaires autre chose qu'une composition d'écolier. On n'a même point la ressource de dire que le *Ménéxène* est une œuvre de jeunesse ; car il renferme une histoire d'Athènes jusqu'à la paix d'Antalcidas (3) et il fut écrit, par conséquent, après 387, quand Platon avait quarante ans. Cependant, tout en reconnaissant les excellentes raisons qu'on invoque, de bons esprits n'osent se prononcer. « S'il faut parler nettement, dit M. Saisset, n'était la citation d'Aristote, je n'hésiterais point à nier l'authenticité du *Ménéxène.* » Quel est donc ce témoignage capital? C'est une phrase de la *Rhétorique* que nous citons intégralement : « Socrate a raison de dire dans son Oraison funèbre qu'il n'est point difficile de louer les Athéniens à Athènes, mais à Lacédémone (4). » Eh bien ! cela prouve seulement que le *Ménéxène* existait au temps d'Aristote, mais non qu'il est l'œuvre de Platon ; et il n'y a rien là qui doive nous embarrasser. A notre avis, cet

(1) Cicéron, *Orator*, c. 14.

(2) Citons notamment Ast, en Allemagne, et M. Huit, en France. — M. Saisset, qui ne croit qu'à moitié à l'authenticité, écrit ceci : « Est-ce Socrate, est-ce Platon qui a pu faire sincèrement l'éloge du gouvernement d'Athènes? Et que dites-vous de ces passages qui semblent copiés dans le IIIe livre des *Lois ?* Et de tant d'autres motifs mis en lumière par la critique allemande? »

(3) *Ménéxène.* c. 17.

(4) Aristote, *Rhétorique*, livre III, c. 14 (Cf. livre I, c. 9).

opuscule n'est donc pas authentique. Peut-être fut-il composé par un autre disciple de Socrate, qui développa certain chapitre des *Mémorables* (1). Peut-être est-ce un discours que comptait prononcer un orateur, qui ne fut pas choisi par l'assemblée et qui utilisa son œuvre en l'encadrant dans une brève conversation. On a même conjecturé qu'il était du politicien Glaucon, le frère de notre philosophe (2). L'hypothèse est séduisante ; et l'on expliquerait ainsi ces ressemblances de style et cette sorte d'air de famille qui firent croire longtemps que nous possédions une œuvre authentique de Platon.

Il reste à dire quelques mots du personnage très réel qui donne son nom au dialogue. Ménéxène, fils de Démophon, était passionné pour la politique. Dans le *Lysis*, Platon le représente comme un « homme terrible » lorsqu'il s'agit de discuter et de raisonner. Ménéxène inspira, d'ailleurs, à des auteurs différents un certain nombre de dialogues sur la politique et l'éloquence. N'est-ce pas une preuve qu'il prétendait à la gloire d'orateur et à la réputation d'homme d'État ?

Analyse du Ménéxène. — I. Socrate, rencontrant Ménéxène, demande au jeune homme d'où il vient. Ménéxène répond qu'il sort du sénat. On devait choisir l'orateur officiel qui fera l'éloge des guerriers morts en combattant ; mais il a été impossible de s'entendre, et la décision a été remise au lendemain. Socrate se moque légèrement de ces oraisons funèbres, où l'on vous attribue « les qualités qu'on a et celles qu'on n'a point ». Il déclare que rien n'est si facile que d'improviser à Athènes un panégyrique en l'honneur des Athéniens. La veille, Aspasie prononça devant lui un remarquable discours sur ce sujet. Vivement sollicité par Ménéxène, Socrate le récite à son jeune ami. (C. 1 à 4.)

I. *L'oraison funèbre.* — Tous les honneurs ont été rendus aux défunts ; mais il reste à faire le discours prescrit par la loi, afin de consoler leurs parents et d'exhorter leurs fils ou leurs frères à suivre cet exemple glorieux. L'orateur va dire ce qui

(1) Dans le chapitre 5 du livre III des *Mémorables*, il est curieux de constater que toute une partie du *Ménéxène* est en germe.

(2) Voir, sur ce Glaucon, les *Mémorables* de Xénophon, livre III, c. 6.

rendit ces hommes excellents. Il célébrera la noblesse de leur origine et la façon dont ils furent élevés. Il montrera comment par leurs actions et leur belle conduite ils furent dignes de l'éducation reçue. (C. 5.)

Nul n'a plus brillante origine ! Issus d'une race autochtone, ces guerriers sont les enfants de l'Attique. Contrée chérie des immortels, elle n'engendra point de bêtes féroces comme les autres parties de la Grèce, mais seulement l'homme qui est intelligent, pratique la justice et vénère les dieux. La première, elle produisit les céréales et les fruits de toute sorte. La première, elle connut, avec l'aide des Olympiens, l'agriculture et les arts qui satisfont à nos besoins de chaque jour. C'est le plus fortuné des pays. Les habitants en ont rendu le séjour plus agréable encore par l'établissement d'une bonne constitution politique. Dans cette cité idéale, le peuple confère les charges et les pouvoirs à ceux qui lui paraissent les meilleurs. L'égalité d'origine engendre l'égalité devant la loi. (C. 6 à 8.)

C'est pourquoi, élevés au sein de la plus grande liberté, les ancêtres de ces guerriers et ces guerriers eux-mêmes accomplirent de fameuses actions. L'orateur les énumère toutes, depuis la victoire remportée sur Eumolpe et les Amazones jusqu'à la paix d'Antalcidas. Il s'occupe principalement des guerres médiques, où les Athéniens furent longtemps seuls à faire leur devoir, et de la guerre du Péloponèse, où ils succombèrent accablés par la jalousie générale et par leurs dissensions En un mot, il résume l'histoire d'Athènes, qu'il nous peint comme ayant été toujours le soldat de l'humanité. (C. 9 à 17).

Tels sont les exploits de ces guerriers, et il faudrait des jours et des nuits pour les retracer entièrement. L'orateur exhorte les descendants des héros à marcher résolument sur leurs traces. Dans une prosopopée, qui est le meilleur morceau de l'ouvrage, il fait demander par les morts : à leurs enfants d'augmenter « le patrimoine de gloire » ; à leurs parents de ne point pleurer ceux qui tombèrent au champ d'honneur ; à la république de veiller sur les orphelins et les veuves. Puis il termine par la formule ordinaire : « Maintenant que vous ayez rendu les derniers devoirs à nos guerriers, conformément à la loi, vous et tous ceux qui sont ici présents, vous pouvez vous retirer. » (C. 18 à 21.)

III. Ménéxène admire qu'Aspasie soit capable de composer un pareil discours et il remercie très vivement Socrate de le lui avoir récité, non sans lui faire promettre de lui rapporter plus tard d'autres harangues de cette femme célèbre. (C. 22.)

Étude. — Si nous avons refusé d'admettre l'authenticité du *Ménéxène*, c'est, indépendamment des raisons historiques ou philologiques, parce que ce dialogue nous a paru fort médiocre. En définitive, il consiste en une oraison funèbre, avec une introduction de quatre ou cinq petites pages et un épilogue de quelques lignes. La conversation du début ne laisse point que d'être assez agréable. C'est là que nous retrouvons le vrai Socrate avec son habituelle ironie. Il égratigne gentiment les orateurs qui vous louent en termes pompeux des mérites que vous ne possédez point et qui vous transportent dans les Iles Fortunées, c'est-à-dire dans une sorte de paradis, par la musique de leurs périodes (1).

Mais, s'il y a dans ces premiers chapitres quelque chose qui rappelle la manière de Platon, l'oraison funèbre est très inférieure. Qu'il ait voulu railler ou pasticher les maîtres du genre, l'auteur, quel qu'il soit, n'a point réussi. Il dénature souvent les faits d'une façon étrange ; et, quand il prétend qu'avant lui, ni un prosateur, ni un poète, ne sut « illustrer » les victoires contre les Mèdes « en s'illustrant lui-même », il est bien ignorant ou bien orgueilleux (2). Il oublie Hérodote et il dédaigne Eschyle, Phrynikhos, Pindare (3). Ce n'est évidemment qu'un rhéteur. Il a lu, du reste, Thucydide, puisqu'il imite le discours funèbre de Périclès, inséré par l'historien au IIe livre de la *Guerre du Péloponèse* (4). Mais la lecture de ces pages admirables ne lui a servi de rien. On relève à chaque instant, dans le *Ménéxène*, des métaphores mal employées, des ornements d'un goût fort douteux et beaucoup de déclamations. « Jeu d'esprit » et « jeu d'éloquence », a-t-on dit. Soit !... mais pauvre esprit et misérable éloquence !... Où est l'auteur du *Phèdre*, du *Banquet*, du *Phédon ?...*

Cette œuvre, si rigoureux qu'ait été notre jugement sur

(1) *Ménéxène*, c. 2 et 3.
(2) *Ibid.*, c. 9.
(3) Eschyle dans les *Perses*, Phrynikhos dans les *Phéniciennes* et Pindare dans quelques odes chantèrent la victoire de Salamine.
(4) Voir *Guerre du Péloponèse*, livre II, c. 35 et suiv.

elle, nous semble toutefois curieuse à étudier. Nous avons là un spécimen d'un genre très cultivé chez les Athéniens : l'*oraison funèbre*, non point celle qui glorifie un mort particulier — comme c'était l'habitude à Rome, comme ce fut l'usage aux XVIIe et XVIIIe siècles — mais celle qui exalte, à propos de quelques citoyens, une nation et une patrie. Jadis, dans ces solennités, un poète chantait quelque *thrène* (1). Maintenant, un orateur lui succède et dit en style poétique les louanges des guerriers morts et de la cité. Chaque année voit revenir pendant près de deux siècles la même cérémonie. Chaque année, un personnage différent prend la parole et tâche de surpasser ses devanciers. Le thème est réglé d'avance : éloge de l'Attique et de la démocratie ; panégyrique des héros ; exhortation à l'auditoire. Que dire de nouveau après tant d'autres ? Comment renouveler une matière usée, alors que les lois du genre vous entravent ? Périclès et Lysias, Démosthène et Hypéride réussirent dans cette besogne ingrate ; mais le *Ménexène* doit être le type du banal discours officiel, tel qu'on en prononça trop souvent. Si l'on en croyait Cicéron, cette harangue, soi-disant platonicienne, aurait été débitée tous les ans, et cela en vertu d'une loi, devant le tombeau des guerriers. Cicéron a calomnié le peuple d'Athènes. Si ces lettrés avaient besoin d'un discours pour une lecture annuelle, ce n'est point dans le *Ménexène* qu'ils devaient chercher, mais dans le IIe livre de la *Guerre du Péloponèse*.

ION

Historique. — L'authenticité de l'*Ion* a été quelquefois contestée. Ast et Zeller le tiennent pour suspect. Victor Cousin lui-même a émis des doutes et a sévèrement apprécié ce dialogue. « Si on met à part, dit-il, une page

(1) Les thrènes (θρῆνοι) étaient des chants lyriques funèbres.

brillante. il n'y a pas un passage qui rappelle la manière de Platon : peu de variété et d'abondance dans les idées ; des citations longues et accumulées ; un ton presque dogmatique substitué à la modestie habituelle de Socrate ; enfin l'absence de toute dialectique, voilà bien des motifs pour douter tout au moins de l'authenticité de l'*Ion.* » Ce jugement nous semble dur. Sans être un des bons ouvrages de l'auteur, l'*Ion* renferme une page délicieuse sur l'inspiration poétique. L'allure de l'entretien est sensiblement la même que dans les autres dialogues. Et surtout les idées exprimées par Socrate sont bien celles de Platon, qui les a développées souvent ailleurs, notamment dans le *Phèdre.* Jusqu'à preuve matérielle du contraire, nous considérerons l'*Ion*, bien supérieur au *Ménéxène*, comme une ébauche, imparfaite sans doute, mais authentique.

Analyse de l'Ion. — Socrate aborde le rapsode Ion d'Éphèse, qui revient des jeux d'Épidaure et qui a remporté le premier prix de chant dans un concours. Il le félicite ; il lui souhaite de nouvelles et prochaines victoires, et il vante avec exagération les rapsodes, ces favoris du public, ces êtres privilégiés qui sont capables de réciter et de connaître à fond les œuvres de tous les poètes ! Ion se rengorge et prend pour de l'argent comptant ces flatteries ; mais, par fausse modestie ou par pose, il déclare ne comprendre que le seul Homère et n'entendre rien aux poèmes des autres, d'Archiloque notamment, ou d'Hésiode. C'est là que Socrate l'attendait. Il lui prouve d'abord que la plupart des poètes traitent des mêmes choses que l'antique Homère. Ion, par conséquent, lui qui est si habile dans l'intelligence de l'*Iliade*, doit l'être également dans celle d'Hésiode ou d'Archiloque. Le rapsode avoue que logiquement il en devrait être ainsi ; et, toutefois, il est incapable de bien parler sur les autres poètes, tandis qu'à propos d'Homère les idées et les mots lui viennent en foule. Il y a là quelque chose d'étrange, et il prie Socrate de l'expliquer. (C. 1 à 4.)

C'est fort simple, réplique le philosophe. Le talent spécial d'Ion n'est pas « un effet de l'art », mais « une vertu divine ». Employons une comparaison. La pierre magnétique attire les anneaux de fer et leur communique le pouvoir de produire la même attraction sur d'autres anneaux, si bien qu'on forme très facilement une chaîne d'objets liés entre eux par la vertu de cette pierre. D'une façon analogue, la muse agit sur les poètes, et, ceux-ci communiquant à d'autres leur enthousiasme, il se fait une chaîne d'inspirés, dont le poète, le rapsode, l'auditeur sont les chaînons. Or, dans quel état se trouve le poète quand il compose, sinon dans un délire divin? Ce n'est pas lui qui parle; ce sont les dieux qui l'ont choisi pour interprète et qui s'expriment par sa bouche. Il n'est pas un artiste, mais un inspiré; et cela explique que certains réussissent dans un genre, alors qu'ils échouent dans les autres : il leur faut aller, en effet, là où la muse les entraîne et non ailleurs. Eh bien, ceci posé, qu'est à son tour le rapsode?... L'interprète d'un inspiré. Le poète lui communique son enthousiasme pour qu'il le communique à la foule. Lorsqu'il déclame, il n'agit point d'après les règles de l'art, mais sous l'influence d'une inspiration divine. Et, de même qu'il y a des poètes ne pouvant réussir que dans un genre, de même les rapsodes possédés de tel ou tel poète ne peuvent comprendre que lui, à l'exclusion des autres. Ion fait partie d'une chaîne dont Homère est l'anneau initial : c'est pourquoi il n'entend quelque chose qu'aux poèmes du vieil aède. (C. 5 à 8.)

Le rapsode s'étant récrié, Socrate entreprend de le convaincre. Ion a dit qu'il était capable de *tout* expliquer dans Homère : mais est-il donc cocher, médecin, pêcheur, devin, bouvier, ouvrier en laine? Non, n'est-ce pas? Alors comment peut-il parler sciemment de ces arts ou de ces métiers, dont il est question dans l'*Iliade* et l'*Odyssée*?... Homère en parle bien!... Soit; mais uniquement parce qu'il obéit à l'enthousiasme divin et non parce qu'il est expert en divination ou en médecine. Ion finit par confesser qu'il peut *tout* expliquer dans les poètes homériques, en vertu, non d'un art ou d'une science, mais d'une inspiration céleste. Il excepte cependant les choses de la guerre, car il se proclame orgueilleusement le plus habile des généraux (C. 9 à 12.)

Étude. — Ce petit dialogue est fort intéressant. Nous y trouvons, d'abord, un épisode de la lutte engagée par l'école socratique contre le faux savoir. Ce n'étaient pas seulement les politiciens et les sophistes, c'était aussi les rapsodes qu'il importait de ridiculiser. Héritiers fastueux des pauvres chantres d'autrefois, les Stésimbrote, les Métrodore, les Glaucus s'en allaient à travers la Grèce, revêtus de riches habits aux couleurs voyantes. Ils déclamaient du haut d'une tribune, avec force gestes et théâtralement, des fragments bien choisis d'Homère (1). Et, largement payés, comblés de cadeaux et de couronnes d'or, ces charlatans vaniteux prétendaient être les premiers de l'État ; car, disaient-ils, tout se trouvant dans Homère, nul n'était plus apte que les rapsodes à diriger et à instruire les citoyens. Socrate exécrait cette « engeance inepte » ; il leur reprochait « de ne pas comprendre le sens des vers », et déclarait que, pour savoir par cœur l'*Iliade*, ils n'en étaient pas moins des « imbéciles ». C'est Xénophon qui nous rapporte ces paroles du maître (2), et l'*Ion* confirme son témoignage. Platon nous dessine la caricature du rapsode. Doué d'une excellente mémoire, ce malheureux ne doit son talent qu'à la tradition ou à la pratique. Il est un de ces acteurs médiocres qui arrivent à tenir convenablement un rôle à force de l'avoir vu jouer par d'autres et en reproduisant les gestes qu'on leur apprit. Il a, d'ailleurs, tous les défauts de ce qu'on nomme un « cabotin ». Suffisant à l'excès, il étale avec une inconscience superbe la plus sotte vanité. Il ne se connaît point de rivaux (3); il affirme qu'il a la science infuse, et il se croit un stratégiste remarquable parce qu'il a lu dans Homère les combats livrés devant Ilion (4). En réalité, il est extrêmement sot et ignorant. C'est une proie facile pour Socrate, qui l'écrase avec des arguments souvent étranges et même commodes à réfuter (5). Platon se fait la part trop belle ; mais, nous le répétons, c'est une œuvre de polémique, où tous les moyens sont bons, que ce petit dialogue, dont le véritable titre pourrait être : « *Ion* ou le Rapsode confondu. ».

A certain moment, toutefois, nous nous élevons plus haut. Ce n'est pas aux rapsodes, c'est à la poésie que Platon semble s'attaquer. Si l'on songe que, dans quelques

(1) *Ion*, c. 1, 6, etc.
(2) Xénophon, *Mémorables*, livre IV, c. 2, et *Banquet*, c. 3. Voir également le c. 4 du *Banquet* de Xénophon, il y a des ressemblances avec le c. 8 de l'*Ion*.
(3) *Ion*, c. 2.
(4) *Ion*, c. 11 (à la fin) et c. 12.
(5) *Ion*, par exemple, c. 8 et suiv.

pages du *Phèdre*, du *Gorgias*, du *Banquet*, il fut lui-même un grand poète en prose, on jugera la chose invraisemblable. Mais qu'on se rappelle, en revanche, la *République*, où il bannit les poètes de son idéale cité, et l'on admettra la possibilité d'un fait, au premier abord, si étrange. Dans l'*Ion*, notre auteur a une pensée de derrière la tête, comme on dit. En feignant de ne railler qu'un rapsode, il s'efforce de prouver que la poésie n'est ni un art ni une science. Le poète compose dans une sorte de délire et, une fois l'accès passé, il est incapable de rien faire. Le plus grave, aux yeux de Platon, c'est que cette folie est contagieuse, ainsi qu'il le montre par l'ingénieuse comparaison des anneaux aimantés. Et alors qu'arrivera-t-il, si le poète, « prenant ses propres visions pour le délire divin », célèbre le mal et le vice devant la foule et lui en communique l'amour? Platon regarde donc la poésie comme une chose inutile et, même en certains cas, comme une puissance nuisible. Il insiste à dessein sur ce qu'elle a d'inconscient et d'irréfléchi. Il en fait la fille du délire et de l'enthousiasme, afin de pouvoir la bannir et afin de vanter exclusivement la philosophie qui est la fille de la raison. Jusqu'alors la poésie avait prétendu au rôle de maîtresse de morale et de vérité. Philosophe et moraliste, Platon ne saurait admettre cette prétention et ne veut voir dans le poète qu'un inspiré vaticinant comme la pythonisse sur un trépied. Quoique dissimulée sous des railleries, c'est l'idée principale de l'*Ion*.

LES EXTRAITS

APOLOGIE DE SOCRATE (1)

Historique. — En 399, on afficha sous le portique de l'archonte-roi un placard où on lisait ces mots : « So-

(1) Nous étudions spécialement l'*Apologie de Socrate*, le *Criton*, le *Phédon*. Ce sont, en effet, les œuvres de Platon les plus accessibles à des jeunes gens qui n'ont

crate est coupable. D'abord, il ne croit pas aux dieux de la cité et il en introduit de nouveaux. Ensuite, il corrompt la jeunesse. Peine : la mort. » C'était Mélétos, un poète obscur et sifflé, qui avait rédigé cet acte d'accusation. Il se chargea de le soutenir. L'orateur Lycon s'occupa de la procédure. Quant au riche artisan qu'ils s'adjoignirent pour leur triste besogne, le démocrate Anytos, il donna surtout l'appui de sa popularité et intrigua sourdement contre Socrate, qui était son ennemi personnel.

Pour résister à ce redoutable trio, le philosophe ne manquait pas d'amis dévoués. Platon, Criton et les autres disciples étaient prêts à sacrifier leur fortune. Lysias, l'éloquent logographe (1), apporta un plaidoyer merveilleusement composé. Socrate fut ému, mais il refusa : « Si tu m'offrais, dit-il en souriant à Lysias, une chaussure de Sicyone très élégante et faite pour mon pied, je ne voudrais pas m'en servir ; car telle chaussure ne convient pas à un homme. » Il raillait par cette ironique comparaison les grâces apprêtées du logographe, si différentes de son genre à lui, de sa simplicité rude et un peu grossière. Et, fort de son innocence, il alla devant les héliastes — quelques centaines de commerçants et de matelots présidés par l'archonte Lachès. Il eut une attitude très fière, choqua le tribunal et fut perdu.

On aimerait à posséder les paroles mêmes qu'il prononça. Personne ne les a conservées textuellement. Mais Xénophon et Platon écrivirent une apologie de leur maître. Le premier était absent lors du procès, et, faite d'après une relation d'Hermogène, son œuvre n'a aucune valeur historique. Le second, au contraire, assistait aux débats et l'on dit même qu'il fut arraché de la tribune où il était monté pour défendre Socrate. Son *apologie* doit donc être la reproduction assez exacte du discours tenu

pas encore fait d'études philosophiques, et les plus intéressantes aussi pour eux, car elles leur permettent de connaître Socrate et de mieux comprendre les *Mémorables* de Xénophon ou les *Nuées* d'Aristophane. Nous consacrons ensuite quelques pages aux autres dialogues célèbres de Platon.

(1) On appelait *logographes* non seulement les chroniqueurs qui précédèrent les véritables historiens mais les orateurs qui composaient des plaidoyers que débitaient eux-mêmes les accusés.

par l'accusé : le disciple fidèle en avait gravé les termes les plus importants au fond de son cœur. Cela ne veut pas dire qu'il n'ait rien ajouté ou modifié. L'*Apologie* est, avec l'*Euthyphron* (1), le *Criton* et le *Phédon*, une véritable glorification de Socrate. Et, quand on réhabilite un martyr, quand on élève un monument à sa mémoire, malgré soi on l'idéalise, on embellit ses paroles et ses actions.

Analyse de l'Apologie. — L'*Apologie de Socrate* se compose, en réalité, de trois discours. Le premier est un plaidoyer dans les règles : le philosophe y répond aux accusations développées par Mélétos. Les autres sont de brèves allocutions où le condamné s'explique sur le châtiment qu'il mérite et fait ses adieux aux héliastes. Nous résumerons séparément ces trois parties : chacune d'elles forme un tout et ne se confond pas avec le reste.

1° La défense de Socrate.

Exorde. — Les accusateurs ont présenté aux juges un Socrate de fantaisie, et, en les écoutant, il s'est cru lui-même un tout autre homme. On a parlé de son éloquence habile et trompeuse! Rien n'est plus faux. Socrate demande, au contraire, qu'on excuse la simplicité de son langage et que, sans tenir compte de la forme bonne ou mauvaise, « on considère soigneusement si ce qu'il va dire est juste ou non ». (C. 1.)

Division. — Mélétos, Anytos et Lycon sont seuls à traîner Socrate en justice, mais il a des accusateurs plus anciens. Depuis longtemps, des calomniateurs anonymes et un « faiseur de comédies » ont formulé contre lui les mêmes griefs. Lutter dans ces conditions est difficile : on ne détruit pas en une heure l'œuvre de vingt années. Socrate, cependant, l'essaiera et répliquera aux uns comme aux autres. « Qu'il arrive ce qu'il plaira à Dieu, il faut obéir à la loi et se défendre! » (C. 2.)

Première partie : Les anciens accusateurs. — On se souvient des *Nuées* d'Aristophane. Le poète comique y montrait Socrate absorbé par la recherche des choses physiques et pratiquant

(1) Dans l'*Euthyphron*, Socrate se rend chez l'archonte-roi qui instruit son procès. Il rencontre Euthyphron et engage avec lui un dialogue où il critique la notion vulgaire de la *piété*.

le métier de professeur ou de sophiste. Jamais le philosophe n'a scruté les secrets de la nature ; jamais, bien que l'enseignement soit fort honorable, il ne s'est mêlé d'enseigner pour de l'argent. (C. 3 et 4.)

Pourquoi donc alors est-il là ?... L'explication est fort simple. Autrefois, la Pythie le proclama « le plus sage des hommes ». Désireux d'approfondir cet oracle étrange, Socrate interrogea successivement les politiques, les artisans, les poètes, et se convainquit qu'il leur était supérieur en sagesse. En effet, ils pensaient tout savoir et ne savaient rien, tandis que lui reconnaissait et avouait son ignorance réelle... Nécessairement, ceux dont il démasqua la fausse science l'ont calomnié auprès du peuple, et ces enquêtes philosophiques sont l'origine du procès qui se plaide aujourd'hui devant les héliastes. (C. 5 à 10.)

Deuxième partie : Les nouveaux accusateurs. — Socrate s'occupe ensuite des accusateurs actuels. Mélétos se moque du tribunal. Socrate serait fou de corrompre les jeunes gens parmi lesquels il doit vivre : quand on sème le mal autour de soi, on ne récolte que le mal. — D'un autre côté, Mélétos est illogique. Il affirme en même temps que le philosophe est un athée et qu'il croit aux « démons », qui sont les fils des dieux. C'est une formelle contradiction, et on voit quelle confiance il faut avoir dans les nouveaux comme dans les anciens accusateurs ! (C. 11 à 16.)

Troisième partie : La mission de Socrate. — Ni corrupteur, ni impie, Socrate s'est perdu en s'acquittant de la mission que lui imposèrent les dieux. L'oracle de Delphes lui ordonna de se consacrer à la philosophie et d'éclairer ses semblables sur leurs devoirs. Il n'a jamais déserté son poste devant l'ennemi ; il ne désertera point celui-là.

Sa mort sera pour les Athéniens un malheur. Ils offenseront Apollon ; ils sacrifieront leur conseiller ; ils seront les bourreaux d'un juste. Socrate, qui n'avait point d'enseignement régulier, n'a corrompu personne. Beaucoup de ses auditeurs ordinaires sont dans l'assistance : s'il ment, qu'ils se dressent et qu'ils le confondent ! (C. 17 à 22.)

Péroraison. — La péroraison est calme et digne. Le philosophe ne tentera point d'apitoyer le tribunal. Ce serait une injustice : on doit convaincre et non pas attendrir. Ce serait une impiété : les héliastes ont juré de juger d'après la loi et il faut respecter leur serment. « Athéniens, conclut l'orateur, je vous laisse, à vous et au dieu de Delphes, le soin de prononcer à mon sujet la sentence qui sera la meilleure pour vous et pour moi ! » (C. 23 et 24.)

Les juges vont aux voix, et, influencés par Anytos ils déclarent Socrate coupable, à une majorité de trente suffrages. La loi ne fixe point de peine déterminée pour le crime qu'on lui reproche. L'accusateur demande la mort. Avant que le tribunal décide, Socrate, conformément à l'usage, a la parole.

2° Le discours sur la fixation de la peine.

Socrate n'est ni surpris, ni ému. Une seule chose l'étonne : la faible majorité qui le condamne. C'est un échec pour Mélétos ! (C. 25.

Maintenant, il convient de fixer la peine. Socrate ne peut choisir la mort. L'amende ? Il est trop pauvre. La prison perpétuelle ? C'est trop dur. L'exil ? Ce n'est pas une solution : il poursuivrait ailleurs sa mission. Le seul châtiment qu'il mérite est d'être nourri, pendant le reste de ses jours, aux frais de l'État, dans le Prytanée. Mais cette demande, légitimée par les services rendus à la patrie, semblerait arrogante et insolente : Socrate se condamne à une simple amende de trente *mines* (1) que paieront pour lui ses amis. (C. 26 à 28.)

On vote sur la fixation de la peine. Une majorité de quatre-vingts voix donne raison à Mélétos : Socrate boira la ciguë.

3° Les adieux au tribunal.

Les héliastes ont eu tort, reprend Socrate de ne pas attendre la mort prochaine d'un vieillard : ils eussent épargné une tache ineffaçable à la République. Il ne se plaint pas, du reste. Il pouvait éviter la peine capitale et ne l'a point voulu. Ses juges devaient fuir le crime et n'ont pas su le faire. Tout est pour le mieux ! L'avenir le vengera. (C. 29 et 30.)

Négligeant ces coupables, il se tourne vers ceux qui l'ont absous et il les console. Long sommeil sans rêve ou réveil dans une autre vie, la mort est la délivrance et le bonheur. « Voici le moment, ajoute Socrate, où il faut nous quitter, moi pour mourir, et vous pour vivre. Qui de nous a le lot le meilleur ? Nul ne le sait... excepté Dieu ! » (C. 31 à 33.)

(1) Une *mine* d'argent attique valait environ 97 francs de notre monnaie.

Étude littéraire : 1° Le plaidoyer. — Considérée au point de vue de la défense, l'*Apologie* est un mauvais plaidoyer. Entendons-nous bien. C'est une merveille de style, de vérité, de conviction éloquente. Mais, pour triompher de Mélétos, le discours proposé par Lysias eût assurément mieux valu. Socrate a parlé pour l'avenir... Il n'a pas songé aux contemporains.

Ceux-ci avaient pourtant contre lui de fortes préventions qu'il importait de dissiper. Très aimé d'une élite et d'un cénacle, le philosophe était foncièrement impopulaire. Beaucoup le redoutaient et l'exécraient. Tous le trouvaient original. Mal vêtu, sans chaussures, la tête nue, ce gros homme aux lèvres épaisses, au large nez retroussé, se promenait perpétuellement par la ville. On ne voyait que lui dans les gymnases, chez les marchandes de légumes et les barbiers, dans les échoppes et dans les forges. Il accostait ceux qui passaient, le pauvre ou le riche, le matelot ou l'archonte. Il instituait avec eux une conversation philosophique, feignant de vouloir se renseigner, les pressant de questions faussement naïves, et leur prouvant qu'ils ne savaient rien.

Cette terrible *maïeutique* — c'est le nom qu'il donnait à sa méthode d'interrogation — lui fit rapidement de nombreux ennemis : d'autant plus que les jeunes disciples, encouragés par l'exemple du maître, soumirent irrespectueusement à la même épreuve les magistrats et les vieillards (1). Ces manières étranges, cette manie de discussion qui n'épargnait rien, ce cortège de jeunes gens riches qui suivait partout le philosophe excitèrent la malignité publique. On s'émut et les vieux conservateurs froncèrent le sourcil.

Un poète, en 423, se fit l'écho de ces haines et de ces plaintes. Dans la comédie des *Nuées*, Aristophane mit Socrate sur la scène (2). Il le caricatura et le calomnia. Sophiste cynique, son Socrate apprend aux élèves qu'on lui confie à faire triompher la mauvaise cause par une

(1) *Apologie de Socrate*, c. 10.

(2) Aristophane tenait tellement à cette comédie, qu'après un premier échec il en refit une seconde et peut-être une troisième édition.

éloquence captieuse, et, moyennant salaire, leur enseigne à berner leurs créanciers ou à bâtonner leurs parents (1). Athée, il dit à propos du père des dieux : « Quel Jupiter?... Trêve aux sottises. Il n'y a point de Jupiter! » ou bien encore : « Les dieux n'ont pas cours chez nous (2)! » Aussi est-il puni au dénouement « pour bien des choses, et surtout parce qu'il a blasphémé les dieux (3) ». Eupolis, Amipsias et tous les poètes comiques vinrent à la rescousse (4); et, pendant vingt ans, on répéta à la foule avec ténacité les mêmes paroles : « Socrate est un corrupteur de la jeunesse! Socrate est un contempteur de la divinité! »

Le tort du philosophe fut de ne point tenir compte de cet état d'esprit populaire. Au lendemain des désastres, au sortir de la tyrannie des Trente, les Athéniens cherchaient une victime expiatoire. On leur désigna le maître d'Alcibiade, de Critias et de Xénophon (5). Ils se ruèrent sur lui comme à la curée, se souvenant des accusations renouvelées sans cesse, depuis un quart de siècle, sur le théâtre de Bacchus.

Socrate aurait dû être prudent et souple dans sa plaidoirie. Il fut ironique et hautain. Il éluda les deux principaux chefs de l'accusation. Il joua sur les mots et déplaça le débat. « Tu ne crois point aux *dieux de la cité!* » disait Mélétos. Par un artifice, Socrate amène son adversaire à lui reprocher de ne reconnaître *aucun dieu*, et il le réfute facilement. « Tu corromps la jeunesse », ajoutait Mélétos. C'est-à-dire : tu la détournes des anciennes croyances pour lui en inculquer de nouvelles. Mais Socrate feint de prendre le verbe « corrompre » au sens ordinaire et triomphe plus facilement encore. Cela ne

(1) *Les Nuées*, vers 887-1105 (scène du juste et de l'injuste); vers 1145-1300 (scène des créanciers); vers 1322-1461, édition Tauchnitz.

(2) *Ibid.*, vers 247 et vers 367.

(3) *Les Nuées*, vers 1510.

(4) Il n'est guère de comédies où Aristophane ne décoche quelques épigrammes à Socrate. Quant à Eupolis, il appelait le philosophe « un gueux de bavard qui raisonne subtilement sur tout, sans songer où il pourra manger aujourd'hui ».

(5) Alcibiade et Xénophon avaient déserté; Critias avait été un des plus cruels parmi les Trente.

retourna point l'opinion des juges, et l'attitude de l'accusé, au contraire, les exaspéra.

En réalité, Socrate ne se défend point : il affirme ses doctrines. Il raille et provoque. Il semble désirer une condamnation. Souvent il avait ri du peuple, de sa prétendue souveraineté et des magistrats populaires, les héliastes. En leur présence, il ne se dément pas. Il les traite avec un calme méprisant. Il ne cache point sa supériorité intellectuelle sur eux. Il les considère comme des gens qui se trompent et qu'il n'a point le temps de détromper. La moquerie s'en mêle et il n'y a rien d'insultant comme sa demande d'être nourri dans le Prytanée, aux frais de l'État. Socrate pouvait se tirer d'affaire avec une forte amende ou avec l'exil et la prison... Son plaidoyer causa sa mort.

2° **L'apologie.** — Mais, si la défense est maladroite, l'apologie est superbe. Socrate ne dit pas ce qu'il fallait dire aux Athéniens ; il eut les paroles et la conduite que devait admirer la postérité.

« Rien ne donne une plus vive image de l'âme et de l'esprit de Socrate », a écrit M. Croiset. C'est la vérité. Il y a une rare grandeur en cet homme qui, sans rien changer à ses habitudes, avec un mélange d'éloquence et de bonhomie malicieuse, répond tranquillement à Mélétos. On lui sait gré de ne se point courber devant les juges (1). On est charmé que, modeste en ce qui concerne ses belles actions de soldat ou de citoyen (2), il ait de la hauteur philosophique et l'orgueil de l'intelligence. On l'applaudit quand il déclare qu'ayant une mission sur la terre il la remplira jusqu'au bout (3). Il faut venir au christianisme pour rencontrer tant de simplicité héroïque, tant d'élévation, tant de dignité avec un tel dévouement à ses idées :

« Ce ne sont pas les paroles qui m'ont manqué, Athéniens, — s'écrie Socrate — c'est l'impudence ! Je succombe pour n'avoir point voulu dire les choses que vous aimez tant à entendre, pour n'avoir

(1) *Apologie*, c. 23.
(2) *Ibid.*, c. 19-21
(3) *Ibid.*, c. 17.

point voulu me lamenter, pleurer et descendre à toutes les bassesses auxquelles on vous a accoutumés. Mais le péril où j'étais ne m'a point paru une raison de rien faire qui fût indigne d'un homme libre, et, maintenant encore, je ne me repens pas de m'être ainsi défendu. J'aime beaucoup mieux mourir, après m'être défendu comme je l'ai fait, que de devoir la vie à une lâche apologie. Ni devant les tribunaux, ni dans les combats, il n'est permis à moi ni à aucun autre d'employer toutes sortes de moyens pour éviter la mort. Tout le monde sait qu'à la guerre il serait très facile de sauver sa vie en jetant ses armes et en demandant quartier à ceux qui vous poursuivent. De même, dans tous les dangers, on trouve mille expédients pour éviter la mort quand on est décidé à tout dire et à tout faire. Il n'est pas difficile, Athéniens, d'éviter la mort, mais il est beaucoup plus difficile d'éviter le crime; il court plus vite que la mort. C'est pourquoi, vieux et pesant comme je suis, je me suis laissé atteindre par le plus lent des deux, tandis que le plus agile, le crime, s'est attaché à mes accusateurs qui ont de la vigueur et de la légèreté. Je m'en vais donc subir la mort à laquelle vous m'avez condamné, et eux l'iniquité et l'infamie à laquelle la vérité les condamne. Pour moi, je m'en tiens à ma peine, et eux à la leur. En effet, peut-être est-ce ainsi que les choses devaient se passer, et, selon moi, tout est pour le mieux (1)! »

Voilà de nobles, de fières paroles, et, en les prononçant, Socrate prévoyait l'avenir vengeur. Homme de progrès et de conviction, il force l'admiration générale. Pour les Athéniens, soucieux de la morale et de la religion officielle, c'était un coupable. Pour l'humanité, c'est un précurseur, un martyr.

CRITON

Historique. — Moins considérable que l'*Apologie*, le *Criton* soulève également moins de questions. C'est une affirmation nouvelle des principes exposés dans l'œuvre que nous venons d'étudier.

Socrate est en prison. Il attend la mort. Si l'on a si longtemps différé son supplice, c'est qu'on n'exécute aucun criminel pendant le voyage d'une députation religieuse à Délos (2). Mais le vaisseau sacré est signalé à l'horizon

(1) *Apologie*, c. 29 (traduction V. Cousin).

(2) En souvenir de la victoire de Thésée sur le Minotaure, les Athéniens envoyaient, tous les cinq ans, quelques-uns des leurs en pèlerinage à Délos. C'est de cette députation qu'il s'agit.

et le jour fatal est proche. Un ami engage le captif à s'évader. Voilà le thème qu'en quelques pages émues Platon a développé simplement.

Ce dialogue n'est ni un roman, ni un cadre fictif créé par l'imagination de l'écrivain. Les disciples de Socrate complotèrent de l'arracher à son cachot. Xénophon l'atteste dans son *Apologie* (1), et Platon attribue au philosophe ce propos significatif : « Il y a longtemps que ces muscles et ces os seraient à Mégare ou en Béotie, si je n'eusse pensé qu'il était plus juste et plus beau de subir la peine à laquelle la patrie m'a condamné que de m'échapper et de m'enfuir comme un esclave (2). » Il y a donc là un fait rigoureusement historique.

Quant à l'interlocuteur de Socrate qui donne son nom au dialogue, ce fut évidemment lui qui porta la parole près du maître en cette grave circonstance. Criton était du même âge que le philosophe et appartenait au même dème (3). Pendant le procès, il avait offert d'être la caution de Socrate (4). Lors de sa mort, il l'assista. C'est lui qui éloigna Xanthippe éplorée, c'est lui que Socrate chargea du soin de ses funérailles, c'est à lui que le mourant adressa ses recommandations suprêmes (5)... Un ami si dévoué était tout désigné pour faire à son camarade d'enfance la proposition qu'il lui fait ici. Et, comme Platon a dû écrire d'après les notes de Criton, nous avons en ce dialogue la reproduction exacte de l'entretien (6).

Analyse du Criton. — En s'éveillant, Socrate aperçoit Criton auprès de sa couche. Le disciple avertit le maître qu'il doit mourir le lendemain. Mais ses amis ne sauraient y con-

(1) Xénophon, *Apologie*, c. 23 : « Non seulement il résista à ses amis qui voulaient le faire évader ; mais il les railla, leur demandant s'ils connaissaient, hors de l'Attique, un pays où l'on pût échapper à la mort. »

(2) *Phédon*, c. 47.

(3) Le dème d'Alopèce.

(4) Platon, *Apologie*, c. 28.

(5) *Phédon*, c. 3, 64, 65 et 66.

(6) Criton, si nous en croyons Diogène de Laërte, avait lui-même composé des dialogues. Quelques-uns portaient les mêmes titres que ceux de Platon. Citons-en plusieurs, par pure curiosité : *Protagoras*, *le Politique*, *Du beau*, *De la poésie*, *De la science*, *Des arts*, *De la loi*, etc. Ils étaient, paraît-il, au nombre de dix-sept.

sentir et ils ont résolu de le sauver. Cébès. Simmias, Criton et les autres ont corrompu le gardien. Sorti de prison, Socrate se rendra en Thessalie, où il sera reçu avec honneur. Qu'il n'hésite point ! Pour lui, pour ses enfants, pour ses disciples, il doit fuir. (C. 1 à 5.)

« Je ne faillirai point aux principes que j'ai professés toute ma vie ! » répond Socrate. Jamais il n'a eu égard aux opinions diverses et changeantes des hommes : il n'a souci que de la justice et de la vérité. Si ses amis veulent qu'il s'évade, il faut d'abord lui prouver qu'il agira justement. Car on n'a pas le droit de rendre le mal pour le mal ni de violer la loi qui vous condamne même à tort ; et c'est le principe qui dominera toute cette discussion. (C. 6 à 10.)

Est-il permis de manquer à l'engagement qu'on a pris?... Non ! n'est-ce pas? c'est un crime. Eh bien ! supposons que les Lois de la république se dressent devant Socrate quand il franchira le seuil du cachot. Que leur répondra-t-il? Comment légitimer sa conduite?... Elles ont présidé à sa naissance, à son éducation, à son mariage. Il est leur enfant et leur serviteur. A l'âge où il pouvait les renier et chercher une nouvelle patrie, il a juré de leur être soumis. Pendant soixante-dix ans, il a moins bougé de leur ville, de la cité d'Athènes, que « les aveugles, les boiteux et les autres infirmes ». Aujourd'hui, il foule aux pieds son serment, il donne l'exemple de la rébellion. Mais qu'il prenne garde ! Une existence misérable lui est réservée, et, après son trépas dans un exil honteux, les Lois des Enfers vengeront sur le coupable et le parjure l'insulte faite à leurs sœurs d'en haut ! (C. 11 à 16.)

A ce réquisitoire il n'y aurait point de réplique possible. Mieux vaut donc souffrir l'injustice que la commettre soi-même. Criton se rend aux bonnes raisons de Socrate, qui termine l'entretien par ces mots : « Cessons cette discussion, mon cher Criton, et marchons sans rien craindre par où Dieu nous conduit ! » (C. 17.)

Étude. — Est-ce pour les disciples de Socrate que Platon a plaidé dans le *Criton?* On l'a prétendu. On a cité, à l'appui de cette thèse, quelques phrases du dialogue, et notamment celles-ci :

« O mon cher Socrate, encore une fois, suis mes conseils, laisse-moi te sauver. Ta mort serait un grand malheur pour moi à plus d'un titre. Non seulement je serais privé d'un ami tel que je n'en retrouverai jamais un pareil, mais encore le vulgaire, qui ne nous connaît bien ni l'un ni l'autre, croirait que, pouvant te sauver, si j'avais voulu sacrifier un peu d'argent, j'ai négligé de le faire. Or y a-t-il réputation plus honteuse que de paraître aimer mieux son argent que ses amis? Car on n'admettra jamais que c'est toi qui, malgré nos instances, as refusé de sortir d'ici (1)... »

Cette opinion nous semble fausse. Les amis du philosophe n'avaient pas à craindre le reproche de « faiblesse » et de « lâcheté » (2). Ils n'avaient pas besoin d'un plaidoyer en leur faveur : leurs actes suffisaient. On les avait vus au tribunal escorter l'accusé et se porter sa caution. Journellement, ils se réunissaient dans son cachot. Ils s'exposaient aux délations mortelles des sycophantes. Beaucoup furent obligés de quitter la ville, tellement leur amitié pour Socrate les avait compromis.

Dans ces conditions, il était superflu de défendre ces braves gens. En revanche, que Platon ait voulu louer leur dévouement, c'est certain. L'honnête Criton est la personnification des disciples. Quelle rare abnégation ! quelle simplicité dans le sacrifice ! « Fidèle jusqu'à la mort » pourrait être sa devise. Il risque, en cette dangereuse entreprise, « la perte de sa fortune, ou du moins une somme considérable, ou peut-être quelque chose de pis ». Mais il accepte tout sans hésitation ; car, pour sauver Socrate, « il est juste qu'on affronte ce péril et, s'il le faut, quelque autre plus grand » (3). Au dévouement s'allie une obéissance sans réserves. Criton s'incline devant les raisons de Socrate, il résiste à peine, il se laisse facilement convaincre. On sent la vénération du disciple pour le maître, celle des pythagoriciens pour Pythagore, celle de Lucrèce, plus tard, pour Épicure. Et ici ce respect religieux, moins déclamatoire, est plus vif au fond : Socrate n'est pas un chef d'école ordinaire ; il a l'auréole du martyre...

A bien le considérer, le *Criton* n'est pas l'apologie des amis de Socrate, il est celle du philosophe lui-même. Ses adversaires l'avaient représenté comme l'ennemi des lois, et, dans les *Nuées*, Aristophane faisait crier par un élève

(1) *Criton*, c. 3.
(2) *Ibid.*, c. 5 : « [illegible]... »
(3) *Ibid.*, c. 4.

de Socrate : « Qu'il est doux de posséder cette nouvelle, cette excellente doctrine et de *mépriser les lois établies* (1) ! »

Platon relève très vertement la calomnie. Socrate, un révolté ? Mais nul n'est plus soumis aux lois d'Athènes. Il ne parlait d'elles qu'avec déférence dans l'*Apologie*. Il refuse, dans le *Criton*, de se soustraire par la fuite à leurs décisions même injustes. Indépendamment du mérite littéraire, c'est une bien belle chose que la *Prosopopée des Lois*. Il est peu d'affirmations aussi fermes des devoirs civiques ; et des sentiments nobles y sont noblement exprimés. Certains passages ont un accent tout moderne, et le développement sur la patrie, que Platon met dans la bouche des Lois, semble réellement écrit d'hier :

« Quoi ! Socrate, à l'égard d'un père ou d'un maître, si tu en avais un, tu n'aurais pas des droits égaux ; tu ne pourrais leur rendre la pareille : coups pour coups, injures pour injures, ni rien d'analogue ; et tous ces droits tu en jouirais contre la patrie et les lois, en sorte que, si nous avons décidé ta mort, la croyant juste, tu entreprendras, toi, de nous détruire, nous qui sommes les Lois, et la patrie avec nous, autant qu'il est en ton pouvoir, et tu diras que tu es en droit d'agir ainsi, homme qui t'occupes en réalité de la vertu ? Ta sagesse va-t-elle donc jusqu'à ignorer qu'aux yeux des dieux et des gens sensés la patrie est plus auguste, plus sainte, plus respectable qu'une mère, qu'un père et que tous les parents ? qu'il faut avoir pour elle, même irritée, plus de vénération, de soumission, d'égards que pour un père ? qu'il faut la convaincre ou obéir à ses ordres, et souffrir sans murmure ce qu'elle commande, soit qu'elle nous condamne aux verges ou aux chaînes, soit qu'elle nous envoie à la bataille pour être blessés ou pour mourir ? qu'il faut agir ainsi et que c'est la justice ? qu'il ne faut jamais reculer, lâcher pied, ni déserter son poste ? que dans les combats, devant les tribunaux et partout, il faut faire ce qu'ordonnent l'État et la patrie ou bien leur persuader le contraire conformément à la justice ? et qu'enfin, si violenter son père et sa mère est une impiété, c'est une impiété bien plus grave que de faire violence à son pays (2) ?... »

Est-il une réponse plus péremptoire aux allégations d'Aristophane et de Mélétos ?... Après le sacrifice aux idées professées, le sacrifice aux lois de la patrie ! Et

(1) Vers 1401 : « τῶν καθεστώτων νόμων ὑπερφρονεῖν »

(2) *Criton*, c. 12.

Socrate l'accomplit, sans phrases, sans attitudes cherchées, avec un sourire aux lèvres. Dans l'*Apologie*, le philosophe était sympathique : dans le *Criton*, c'est le citoyen qui est grand.

PHÉDON

Historique. — Le *Phédon* est la conclusion naturelle du drame, dont l'*Apologie* et le *Criton* étaient les premiers actes. Il est probable, cependant, qu'il fut composé assez longtemps après eux. Certains ont voulu y voir l'œuvre suprême et le testament philosophique de Platon. C'est aller trop loin. Des indices bien faibles permettent tout au plus de reculer la date du *Phédon* jusqu'en 386, époque du premier voyage en Sicile (1). Descendre plus bas paraît difficile : par le sujet, par les intentions, par ses allures d'apologie, ce livre appartient certainement à la période où Platon essayait de produire en faveur de Socrate un revirement dans l'opinion.

Son importance historique et documentaire est grande. Nous avons le récit ému, mais sincère, des derniers moments du philosophe. Jamais on n'a contesté la vérité de ce fidèle compte rendu. Pourtant, retenu par la maladie, Platon n'assistait pas à la mort de son maître. Mais il en apprit les détails par les disciples présents, surtout par Phédon d'Élis. Prisonnier de guerre en 400, Phédon avait été vendu comme esclave à Athènes. Cébès l'avait racheté, sur les prières de Socrate, et le jeune homme s'était attaché au philosophe. Après le supplice de son bienfaiteur, Phédon se hâta de regagner sa patrie, où il fonda une école et publia des dialogues socratiques. Mais, sur son chemin, il s'arrêta à Phlionte en Sicyonie et raconta la mort de Socrate à Échécrate le pythagoricien. Cette narration dut rester célèbre et Platon y trouva un excellent cadre pour son dialogue, qu'il plaçait, en lui donnant le nom de Phédon, sous l'autorité indiscutable d'un témoin de l'entretien

(1) Il s'agit de certaines allusions à des coutumes égyptiennes et aux torrents de lave du mont Etna (c. 29 et 60).

Analyse du Phédon. — Échécrate de Phlionte interroge Phédon sur les circonstances de la mort de Socrate, encore mal connues en Sicyonie. Après avoir dit quelle impression profonde tous ont rapportée de cette scène inoubliable, Phédon accorde satisfaction au désir de son hôte. (C. 1 et 2.)

Les disciples éplorés, raconte-t-il, avaient été introduits auprès du condamné souriant et calme. On se mit à converser, et Socrate chargea Simmias d'inviter le poète Euénos à rejoindre, le plus tôt possible, son vieil ami aux Enfers. A cette commission, tous se récrièrent et l'on pria Socrate de s'expliquer. Le sujet étant d'actualité, il y consentit. (C. 3 à 5.)

« Il ne faut point, dit Socrate, se donner la mort; mais il faut la désirer toute sa vie. C'est elle qui permet à l'âme de rejoindre « les dieux bons et sages et les hommes meilleurs que ceux d'ici-bas ». Les philosophes surtout doivent la souhaiter. Qu'est-ce, en effet, que leur existence ? un long « apprentissage de la mort ». Ils travaillent à affranchir l'âme des liens du corps, cet obstacle à la science, cet ennemi de la vertu. Et, quand le trépas consomme la rupture qu'ils désirent, ils seraient assez ridicules pour se plaindre ! Socrate a la prétention d'être un vrai philosophe : il part « sans tristesse et sans regret ». (C. 6 à 13.)

— Mais, interrompit Cébès, le vulgaire pense qu'après le dernier soupir « l'âme s'évanouit comme une vapeur ou une fumée qui se dissipe en s'envolant ». Il faut établir qu'elle survit. — Toute chose, répondit Socrate, naît de son contraire : le jour de la nuit, la vie de la mort. Les vivants viennent donc des trépassés, et « les âmes des morts existent nécessairement quelque part, d'où elles retournent à la vie ». A cet *argument des contraires* s'ajoute *celui de la réminiscence.* Nous attribuons des qualités aux objets sensibles en les comparant chacun à une Idée supérieure : le Vrai, le Beau, le Bien. Cet idéal nous ne l'avons pas rencontré ici-bas et nous en avons cependant la notion très précise. Pourquoi ? Parce que notre âme se *ressouvient*. Elle a connu ces Idées avant notre naissance. Elle préexiste, par conséquent, au corps. (C. 14 à 24.)

— Mais survit-elle à notre ruine physique ?... — Certainement ! Ce qui change est composé ; ce qui demeure immuable est simple. Le composé seul se dissout ; le simple est, au contraire, indissoluble. Et notre âme, immuable, c'est-à-dire simple, subsiste lorsque périt notre corps, changeant, c'est-à-dire composé. Si elle s'est abandonnée aux passions, elle retombe vers le monde matériel et entre par la métempsycose dans des corps d'animaux. Sinon, elle s'élève vers les régions divines et, à tout jamais, est délivrée des misères de l'humanité. (C. 23 à 34.)

Tous admiraient en silence. Cébès et Simmias hasardèrent, toutefois, des objections qui consternèrent l'assistance et qu'Échécrate ne peut entendre rapporter par Phédon sans émotion. « Le corps, demanda Simmias, n'est-il pas semblable à une lyre et l'âme à l'harmonie de cette lyre, qui meurt quand elle se brise? » « L'âme, objecta Cébès à son tour, n'userait-elle pas plusieurs corps, de même qu'ayant usé plusieurs vêtements on périt avant le dernier qu'on a revêtu? Notre corps actuel ne serait-il point ce vêtement de l'âme? » (C. 35 à 38.)

La difficulté est grande : elle n'arrêta pas longtemps Socrate. A Simmias il riposta que, l'âme étant antérieure au corps, on ne peut la comparer à l'harmonie, qui est postérieure à la lyre. D'ailleurs, il y a des degrés dans l'harmonie, mais l'âme ne saurait être plus ou moins âme qu'une autre âme. (Ch. 39 à 43.) — A Cébès, qui admettait la survivance et non l'immortalité, il montra que son objection se ramène à chercher la cause de la naissance et de la mort. Les causes secondes et les causes finales, Socrate les a longtemps poursuivies avec passion; mais, découragé par l'insuccès, il a reconnu le principe de l'existence des choses dans leur participation aux Idées. Or une Idée est incompatible avec l'Idée contraire, le Beau avec le Laid, par exemple; et ce qui participe d'une Idée est fatalement incompatible avec l'Idée contraire. Ceci posé, l'âme apporte la vie au corps. Elle participe de la Vie. Elle ne saurait donc admettre la Mort. (C. 44 à 57.)

Pendant cette argumentation, couronnée par une magnifique rêverie de poète sur le monde et sur la vie future, le jour avait baissé. Socrate dicta ses dernières volontés à Criton, fit ses apprêts pour la mort, et, sans vouloir attendre le coucher du soleil, demanda la coupe empoisonnée au serviteur des Onze. Puis, « avec une tranquillité et une douceur merveilleuse », il la vida. « Et ainsi, dit Phédon à Échécrate, ainsi finit notre ami, l'homme le meilleur que nous ayons rencontré, un sage et un juste, s'il en fut! » (C. 58 à 67.)

Étude. — Si nous en croyons une légende, Phédon, en lisant le dialogue de Platon, aurait déclaré n'avoir pas fait un si beau récit. En effet, dans la partie métaphysique, Platon a certainement beaucoup ajouté. Socrate dut affirmer sa foi en la préexistence et l'immortalité de l'âme; mais l'argument de la réminiscence, la théorie des Idées innées, le mythe de la vie future appartiennent plutôt au dialecticien et au poète que fut Platon. Le *Phédon* est le résumé de la doctrine platonicienne : toutes les grandes thèses du système y sont réunies et condensées. Il ne convient pas, d'ailleurs, d'insister sur cette philosophie souvent abstraite et subtile, mais généreuse et séduisante. On se souviendra seulement que jamais le spiritualisme n'a été, dans l'antiquité, plus catégoriquement proclamé, plus éloquemment défendu.

Ce qui intéresse avant tout dans le *Phédon*, c'est encore, c'est toujours Socrate. Son calme et sa liberté d'esprit sont merveilleux. Il frappe d'admiration le geôlier (1). Il étonne ses disciples eux-mêmes. « Véritablement, dit Phédon, l'impression que je reçus était extraordinaire. Je n'éprouvais point la pitié qu'il semblait naturel de ressentir à la mort d'un ami : car il me paraissait heureux à le voir et à l'entendre, tant il mourut avec assurance et dignité (2). » N'est-ce point le sentiment que provoque en nous la lecture du dialogue ? Croirait-on que celui-là doit mourir dans quelques heures qui est si ferme et s'exprime si gaiement ? Il discute, il rit, il plaisante. Son stoïcisme n'est ni morose ni guindé. Pas de défaillances ! pas de frisson physique à l'approche de la mort ! Mais pas de grands mots non plus ! pas de ces phrases dès longtemps préparées, comme en ont prononcé d'autres hommes qui furent des comédiens même au dernier moment ! Simple et sincère, tranquille en ses apprêts comme l'Alceste d'Euripide, courageux et faisant la leçon à ceux qui pleurent, tel est le Socrate du *Phédon* (3). Un poète, qui s'est inspiré de Platon sans en conserver la simplicité, a magnifiquement caractérisé cette mort sublime : « Son dernier jour ne diffère en rien des autres jours, a-t-il dit, sinon qu'il n'aura pas de lendemain. Il continue le sujet

(1) *Phédon*, c. 65.
(2) *Ibid.*, c. 2.
(3) *Ibid.*, c. 64 et 65.

de conversation commencé la veille; il boit la ciguë comme un breuvage ordinaire ; il se couche pour mourir comme il aurait fait pour dormir : tant il est sûr que les dieux sont là, avant, après, partout, et qu'il va se réveiller dans leur sein (1) ! »

Autres dialogues philosophiques. — L'*Apologie*, le *Criton*, le *Phédon* nous ont paru les dialogues les plus intéressants à étudier pour de jeunes lecteurs qui ignorent la métaphysique et que dérouteraient assurément le *Sophiste*, le *Théétète*, le *Parménide*. Nous donnerons toutefois un aperçu rapide de quelques autres ouvrages platoniciens.

En premier lieu, il convient de faire une place à ceux qui traitent de la Beauté. Le Banquet, souvent difficile à comprendre si l'on n'est pas initié aux mystères de la philosophie, est une comédie fort agréable. Un certain nombre d'Athéniens se sont réunis chez Agathon pour fêter la victoire du poète tragique au concours des Dionysies. On dîne, on bavarde joyeusement, et, dans la salle qu'embaument des guirlandes de fleurs, qu'envahit le calme de la nuit, on se met à disserter. Phèdre, Pausanias, Eryximaque, Aristophane, Agathon, Socrate parlent à tour de rôle de l'amour que nous inspire la Beauté; et il est célèbre le discours que Socrate prétend avoir entendu prononcer par Diotime de Mantinée sur « la Beauté pure, simple, sans mélange, non revêtue de couleurs humaines et de toutes les autres vanités périssables : la Beauté absolue ! » L'entrée d'Alcibiade, avec sa joueuse de flûte et ses compagnons de plaisir, interrompt la discussion. Mais il revient tout de suite à la raison et termine cette comédie charmante par un magnifique éloge des vertus de son maître. Dans le Phèdre, il s'agit de la même chose que dans le *Banquet*. Socrate et Phèdre se sont rendus dans une solitude verdoyante et fleurie, sur les bords de l'Ilissus. Là, tandis que le chœur des cigales chante sous le soleil de midi, les deux philo-

(1) Lamartine, Avertissement de la *Mort de Socrate*.

sopnes prennent texte d'une harangue de Lysias pour discuter sur le Beau. Socrate exhorte son jeune ami à mépriser les joies frivoles ou grossières d'ici-bas et à s'absorber dans la contemplation de la Beauté supérieure. Puis, les hasards de l'entretien l'amenant à parler de l'éloquence, il flétrit l'art des rhéteurs qui donne les apparences de la vérité au mensonge. Il conseille à son disciple de fuir la *rhétorique* méprisable et de lui préférer la *dialectique* par laquelle on arrive à la vraie science.

Du *Phèdre* aux dialogues qui sont spécialement dirigés contre les sophistes la transition est facile. Le **Protagoras**, d'ailleurs très bien mené et très amusant, est une critique assez vive de l'enseignement donné par le rhéteur abdéritain. Hippocrate, fils d'Apollodore, voulant écouter Protagoras, Socrate le conduit à la maison de Callias où loge cet illustre étranger. En présence d'un auditoire choisi, le philosophe et le sophiste ne tardent point à en venir aux prises. Après avoir roulé quelque temps sur la politique, la discussion tombe sur la vertu. Protagoras soutient qu'elle est *multiple* et Socrate prétend qu'elle est *une*. Ce long débat, où l'un et l'autre font assaut de subtilité, n'a qu'un but : prouver qu'on ne saurait enseigner la vérité, ce qui était l'ambition des sophistes. Signalons dans le *Protagoras* le mythe curieux de Prométhée, qui est une rêverie de poète sur les origines de la civilisation (1). Avec le **Gorgias**, nous assistons à une bataille plus sérieuse et plus décisive. Pour les rhéteurs, l'éloquence ne devait point viser au triomphe de la justice ou de la vérité : un orateur n'a qu'une obligation, celle de faire prévaloir par des arguments captieux la cause qu'il défend... bonne ou mauvaise. Socrate se rend chez Gorgias et discute d'abord avec lui. Puis, le disciple Polus succède au sophiste. Enfin Calliclès, politicien sans scrupules, moins timide que les précédents, ne reculant point devant les conséquences de ses principes, résiste hardiment à Socrate et ne veut point s'avouer vaincu.

(1) *Protagoras*, c. 11 et 12.

Les deux thèses s'opposent avec netteté et sont développées avec éloquence. La rhétorique est une arme, dit Calliclès ; et on peut la mettre au service de l'injustice, dans le combat de la vie, si c'est nécessaire pour être le plus fort : justice, injustice !... mots sonores !... il n'y a qu'une chose vraie ici-bas, le succès ! — C'est déshonorer l'art de la parole que d'en faire l'auxiliaire du mal, réplique Socrate; mieux vaut subir l'injustice que la commettre, et, si l'on veut être heureux sur cette terre ou dans le royaume des ombres, il faut rester fidèle à la justice et à la vertu. — Naturellement Socrate l'emporte et mérite de triompher. Il force ses contradicteurs à se taire, leur conte un joli mythe sur le jugement des âmes après la mort (1), et les exhorte à suivre sa doctrine pour se présenter un jour sans souillures devant Minos, Éaque et Rhadamanthe, ce tribunal suprême institué par les dieux.

Il est impossible également de passer sous silence la République, qui est le plus considérable des *Dialogues* et un véritable traité en 10 livres. Socrate est allé chez le vieux Céphale, au Pirée, pendant la fête des Bendidies. Il s'y est rencontré avec Thrasymaque, Glaucon, Adimante, et l'on a commencé bientôt à discuter sur la justice. Fatalement, le débat s'est agrandi et le philosophe a tracé le plan de son idéale cité, celle où la justice régnerait en souveraine. Ayant les mêmes besoins que l'individu, c'est-à-dire étant obligée de se nourrir, de se défendre, de se gouverner, la république comprendra trois classes : les artisans, les guerriers, les magistrats et philosophes, dont les qualités respectives devront être la tempérance, le courage et la sagesse. Platon développe tout cela longuement et insiste sur la nécessité d'une éducation sévère, afin de former des citoyens capables de remplir les devoirs imposés aux gens de leur caste. On lui a reproché d'être trop systématique et de pousser, dans son désir d'être logique, jusqu'au communisme. On regrette qu'il ait banni les poètes de son État imaginaire, comme étant des cor-

(1) *Gorgias*, c. 79 et suiv.

rupteurs de la jeunesse. Et l'on doit bien avouer que sa cité devrait s'appeler Utopie, car rien n'est moins réel et moins réalisable. Mais, au début du VIIe livre et à la fin du Xe, il y a l'*allégorie de la caverne* et le *mythe d'Er l'Arménien* qui sont des pages de toute beauté. Il faut lire cette ingénieuse allégorie et cette vision merveilleuse. On pardonnera aussitôt au philosophe-poète les égarements de l'utopiste.

Étude générale : le philosophe. — Il ne saurait être question ici d'exposer le système de Platon. C'est au point de vue littéraire et non au point de vue philosophique qu'il nous appartient de le juger. Aussi nous bornerons-nous à indiquer ce qui le différencie de tel ou tel autre philosophe et ce qui nous semble indispensable pour l'intelligence de ses œuvres.

Jusqu'alors on n'avait voulu voir dans le monde, comme Héraclite, que des *phénomènes* fugitifs et un perpétuel « devenir » ; ou, comme les Éléates, que l'*Être* « un » et « immuable ». Platon prit une situation intermédiaire. Il tempéra et concilia les doctrines de ses prédécesseurs. Nous parlions tout à l'heure de l'*allégorie de la caverne :* elle suffit à nous édifier sur la philosophie platonicienne. Supposons, dans une grotte quelconque, des captifs enchaînés depuis leur enfance. Ils tournent le dos à l'ouverture par laquelle pénètre un peu de clarté. Que verront-ils si tous les êtres de la création défilent, derrière eux, à l'entrée de la grotte ? Un reflet ! une ombre vague !... Eh bien ! ces prisonniers, ce sont les hommes. Là-bas, derrière nous, il y a les Idées, c'est-à-dire les êtres ou plutôt l'Être, l'éternelle essence par laquelle existe ce que le vulgaire considère comme réel et ce qui a seulement de l'existence par sa participation aux Idées.

Que feront la plupart d'entre nous ?... Ils se borneront à regarder des ombres sur le fond de la caverne et à se figurer que ces apparences sont des réalités. Mais, semblable au captif qu'on délivre de ses fers et qu'on guide vers la lumière, le sage remontera lentement vers l'Être. Il s'habituera à la clarté d'en haut, s'élevant d'une Idée inférieure à une Idée supérieure, comme on passe d'une obscurité presque complète à une moindre obscurité, avant de se risquer au grand jour sans être ébloui. Et c'est à quoi lui servira la dialectique, cette sorte d'échelle qu'il faut gravir pour arriver jusqu'au Beau, jusqu'au Vrai, jusqu'au Bien. On pourra se demander pourquoi ce captif ne languit point, toute sa vie, dans la caverne, avec ses compagnons d'esclavage. C'est qu'il se souvient d'avoir contemplé les Idées dans une existence antérieure, et que, par le seul fait de cette réminiscence, il se sent entraîné vers elles d'une façon mystérieuse et irrésistible... Nous nous arrêtons, parce qu'on ne résume point en quelques lignes la métaphysique d'un Platon. Ainsi qu'on l'a très bien dit : « Personne n'a eu plus que lui le pressentiment et comme la vision de la vérité ; personne n'a mieux marqué l'opposition de la nature, du non-être, dont l'essence est le devenir, et de ce qui est véritablement ; personne n'en a fait sortir, pour essayer de fonder la philosophie et la morale, de plus belles conséquences en un plus beau langage (1). ».

L'art du dialogue et le style. — D'après les quelques dialogues spécialement étudiés, on peut se faire une idée assez nette de l'art de Platon. On peut voir quelles sont les qualités précieuses dont il fit preuve dans la conduite de ses dialogues.

Pourquoi Platon a-t-il adopté ce cadre littéraire? Parce que le maître enseignait en conversant, et parce que le génie du disciple le poussait à tout présenter sous une forme dramatique. On reconnaît l'homme qui avait écrit pour le théâtre de Bacchus, qui lisait assidûment les œuvres d'Aristophane et qui pratiquait les mimes de Sophron (2). Le *Gorgias* et le *Protagoras*, où il raille les sophistes ; le *Banquet*, si plein de verve, de couleur, de mouvement, avec l'entrée tapageuse d'Alcibiade, sont plutôt

(1) M. Penjon, *Précis d'histoire de la philosophie*, étude sur Platon (Paul Delaplane, Paris). On consultera aussi avec le plus grand intérêt la *Philosophie de Platon*, par M. Fouillée (Librairie Hachette).

(2) Sophron de Syracuse était le créateur du *mime*, petite scène ou petit tableau généralement satirique. L'auteur y avait peint la vie sicilienne avec esprit et belle humeur. Platon s'en est inspiré et Théocrite l'imita souvent.

d'aimables comédies. Mais le *Criton* et le *Phédon* méritent le nom de tragédies et excitent un vif intérêt par l'intérêt des problèmes posés et grâce à l'habileté de l'auteur qui prolonge notre inquiétude ou nos angoisses.

Socrate fuira-t-il ? Assurera-t-il, au prix d'une déchéance morale, son salut matériel ? L'affection de Criton triomphera-t-elle de la conscience de son maître ? Voilà des questions qui passionnent et qui font attendre avec impatience le dénouement du *Criton*. Le *Phédon* est plus émouvant encore et plus poignant. Il y a deux drames intimement liés dans cette œuvre : un drame philosophique et un drame humain. Le drame humain, c'est la mort du juste, que sa femme, ses enfants, ses amis entourent en pleurant et que surveille, au nom d'Athènes, le serviteur lugubre des Onze. La Mort est là, debout, sur le seuil, avec une coupe à la main. Et, jusqu'à la dernière scène si profondément pathétique, on sent qu'elle écoute l'entretien. Le drame philosophique s'engage sur une question de Cébès : L'âme survit-elle ou mourons-nous tout entiers ? Grave question pour les mortels, mais combien plus grave pour Socrate ! Ses heures sont comptées, et, dans la salle voisine, on broie le poison qu'il doit boire. Va-t-il continuer d'envisager la mort avec la même sérénité ? Va-t-il voir s'effondrer ses joyeuses espérances ? La discussion est tragique ; les objections de Simmias et de Cébès en sont les péripéties, et la démonstration finale est le dénouement de la crise, un dénouement rassurant et heureux.

Ce n'est point tout que de conduire avec adresse une action, d'ailleurs assez légère ; il faut savoir créer des types et reproduire exactement la physionomie des personnages qu'on met en scène. Platon possède au plus haut degré le don de l'observation et la science des caractères. Les interlocuteurs ne sont point, dans ses dialogues, des abstractions ou des fantômes : ils ont une personnalité et ils vivent. Chacun se distingue de son voisin par des traits particuliers, comme un acteur tragique par le masque ; et, cependant, il y a chez chacun d'eux une large part de vérité générale qui, sans nuire à l'individu, en fait un type. Nous avons là une galerie de portraits amis ou adversaires de Socrate, adolescents encore obscurs ou gens célèbres de l'époque; et, si l'on pouvait la parcourir en entier, on rendrait hommage à la finesse du psychologue autant qu'à la délicatesse du peintre.

Ce sont, d'abord, par exemple, les ennemis du maître, les sophistes, les rapsodes : *Ion*, le vaniteux stupide; *Gorgias*, le rhéteur digne, réservé, sachant sauvegarder une situation acquise; *Polus*, le sophiste jeune et ardent; *Calliclès*, le politicien sans scrupules (1). Dans presque tous les dialogues, Socrate se trouve en face d'un contradicteur semblable et le réduit au silence par sa pressante dialectique. Il y a, ensuite, les hommes que le philosophe estime malgré la divergence d'opinions et la violence des polémiques récentes : *Agathon*, le riche et généreux poète qui fait si galamment les honneurs de sa table, qui a écrit « la Fleur », une adorable chose, mais qui se laisse griser par le succès et fréquente trop les Gorgias; ou bien encore *Aristophane*, le charmant et impitoyable railleur, toujours à l'affût des ridicules, criblant les autres de sarcasmes, et, lorsqu'on lui demande une dissertation sérieuse, mêlant les pensées les plus pures aux plaisanteries les plus bouffonnes (2). Il y a aussi les disciples de Socrate, ceux qui sont déjà dans l'âge mûr comme le raisonnable *Criton*, ceux qui sortent à peine de l'adolescence comme *Ménéxène* ou *Lysis* (3). Nous n'en retiendrons que deux. Le premier, c'est *Phèdre*, un élégant jeune homme; passionné pour le beau langage; véritable Athénien que possèdent une curiosité insatiable et la folie de discuter; brillante recrue pour les sophistes, s'il n'était point soumis à une discipline rigoureuse (4). Le second?... Tout le monde a nommé *Alcibiade*, l'ambitieux, le débauché, l'étourdi, qui arrive auprès de Socrate, couronné de lierre et de violettes, à moitié ivre, criant à plein gosier; qui rougit devant le philosophe; et qui,

(1) Voir *Ion*, *Gorgias*, *Protagoras*.
(2) Voir le *Banquet*.
(3) Voir le *Lysis*, etc. Taine a écrit une étude délicieuse sur « les jeunes gens de Platon » (*Essais de critique et d'histoire*).
(4) Voir le *Phèdre* et le *Banquet*.

le lendemain, partira pour l'expédition de Sicile, après avoir mutilé les Hermès (1). Étrange figure, et que l'on comprend mieux dans l'histoire de Thucydide, quand on a lu les dialogues de Platon!... Enfin, dominant cette foule, voici *Socrate* lui-même, pauvrement vêtu; bien drôle avec ses grosses épaules, son front chauve, sa bouche lippue, son nez retroussé; mais si honnête, si tempérant, si utile à quiconque veut marcher dans le chemin de la vertu. Ses discours « sentent la cuisine ou l'échoppe »? Qu'importe! Investi d'une mission divine, le professeur sans école prêche, en causant, le bien et la vérité. Dans le *Banquet*, le *Gorgias*, la *République*, cet homme à tous égards admirable pose « quelques questions » aux gens; ne laisse passer aucun terme sans qu'on l'explique; embrouille ses interlocuteurs, et par cet interrogatoire ironique triomphe aisément des faux sages. Avec ses apparences de bonhomie, c'est le modèle du philosophe ne se payant point de mots, mais jugeant tout d'après les règles de la conscience (2).

Quelle vérité dans ces études psychologiques et combien ces caractères sont vivants! Les portraits que Platon nous trace, conformes à la tradition, la complètent et parfois même la rectifient. La finesse et le soin minutieux du détail mettent en pleine lumière ces physionomies curieuses et aimables du ve siècle. Pas un trait qui soit mené au hasard! Tout est là pour noter une qualité, un défaut, une particularité du personnage, et pour concourir à l'impression finale que l'auteur désire en laisser

Par la marche progressive de l'action, par l'importance des questions traitées, par cette science du cœur humain et cette délicate peinture des caractères, les *Dialogues* sont de véritables compositions dramatiques. On croyait ne trouver qu'un philosophe. On est ravi de rencontrer un poète.

On constate aussi, dans le style, cette poésie forte et originale. Sans doute, puisqu'il lui prêtait la parole,

(1) Voir le *Banquet*.

(2) Voir tous les dialogues, mais surtout *Gorgias*, le *Banquet*, le *Criton*, le *Phédon*, l'*Apologie*.

Platon fut obligé de respecter les habitudes de son maître. Socrate était surtout un « causeur », et les expressions familières ou les comparaisons un peu triviales ne l'effrayaient pas. « Ce qu'il dit paraît entièrement grotesque, s'écrie Alcibiade dans le *Banquet*. Il ne nous parle que d'ânes bâtés, de forgerons, de cordonniers, de corroyeurs ; et il a l'air d'exprimer toujours la même chose dans les mêmes termes : de telle sorte que les sots et les ignorants sont tentés d'en rire. » Dans le *Gorgias*, Calliclès adresse à l'ennemi des sophistes le même reproche et le blâme de parler, sans cesse, des cuisiniers et des foulons(1). Il y a dans les *Dialogues* de nombreuses traces de cela. Souple, aisé, presque fluide, le style de Platon a les allures d'une conversation familière, avec son laisser-aller et son abondance facile. Mais le ton s'élève bien des fois. L'éloquence succède à la causerie. La poésie la plus magnifique jaillit à chaque instant. Ce sont des comparaisons comme celle du cygne (2) ; des « mythes » brillants, comme ceux du *Phèdre*, du *Protagoras*, du *Gorgias* (3) ; des descriptions, enfin, dans le genre de ce tableau frais et printanier :

Par Junon ! la belle retraite !... Comme ce platane est large et élevé ! Et ce gattilier, que de magnificence dans son tronc élancé et sa tête touffue ! Il semble fleuri à souhait pour embaumer ces lieux. Est-il rien de plus charmant que cette source qui coule sous le platane ? Nos pieds qui y baignent en attestent la fraîcheur. Cette retraite est sans doute consacrée à quelques nymphes et au fleuve Achéloüs, à en juger par ces figurines et ces statues. Ne te semble-t-il point que la brise qui y souffle a quelque chose de suave et de parfumé ? Il y a dans le chant des cigales je ne sais quoi de vif et qui sent l'été. Mais ce qui me charme le plus, ce sont ces hautes herbes qui nous permettent de reposer mollement notre tête, en nous couchant sur ce terrain mollement incliné (4).

Il faut lire cela dans le grec ; et l'on estimera qu'Hésiode

(1) *Gorgias*, c. 45.
(2) *Phédon*, c. 35.
(3) Voir, dans le *Phèdre*, le mythe des cigales (c. 40 et suiv.) ; dans le *Gorgias*, le mythe du jugement aux Enfers (c. 79 et suiv.); dans le *Phédon*, le mythe de la vie future (c. 57-63); dans le *Protagoras*, le mythe d'Épiméthée et de Prométhée (c. 11-13), etc. Lire également dans la *République*, à la fin du livre X, l'histoire d'Er l'Arménien dont s'inspira Cicéron dans le *Songe de Scipion*.
(4) *Phèdre*, c. 5 (traduction Saisset). Voir également c. 40.

et Théocrite n'ont rien écrit de plus pittoresque que ces quelques lignes, malgré la sobriété voulue. Grâce et harmonie, simplicité et grandeur, ton enjoué d'un entretien familier et larges envolées lyriques, il y a de tout en ce style attique et pur. Mais tout s'y mêle artistement et nous charme par le contraste même. Taine a joliment défini cette manière du philosophe-poète: « Ces conversations grecques, dit-il, sont toutes françaises, légères, vives, piquantes, et pourtant pleines d'aménité et d'obligeance, sauf les moments où elles tournent brusquement à l'enthousiasme et au dithyrambe. C'est le vol sinueux et agile d'une abeille qu'un coup de vent emporte tout à coup dans le ciel (1). »

SUJETS DE DEVOIRS.

1. Vous raconterez une journée de Socrate et vous le montrerez errant par la ville pour engager des conversations avec les uns et les autres. (S'inspirer des dialogues de Platon et notamment des chapitres 6, 7 et 8 de l'*Apologie.*)

2. Dialogue entre Platon et Socrate. Celui-ci décide le jeune homme à s'occuper de philosophie, en lui faisant voir les avantages d'une pareille étude.

3. La première représentation des *Nuées* d'Aristophane : Socrate y assiste. Son attitude. Sentiments divers des spectateurs.

4. Écrivez le discours que Mélétos prononça devant les juges contre Socrate.

5. Un des juges, qui a voté l'acquittement de Socrate, écrit à un ami de Mégare et lui raconte le procès.

6. Le portrait de Socrate, d'après les dialogues de Platon.

7. Exposer et discuter les accusations dirigées contre Socrate.

8. Étudier l'*Apologie* et en juger la valeur comme plaidoyer.

9. Montrer que le *Criton* et le *Phédon* complètent l'*Apologie.*

10. Socrate et sa conception des devoirs civiques. Chercher dans l'*Apologie* et le *Criton* la preuve qu'il a toujours rempli ces devoirs.

11. La Prosopopée des Lois dans le *Criton* et celle de la patrie dans la *première Catilinaire.* Les étudier et les comparer.

12. L'intérêt dramatique du *Phédon.*

13. Faire le portrait des amis de Socrate, et notamment de Criton, d'après le *Criton* et le *Phédon.*

14. La science du dialogue chez Platon : la mise en scène, l'intrigue, les caractères, le dialogue.

(1) Taine, *Essais de critique et d'histoire*, page 189.

15. La poésie dans les dialogues de Platon : étudier à ce point de vue la Prosopopée des Lois dans le *Criton*; la comparaison du cygne et le mythe de la vie future dans le *Phédon*; le début du *Phèdre* (c. 5); le mythe du *Gorgias* (c. 79-82); le mythe des cigales (*Phèdre*, c. 50); l'allégorie de la caverne (*La République*, livre VII).

16. Comparer l'oraison funèbre insérée dans le *Ménexène* à celle que Thucydide attribue à Périclès dans le IIe livre de la *Guerre du Péloponèse*.

17. Vous supposerez qu'un poète de l'époque écrit à Platon et discute ses idées sur les poètes et la poésie. (Voir l'*Ion* et la *République*.)

18. Faire, d'après le *Gorgias* et le *Protagoras*, le portrait du sophiste.

19. Démosthène écrit à un jeune homme qui se destine à la carrière oratoire. Il l'engage à ne jamais servir dans ses discours que la cause de la justice et lui recommande de lire, pour bien se persuader de cette vérité, le *Gorgias* de Platon.

20. Un jeune Athénien, qui vient d'assister pour la première fois à une leçon de Platon dans le jardin d'Académus, communique à un ami ses impressions et l'engage à venir écouter cet homme divin. (Lettre ou dialogue.)

DÉMOSTHÈNE

(384-322)

LES PHILIPPIQUES. — LE DISCOURS SUR LA COURONNE.

Notice biographique.

I. Les Philippiques. — Historique. — Analyse des *Philippiques.* — Étude littéraire : 1° Philippe ; 2° Athènes. — L'éloquence de Démosthène dans les *Philippiques.*

II. Le Discours sur la couronne. — Historique. — Analyse du *Discours sur la couronne.* — Étude littéraire : la politique de Démosthène. — L'orateur et l'écrivain.

Notice biographique. — Le futur adversaire de Philippe naquit en 384, dans le dème de Péanée. Son père, un travailleur et un patriote, possédait deux grandes fabriques d'armes. Sa mère Cléobule était la fille de Gylon, général athénien exilé qui avait fait fortune et s'était marié dans un royaume du Bosphore. Ainsi le dernier défenseur de la liberté d'Athènes se trouvait avoir dans les veines quelques gouttes de sang barbare.

Le jeune Démosthène, à l'âge de sept ans, perdit son père et eut la douleur de voir dissiper son patrimoine — 80 000 francs environ — par des tuteurs cupides, Démophon, Thérippide et Aphobos. Résolu à se venger, il étudia le droit et l'éloquence avec Isée, un praticien très habile en matière de successions. Puis, devenu citoyen, après une lutte acharnée et cinq plaidoiries, il arracha aux voleurs quelques lambeaux de ses biens (366).

Il exerça ensuite le métier de *logographe* ou d'avocat ; et, s'étant corrigé, à force de volonté, du tic nerveux, du bégaiement et des nombreux défauts qui l'empêchaient d'aborder la tribune, il se jeta dans la mêlée politique. Dès lors, son histoire se confond avec celle d'Athènes. Orateur d'opposition tout d'abord, il démasque la politique de Philippe et secoue l'inertie des Athéniens. Orateur populaire et chef d'État plus tard, il engage la ville dans une guerre qui aboutit au glorieux désastre de Chéronée (338). Mais la défaite ne diminue en rien son prestige : malgré le *philippisant* Eschine, Athènes, en récompense des services rendus, décerne à Démosthène une couronne d'or.

Banni en 324, après le procès d'Harpale, une obscure affaire de corruption, l'orateur rentre triomphalement dans sa patrie, quand on apprend la fin d'Alexandre (323). Mais le Macédonien Antipater réprime l'insurrection, et, pour échapper aux ennemis qui le traquent, Démosthène est obligé de s'empoisonner à Calaurie, dans un sanctuaire de Neptune (322). Avec cet obstiné patriote mourait la liberté de la Grèce : la force avait triomphé du génie (1).

LES PHILIPPIQUES

Historique. — Au moment où Démosthène prit la parole, la situation d'Athènes et de la Hellade tout entière était critique.

Dans la Macédoine montagneuse et froide, un chef énergique avait surgi. Élevé à Thèbes, où il était retenu comme otage, le jeune prince avait profité de la civilisation hellénique et avait compris les causes de la décadence du peuple grec. Il avait vu « cette longue chaîne de petites républiques brouillées les unes avec les autres, et partout le voisin combattant le voisin » (2). Il savait la ville d'Athènes engourdie par le luxe et absorbée par ses mesquines questions de politique intérieure. Devenu roi à la mort de son frère Perdiccas, il entreprit de conquérir la Grèce, avant de marcher à la conquête du monde.

(1) Lire sur l'ensemble de l'œuvre l'étude de M. Max Egger dans son *Histoire de la littérature grecque*. Nous nous bornons à énumérer les principaux discours de Démosthène : Discours *contre ses tuteurs ; contre Conon ; contre Androtion ; contre Leptine ; contre Timocrate ; contre Aristocrate ; sur les Symmories ; pour les Mégalopolitains ; les Philippiques ; les Olynthiennes ; contre Midias ; sur la Chersonèse ; pour les Rhodiens ; sur la paix ; sur l'ambassade* et *sur la couronne*.

(2) M. Weil. *Sept Philippiques*, page XVIII (Hachette).

Il commença par se créer une armée, que lui fournirent sans peine les rudes et barbares populations de la Macédoine. Puis il engagea la lutte pour s'emparer des côtes de la mer Égée qui lui manquaient, la Macédoine resserrée entre l'Haliacmon et l'Axios n'ayant aucune ouverture sur la mer. En huit ans, par la diplomatie, par la corruption, par la ruse, par la violence, il parvint à occuper Amphipolis, Méthone, Pydna et Potidée, les meilleurs ports du golfe Strymonique et du golfe Thermaïque. Il étendit son royaume jusqu'au lac Lychnitis, du côté de l'Illyrie, et jusqu'au fleuve Nestos, en Thrace. Il pénétra même en Thessalie et faillit surprendre les Thermopyles, tandis que ses vaisseaux pirataient sur les côtes de l'Attique et enlevaient la fameuse galère paralienne en vue du rivage de Marathon.

Athènes, cependant, gardait le silence et se laissait ravir ses colonies ou ses alliées. Parfois, dans un sursaut d'indignation et de fierté, elle votait un décret et voulait envoyer des mercenaires. Mais cet accès d'énergie durait peu. Eschine, Eubule et les orateurs stipendiés par Philippe endormaient la foule par de belles harangues rassurantes. Et Philippe avançait toujours. Il franchissait l'Hèbre. Il menaçait le fort athénien d'Héræon-Tichos sur la Propontide. Il allait pouvoir arrêter les convois de blé qui, venant du Pont-Euxin, assuraient la subsistance d'Athènes. Démosthène vit le péril. Il ne partagea point la quiétude de ses compatriotes. Il monta résolument à la tribune et, pour nous servir d'une expression fort juste, il sonna « le premier coup de clairon ».

Analyse des Philippiques. — On désigne aujourd'hui sous le nom de *Philippiques*, non seulement les quatre discours qui portent le titre de Κατὰ Φιλίππου, mais aussi les trois *Olynthiennes* et le *Discours sur la Chersonèse* (1). Ce sont ces harangues que nous analyserons brièvement, en distinguant deux groupes ou plutôt deux épo-

(1) On range parmi les *Philippiques* le *Discours sur la Chersonèse*, et l'on supprime, dans la plupart des éditions classiques, la *quatrième Philippique* dont l'authenticité est contestable et contestée.

ques, qui correspondent à deux attitudes différentes de Démosthène.

1° LE PREMIER GROUPE : L'ORATEUR D'OPPOSITION. — Avant tout, il fallait arracher le peuple d'Athènes à la direction néfaste des conseillers qui lui prêchaient l'inertie. Il fallait faire entendre de dures vérités à ces citoyens légers et frivoles qui, par nonchalance et par amour du plaisir, compromettaient l'œuvre glorieuse des aïeux. La tâche était ingrate et dangereuse : dans les trois *Olynthiennes* et dans la première *Philippique*, Démosthène a tenté de l'accomplir.

La première Philippique (351 av. J.-C.).

I. Après une courte attaque contre les orateurs dirigeants, Démosthène adjure ses concitoyens d'adopter enfin un système politique plus digne de leur patrie. Assez et trop longtemps, ils ont été les victimes de « leur extrême négligence ». Qu'ils se réveillent ! qu'ils agissent ! qu'ils imitent leur adversaire Philippe qui sait, lui, « que les absents sont dépossédés par les présents, les indolents par les hommes hardis et infatigables » ! Au moindre effort des Athéniens, la puissance fragile de leur ennemi s'écroulera. Mais il importe qu'au lieu d'écouter les nouvellistes sur la place publique on prenne, cette fois, les mesures réclamées par l'honneur national. (§§ 1 à 12.)

II. Ces mesures, Demosthène les énumère dans la seconde partie du discours, non sans quelques précautions oratoires. D'abord, on doit équiper cinquante trirèmes et tenir prêts des bâtiments de transport. Ensuite, il faut des troupes, mais « des troupes qui soient à la patrie », et non un ramas de mercenaires étrangers. L'orateur expose quelle peut être, à son avis, la composition de cette armée, l'usage qu'on en fera, et les moyens de lui assurer des subsistances. (§§ 13 à 30.)

III. On aura de la sorte une armée permanente. On mettra des postes dans Lemnos, Imbros, et les îles voisines de la Thrace. On empêchera les brigandages de Philippe et l'on rabattra son insolence. Que les Athéniens organisent la guerre avec autant de soin que les processions et les spectacles, et la victoire est à eux. « Un grand peuple exécute ce qu'il a résolu, mais ne rampe point à la suite des événements. » L'activité du Macédonien devrait faire rougir la ville d'Athènes. —

Avant de terminer, l'orateur insiste. Des efforts personnels sont indispensables. Plus de bavardages, plus de décrets « sans force », plus d'accusations contre les stratèges, mais des actes ! Que les citoyens montent eux-mêmes sur les trirèmes, s'ils veulent éviter « la fatale nécessité de soutenir la guerre aux portes d'Athènes ». (§§ 31 à 51.)

Cette courageuse harangue produisit peu d'effet. Mais bientôt une nouvelle occasion s'offrit au patriote de renouveler ces sages avertissements. Olynthe, la capitale de la Chalcidique, manquait encore à Philippe et le gênait dans ses opérations. Subitement il mit le siège devant quelques villes de la confédération olynthienne. Olynthe adjura les Athéniens d'agir vite (1).

La première Olynthienne (349 av. J.-C.).

I. L'orateur déclare que jamais délibération ne fut plus grave. « L'occasion semble crier aux Athéniens : Mettez vous-mêmes la main à l'œuvre, si votre salut vous est cher ! » Démosthène, en cette circonstance pressante, propose deux choses, pour déjouer les intrigues de Philippe : un envoi de soldats, et un envoi d'ambassadeurs. Les dieux comblent les souhaits d'Athènes en brouillant Olynthe et le roi de Macédoine. Ne point profiter de ce bonheur inespéré serait la dernière des fautes : on ouvrirait à l'adversaire le chemin de l'Attique. (§§ 1 à 15.)

II. Que faut-il faire ? Diriger deux expéditions, l'une « pour sauver les villes olynthiennes », l'autre « pour ravager les États de Philippe ». Cela demandera de l'argent ? Eh bien ! qu'on prenne le trésor consacré aux spectacles ou qu'on lève un nouvel impôt. Car, sans argent, point de résultats ! (§§ 16 à 20.)

III. La situation du Macédonien n'est pas aussi brillante qu'on le croit. Les Thessaliens le trahissent. Les Péoniens et les Illyriens supportent impatiemment son joug. Athènes serait insensée de ne point saisir cette occasion. Démosthène épouvante son auditoire par la menace d'une invasion prochaine, et, dans une péroraison chaleureuse, convie tous les citoyens à faire ce que la patrie attend d'eux. (§§ 21 à 28.)

(1) La chronologie des *Olynthiennes* n'est pas définitivement établie. Certains critiques prétendent que le discours généralement nommé *première Olynthienne* fut prononcé après les deux autres. Avec M. Weil, nous sommes d'avis que rien ne légitime cette opinion, et nous suivons l'ordre traditionnel.

Les secours furent votés ; mais, loin de monter sur leurs trirèmes, les Athéniens se contentèrent d'expédier deux mille peltastes mercenaires, commandés par le *condottiere* Charès. Prévoyant que ces troupes ne feraient rien d'utile, Démosthène revint à la charge en une seconde harangue.

La deuxième Olynthienne (349 av. J.-C.).

I. Il serait honteux, s'écrie l'orateur, de ne pas tirer parti « des grandes occasions que nous ménage la fortune ». Philippe n'est pas si redoutable qu'on le suppose : seule l'incurie de ses adversaires fait sa puissance. Ah ! certes on pourrait le craindre, « s'il s'était élevé par des moyens honnêtes ». Mais il n'a eu recours qu'au parjure et au mensonge, sur lesquels on ne fonde rien de durable. Pour le briser, il suffit d'encourager les Thessaliens révoltés et de soutenir les Olynthiens « avec un empressement digne d'Athènes ». La ville ne saurait faillir à ce devoir ! (§§ 1 à 13.)

II. Réduite à elle-même et à ses propres forces, la Macédoine est « faible et dévorée de maux ». Son monarque la ruine et « lui fait traîner une longue chaîne de douleurs et de misères » par suite des expéditions auxquelles son ambition la contraint. Démosthène lance contre Philippe les plus violentes invectives, stigmatisant « ses débauches journalières, son ivrognerie, ses pantomimes infâmes », et déclarant que les vices du prince causeront sa perte lorsqu'on l'attaquera sérieusement. (§§ 14 à 21.)

III. En face de cet homme, Athènes est toute-puissante. « Mais si je ne m'abuse, s'écrie Démosthène, nous dormons ! » Ceux qui jadis sauvèrent la Grèce doivent sauver aujourd'hui leur pays natal. Tandis qu'ils se querellent et font le procès des stratèges, « la patrie est couverte de plaies ». L'inaction et l'hésitation même sont des « trahisons ». Il faut contribuer aux frais de la guerre ! Il faut partir ! (§§ 22 à 31.)

Cet éloquent discours ne convertit pas les Athéniens. Ils remplacèrent Charès, qui ne réussissait point, par Charidème, qui remporta quelques légers succès. Philippe cependant pressait Olynthe. Démosthène tenta un dernier effort. La *troisième Olynthienne* n'est pas joyeuse et pleine de confiance comme les deux autres. On y sent de la fatigue; et parfois il y a des éclats de colère, de l'indignation, de la violence.

La troisième Olynthienne (octobre ou novembre 349).

I. Démosthène, après avoir dissipé les folles espérances des Athéniens, montre la gravité de la situation et résume les événements qui se sont passés depuis peu. Il s'agit de savoir si, « pouvant être les protecteurs des peuples », on sera forcé de « mendier bientôt des protecteurs ». (§§ 1 à 9.)

II. L'orateur affirme qu'il ne faut pas hésiter à employer l'argent du *théorique*, l'argent destiné aux spectacles, pour subvenir aux dépenses de la guerre. Les lois l'interdisent : qu'on modifie les lois ! « Livrer les cités à l'encan d'un barbare, parce qu'on n'a point de pain pour le soldat », serait infâme. Cet argent est nécessaire : Athènes le prendra. (§§ 10 à 20.)

III. En proposant cette mesure, l'orateur se crée des ennemis. Peu lui importe ! Il a agi comme les grands politiques d'autrefois qui firent grande la patrie. Il oppose, en une comparaison énergique, les gloires du passé aux hontes du présent. Et, critiquant vertement les Athéniens, il les supplie de ne point céder « le poste de vertu, le noble héritage des ancêtres ». (§§ 21 à 36.)

Tant de talent fut inutile. Athènes pardonna à l'audacieux orateur ses conseils concernant le *théorique;* mais elle ne changea rien à ses habitudes... En 348 seulement, quand Philippe, vainqueur des Thessaliens, assiégeait Olynthe et l'affamait, on se décida à faire ce que réclamait Démosthène. Mais le secours arriva trop tard : Olynthe était détruite; ses habitants avaient été vendus comme esclaves, et Athènes ne put que donner asile aux fugitifs.

2° Le second groupe : le chef de parti. — Après la chute d'Olynthe, malgré les atrocités commises par Philippe en Phocide pendant la première guerre sacrée, on signa la paix. C'était une paix « mal assise » et Démosthène s'en rendit parfaitement compte. Il se gagna des partisans nombreux; il surveilla les menées de Philippe, et — comme celui-ci se plaignait des attaques perpétuelles que l'orateur dirigeait contre lui — Démosthène répliqua, à la tribune, devant les ambassadeurs macédoniens.

La deuxième Philippique (344 av. J.-C.).

I. Démosthène dénonce les empiétements de Philippe. Ce prince laisse discourir les Athéniens : aux paroles il préfère les actes. Ces actes, cette politique toute pratique, c'est Athènes qu'ils menacent. Le barbare vise à l'asservissement de la Grèce et se concilie les Messéniens, les Thébains, les Argiens. Mais il sait qu'Athènes a été et sera toujours le soldat de l'indépendance hellénique. Il veut donc réduire cette cité ; « il dresse contre elle ses batteries » ; il conclut partout des alliances. Et ceux-là seraient insensés « qui rouleraient par inertie dans l'abîme ». (§§ 1 à 27.)

II. Que faire? criera-t-on. Que répondre à Philippe? L'orateur indique la réponse, quoique, en bonne justice, on doive s'adresser non pas au « buveur d'eau », au « revêche et morose » Démosthène, mais aux « porteurs de promesses », aux « traîtres qui amenèrent la conclusion de la paix ». Démosthène flétrit éloquemment ces misérables, qui trompèrent jadis les Athéniens et qui, par leur politique ignoble, ont créé les périls présents. (§§ 28 à 37.)

Cette harangue, bien entendu, ne contribua point à l'apaisement. Peu après, des événements graves donnèrent raison à Démosthène et surexcitèrent l'opinion. Philippe, en 342, voulut mettre la main sur les détroits de la Propontide. Maître de la Chersonèse, il intercepterait les convois de blé, qui arrivaient du Pont-Euxin, et priverait l'Attique de son grenier. Mais il fut gêné dans son entreprise par Diopithe, un *condottiere* à la solde des Athéniens. Furieux de cet obstacle, le prince écrivit et demanda le rappel du général, qu'il accusait de brigandage. La séance où l'on discuta sur cette mesure fut mouvementée et bruyante. Démosthène y prononça un de ses meilleurs discours.

Le Discours sur la Chersonèse (341 av. J.-C.).

I. Démosthène constate qu'on a parlé beaucoup de Diopithe et qu'on n'a soufflé mot de Philippe. Quelle est la conduite du roi ? Celle d'un agresseur. Malgré la paix, il guerroie partout, et ses expéditions n'ont qu'un seul but : diminuer la puissance d'Athènes. Aujourd'hui, ses créatures exigent la punition de Diopithe et le licenciement des mercenaires de la Chersonèse. Tant que lui-même ne dissoudra point ses troupes, il faut refuser et soutenir énergiquement Diopithe. (§§ 1 à 20.)

II. L'orateur blâme la mollesse de ses compatriotes. « Ils n'ont ni la volonté de payer, ni le courage de combattre ; » mais, dupés par les traîtres, ils discréditent, jugent et condamnent les stratèges qu'ils laissent sans vivres et sans argent. L'heure a sonné d'imposer silence aux vendus. Si l'on désire éviter les justes reproches de la Grèce, de pénibles sacrifices sont indispensables. L'honneur national est engagé. (§§ 21 à 51.)

III. La fin du discours est très vive. Les « traîtres enrichis » accusent Démosthène de fomenter des troubles... Par qui, sinon par Philippe, la tranquillité générale est-elle troublée ? Démosthène réclame le châtiment des ennemis publics qui osent prétendre le contraire. Aux agissements de tels scélérats il oppose sa politique toute de patriotisme et d'honneur. (§§ 52 à 77.)

L'horizon continuait de s'assombrir : Démosthène tenta l'effort suprême. La *troisième Philippique*, presque contemporaine du *Discours sur la Chersonèse*, est peut-être le plus beau de ses discours, et l'on a raison de l'appeler « l'œuvre d'un génie absolument maître de lui-même » (1). Cette fois, ce n'est plus à Athènes, c'est à la Grèce entière que s'adresse l'orateur. Il fait moins une harangue qu'il ne lance un manifeste. « Des faits, des faits encore, des faits toujours », voilà ce qu'on trouve dans la *troisième Philippique*. Nous nous bornerons à en signaler les idées générales, sans tenter un résumé impossible.

La troisième Philippique (341 av. J.-C.).

Après avoir exigé qu'on lui accorde toute liberté de parole, Démosthène établit avec force exemples à l'appui : 1° que Philippe n'a cessé de violer la paix et que la guerre avec ce prince est imminente (§§ 1 à 20) ; 2° qu'on a laissé ce barbare préluder par mille usurpations particulières à l'asservissement général (§§ 21 à 35) ; 3° qu'enfin la trahison a conduit la race grecque au précipice et qu'il faut commencer par punir les coupables

(1) M. Ouvré, *Démosthène* (Lecène et Oudin).

(§§ 36 à 69). Il termine en préconisant certaines mesures et en demandant une ligue des Hellènes contre le péril commun (§§ 70 à 76).

A partir de ce discours, Démosthène fut le chef incontesté de la république athénienne. Il s'occupa de tout préparer pour la partie décisive qu'il avait prédite depuis longtemps. Il était malheureusement trop tard. En 339, après la seconde guerre, Philippe s'empara brusquement des Thermopyles. Athènes et Thèbes se levèrent pour défendre la liberté, mais à Chéronée elles furent vaincues. Démosthène, par ses éloquentes *Philippiques*, n'avait pu sauver ses concitoyens : ils lui durent la gloire de bien finir.

Étude littéraire : 1° Philippe. — On a dit souvent que l'art de comprendre et de bien peindre les caractères était indispensable à l'orateur. Ce talent, Démosthène l'a eu au suprême degré dans les *Philippiques*. Il y a tracé deux portraits, celui d'un homme et celui d'un peuple, également superbes tous les deux de vigueur et de vérité.

Son Philippe n'inspire aucune sympathie. C'est naturel. Dans l'ardeur de la lutte, on n'est point tendre et l'on ne ménage pas les coups. Démosthène invective donc avec âpreté. Philippe est un « pervers », un « homme sans foi », un « parjure ». Il ne doit ses succès qu'à « de frauduleuses manœuvres » et à son « avide scélératesse » (1). Froidement cruel, dévoré par une « brûlante jalousie », il exècre les gens de bien, il est détesté par tout le monde. Ses seuls amis sont des « jongleurs », des « histrions », des « faiseurs de chansons abominables », avec lesquels journellement il se livre « à la débauche, à l'ivrognerie, à des pantomimes infâmes ». « Aussi marche-t-il accompagné d'un ramas de bandits, d'adulateurs, de misérables assez corrompus pour s'abandonner, dans leurs orgies, à des danses qu'on rougirait de nommer (2). »

Le portrait est d'une insolence féroce. On y sent la

(1) *Olynthienne* II, §§ 5-7.
(2) *Ibid.*, §§ 17-21.

haine du patriote et le mépris souverain de l'Hellène pour « cette peste de Macédonien, né dans un pays d'où jadis il était impossible de tirer un bon esclave » (1). Ajoutons qu'il n'est ni calomnieux, ni injuste. L'historien Théopompe, grand admirateur de Philippe, a confirmé tous ces détails. D'ailleurs, quand un prince s'enivre grossièrement le soir d'une bataille (2) ; quand il détruit les villes vaincues, Thèbes et Olynthe, par exemple ; quand il jette à la mer trois mille prisonniers phocidiens, on peut sans exagération flétrir ses vices honteux et sa cruauté.

D'autre part, tout en malmenant son adversaire, Démosthène a loué pleinement ses qualités. Il vante chez le roi de Macédoine la valeur héroïque, les talents militaires, le génie de l'intrigue. Il envie la surprenante activité de cet homme « toujours à la tête d'une armée sur pied, voyant devant lui son projet, et s'élançant brusquement sur l'ennemi qu'il a choisi » (3). Enfin, il a une admiration secrète pour « cette ambition infatigable, l'âme, la vie de Philippe » (4) ; il en comprend la grandeur ; il la démasque, parce qu'il l'a comprise, dans un passage qui est une éloquente prédiction :

« Lequel de vous — s'écrie-t-il — serait assez simple pour s'imaginer que ce prince capable d'ambitionner jusqu'à de misérables bicoques de la Thrace telles que Drongyle, Kabyla, Mastire, et d'autres également dignes de ce nom, qu'il assiège et soumet ; capable de braver, pour de telles conquêtes, travaux, frimas, périls extrêmes, ne convoite pas les ports d'Athènes, ses arsenaux maritimes, ses flottes, ses mines d'argent, ses immenses revenus, et qu'il vous en laissera la paisible possession, lui qui, pour arracher le seigle et le millet de la Thrace, s'enfonce l'hiver dans des abîmes ?... Non ! vous ne le croyez point ! Par cette expédition, par toutes les autres, il se fraie un chemin jusqu'à vous (5) ! »

Deviner et dévoiler ainsi les projets et la politique

(1) *Philippique* III, §§ 30-32.

(2) Le roi de Macédoine, après la victoire de Chéronée, s'enivra et insulta les cadavres des Athéniens sur le champ de bataille. « La fortune t'a donné le personnage d'Agamemnon, lui dit l'orateur Démade, et tu joues le rôle de Thersite. »

(3) *Discours sur la Chersonèse*, § 11 et *Philippique* I, §§ 9, 42, etc., etc.

(4) *Olynthienne* I, § 14 et II, § 15.

(5) *Discours sur la Chersonèse*, §§ 44 et 45.

d'un monarque, n'est-ce point lui rendre justice, n'est-ce point l'apprécier dignement? Le meilleur portrait de Philippe est celui qu'en a donné l'orateur.

2° Athènes. — Si parfait qu'il soit, ce portrait est cependant inférieur à celui du peuple athénien. Jamais, depuis les *Acharniens* et les *Chevaliers* d'Aristophane, on n'a si bien défini le caractère frivole des citoyens de Minerve. Quiconque désire connaître les Athéniens n'a qu'à ouvrir les *Philippiques :* ils vivent, ils s'agitent, ils bavardent devant lui.

Les voici, sur l'Agora, colportant des renseignements faux, interrogeant les nouvellistes, ou bien assistant — comme à un combat de coqs — aux polémiques de « harangueurs qui se déchirent à l'envi » (1). Tout à coup, l'on apprend que Philippe assiège quelque ville. Immédiatement grand tapage. On parle, on s'indigne, on s'exalte. Le résultat de cette agitation stérile est « qu'on expédie sur des galères vides des espérances jetées par quelque téméraire », « qu'on envoie un général sans soldats et un décret sans force », qu'on est enfin « prodigues de paroles et méprisables dans les armements » (2).

Les Athéniens d'autrefois combattaient en personne pour leur ville : ceux d'à présent sont patriotes par procuration. Ils ont des mercenaires et des généraux étrangers. Eux demeurent à Athènes, tout entiers à « l'indolence et au plaisir du moment », jouissant d'une « mollesse insouciante », plongés dans une « fatale léthargie » (3). N'ayant « ni le courage de se battre, ni la volonté de payer », ils laissent leurs armées sans solde et sans vivres, et condamnent ensuite les généraux (4). Aussi ils arrivent toujours trop tard, sont vaincus partout, et deviennent les jouets de Philippe.

« Le pugilat des barbares, — dit Démosthène — voilà votre routine de guerre contre Philippe. L'un de ces grossiers athlètes a-t-il

(1) Toute la *première Philippique* (notamment §§ 10-12, 23 et 25, 48 et 49).
(2) *Philippique* I, §§ 43 et 45 ; *Discours sur la Chersonèse*, §§ 22 et 32.
(3) Voir notamment *Philippique* II, § 27 et I, § 30 ; *Discours sur la Chersonèse*, 46, etc.
(4) *Discours sur la Chersonèse*, § 21 ; *Olynthienne* III, § 20, etc.

reçu un coup? il y porte aussitôt la main. Le frappe-t-on ailleurs? ses mains s'y appliquent encore. Mais parer, mais regarder fixement l'antagoniste, il ne le sait, il ne l'ose. Ainsi, apprenez-vous que Philippe est dans la Chersonèse? décret pour la Chersonèse! Aux Thermopyles? décret pour les Thermopyles! Sur quelque autre point? vous courez, vous montez, vous descendez à sa suite. Oui! vous manœuvrez sous ses ordres, n'arrêtant vous-mêmes aucune mesure militaire importante, ne prévoyant absolument rien, attendant la nouvelle de la défaite d'hier ou du désastre d'aujourd'hui (1). »

Il y a dans tout cela beaucoup de malice incisive. L'éloquence sévère de Démosthène a daigné sourire. Le buveur d'eau, morose et revêche (2), a raillé avec une magistrale ironie ses compatriotes si charmants et si légers, ce peuple de bavards et d'étourdis. Mais il a souvent abandonné la moquerie pour les gourmander vertement; et il y a, dans les *Philippiques*, des passages vibrants d'indignation, où l'orateur accable par l'apologie des ancêtres les Athéniens dégénérés (3).

L'éloquence de Démosthène dans les Philippiques. — Le *Discours sur la couronne* nous fournira l'occasion de juger la politique de Démosthène pendant la période des *Philippiques*. Négligeons cette question de *fond;* ne nous occupons que de la *forme*.

La forme, dans ces discours, est admirable. Évidemment, l'auteur ne les a point prononcés absolument tels qu'ils nous sont parvenus. Il les a revus, corrigés, débarrassés des métaphores trop hardies ou même ridicules, qui lui échappaient dans le feu de l'improvisation et qu'Eschine lui reprochait amèrement. Ce sont les retouches d'un artiste, et le genre de Démosthène les rendait indispensables.

Son éloquence est, en effet, passionnée. Il y a en elle « une énergie indomptable, servie par un bon sens robuste, par une logique puissante, par une véhémence âpre et terrible » (4). C'est une éloquence de combat.

(1) *Philippique* I, §§ 40 et 41.
(2) C'est le surnom qu'on donnait à Démosthène.
(3) *Olynthienne* III, §§ 21-27, par exemple.
(4) A. Croiset, *Leçons de littérature grecque* (Masson, Paris).

Cette énergie, hâtons-nous de le dire, n'a rien de raide ni de monotone. Le thème des *Philippiques* est toujours le même; l'expression varie sans cesse. Démosthène prend à volonté tous les tons. Il est tour à tour calme et violent, ironique et grave, insinuant et brutal, lyrique et pathétique ou familier. Il n'en reste pas moins que la force est la principale qualité de son style et de son éloquence. Sa phrase sobre et simple est magnifique de vigueur et de naturel. Aucun souci de gloire personnelle; aucune vanité littéraire. Pas de frivoles ornements, de coquetterie, de mots à effet. Démosthène ne cherche pas à plaire : il veut convaincre. C'est le soldat qui, dans la mêlée, s'oublie pour ne songer qu'au drapeau. « Il paraît sortir de soi et ne voir que la patrie, écrit Fénelon. Il ne cherche point le beau, il le fait sans y penser : il est au-dessus de l'admiration. Il tonne, il foudroie; c'est un torrent qui entraîne tout. On ne peut le critiquer, parce qu'on est saisi; on pense aux choses qu'il dit. et non à ses paroles. On le perd de vue; on n'est occupé que de Philippe qui envahit tout (1). » En quelques lignes n'est-ce point vraiment peindre le Démosthène des *Philippiques?*

LE DISCOURS SUR LA COURONNE

Historique. — Après Chéronée, après les dernières victoires remportées par Alexandre sur les Hellènes, tout semblait fini pour Démosthène. Le défenseur de la liberté athénienne trouva cependant l'occasion de lutter encore à la tribune. Cette occasion inespérée, un adversaire implacable la lui fournit.

Au lendemain de la défaite, en 338, les Athéniens, sur la proposition de Ctésiphon, avaient voté une couronne d'or à Démosthène. Il devait la recevoir en plein théâtre et le décret portait qu'elle lui était décernée « à cause de sa vertu et de ses bienfaits envers le peuple ». On voulait

(1) Fénelon, *Lettre sur les occupations de l'Académie*, c. 4 (Projet de rhétorique).

récompenser l'orateur d'avoir fait réparer à ses frais les murailles de la ville. Rien de plus mérité. Rien de plus juste.

Eschine attaqua la motion. « Les couronnes ne se donnent point sur le théâtre, disait-il, elles ne sont pas accordées à un administrateur, comme l'était Démosthène, avant qu'il ait rendu ses comptes; enfin ce malfaiteur, ce mauvais patriote n'a point mérité tel honneur. » Il accusa donc Ctésiphon d'illégalité, afin d'atteindre Démosthène. La plainte fut déposée en 338, mais l'affaire ne vint que dix ans plus tard. C'était une habitude chez les Grecs. On prenait son temps. On guettait le moment favorable (1). Eschine attendit que la domination macédonienne fût affermie par les victoires d'Alexandre en Asie et par la défaite du roi de Sparte dans le Péloponèse. Comptant alors sur la lâcheté humaine, il appela Ctésiphon devant les héliastes.

De tous les coins de la Grèce on accourut. Eschine constate, dans son plaidoyer, que « jamais, de mémoire d'homme, plus nombreuse multitude ne s'était pressée à un procès politique ». Cet intérêt si vif s'explique, et non point seulement par le plaisir que causaient aux Hellènes les duels d'orateurs. Deux chefs de parti livraient, ce jour-là, leur suprême bataille, et les juges allaient prononcer entre les deux politiques qui partageaient la Grèce depuis plus de vingt ans.

Les chefs de parti étaient les plus grands orateurs du siècle, les deux gloires de l'éloquence hellénique, les hommes « inséparables et contraires », dont on a pu dire « qu'ils faisaient songer aux Hermès où la fantaisie grecque accolait nuque à nuque deux têtes de caractère opposé » (2). L'un, fils d'un athlète et d'une prêtresse de culte décrié, était un ambitieux vulgaire, sans scrupules; l'autre, issu de parents fort estimés, ne pensait qu'à la grandeur de la patrie. Celui-ci avait tous les dons du rhéteur : l'élégance de la tenue, la souplesse

(1) Ainsi, lors du *procès de l'Ambassade*, Démosthène annonça, en 344, son intention de poursuivre. Le procès eut lieu en 342. Et l'ambassade dont il s'agit s'était rendue près de Philippe en 346.

(2) Ouvré, *Démosthène*, page 1[illegible]0

séduisante, l'habileté perfide ; celui-là était plus vraiment orateur : violent et nerveux, s'abandonnant à la fougue de son caractère, ne charmant point, mais foudroyant. Eschine était le stipendié de la Macédoine ; Démosthène, le champion de l'indépendance nationale. Et ces rivaux politiques et littéraires, qui s'étaient déjà mesurés lors du procès de l'Ambassade (1), s'étreignaient à cette heure pour une lutte mortelle.

La question politique était plus grave que la question personnelle. L'honneur d'une nation était l'enjeu. Athènes, en désavouant celui qui l'avait menée au combat, renierait-elle son passé ? En acclamant Démosthène, déclarerait-elle, à la face des vainqueurs, n'avoir point « failli » ? — Tout est là ; et un critique a fort bien résumé la situation. « Le spectacle est saisissant, dit-il. Un homme, un peuple ont terminé leur vie politique. L'épée de Philippe a écrit le dernier chapitre de leur histoire. Impuissants, mais libres encore, ils vont examiner leur œuvre et lui ajouter comme une conclusion. Deux grands talents plaideront le pour et le contre, et c'est la justice même qui doit présider au débat (2). »

Analyse du Discours sur la couronne. — L'habile et brillante plaidoirie d'Eschine se composait de deux parties (3). Dans la première, il discutait la *question de droit* d'une manière inattaquable. Dans la seconde, il critiquait traîtreusement la vie et la conduite de son rival, le représentant comme un impie et un être funeste à la cité. C'était donner la partie belle à Démosthène. Le grand orateur profita de cette maladresse, et, glissant sur le côté juridique de l'affaire, il suivit de préférence l'adversaire sur le terrain politique, où Eschine l'appelait si imprudemment.

EXORDE. — Le début du discours est religieux et grave. Dé-

(1) En 342, après la fameuse ambassade envoyée à Philippe, Démosthène avait tenté, sans y parvenir, de faire condamner Eschine pour corruption.

(2) Ouvré, *Démosthène*, page 190.

(3) On ne saurait trop recommander de lire le discours d'Eschine et de le comparer à celui de Démosthène : plein de talent et d'esprit, il manque de conviction.

mosthène se met sous la protection des dieux et des déesses de la république. Obligé de justifier « sa vie entière, comme particulier, comme homme public », il prie les immortels de dicter sa réponse. Il les supplie également d'inspirer aux héliastes « l'arrêt que réclament l'honneur national et la conscience du citoyen ». (§§ 1 à 4.)

I. Quelle a été l'attitude de l'accusateur ?... Il a entassé contre Démosthène « l'insulte, la diffamation, l'invective, toutes les formes de l'outrage ». L'orateur doit, avant tout, se justifier brièvement, « pour qu'on l'écoute ensuite sans prévention sur l'accusation elle-même ». Il établit qu'il n'a été pour rien dans la conclusion de la paix en 346, « dût Eschine étouffer en hurlant ce mensonge ! » Il démontre également qu'il fit tout afin d'empêcher les lenteurs et les intrigues fatales de l'ambassade. Eschine devait avoir la pudeur du silence et ne pas déverser sur un patriote « la vieille lie de ses trahisons ». « Pour un supplément de salaire », le misérable a vendu la Phocide et la Béotie à Philippe. Malédiction sur l'esclave, sur le salarié du Macédonien ! (§§ 5 à 16.)

II. Ayant pris l'offensive, Démosthène examine les termes du décret de Ctésiphon : ils ne sont que le juste éloge des actes de l'orateur. Oui ! malgré les traîtres « âpres à la curée », il a conseillé au peuple d'Athènes la politique généreuse que tout un passé de gloire lui imposait. Il s'en vante. Il en revendique la responsabilité. Il rappelle les alliances qu'il fit conclure ; les excellentes réformes qu'il effectua ; les échecs qu'il prépara à Philippe en Eubée et dans l'Hellespont. La ville fut alors comblée d'honneurs par les autres villes ; et Eschine « a beau crier, les mains pleines d'or », ce sont des choses qu'on n'oublie pas. (§§ 17 à 30.)

Cette partie du discours se termine par la justification juridique du décret. L'illégalité était flagrante. Démosthène paie d'audace, cite quelques précédents, présente quelques sophismes, et passe rapidement. Sans laisser aux juges le temps d'approfondir, il détourne leur attention par une charge à fond de train contre « l'ennemi d'Athènes », contre Eschine. (§§ 31 à 38.)

III. Ce fameux défenseur des lois, quel est-il ? « Un de ces misérables que distingue l'exécration publique », le fils d'un esclave et d'une gueuse, « un esclave et un gueux lui-même ». Démosthène s'acharne sur l'adversaire et le couvre de boue ainsi que tous les siens. Il dévoile la politique du traître qui, par la guerre amphictyonique, ouvrit à Philippe la Grèce

A
B

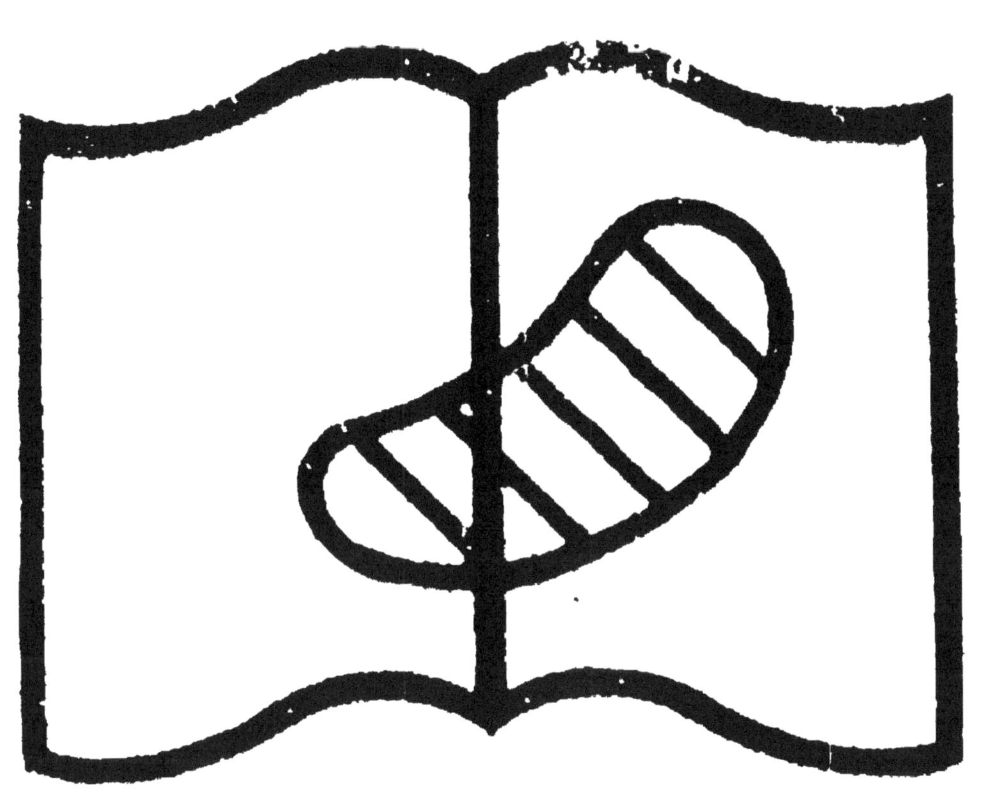

Illisibilité partielle

centrale; et il proclame Eschine « le fléau universel qui écrasa les hommes, les républiques, les cités ». (§§ 39 à 51.)

IV. A la conduite de cet « infâme », Démosthène opposera la sienne. Par un artifice admirable, il reprend son discours, et il étouffe la discussion juridique entre deux magnifiques développements politiques.

On se souvient, dit-il, de l'émotion qui suivit la nouvelle de la prise d'Élatée. L'orateur trace un vigoureux tableau de la panique générale à ce moment. Seul, « il ne déserta point le poste du patriotisme ». Il fut « l'homme de la circonstance », alors qu'Eschine se taisait. Il proposa et effectua l'alliance avec Thèbes. Il ameuta contre Philippe, par la puissance de sa parole et par son infatigable activité, une ligue de mécontents... On a été vaincu, mais l'honneur est sauf. Et, dans un mouvement d'une éloquence entraînante, Démosthène glorifie la défaite au nom des guerriers qui sont morts à Salamine et à Marathon. (§§ 52 à 75.)

V. La cause désormais est gagnée, mais le vainqueur veut sonner la victoire. Il s'abandonne à sa haine contre Eschine. Il déchire le malheureux. Il le traîne avec un croc aux gémonies. Il raille les misères de son enfance et flétrit les turpitudes de son âge mûr. C'est un débordement d'invectives. L'exécution terminée, Démosthène complète sa propre apologie. Démocrate et patriote zélé, il énumère les services rendus par lui et regrette que toutes les cités n'aient point possédé un Démosthène. La fortune n'a pas secondé ses efforts; mais le succès ne dépend pas des hommes: il est dans la main des dieux. Athènes l'a compris et a récompensé le dévouement de l'orateur: celui-ci jure que ce dévouement sera éternel. (§§ 76 à 100.)

PÉRORAISON. — Le discours s'achève, comme il avait commencé, par une prière aux dieux immortels. Suivant la coutume des Grecs, Démosthène laisse tomber la voix en finissant.

Le résultat fut celui qu'espérait l'obstiné patriote. On l'acclama. On acquitta Ctésiphon. On condamna à une forte amende le pauvre Eschine, qui s'exila. A Rhodes, dans sa retraite, il déclamait la harangue de Démosthène et la louait comme la réalisation d'un art parfait. Quoi de plus beau, en effet, que ce discours ému, subtil, tout vibrant de colère, d'enthousiasme et de passion, qui est « une réfutation accablante, une apologie sublime » et aussi « une philippique, un discours national » (1) ? C'est le chef-d'œuvre de Démosthène. C'est, comme on l'a dit spirituellement, « une des couronnes de l'art oratoire » (2).

Étude littéraire : la politique de Démosthène. — Le *Discours sur la couronne* est le testament politique de l'orateur et la justification de sa campagne acharnée contre les Macédoniens. C'est pourquoi, bien qu'un tel sujet appartienne plutôt au domaine de l'histoire, il faut exposer en quelques mots et apprécier la politique de Démosthène.

Cette politique est claire et simple. De bonne heure, l'auteur des *Philippiques* avait deviné les projets du roi de Macédoine. Moins naïf que le rhéteur Isocrate, moins résigné que Phocion, il pensa qu'Athènes devait repousser la suprématie d'un barbare. La ville qui avait vaincu Darius et Xerxès se déshonorerait en cédant à un misérable petit prince. Démosthène se constitua le continuateur des Miltiade et des Thémistocle.

Dans cette lutte contre un autocrate et un homme de guerre, il fit preuve de rares qualités. Il eut cette vertu indispensable à un politique : la clairvoyance. C'est merveille que de constater avec quelle sûreté il dévoila les manœuvres du Macédonien et prophétisa les événements. Actif, vigilant, inflexible sur les principes, mais souple et varié dans l'emploi des moyens, il se plia, sans jamais transiger avec l'honneur, à ce qu'exigeaient les circonstances. Il prêcha la guerre et conseilla la paix ; il s'allia à d'anciens ennemis comme les Thébains ; il intrigua même avec le roi des Perses contre Philippe et Alexandre. Peu lui importaient les compromissions, si la liberté d'Athènes restait sauve ! Il eût accepté tous les concours pour écarter le péril prochain.

Par ce mélange de volonté et de souplesse, il créa de sérieux obstacles à Philippe, et, réveillant Athènes endormie, il la jeta tout armée sur le chemin du conquérant. On lui a reproché cette politique de résistance. Après

(1) Villemain.
(2) Ouvré, *Démosthène*, page 174.

Eschine « le vendu de Philippe », Polybe, Mably, Victor Cousin ont condamné Démosthène (1). Il était le champion d'une cause « vouée à la défaite ». Il a failli, au nom du passé, arrêter « le progrès de l'humanité ». Il est heureux qu'il ait échoué « honteusement » ! Ce sont doctrines que nous n'approuvons point.

Sans doute, Démosthène a succombé, trahi par la fortune et par l'inertie des siens. Mais, parce que la lutte était difficile, il ne s'ensuit pas qu'une ville toujours libre dût, sans tirer l'épée, se courber sous le joug du premier prince venu. Quand les rois perses inondaient la Hellade de barbares, on avait arrêté le torrent. On pouvait, à plus forte raison, vaincre Philippe ; et la victoire fut longtemps indécise à Chéronée... D'ailleurs, et c'est un langage que des Français comprendront, Démosthène a nettement déclaré qu'il ne fallait pas éviter la défaite, même certaine, aux dépens de l'honneur national. Il a rappelé que les ancêtres seraient morts avant de souffrir « les outrages et les infamies qu'on subit dans une ville esclave » (2). N'en déplaise aux philosophes, la postérité jugera comme Athènes vaincue : « traduit au tribunal de l'histoire, Démosthène gagnera une seconde fois son procès pour la *Couronne* (3). »

L'orateur et l'écrivain. — Dans le *Discours sur la couronne*, on retrouve, au point de vue de l'éloquence et du style, les mêmes qualités que dans les *Philippiques* : même simplicité dans l'exorde et la péroraison ; même précision lumineuse dans le récit des événements historiques ; même habileté qui se dissimule, dans le plan si capricieux et si irrégulier du discours.

(1) Polybe, XVII, 13, 14 ; Mably, *Observations sur l'histoire de la Grèce*, V, page 157 ; Victor Cousin, *Introduction à l'histoire de la philosophie*, 10e leçon. Victor Cousin ajoute même : « *Le parti du vainqueur est toujours celui de la meilleure cause, celui de la civilisation et de l'humanité, celui du présent et de l'avenir, tandis que celui du vaincu est toujours celui du passé. Le grand homme vaincu est un grand homme déplacé dans son temps ; son triomphe eût arrêté la marche du monde ; il faut donc applaudir à sa défaite, puisque avec ses grandes qualités, ses vertus et son génie il marchait au rebours de l'humanité et du temps !* »

(2) *Discours sur la couronne*, § 59.

(3) Ouvré, *Démosthène*, page 337.

Le sujet prêtait aux effets de théâtre, aux périodes ronflantes et indignées. Démosthène, fidèle à sa maxime : « Pas de phrases, des faits ! » « οὐ λόγος, ἀλλ' ἔργον ! » a dédaigné ces moyens faciles. Il s'est borné à exposer les événements en son style sobre et serré, concis et substantiel. Avec chaleur, mais sans emphase, il a mis la réalité sous les yeux.

Notons pourtant certains caractères de son éloquence qui nous ont moins frappé dans les *Philippiques*.

Au premier rang nous placerons la *violence*. Certes, Philippe n'était point ménagé dans la *seconde Olynthienne*. Mais que dire ici des invectives contre Eschine ? Il est « un misérable scribe », « un histrion subalterne », « un délateur atroce », « un filou », « un infâme », « un scélérat », « un perfide serpent », « un renard à face humaine », « un singe tragique », « un faussaire », « un esclave et un gueux » (1). Démosthène épuise contre lui sa provision d'injures. Il le cloue au pilori avec sa famille (2). Il l'écrase dans des passages, dont celui-ci donnera le ton :

« Moi, te reprocher l'amitié d'Alexandre ?... Comment l'aurais-tu acquise ? à quel titre ? Non ! je ne puis te nommer ni l'ami de Philippe, ni l'hôte d'Alexandre. Je ne suis pas si insensé. Les moissonneurs, les gens de salaire s'appellent-ils les amis, les hôtes de qui les paie ? Il n'en est rien, absolument rien ! Mercenaire de Philippe d'abord, mercenaire d'Alexandre aujourd'hui, voilà comment je te désigne, avec tous nos auditeurs. Tu en doutes ?... Interroge-les ! ou plutôt je le ferai pour toi. — Hommes d'Athènes, qu'en pensez-vous ?... Eschine est-il l'ami ou le mercenaire d'Alexandre ?.... Tu entends ce qu'ils disent (3) ! »

Il est évident que cela dépasse en brutalité les plus grandes violences des *Philippiques*. N'en blâmons pas Démosthène ! Eschine, par ses grossièretés révoltantes, avait provoqué ces terribles représailles (4).

Une autre qualité qui se rencontre à un degré plus éminent, c'est le *mouvement*, c'est la *vie*. — Malgré leurs

(1) *Discours sur la couronne*, voir notamment §§ 11, 24, 32, 38, 39, 51, 52, 63, 61, 71, et surtout 78-82.

(2) *Ibid.*, §§ 40 et suiv., 78 et suiv.

(3) *Ibid.*, § 26.

(4) Relevons, entre mille, quelques-unes des injures d'Eschine à Démosthène

incessants dialogues (1), les *Philippiques* n'ont pas l'entraînante vivacité du *Discours*. Rien n'égale en dramatique l'émouvante narration du tumulte qui suivit la prise d'Élatée (2). Rien ne vaut pour l'ampleur et pour l'allure presque lyrique certaines pages, et surtout le fameux *paradoxe*, que terminent ces paroles éloquentes :

« ... Non ! Athéniens, non ! vous n'avez point failli en bravant les dangers pour le salut et la liberté de la Grèce : j'en jure par nos aïeux qui affrontèrent le péril à Marathon, par ceux qui se rangèrent en bataille à Platée, par ceux qui combattirent sur mer à Salamine, à l'Artémision, et par tant d'autres vaillants hommes qui reposent dans les tombeaux publics ! A tous indistinctement Athènes accorda mêmes honneurs et même sépulture — entends-tu bien, Eschine ! — sans se borner aux heureux et aux vainqueurs. Et ce fut justice ! car le devoir de braves citoyens ils l'avaient tous rempli... Mais le sort de chacun fut réglé par les dieux (3). »

C'est avec cette éloquence vibrante que Démosthène relevait les courages, surexcitait son auditoire et, littéralement, s'imposait. Aujourd'hui, nous qui n'entendons point rugir « la bête fauve » (4), nous sommes secoués et nous comprenons quelle devait être la puissance de l'orateur, quand, au grand jour du procès pour la Couronne, « ouvrant une soudaine issue à la tempête qu'il retenait en soi, il emportait l'auditeur maîtrisé, comme les vents emportent une feuille sèche ». L'image est de Lamennais, et rien ne rend mieux notre impression.

« lâche fuyard, assassin de nos guerriers, scélérat qui a vécu dans l'infamie, homme de malheur, maligne bête, subtil jongleur, malfaiteur audacieux, bourreau de la république, charlatan, père sans entrailles, traître à l'amitié, impie grossier et gorgé de licence, ministre vénal, voleur des caisses militaires, orateur qui vend son silence pour mille drachmes », etc.

(1) Voir *Olynthienne* III, § 33 ; *Discours sur la Chersonèse*, §§ 15 et suiv., 31, 35, etc.

(2) *Discours sur la couronne*, §§ 53 et 54.

(3) *Ibid.*, § 60.

(4) C'est l'expression d'Eschine caractérisant l'*action* énergique de son adversaire

---

Note de l'auteur. — L'ordre du programme devrait amener ensuite une étude sur les *Orateurs attiques*. Nous avons pensé qu'il n'était pas utile, dans ce livre, de consacrer un chapitre à l'évolution de l'éloquence grecque. C'est plutôt affaire aux historiens de la littérature. Nous renvoyons donc aux *Chefs-d'œuvre des orateurs attiques* de M. Hinstin, à l'*Histoire de la littérature grecque* de MM. A. et M. Croiset, t. IV, et à l'excellente *Histoire de la littérature grecque* de M. Egger, pages 285 et suiv. (Paul Delaplane, Paris).

SUJETS DE DEVOIRS.

1. Démosthène enfant assista au procès d'un certain Callistrate, accusé d'avoir livré aux Thébains la ville d'Orope. Callistrate, par son éloquence, non seulement se disculpa, mais remporta un triomphe. Vous ferez la lettre de Démosthène racontant ses impressions à un ami et lui déclarant qu'il veut être, lui aussi, orateur.

2. Raconter la cérémonie dans laquelle Démosthène prononça l'éloge des guerriers tués à Chéronée.

3. Le soir de Chéronée, Philippe ivre insulte les morts. Rappelé aux convenances par une parole sévère de Démade, il rend justice aux Athéniens et à Démosthène. (Narration et dialogue.)

4. Discours de Démocharès, neveu de l'orateur, demandant qu'on élève au défenseur de la liberté athénienne une statue avec cette inscription : « O Démosthène, si ton bras avait égalé ton génie, jamais les Grecs n'eussent obéi au glaive macédonien ! »

5. Athènes, le jour du procès « pour la couronne ». (Tableau et narration.)

6. Philippe d'après les *Philippiques* de Démosthène.

7. Les Athéniens d'après les *Philippiques :* exactitude historique de ce portrait.

8. La critique d'Athènes par Aristophane et Démosthène.

9. Étudier, dans la *troisième Olynthienne*, le parallèle établi par Démosthène entre les Athéniens d'autrefois et ceux d'aujourd'hui (21 à 36). Pourquoi a-t-il fait ce parallèle ?

10. L'éloquence de Démosthène dans les *Philippiques*.

11. Expliquer dans quelles circonstances fut prononcé le *Discours sur la couronne*. Montrer l'importance de ce procès.

12. Analyser le *Discours sur la couronne*. Faire sentir l'habileté du plan, malgré son irrégularité apparente.

13. Comparer Eschine et Démosthène, au point de vue oratoire et politique.

14. La politique de Démosthène : faut-il la condamner ou l'approuver ?

15. L'invective dans les discours de Démosthène.

16. Principaux caractères de l'éloquence de Démosthène.

17. Étudier et discuter le jugement de Fénelon sur Démosthène (*Lettre sur les occupations de l'Académie*, c. 4).

ARISTOTE

(384-322)

EXTRAITS DE LA RHÉTORIQUE.

Notice biographique.

EXTRAITS DE LA RHÉTORIQUE. — Historique. — Vue d'ensemble sur la *Rhétorique*. — Étude littéraire : les théories d'Aristote. — Le moraliste et l'écrivain.

Notice biographique (1). — La même année que Démosthène, naquit à Stagire, colonie grecque de Chalcidique, un homme qui devait être, à côté de Platon, le plus célèbre des philosophes anciens. Il s'appelait Aristote ; et il avait pour père un certain Nicomaque, membre de la confrérie des Asclépiades, naturaliste distingué, et médecin attitré du roi de Macédoine Amyntas.

Il est probable que le jeune homme aurait embrassé la profession paternelle ; mais, resté orphelin à l'âge de dix-sept ans, il profita de sa fortune, qui était considérable, et vint étudier à Athènes, capitale intellectuelle de la Grèce malgré ses revers. D'abord élève enthousiaste des rhéteurs, il devint, aux environs de 365, le plus fidèle disciple de Platon. Pendant près de vingt années, il fréquenta assidûment ce maître, et c'est à tort qu'on a parlé de mésintelligence ou de rivalité entre eux. Aristote put discuter certaines opinions de l'auteur des *Dialogues*; mais il n'éprouva jamais que piété filiale pour celui qui, devinant son génie, l'avait surnommé « l'Intelligence » de son école.

Après la mort de Platon, c'est-à-dire en 347, Aristote s'éloi-

(1) On attribuait à Aristote 400 ouvrages en mille livres. Nous en possédons 47 à peu près complets, ainsi que des fragments d'une centaine d'autres. Parmi les plus importants, citons la *Morale à Nicomaque*, la *Morale à Eudème*, les *Grandes morales*, la *Politique*, *De l'âme*, la *Métaphysique*, la *Physique*, la *Poétique*, la *Rhétorique*, l'*Histoire naturelle des animaux*, la *Météorologie*, le *Traité du ciel*, etc

gna d'Athènes. Il séjourna quelque temps à Atarné, chez le tyran Hermias, dont il épousa la sœur. Il habita Mytilène, et fit un nouveau voyage en Attique. Puis, vers 342, il fut chargé par Philippe, roi de Macédoine, d'instruire le jeune Alexandre, le futur vainqueur de l'Asie. Cette période fut la plus brillante et la plus heureuse de son existence. Passionné pour l'étude et pour la gloire, le prince était bien l'élève qu'il fallait à Aristote. Le philosophe lui fit aimer la poésie et l'éloquence, travailla spécialement pour lui à une édition d'Homère qu'on appelle « l'édition de la Cassette », et composa même à son usage quelques traités de morale. Il s'établit entre ces deux hommes une vive et franche amitié qui subsista après le départ d'Alexandre pour l'Asie Mineure. Du fond de la Perse, le conquérant adressait à son maître des échantillons de minéraux, de plantes et d'animaux, qui permirent à Aristote de faire de l'anatomie comparée et de pressentir certaines théories modernes. Malheureusement, dans une heure d'ivresse, le roi envoya au supplice Callisthène, neveu du philosophe... Et, de ce moment, leurs relations furent interrompues, pour toujours.

Lorsque cette triste nouvelle lui parvint, Aristote habitait de nouveau la ville d'Athènes. Sous les ombrages du Lycée, il enseignait la philosophie à une multitude de disciples. Dans des conférences « acroamatiques », c'est-à-dire dans des cours fermés, il discutait avec une élite sur les plus graves problèmes. Dans d'autres conférences « exotériques » ou publiques, il conversait en se promenant avec des novices et des profanes. Et il fut ainsi le fondateur de l'école péripatéticienne (1). C'est en cette retraite qu'il comptait achever sa vie ; mais, quand Alexandre mourut, il se produisit une violente réaction antimacédonienne (323). Menacé d'une accusation d'impiété, Aristote s'exila volontairement ; et, l'année suivante, il mourait à Chalcis, léguant à Théophraste la direction de son école, en même temps que de nombreux manuscrits sur tous sujets, dont hérita bientôt la bibliothèque d'Alexandrie.

EXTRAITS DE LA RHÉTORIQUE

Historique. — Les Grecs étant passionnés pour l'éloquence et tout dépendant de la parole dans leurs répu-

(1) De περίπατος, promenade.

bliques turbulentes, on se préoccupa beaucoup chez eux de la rhétorique. De bonne heure, les jeunes ambitieux se pressèrent autour des sophistes et apprirent à leur école l'art de faire un discours selon les règles. Bientôt même on formula par écrit les préceptes d'une science si utile à quiconque désirait jouer un rôle dans l'État, et, un peu avant la dictature de Périclès, on composa les premiers traités.

Corax et son disciple Tisias, qui vivaient tous deux en Sicile, laissèrent des œuvres mentionnées par Aristote, où ils définissaient la rhétorique une « ouvrière de persuasion » (1) et multipliaient les conseils pratiques. Après eux, Polus d'Agrigente, dans son *Art de la rhétorique*, donna surtout des leçons de style oratoire. Puis vinrent Callipe, Pamphile, Glaucon, Licymnius, Euthydème, Isocrate, et beaucoup d'autres. Nous ne retiendrons de cette longue liste que deux noms : ceux de Thrasymaque et de Théodore, qui furent les plus célèbres et eurent une certaine influence sur Aristote (2).

Celui-ci commença tout d'abord par lire, annoter et résumer les livres de ses prédécesseurs. Il consigna le fruit de ses études dans le *Recueil des traités oratoires* (Συναγωγὴ τεχνῶν). Cet abrégé, dont Cicéron fait l'éloge et auquel il emprunta les chapitres du *Brutus* sur l'éloquence grecque, jouit longtemps d'une grande réputation. Il est fort regrettable pour l'histoire de la littérature que nous ne l'ayons pas conservé. Dans quelques autres opuscules, Aristote exposa ses opinions sur différentes parties de l'éloquence, et c'est à ce groupe qu'appartenaient les traités sur la *Voix*, le *Langage*, la *Diction pure*, l'*Art d'écrire des éloges*. Avant son ouvrage capital en la matière, il s'était donc préparé sérieusement par de consciencieuses recherches, et par des essais intéressants. La *Rhétorique* est le résultat de tout ce travail antérieur.

On a voulu parfois joindre à ce livre considérable un

(1) « Πειθοῦς δημιουργὸς ἡ ῥητορική. »

(2) Voici les titres de quelques œuvres de Thrasymaque : *Traité de rhétorique* (τέχνη) ; *Ressources oratoires* (ἀφορμαὶ ῥητορικαί) ; *Exordes et péroraisons* (προοίμια καὶ ἐπίλογοι).

petit manuel assez sec, que l'on intitule *la Rhétorique à Alexandre* et qui contient de maigres préceptes, des classifications, des définitions. Les critiques les plus autorisés sont aujourd'hui d'accord pour en nier l'authenticité (1), et c'est uniquement dans la *Rhétorique* qu'il faut chercher la doctrine d'Aristote. Cette *Rhétorique*, elle-même, est-elle complètement inattaquable?... Certains ne l'ont pas cru, et, remarquant des contradictions entre le IIIe livre et les deux premiers, ils ont prétendu que cette partie n'était pas authentique. Cette opinion nous paraît erronée, et le IIIe livre porte bien la marque du maître. Il est seulement probable que c'est un opuscule sur le style (περὶ λέξεως), réuni postérieurement à l'ouvrage.

On désirerait vivement connaître la date exacte de la *Rhétorique*, et ce serait un détail précieux pour l'histoire littéraire. Mais les allusions à des événements ou des personnages contemporains sont rares et peu précises (2). Une chose semble certaine : Aristote l'écrivit après la bataille de Chéronée et la mort d'Isocrate (3), c'est-à-dire après 338. Et, comme il cite de droite ou de gauche ses *Analytiques*, ses *Topiques*, sa *Politique*, sa *Poétique*, on approchera fort de la vérité en affirmant que nous avons là un des derniers ouvrages qu'il ait composés.

Vue d'ensemble sur la Rhétorique. — Exposons brièvement le plan de la *Rhétorique* et l'ordre dans lequel se suivent les nombreux préceptes formulés par Aristote.

Au Ier livre, dans un chapitre très vanté, après avoir déclaré que les anciens rhéteurs « n'ont touché qu'une petite partie de cet art », il définit la rhétorique. Elle est, à ses yeux, non pas une science d'un genre déterminé, mais quelque chose comme la dialectique et une sorte de méthode pour le développement d'une faculté naturelle.

(1) On l'attribue à Corax ou bien encore à Anaximène.

(2) Par exemple, livre II, c. 23, § 3 (allusions à un procès de Démosthène) ; c. 23, § 5 (allusions aux événements qui précèdent Chéronée) ; c. 24, § 9 (démêlés de l'orateur Démade avec Démosthène).

(3) M. Croiset note qu'Aristote emploie l'*imparfait* en parlant d'Isocrate.

Elle n'a pas fonction de persuader, mais de voir dans chaque sujet ce qui s'y trouve de propre à créer la persuasion. Elle est l'étude de la preuve et de la démonstration oratoire.

Ceci posé, Aristote aborde l'étude des différents genres d'éloquence. Il en reconnaît trois : le *délibératif* qui dissuade ou conseille, l'*épidictique* qui blâme ou qui loue, le *judiciaire* qui attaque ou qui défend. Ils ont respectivement pour but : l'utile, le beau et le juste. En vrai savant qu'il est, notre auteur définit toutes ces choses, ainsi que leurs contraires, avec la plus grande minutie. Il insiste principalement sur la notion de justice et sur tout ce qui concerne le genre judiciaire. Dans une nation où l'on plaidait sans cesse, c'était la partie la plus importante de la rhétorique.

Aristote le comprend si bien qu'il consacre la moitié de son II° livre à étudier les *passions* et les *mœurs*. Tout dépend dans un procès des dispositions de l'auditoire, et « les jugements varient selon que nous sommes poussés par l'amour ou par la haine, que nous sommes en colère ou de sang-froid ». Il faut donc connaître les passions, afin de les exciter ou de les apaiser chez ceux qui nous écoutent, et le philosophe met sa science psychologique au service des futurs avocats. Il décrit et analyse successivement la colère, la douceur, l'amour, la haine, la crainte, la pitié, l'indignation, l'envie et l'émulation. Il peint aussi avec beaucoup de finesse et de profondeur les différents caractères et note très bien les modifications qui résultent en notre âme des habitudes prises, de l'âge et de la condition sociale. C'est là que se place le fameux passage, si souvent imité, sur les jeunes gens, les hommes faits et les vieillards. Il couronne magnifiquement cette partie, qui est la plus belle de la *Rhétorique*. Aristote revient alors à des préceptes plus techniques et d'un intérêt moins général. Il traite des lieux communs aux trois genres, des « exemples », des « sentences », des « euthymèmes réels ou apparents ». Et, quoiqu'elle abonde en détails curieux, cette fin du II° livre n'a point la valeur universelle et éternelle du début.

Aristote s'occupe ensuite de l'*élocution*. Quoiqu'il affiche pour les choses de style un véritable dédain, il reconnaît cependant que l'orateur doit en tenir compte s'il désire « plaire » à l'auditoire. Et c'est pourquoi en douze chapitres il examine toutes ces questions. Après avoir nettement distingué le langage de la prose et celui de la poésie qu'il lui semble blâmable de confondre et de mélanger, il énumère et définit toutes les qualités du style, la clarté, la convenance, la pureté, l'ampleur, le rythme. Il étudie les différentes sortes de style : style continu (εἰρομένη) ou périodique (κατεστραμμένη). Il dit enfin quelle espèce d'élocution convient aux genres épidictique, délibératif, judiciaire. Les dernières pages sont remplies par des conseils touchant la *disposition*, c'est-à-dire les parties essentielles ou accessoires du discours. Aristote indique les sources de l'*exorde*, suivant qu'on est à la barre, qu'on parle à la tribune ou qu'on prononce une harangue d'apparat. Il déclare qu'une *narration* ne sera point bonne si elle n'est proportionnée, morale, vraisemblable et pathétique. Il enseigne à faire une *preuve* ou *confirmation* bien concluante et une *péroraison* qui, en atténuant ou amplifiant les faits, mais surtout en émouvant les passions, concilie à l'orateur et à la cause défendue la faveur des juges ou du public. La *Rhétorique* se termine sur cette étude, fort importante pour les anciens, mais qui, étant donnée la différence des époques, n'a plus pour nous qu'un intérêt historique.

Étude littéraire : les théories d'Aristote. — La *Rhétorique* est une œuvre considérable et d'une singulière originalité. On a pu dire justement que de tous les traités sur la matière c'était le moins vieilli et le plus utile. Il est, en tous cas, le premier où l'on ait donné autre chose que des recettes, le premier où la rhétorique ait été défendue contre les sophistes qui la discréditaient et contre les adversaires de génie, comme Platon, qui la proclamaient inutile autant qu'immorale.

Auparavant, tous les rhéteurs, dont nous avons mentionné les noms plus haut, « n'avaient touché qu'une petite partie de cet art ». Aristote leur reproche d'avoir négligé les enthymèmes, « qui sont le corps de la preuve », et « d'avoir traité longuement des choses qui sont en dehors du sujet » (1). En réalité, ils se bornaient à distinguer les différentes parties du discours, à en inventer de nouvelles, à enseigner des procédés commodes pour tous les cas donnés. C'étaient des empiriques, ne voyant dans la rhétorique qu'un métier.

Aristote avait trop l'esprit scientifique pour suivre les errements de ses devanciers. Habitué en tout à rechercher l'essence des choses et à ne reconnaître que la science du général, il ne s'est pas contenté d'étudier les petits moyens ou les questions particulières. Après une vaste enquête, il a tâché de déterminer quelle est la vraie fin de l'art oratoire, et comment on peut la réaliser. Cela ne l'empêche pas de donner, lui aussi, nous l'avons vu, bien des détails techniques, notamment à la fin du Ier livre et du IIIe (2). Mais ce n'est pas un vulgaire praticien qui s'occupe ici de la rhétorique, c'est un philosophe sévère et profond.

On s'aperçoit aussitôt de la différence. La définition qu'il donne dès le début est caractéristique. La rhétorique doit, selon lui, découvrir dans une thèse quelconque la part de vérité ou de vraisemblance qu'elle contient. Elle est l'art de bien raisonner sur tout sujet. Elle est une dialectique du vraisemblable. Elle consiste dans la *preuve* (πίστις); et c'est là une chose que les prédécesseurs d'Aristote n'avaient pas vue (3). Mais cette idée féconde a des conséquences plus heureuses et plus fécondes encore. Si la rhétorique est une théorie du raisonnement oratoire, il importe de bien connaître les idées qui mènent la foule, les opinions des hommes, leurs intérêts et leurs passions, car leur raisonnement repose sur l'intelligence de ces choses. Aristote recommande donc d'étudier les idées du beau, du juste, de l'utile, aussi bien que les mœurs et les caractères de nos semblables. Il

(1) *Rhétorique*, livre I, c. 1, § 2.
(2) *Ibid.*, livre I, c. 15; livre II, c. 23; livre III, c. 13-19
(3) *Ibid.*, livre I, c. 1 et 2.

prêche d'exemple, et nous donne de fines et pénétrantes analyses (1). En le faisant, il a créé l'éthique oratoire, à laquelle nul ne songeait, et il l'a constituée de main de maître. C'est son originalité d'avoir montré que les artifices ne suffisent point, que la grande éloquence est impossible sans une sérieuse connaissance du cœur humain, et que la science morale fournit à l'orateur des faits et des principes qui sont les sources du raisonnement. Voilà qui le place bien au-dessus des rhéteurs précédents, des Thrasymaque ou des Théodore. Son livre a une immense valeur philosophique.

Ayant élevé aussi haut la rhétorique et en ayant fait quelque chose de grand, au lieu du métier frivole et bas qu'elle était pour les sophistes, Aristote la défend contre certaines accusations qu'on lui adresse. Platon, qui d'ailleurs a magnifiquement parlé de l'éloquence, jugeait la rhétorique inutile parce qu'elle est la science, non de la vérité, mais du vraisemblable, et qu'il n'admettait, lui, que la science du vrai. Il la condamnait également comme immorale, elle qui enseigne à soutenir indifféremment des thèses quelconques. Aristote proteste contre ce rigoureux arrêt. Il établit d'abord qu'elle est utile, « car le juste et le vrai sont préférables à leurs contraires, et, cependant, si la justice n'est pas bien rendue, ils succomberont nécessairement dans la lutte ; résultat déplorable ! » Il importe donc de mettre une arme solide entre les mains de l'honnête homme, afin qu'il fasse triompher son bon droit ; et cette arme c'est la rhétorique. Soit ! dira-t-on, mais un méchant peut s'emparer de l'arme et s'en servir pour le mal. C'est une fatalité naturelle, répond Aristote, et cela ne se produit pas seulement ici. « Cette objection peut être aussi dirigée contre toutes les bonnes choses-là ; excepté la vertu — et surtout contre ce qu'il y a de plus utile, comme la force, la santé, les richesses, l'art militaire. Toutes ces choses sont très utiles, si vous en faites bon usage ; sinon, elles deviennent nuisibles (2). » Il faut avouer que la réponse est juste, et qu'Aristote a raison.

(1) *Rhétorique*, par exemple, livre II, c. 2, 6, 10, 12, 13, 14, etc.
(2) *Ibid.*, livre I, c. 1, § 6.

Il est d'avis, au surplus, que l'étude de la rhétorique doit être accompagnée d'une forte éducation morale. De la sorte, on ne songera point à mettre son talent au service de l'injustice, mais à celui de la vérité et de la vertu.

Les nobles et belles idées abondent dans la *Rhétorique*. On regrette parfois qu'Aristote s'oublie à donner des préceptes que ne désavoueraient pas les sophistes (1) et qu'il expose les expédients avec une imperturbable aisance. Mais ce sont là ressouvenirs, d'ailleurs fort rares, de ses devanciers. Dans son ensemble, le livre est parfaitement moral et très précieux. On sent qu'il a été écrit par un philosophe, doublé d'un littérateur et d'un savant.

Le moraliste et l'écrivain. — La *Rhétorique* n'est pas seulement intéressante pour les futurs orateurs. Indépendamment des préceptes techniques et des anecdotes sur les maîtres de l'éloquence, elle renferme bien des choses susceptibles de plaire à tout le monde. Nous signalerons surtout les portraits et les analyses psychologiques. La méthode d'Aristote est, en pareille matière, fort curieuse et fort savante. Lorsqu'il étudie une passion, il débute par une définition exacte ; il cherche ensuite et il note ce qui en provoque l'explosion, ce qui en favorise ou contrarie le jeu, ce qui la différencie de telle ou telle autre ; il cite enfin des exemples historiques et tirés des œuvres célèbres à l'appui de ses théories (2). Observateur pénétrant, il connaît parfaitement l'humanité et il excelle à reproduire la physionomie des personnages les plus différents. Pour juger de sa précision et de sa finesse, il suffira de lire les passages sur les *nobles*, les *riches*, les *puissants*, et le tableau fameux des *Trois âges* : jeunesse, vieillesse et maturité. Citons quelques phrases du portrait des jeunes gens, éternellement citées et qui sont dignes de l'être (3) :

Les jeunes gens sont inconstants dans leurs désirs et prompts à se dégoûter. Ils désirent avec ardeur, mais ils se lassent bientôt ;

(1) Par exemple, livre I, c. 5, § 5 et 6 (sur le serment prêté).
(2) Par exemple, livre II, c. 2 (la colère) ; c. 6 (la honte), etc.
(3) Voir *Rhétorique* livre II, c. 12 ; cf. également les chapitres 13 à 17.

car leur volonté, semblable à la faim et à la soif des malades, a plus de vivacité que de force. Ils sont colères, emportés, et, s'abandonnant à la fougue, ne peuvent maîtriser leur courroux. Avides d'honneur, ils ne supportent point d'être comptés pour rien et ils s'indignent quand ils pensent qu'on a des torts envers eux. Ils recherchent les distinctions, moins cependant que la victoire; car la jeunesse veut s'élever et la victoire est une prééminence. Ils sont avides de ces deux choses plus que de l'argent, auquel ils n'attachent aucun prix, n'ayant pas fait encore l'épreuve du besoin. Ils ne sont pas méchants, mais simples et candides parce qu'ils n'ont pas vu encore de nombreuses vilenies; confiants, parce qu'ils n'ont pas été trompés souvent; pleins d'espérance, parce que leur nature bouillante ressemble à l'ivresse du vin et qu'ils n'ont pas encore éprouvé beaucoup de mécomptes....

Tout le portrait a cette vérité psychologique et est écrit avec cette justesse d'expressions. Depuis, nombre d'auteurs, Horace et Boileau par exemple, ont tenté de rivaliser avec Aristote; mais seul Bossuet dans le *Panégyrique de saint Bernard*, où il caractérise avec tant de pittoresque les vertus et les vices de la jeunesse, réussit à l'égaler. Ce simple rapprochement est tout à l'honneur du Stagirite : en effet, qui connut mieux le cœur humain que Bossuet?...

L'écrivain, dans la *Rhétorique*, a-t-il les mêmes mérites que le moraliste et le théoricien?... Les avis sont très partagés. Quintilien loue « la douceur de son élocution », mais Fénelon lui reproche une excessive et fatigante sécheresse. Il convient d'adopter le juste milieu qui était si cher au philosophe. Aristote compose mal et n'évite point la confusion dans le détail. Il devient obscur à force d'être subtil et de vouloir être profond. Il bannit avec une implacable rigueur tous les ornements du style, et on regrette, en le lisant, de n'avoir point là, comme dans les *Dialogues* de Platon, une langue poétique, élégante, colorée. Cela ressemble trop à des notes sur lesquelles un professeur fait son cours. Mais, en revanche, rien n'est si ferme et si précis que ce style un peu froid, nu et monotone. Les mots ont un sens exactement défini et constant; tout y est d'une merveilleuse propriété, et Aristote se sert avec adresse de la langue commune pour exprimer les choses les plus techniques. Cela ne suffit-il point dans un traité scientifique qui n'a point la prétention d'être une œuvre d'art?... Quoi qu'il en soit, par les théories neuves qu'on y expose, par la richesse des renseignements donnés, par la finesse des analyses morales, la *Rhétorique* est un livre qui mérite la réputation dont il jouit depuis Aristote, et qu'on ne saurait trop étudier.

SUJETS DE DEVOIRS.

1. Aristote, nommé précepteur d'Alexandre, écrit à un ami pour lui exposer son plan d'éducation. Il dit notamment qu'il enseignera surtout au prince la rhétorique, de quelle façon et pourquoi.

2. Les théories d'Aristote sur la rhétorique. Montrer ce qu'elles avaient alors de neuf et ce qu'elles ont d'éternellement vrai.

3. Étudier, au IIe livre de la *Rhétorique*, les portraits du vieillard, du jeune homme, de l'homme mûr.

4. Comparer le portrait des trois âges dans la *Rhétorique* avec ceux qu'ont tracés Horace dans l'*Épître aux Pisons* et Boileau dans le IIIe chant de l'*Art poétique*.

5. La Bruyère, qui vient de lire la *Rhétorique*, écrit à un ami et lui dit combien il a été charmé par les analyses morales dont ce livre est plein.

6. Cicéron, qui admirait fort la *Rhétorique*, conseille à un apprenti orateur de lire le traité d'Aristote. Il lui en fait un vif éloge et insiste principalement sur tout ce qui concerne le genre judiciaire dans cet ouvrage.

7. Discuter, à propos de la *Rhétorique*, ce jugement de Quintilien: « Quid Aristotelem? quem dubito scientia rerum, an scriptorum copia, an eloquenti suavitate, an inventionis acumine, an varietate operum clariorem putem. »

THÉOCRITE

(IIIe siècle av. J.-C.)

IDYLLES ET MORCEAUX CHOISIS.

Notice biographique.

Les Idylles. — Historique. — Vue d'ensemble sur les *Idylles* : 1° Récits épiques et pièces lyriques ; 2° les mimes ; 3° les pastorales. — Étude littéraire : la poésie bucolique avant Théocrite. — L'action et les personnages dans les *Idylles*. — Les descriptions et le sentiment de la nature.

Notice biographique (1). — Nous manquons de renseignements précis sur le poète charmant des *Idylles*. Les biographes anciens ne nous ont conservé à son sujet aucune anecdote intéressante, et lui-même a été si sobre de confidences que sa vie nous est presque entièrement inconnue. Il faut donc se borner à émettre des conjectures, et peut-être que cette absence de tout détail biographique a servi heureusement la réputation de Théocrite, qui fut une sorte de poète courtisan.

Né probablement à Syracuse, vers 320 ou 315 avant Jésus-Christ, il alla étudier, tout jeune, dans l'île de Cos, et fut l'élève de l'élégiaque Philétas. Il eut là-bas pour condisciple un homme dont l'amitié devait lui être un jour fort utile : Ptolémée Philadelphe, fils de Ptolémée Lagus. Lorsque son noble camarade fut monté sur le trône d'Égypte, Théocrite ne manqua point de lui rendre visite à Alexandrie et il devint facilement le favori d'un roi lettré. Il voyagea, d'ailleurs, fréquemment à travers le monde hellénique de l'époque,

(1) Lire, sur Théocrite : Jules Girard, *Études sur la poésie grecque* ; Couat, *la Poésie alexandrine sous les trois premiers Ptolémées*, et l'*Histoire de la littérature grecque* de M. Max Egger.

tantôt à Syracuse ou en Grande-Grèce, tantôt sur les bords du Nil ou à Milet. Autant qu'il est possible d'en juger, sa vie fut celle d'un cosmopolite à l'humeur inquiète et vagabonde, partout bien accueilli et traitant avec les princes sur le pied de l'égalité.

Mais, bien qu'il ait vécu parmi les grands et à la cour des Hiéron ou des Ptolémée Philadelphe, Théocrite sut parfois s'isoler et s'échapper loin des palais vers la campagne fraîche et riante. Il contempla la belle nature. Il observa les mœurs des humbles et les représenta fidèlement. Il composa ces ravissantes *Idylles* dont la grâce exquise nous séduit encore aujourd'hui. Et quelques pièces de vers ont rendu immortel le nom d'un homme qui semblait destiné par les circonstances à n'être qu'un panégyriste officiel et un improvisateur de jolis riens.

LES IDYLLES

Historique. — Théocrite est le représentant le plus brillant de l'alexandrinisme. Dans la VIIe Idylle, qui a pour titre les *Thalysies*, il se proclame un des adeptes de la nouvelle école poétique. Et « l'illustre Sicélidas de Samos, ainsi que Philétas, » sont ses maîtres, quoiqu'il ne soit auprès d'eux « qu'une grenouille défiant les cigales » (1). On retrouvera donc dans ses œuvres tous les caractères de la poésie alexandrine portés jusqu'à la perfection. Il avait su comprendre qu'en cette époque d'art élégant et raffiné c'était folie que de prétendre réussir encore dans les grands genres. Il raillait les ambitieux qui tentaient de rajeunir l'épopée et il disait à leur adresse : « Autant m'est odieux l'architecte qui cherche à élever une maison aussi haute qu'une montagne altière, autant je hais ces oiseaux des Muses qui s'égosillent à croasser à l'encontre du chantre de Chios (2). » Plus modeste et ayant mieux conscience des nécessités de l'heure présente, Théocrite se borna à ciseler des *idylles* (εἰδύλλια), c'est-à-dire de courts poèmes.

Il nous en reste environ une trentaine, d'étendue fort

(1) Idylle VII.
(2) *Ibid*

inégale. La *Quenouille*, par exemple, n'a que vingt-cinq vers; mais les *Syracusaines*, les *Dioscures*, les *Thalysies* sont plus considérables, sans compter cependant un nombre d'hexamètres bien supérieur à deux cents. C'étaient de petits chants, μελύδρια, comme disait lui-même le poète. On n'admet guère aujourd'hui qu'elles soient toutes des œuvres authentiques. Ahrens, Fritzsche, Meineke et un certain nombre d'érudits contestent à Théocrite la paternité de quelques-unes d'entre elles. C'est ainsi que le dialogue des *Pêcheurs*, cette curieuse scène de mœurs populaires, est pour des raisons de composition et de style considéré comme apocryphe. Il faut avouer qu'assez souvent le doute est parfaitement légitime. Les *Idylles* ne furent, en effet, réunies et publiées qu'après la mort de Théocrite par le grammairien Artémidore, élève d'Aristophane de Byzance. « Les Muses bucoliques étaient autrefois errantes, disait-il en tête de son édition. Les voilà maintenant toutes ensemble d'une même étable, d'un même troupeau ! » Qu'il se soit glissé dans le recueil des pièces dont il faudrait plutôt faire honneur à Bion ou à tel autre poète pastoral, rien n'est plus vraisemblable. Mais on aurait tort de pousser trop loin les choses. La plupart des *Idylles* ont bien été composées par Théocrite, et nous pouvons, en toute sûreté, d'après elles, essayer de caractériser son génie.

Vue d'ensemble sur les Idylles : 1° Récits épiques et pièces lyriques. — Dédaigneux des grandes épopées, Théocrite a cependant écrit quelques morceaux où il raconte certains épisodes de la mythologie héroïque. Il a traité ces légendes avec une remarquable sobriété; mais, pour être d'humbles bas-reliefs sculptés sans prétention aucune, ces fragments épiques n'en offrent pas moins un vif intérêt. *Hylas*, dont s'inspira au XVIIIe siècle André Chénier, est l'histoire du gracieux enfant « aux boucles flottantes », qui accompagnait Hercule lors de l'expédition des Argonautes et qui se noya en puisant de l'eau à une fontaine (1). Le sujet était banal, et il semblait qu'il n'y

(1) Idylle XIII.

eût rien de neuf à dire sur cette aventure si souvent chantée par les poètes. Théocrite néanmoins renouvelle tout par l'originalité du détail. Il trouve des expressions fortes pour peindre le désespoir d'Hercule après la perte de son disciple bien-aimé. Il décrit surtout avec un charme incomparable la scène où les Naïades attirent l'adolescent au fond des flots :

Bientôt il aperçut une source dans une prairie inclinée. Tout autour croissaient des joncs en abondance et la chélidoine bleuâtre, et le vert capillaire, et l'ache luxuriante, et le chiendent qui rampe. Au milieu de l'onde, des Nymphes formaient une ronde, Nymphes toujours en éveil, divinités redoutées des laboureurs. Eunica, Malis et Nychée aux yeux doux comme le printemps. Lorsque l'enfant eut approché de l'eau l'urne profonde, impatient d'y puiser, toutes s'attachèrent à sa main, car toutes avaient leur faible cœur entraîné vers le jeune Argien. Il tomba dans l'eau sombre tout d'un coup, tel que subitement tombe dans la mer un astre en feu, et alors le matelot dit à ses compagnons : « Camarades, allégez les agrès, le vent est favorable. »

On remarque le même souci de rajeunir par des détails pittoresques la vieille matière légendaire et épique dans *Hercule enfant* (1) ou dans *Hercule tueur de lion* (2). Cette dernière pièce est caractéristique de la manière de Théocrite en ce genre. Il s'agit de célébrer, après tant d'autres, la victoire du fils de Zeus sur le lion de Némée. Le poète a évité l'écueil où de moins habiles se seraient brisés certainement. Il nous montre Hercule se rendant chez le sage roi Augias, se faisant guider par un vieux laboureur avec lequel il s'entretient d'agriculture, et finissant par raconter au jeune prince Phylée comment, dans les plaines humides de Némée, il terrassa le monstre terrible. La légende, d'ailleurs fort bien narrée, est amenée avec beaucoup d'art après la pastorale du début. Théocrite excelle à encadrer de la sorte les fables anciennes, et l'on peut dire que, dans ces récits épiques, si le sujet n'est point nouveau, la forme est toujours originale et le développement plein d'imprévu.

D'autres pièces, assez peu nombreuses au reste, peu

(1) Idylle XXIV.
(2) Idylle XXV.

vent être classées dans le genre lyrique. C'est d'abord la *Quenouille*, délicieux petit morceau où le poète chante Theugénis, la femme de son ami Nicias (1). Ce sont surtout le *Cyclope* et la *Magicienne*, qui sont plutôt des élégies que des idylles au sens propre du mot. Dans la première, le gigantesque Polyphème se plaint que Galathée méprise son amour et il s'efforce d'attendrir cette nymphe « plus blanche que le lait, plus délicate qu'un agneau ». La pièce est fort jolie ; elle abonde en images charmantes, et le ton y est parfois ému et touchant. Mais Théocrite ne se défend point toujours suffisamment du bel esprit et il lui arrive d'être mignard en faisant parler son Cyclope (2). La *Magicienne*, au contraire, ne renferme rien qui soit doucereux ou galant. Une femme délaissée veut par des incantations magiques et des sortilèges ramener à ses côtés l'infidèle et exhale sa douleur en une longue lamentation, où revient à temps égaux une même formule chantante et monotone comme un refrain. La passion s'exprime là toute pure avec une franchise et une ardeur que ni Tibulle, ni Properce, ni Virgile lui-même au VIe livre de son *Énéide*, ne retrouveront. Et, fort dramatique par certains côtés, la *Magicienne* est une élégie des plus puissantes (3).

2° LES MIMES. — Au VIe siècle avait fleuri, en Sicile, un genre que les Grecs goûtèrent beaucoup. C'était le *mime*, sorte de tableau ou de comédie minuscule, assez semblable à plusieurs de nos *farces* du moyen âge. On y mettait en scène les campagnards, les bourgeois, les gens du peuple, et l'on représentait au vif les mille petits incidents de la vie quotidienne. Sophron de Syracuse excella dans ces piquantes études de mœurs ; et sa réputation fut si grande que Platon n'hésita point à profiter pour ses *Dialogues* des saynètes du satirique sicilien.

Théocrite, à l'imitation de Sophron, écrivit quelques *mimes*. La *Magicienne*, où il y a une assez large part d'action, est souvent considérée comme telle ; l'idylle XIV

(1) Idylle XXVIII.
(2) Idylle X
(3) Idylle II.

n'est rien autre chose, et enfin les *Syracusaines* devaient être un des chefs-d'œuvre du genre (1). On sent que Théocrite s'est diverti beaucoup en composant cette amusante comédie. Deux petites bourgeoises siciliennes sont venues à Alexandrie avec leurs époux, sans doute pour un voyage d'affaires; mais, ce jour-là, c'est fête religieuse ; on célèbre des cérémonies en l'honneur d'Adonis, et les joyeuses commères ont comploté de s'en aller seules à travers la ville pour tout voir. Gorgo arrive chez Praxinoé que son « imbécile » d'époux a logée dans les faubourgs, « au bout du monde », « en un vrai trou ». On fait toilette ; on jacasse aux dépens des maris absents ; on bouscule la servante, qui est « fainéante comme une chatte » et qui éclabousse la tunique de Praxinoé en versant de l'eau. Enfin on s'éloigne après mille bavardages, et, comme le bambin pleure parce qu'il n'est point de la promenade, on le paie de mauvaises raisons : « Non ! mon petit, je ne t'emmènerai pas ! Mormo ! Il y a un cheval qui mord ! Je ne veux point que tu te fasses estropier. Phrygia, prends l'enfant et amuse-le. Rentre le chien à la maison et ferme la porte ! » Voilà nos deux amies dans « la cohue », dans « l'immense fourmilière ». On les presse et leurs voiles sont déchirés. Elles demandent leur chemin à une vieille femme qui les raille ; elles manquent vingt fois d'être écrasées ; elles lient conversation avec un étranger compatissant qui leur facilite l'entrée du palais. Mais, toujours vaillantes, — car il s'agit de leur plaisir — elles triomphent de tous les obstacles, elles multiplient les formules d'admiration, et elles ont enfin le bonheur suprême d'entendre une habile musicienne dire un hymne au bel Adonis, par lequel se termine cette amusante idylle. Tout cela est preste et plein d'humour. Les traits de mœurs et de caractères fourmillent. Nous pénétrons dans un intérieur du IIIe siècle ; nous assistons au tumulte d'une réjouissance populaire dans la capitale des Ptolémées ; nous rions du babil exubérant des Syracusaines. Il est regrettable que Théocrite n'ait point écrit

(1) Idylle XV.

beaucoup de *mimes* analogues ; ou, s'il est vrai qu'il en avait laissé un grand nombre (1), nous devons déplorer qu'Artémidore ne nous les ait point conservés.

3° LES PASTORALES. — Si intéressants que soient les fragments épiques ou les *mimes*, ce sont les pièces bucoliques dont les modernes apprécient plutôt le mérite. Nous admirons, avant tout, le Théocrite qui fit converser, au pied d'un arbre touffu, dans une solitude fleurie, les paysans et les bergers.

Parmi ces pièces, presque toutes parfaites, nous choisirons celles que l'on cite comme modèles. L'idylle des *Moissonneurs* est célèbre (2). Le poète y oppose Milon, laboureur « infatigable », « dur comme un quartier de roc », au tendre et sensible Boucæus. Celui-ci aime une gracieuse enfant; celui-là ne connaît et ne veut connaître que son rude métier, et tous deux vantent en mélodieux couplets l'objet de leur passion respective. C'est, au fond, le duel éternel du rêve et de la réalité.

Daphnis et Ménalcas nous offre le type d'une catégorie d'idylles un peu différentes, celles où deux pasteurs se provoquent et se disputent le prix du chant. Ici, les rivaux sont « à la fleur de l'âge » et ont les joues couvertes « du premier duvet ». Tandis que paissent, au milieu des herbes, leurs bœufs « mugissants » et leurs brebis « laineuses », l'aimable Daphnis lance un défi à Ménalcas. Ils déposent des enjeux et prennent pour juge de leur joute pacifique un chevrier qui passait près de là avec son chien « marqué d'une étoile blanche ». L'arbitre s'assied; on commence, et chacun des concurrents dit à tour de rôle des couplets où — selon une formule très juste — « les idées se reproduisent comme le rythme lui-même, d'après une loi musicale : celle des variations » (3) Leurs amitiés, leurs amours. les sentiments qu'excite en eux le spectacle de la nature : voilà ce que chantent les éphèbes. Enfin le chevrier prononce l'arrêt impatiemment attendu. « Douce est ta bouche, dit-il, ô Daphnis

(1) C'est l'opinion de quelques critiques allemands, notamment de M. Birt.
(2) Idylle X.
(3) Couat, *la Poésie alexandrine sous les trois premiers Ptolémées*, page 412.

et charmante est ta voix. Il vaut mieux t'entendre chanter que lécher du miel. Prends les syrinx ! C'est toi qui as gagné le prix ! » Et le poète, pour clore ce débat, nous décrit l'attitude des deux rivaux : « L'enfant fut ravi de sa victoire ; il sauta ; il battit des mains : tel un jeune faon bondirait devant sa mère. Mais l'autre fut consumé de regret et eut le cœur bouleversé par le chagrin. » — N'est-ce point là quelque chose de fort gracieux ? On a fait depuis lors bien des *chants amébées* (1), sans surpasser jamais Théocrite en naïveté ou en naturel (2).

La maîtresse pièce du recueil nous semble cependant être les *Thalysies* (3). Théocrite s'y met lui-même en scène sous le nom de Simichidas. Il raconte qu'allant avec Eucritus aux fêtes de Cérès, il rencontra sur la route le chevrier Lycidas — un lettré lui aussi et un poète, malgré la peau de bouc dont il était revêtu et qui sentait encore « la présure fraîche ». « Simichidas, dit le nouveau venu, où donc tires-tu de ce pas, à l'heure de midi, quand le lézard dort dans les haies et que les alouettes, amies des tombeaux, cessent de voltiger. Te presses-tu vers quelque festin où tu es convié ? Vas-tu d'un pied léger vers le pressoir de quelque bourgeois ? Car tu fais chanter sous ta chaussure tous les cailloux du chemin. » Après des railleries inoffensives et après avoir décoché quelques épigrammes aux poètes rivaux, les deux amis font route ensemble et se disent mutuellement les derniers airs qu'ils ont composés. Puis on se sépare, et Simichidas — c'est-à-dire Théocrite — termine en décrivant dans un morceau lyrique les bonnes heures qu'il passa, cette journée-là, chez l'hôte qui l'avait invité à la fête. Rarement on a mieux encadré deux chansons rustiques entre une conversation familière et un tableau des joies de l'automne. Rarement aussi on a plus harmonieusement et avec plus de discrétion inséré des confidences personnelles ou littéraires dans le cours d'une pastorale. Virgile a essayé de le faire dans plusieurs de ses *Bucoliques* (4)

(1) C'est le nom que l'on donnait à ces chants alternés.
(2) Idylle VIII. Voir également Idylles I, V, VI et IX.
(3) Idylle VII.
(4) Virgile, *Bucoliques*, églogues I, V, IX, X.

mais sans parvenir à égaler Théocrite. L'idylle des *Thalysies*, comme l'a dit Heinsius, reste « la reine des églogues ».

Étude littéraire : la poésie bucolique avant Théocrite. — Théocrite est le créateur de la pastorale; mais ce serait une injustice de prétendre qu'aucun poète grec ne s'était occupé avant lui des bergers et des paysans. Dans les poèmes homériques, sans parler des nombreuses comparaisons empruntées à la vie des champs, il faut se rappeler les tableaux rustiques gravés par Vulcain sur le bouclier d'Achille (1) et les scènes familières qui se passent chez Eumée, le bon gardien de porcs « aux dents blanches » (2). Hésiode écrivit, un siècle plus tard, les *Travaux et les Jours*, manuel de sagesse pratique et d'économie rurale où abondent les détails de mœurs et les descriptions champêtres. Enfin les auteurs dramatiques eux-mêmes ne craignirent point de conduire leurs spectateurs dans les bergeries et au village. Cratinus fit représenter les *Bouviers*, Alexis les *Chevriers*, Antiphane le *Pasteur*, Ménandre le *Laboureur* et le *Paysan*. Euripide avait composé une tragédie des *Bergers*; et l'on sait que certaines pages de la *Paix* d'Aristophane sont la peinture animée et joyeuse d'une fête campagnarde dans un bourg de l'Attique. Avant Théocrite, par conséquent, les poètes n'avaient point négligé, autant qu'on veut bien le dire, les populations rurales. Ils en avaient chanté les plaisirs ou les peines, étudié les coutumes et décrit les travaux.

Mais ils l'avaient fait dans un épisode d'épopée ou dans une scène de comédie. Aucun n'avait songé à écrire des poèmes spécialement consacrés aux agriculteurs et aux bergers. Aucun n'avait entrevu la possibilité d'un genre distinct, où les héros porteraient la houlette. Ce fut l'originalité de Théocrite. Dans les pâturages et les vallons de la Sicile, il entendit les bouviers chanter des chansons populaires et improviser des couplets rustiques, en des concours dont quelque vase aux fines ciselures était le prix.

(1) *Iliade*, livre XVIII.
(2) *Odyssée*, livres XIV et XV.

Ces *bucoliasmes* naïfs lui inspirèrent l'idée des *Idylles*. Sur les pentes boisées de l'Etna il fit dialoguer Battos et Corydon, Daphnis et Ménalcas, tandis que leur bétail broutait les tendres pousses et le cytise en fleurs. Et c'est ainsi qu il inventa un nouveau genre qui devait être en honneur, non seulement au siècle d'Auguste, mais à l'époque de la Renaissance et même sous le règne de Louis XIV.

L'action et les personnages dans les Idylles. — A propos de la VIIIe idylle, des *Thalysies* et des *Syracusaines*, nous avons touché un mot de l'art dramatique du poète. Il est extrême.

Pour un poète bucolique, à moins de chercher des aventures extraordinaires, le nombre des sujets semble devoir être assez restreint. Il y a, en effet, fort peu de choses susceptibles de fournir des sujets de conversations à des bergers. Les plus grands défauts à éviter dans la pastorale sont certainement l'invraisemblance et la monotonie. Théocrite sut se garder de l'une et de l'autre. Même quand il met en scène le fabuleux Daphnis ou le légendaire Cyclope, rien ne nous choque (1). Ces personnages de la mythologie nous apparaissent comme étant des pasteurs ordinaires, et les sentiments qu'il leur prête sont éprouvés par le commun des mortels. Rien d'étrange dans ses *Idylles*. Mais rien de monotone non plus. C'est partout la plus riche et la plus splendide variété. Un léger incident suffit à Théocrite pour diversifier jusqu'aux joutes poétiques entre deux pastoureaux, orgueilleux de leur voix mélodieuse. Tout, d'ailleurs, dans ces petits dialogues, est merveilleusement conduit; tout est combiné en vue de l'effet à produire en ces actions si frêles et si menues qu'elles semblent d'abord n'exister point réellement. On ne se passionne jamais, c'est certain! mais on s'intéresse au développement d'une situation ou d'un caractère, et l'on admire avec quelle virtuosité Théocrite se joue, dans les *chants amébées*, des difficultés inhérentes au genre (2). Il reste éminemment dramatique,

(1) Idylles VI, VIII et XI.
(2) Voir les Idylles IV, V, VI, VIII et IX

là ou beaucoup d'autres seraient languissants et froids.

Cette habileté, nous la constatons encore bien davantage dans la peinture des caractères. Quelle représentation exacte et frappante des troubles de la passion chez Simétha, la magicienne ! et comme elles sont délicieusement bavardes, évaporées, frivoles, Gorgo et Praxinoé, les deux réjouissantes commères de Syracuse !... Mais, si l'on se restreint à l'étude des pastorales, combien également ils sont réels les bergers qu'on nous montre disant des *bucoliasmes* sous quelque chêne au feuillage épais ! Naïfs, défiants et sauvages, superstitieux au point de croire au mauvais œil (1), ils ont les habitudes des campagnards. Ils se couvrent, comme le Lycidas des *Thalysies*, d'une peau de bouc aux longs poils, qui sent encore la présure (2). Ils sont durs à la peine, économes, avares. Ils forment des vœux faciles à réaliser, s'inquiètent du bonheur matériel et se réjouissent à la pensée d'un bon festin savouré devant un âtre flamboyant. « Montagne de l'Etna, ô ma mère ! — s'écrie Ménalcas — moi aussi j'habite une belle grotte taillée dans le creux des rochers. Je possède tout ce qu'on voit en songe, beaucoup de chèvres, beaucoup de brebis dont les toisons sont étendues à mes pieds comme à ma tête. Sur un feu de chêne je fais bouillir des tripes et cuire des glands secs quand sévit l'hiver; et je me soucie de la froide saison, autant qu'un édenté des noisettes s'il a devant lui un pain moelleux (3). » Voilà la grande préoccupation de ces campagnards qui estiment, au reste, la grenouille heureuse parce qu'elle peut « toujours boire à sa soif » (4). Pour compléter la ressemblance, ils ont l'injure prompte et la main leste. Ils ont surtout le parler du village. « Mieux vaut t'entendre que lécher du miel », dit l'un d'eux. « Je me fais l'effet de la grenouille qui rivalise avec la cigale », déclare un autre. Des expressions réalistes de cette espèce nous donnent à tout instant l'im-

(1) Idylle III.
(2) Idylle VII.
(3) Idylle IX.
(4) Idylle X.

pression de la vie. Et cela ne nous étonne point chez des hommes qu'on a tort de se figurer tous comme des esprits distingués ou des modèles de beauté physique, car un grand nombre sont très matériels et quelques-uns défigurés par « d'affreux boutons ». Le poète a fait son possible pour représenter l'exacte réalité, telle qu'il l'avait observée aux bords fleuris de l'Anapus ou sous les châtaigniers de l'Etna.

Ce n'est point à dire que ses bergers ne soient aussi, par instants, des artistes. Ils sont experts dans les choses de la mythologie et comparent beaucoup trop leur sort à celui d'Adonis, d'Anchise ou d'Endymion. Ils ont le sentiment de la beauté littéraire. Ils s'oublient enfin à rêver « en face de la mer de Sicile », et cela contraste vivement avec les caractères que nous signalions tout à l'heure. Mais il convient de se souvenir que les Hellènes de la belle époque — Aristophane, par exemple — alliaient le naturel à la préciosité, la trivialité à l'élégance. Et puis, à supposer que Théocrite ait ici prêté à ses personnages des sentiments qui lui étaient propres et qui nous surprennent chez eux, il faut avouer que nous en sommes très rarement choqués, tant il a fondu harmonieusement tous les contrastes.

Les descriptions et le sentiment de la nature. — Il y a de nombreuses descriptions dans les *Idylles* de Théocrite; mais, au contraire de ce qu'on pourrait croire, cet alexandrin ne les a point placées là pour le plaisir de décrire. Elles font partie intégrante du sujet. Elles servent à encadrer l'action ou à mettre en relief le caractère d'un personnage. Les supprimer serait détruire presque tout le charme des *Idylles*.

Ces descriptions sont, au rapport des voyageurs qui visitèrent la Grande-Grèce ou la Sicile, qui virent les ruines de Sybaris ou l'Etna, des merveilles de précision. « Parfois, dit M. Lenormand, un troupeau de chèvres noires et sèches se repose, à l'abri des broussailles de lentisques qui envahissent le ravin, ou broute sur la crête des collines un gazon ras et à moitié brûlé. Le pâtre qui les garde a l'air aussi sauvage qu'elles ; avec la peau de mouton ou de chèvre jetée sur les épaules et sa longue houlette, on croirait voir le Lacon ou le Comatas de Théocrite. Dans les vers de ce poète, les bergers des flancs de la Sila ont la même apparence farouche. » Ce témoignage et beaucoup d'autres, qu'il serait facile de citer, nous prouvent que l'auteur des *Idylles* avait su voir le caractère et la poésie du moindre site. Dans les paysages qu'il décrit, il avait sans doute passé des heures de rêverie douce et nonchalante. Il a éternisé le souvenir de ces moments divins, en donnant pour cadre aux aventures des Daphnis et des Damœtas les coins verdoyants et les coteaux boisés dont la contemplation l'avait ravi par une belle après-midi de printemps.

La plupart de ses descriptions sont rapides. Il dessine en quelques coups très sobres de crayon. On croirait presque qu'il a peur d'être accusé de vouloir montrer son talent ! Voici un *quadro*, comme disait André Chénier, qui est significatif de cette manière réservée et prudente :

Ils trouvèrent sous une roche polie une source vive où jaillissait toujours une eau pure, qui coulait sur un lit de cailloux pareils à de l'argent ou à du cristal. Auprès avaient poussé de grands pins, de blancs platanes, des cyprès à la cime élevée et des fleurs embaumées où font leur doux travail les abeilles industrieuses qui vers la fin de la belle saison bourdonnent dans les prairies (1).

Mais, à d'autres moments, son enthousiasme est le plus fort, et, emporté par un élan lyrique, Théocrite dit largement son amour de la belle nature. Le tableau qui termine les *Thalysies* est un chef-d'œuvre de description plantureuse :

Mais moi, et Eucrite, et le bel enfant Amyntas, ayant poussé jusqu'à la maison de Phrasidame, nous nous couchâmes à terre sur des lits profonds de lentisque et dans des feuilles de vigne toutes fraîches, le cœur joyeux. Au-dessus de nos têtes s'agitaient en grand nombre ormes et peupliers. Tout auprès, l'onde sacrée découlait de l'antre des Nymphes en résonnant. Dans la ramée ombreuse les cigales hâlées s'épuisaient à babiller et au loin la rainette faisait entendre son cri dans l'épais fourré. Les alouettes

(1) Idylle XXII.

et les chardonnerets chantaient; la tourterelle gémissait, et les blondes abeilles voltigeaient en tournoyant autour des fontaines. Tout respirait un été bien gras; tout respirait le naissant automne. Les poires à nos pieds roulaient, et les pommes de toutes parts à nos côtés. Les rameaux surchargés de prunes pliaient jusqu'à terre. Les tonneaux, scellés depuis quatre ans, lâchaient leurs bondes. Nymphes de Castalie, qui habitez la cime du Parnasse, dites, est-ce d'un cratère de vin pareil que le vieux Chiron fit fête autrefois à Hercule dans l'antre de Pholus? Et le pasteur des rives d'Anapus, le puissant Polyphème, qui lançait des quartiers de montagne aux vaisseaux d'Ulysse, dites, quand il se prit à danser à travers ses étables, est-ce qu'il était poussé d'un nectar pareil à celui que vous nous versâtes ce jour-là, ô Nymphes, autour de l'autel de Cérès, gardienne des granges? Oh! sur son monceau sacré puissé-je une autre fois encore planter le grand van des vanneurs et voir la déesse me sourire, les mains chargées de gerbes et de pavots (1).

« Que vous en semble maintenant? s'écrie Sainte-Beuve après avoir cité ce passage. Quelle royale et plantureuse abondance! quelle plus magnifique définition de cette saison des anciens (ὀπώρα) qui n'était pas le tardif automne, comme à l'époque déjà embaumée de nos vendanges; et qui résumait plutôt le radieux été dans la splendeur de ses fruits! » Et, en effet, dans notre XIXe siècle où nous sommes si fiers de nos poètes descriptifs, qui a décrit avec plus d'ampleur et de coloris un paysage d'août ou de septembre? Qui a possédé, plus que Théocrite, le sentiment net et ému de la belle et de la riante nature?

Pour peindre tous ces spectacles et pour exprimer toutes ces idées, le poète de Syracuse s'était créé une langue et une versification spéciales. On sent quelquefois que l'on est en présence d'un travail de marqueterie savante, et, par certains procédés de style, l'auteur nous rappelle qu'il écrivait à l'époque de l'alexandrinisme. Mais l'impression générale est excellente. Le vers hexamètre, avec la césure bucolique après le quatrième pied, est bien celui qui convenait à ces chansons de bergers. La langue, où dominent les mots du dialecte dorien, que Sainte-Beuve appelle « grandiose et sonore », est

(1) Idylle VII.

ferme et juste, gracieuse et colorée. On comprendra donc aisément que Théocrite ait joui depuis l'antiquité d'une si grande réputation. Quand on veut faire un voyage au pays de l'idylle, c'est son petit livre qu'il faut ouvrir. Les bergers de Virgile sont des patriciens. Ceux de Ronsard, de Racan et de Segrais sont des gentilhommes élégants aux houlettes décorées de rubans mauves ou cerise. Seul, il est resté véritablement dans les limites possibles du naturel. Seul il est capable de nous ouvrir « cet Éden parfumé », dont parle un romancier contemporain, où essaient de se réfugier « les âmes tourmentées et lasses du monde ».

SUJETS DE DEVOIRS.

1. Pollion écrit à Virgile, après avoir lu ses premiers essais poétiques, et lui recommande la lecture des *Idylles* de Théocrite où il pourra trouver de belles choses à imiter.
2. Comparer les *Bucoliques* de Virgile et les *Idylles* de Théocrite.
3. Dans quelle mesure Théocrite est-il le créateur du genre pastoral?
4. Les descriptions et le sentiment de la nature dans les *Idylles*.
5. Montrer, en étudiant les *Syracusaines*, les qualités dramatiques dont était doué Théocrite.
6. Les bergers de Théocrite. Les comparer à ceux de Virgile et des auteurs de pastorales modernes.
7. La peinture des mœurs contemporaines dans les *Idylles* de Théocrite.
8. Faites, à la façon de Théocrite, une idylle où un pêcheur, un laboureur, un berger, chanteront — devant un arbitre et après avoir déposé des enjeux — les mérites de leur profession respective.
9. D'après les *Syracusaines*, dire ce que c'était qu'un *mime* et quelles qualités on devait y montrer.
10. Théocrite n'a-t-il écrit que des *pastorales?* Dire dans quels autres genres il s'exerça et avec quel succès il le fit.

PLUTARQUE

EXTRAITS DES VIES PARALLÈLES.

(Alexandre et César. — Démosthène et Cicéron. — Alcibiade et Coriolan. — Périclès et Fabius Maximus.)

Notice biographique.

EXTRAITS DES VIES PARALLÈLES. — Historique. — Étude littéraire : la composition dans les *Vies parallèles*. — La biographie et l'histoire. — Le moraliste et le portraitiste. — Le peintre d'histoire et l'écrivain.

Notice biographique (1). — « Les écrits de Plutarque, dit Montaigne, à les bien savourer, nous le dépeignent assez, et je pense le connaître jusque dans l'âme ; si voudrais-je que nous eussions quelques mémoires de sa vie. » Nous n'avons point, malheureusement, ce que souhaitait le moraliste du XVIe siècle. L'autobiographie qu'avait composée Plutarque s'est perdue. Et on ne peut garantir l'authenticité absolue des renseignements qui sont parvenus jusqu'à nous. Disons pourtant ce que l'on sait de son existence.

Né à Chéronée vers le milieu du Ier siècle après Jésus-Christ, d'une famille où le goût des lettres était héréditaire, Plutarque fit ses études à Athènes. Il eut pour professeurs le médecin Onésicrate, le rhéteur Émilianus et le philosophe Ammonios, dont l'influence sur son œuvre a été considérable. Ensuite, il voyagea et vint à Rome, chargé sans doute de petites missions diplomatiques. C'était l'époque où dans les écoles florissait la déclamation : Plutarque fut tenté ; il déclama, et ses conférences en langue grecque sur des sujets de littérature ou de morale attirèrent beaucoup d'auditeurs.

(1) Sur Plutarque et sur l'ensemble de son œuvre, voir l'*Histoire de la littérature grecque* de M. Max Egger (Paul Delaplane, Paris).

Mais ces brillants succès ne le grisèrent point, et il quitta la capitale bruyante pour s'en retourner vers Chéronée, la petite ville paisible, et vers les plaines fleuries qui l'entouraient.

Là, dit-on, il mena sans ambition la vie d'un sage, donnant l'exemple des vertus civiques et domestiques, remplissant avec zèle les fonctions municipales les plus diverses pour le bonheur de sa patrie passionnément aimée. On ajoute qu'il fut archonte et grand prêtre d'Apollon... Nous n'avons rien de plus sur son compte que ces renseignements sans lien ni date; et, selon la formule heureuse de M. Gréard, « le biographe de l'antiquité n'a pas de biographie » (1).

EXTRAITS DES VIES PARALLÈLES

Historique. — C'est à Chéronée, dans le calme de sa retraite volontaire, que Plutarque composa les *Vies parallèles*. Avant d'aborder l'étude particulière de ces ouvrages, il importe d'indiquer en quelques mots les sources où puisa l'historien et le mode de composition qu'il adopta.

Fort soucieux d'être sérieusement documenté, il avait lu tous les chroniqueurs et les annalistes des siècles précédents. Presque à chaque page il cite des autorités. Et dans un chapitre de la *Vie d'Alexandre*, à propos d'un événement assez minime, il invoque le témoignage de treize ou quatorze historiens : « Clitarque, Polycrite, Antigène, Onésicrite, Istrus, Aristobule, Charès qui était huissier du roi, Plotémée, Anticlide, Philon le Thébain, Philippe de Théangèle, Hécatée d'Érétrie, Philippe de Chalcis, Duris de Samos » (2). Il y a là une science et une érudition qui nous semblent dignes d'un moderne.

Donnons quelques exemples qui prouveront quelles

(1) M. Gréard, *De la morale de Plutarque*. — On partage les œuvres de Plutarque en deux catégories : les traités philosophiques, réunis sous le nom de *Grandes morales*, et les *Biographies* parallèles. L'historien en avait écrit au moins 62. Il en subsiste 48. Citons, parmi celles-ci, les plus célèbres : *Cicéron* et *Démosthène*, *Alcibiade* et *Coriolan*, *Lysandre* et *Sylla*, *Agésilas* et *Pompée*, *Thémistocle* et *Camille*, *Alexandre* et *César*, *Périclès* et *Fabius Maximus*.

(2) *Vie d'Alexandre*, c. 46.

études et quelles recherches il s'imposa avant d'écrire ses biographies. En même temps nous verrons dans quelle mesure il sut bien choisir les auteurs qu'il consultait. Pour la *Vie de Démosthène*, il pratiqua beaucoup les œuvres de l'orateur lui-même, celles d'Eschine, d'Hypéride et de Dinarque, ses contemporains et ses rivaux. Il mit à contribution des écrivains peu connus aujourd'hui et d'importance secondaire : Démocharès, le neveu de Démosthène ; Ctésibius, Æsion et Pappus, des chroniqueurs sans notoriété ; Ératosthène ou Démétrius de Phalère, un géographe et un rhéteur. Les théoriciens de l'art oratoire, comme Démétrius de Magnésie et le Sicilien Cécilius, lui fournissent même des renseignements dont il s'empare. Enfin, il n'est point jusqu'aux historiens favorables à la Macédoine, les Aristobule, les Marsyas, les Théopompe, dans les ouvrages desquels il ne puise, tout en protestant lorsqu'il le faut contre leurs mensonges intéressés.

Pour la *Vie de César*, il avait les *Commentaires* du dictateur, les livres aujourd'hui perdus de Tite-Live (1), les correspondances et les mémoires des contemporains (2). Bien informé par conséquent, il semble ici mériter qu'on lui accorde pleine confiance. La *Vie de Périclès*, au contraire, doit être consultée avec circonspection. Plutarque invoque le témoignage du grave Thucydide ; mais il cite des autorités moins recommandables. Dans cette biographie, il y a trop de fragments des poètes comiques : précieux à un autre égard, ils dénotent une tendance fâcheuse à chercher là des renseignements. Ces satiriques et ces polémistes n'étaient pas des témoins impartiaux. Nous nous méfions également des emprunts faits au moraliste Théophraste et au philosophe Héraclide de Pont ; leurs préoccupations étrangères à l'histoire ne les poussaient-elles point à accueillir comme probables des anecdotes peu authentiques ? Enfin le compilateur Éphore, dont Sénèque disait : « Sæpe decipitur, sæpe decipit », Ion

(1) Voir Plutarque, *Vie de César*, c. 47. On sait que Tite-Live avait écrit 142 livres et que 115 ont disparu. Son *Histoire romaine* allait jusqu'à l'an 9 après Jésus-Christ.

(2) Par exemple, les mémoires d'Agrippa et de Messala ; les livres de Dellius, de Bibulus, de Volumnius sur Brutus et Antoine les lettres de Cicéron, etc.

de Chios, l'ami de Cimon, et Stésimbrote de Thasos, qui vivait à l'époque de Périclès, ont été mis à contribution par Plutarque : il leur doit les détails sur la vie privée du grand homme ; et, s'il s'inscrit souvent en faux contre leurs assertions, n'a-t-il pas été plus souvent induit en erreur par des gens qui avaient leur parti pris, leurs haines et leurs admirations irraisonnées ?

Une autre question préliminaire, aussi intéressante, est celle du mode de composition adopté. Plutarque choisit deux hommes d'État, un Grec et un Romain, Périclès et Fabius Maximus, Alexandre et César, Alcibiade et Coriolan. Il raconte leur existence séparément ; il les compare ensuite trait pour trait ; il les pèse dans une commune balance. Disons même que les biographies semblent faites en vue de ce parallèle final. L'exactitude en souffre, car l'histoire ne saurait offrir des symétries absolues. Il faut donc sacrifier les détails gênants, avoir recours à des anecdotes suspectes, forcer les différences et les ressemblances. Il est regrettable que Plutarque ait conçu son œuvre de cette façon. Pardonnons-lui toutefois cette imperfection réelle. En ce siècle de rhétorique subtile, on avait la passion des cadres artificiels et factices. Puis, en opposant à chaque Italien célèbre un Grec fameux, ce patriote ardent dont le pays était esclave « trouvait une sorte de consolation à balancer la gloire des vainqueurs » (1).

Étude littéraire : la composition dans les Vies parallèles. — Les biographies de Plutarque ne sont point composées selon les lois d'une méthode rigoureuse. Il semblerait qu'il écrit sans plan arrêté d'avance. Une historiette amène une autre historiette, et, à tout instant, l'auteur s'interrompt pour se livrer à des développements qui n'ont rien de commun avec le sujet. Sa merveilleuse mémoire lui fournit des anecdotes innombrables à propos de tel ou tel événement, et il les sème à pleines mains, sans se préoccuper de savoir s'il détruit la belle ordonnance du récit.

(1) Villemain, *Étude sur Plutarque.*

Les *Vies de Fabius Maximus* et *de Périclès* sont certainement à cet égard les moins parfaites. Outre qu'elles sont sèches et maigres, Plutarque y introduit trop de hors-d'œuvre. Tout lui est prétexte à le faire. Non seulement sur Périclès, par exemple, mais sur le musicien Damon ou le philosophe Anaxagore, sur Elpinice ou Aspasie, il raconte de curieuses anecdotes (1). On est obligé de convenir qu'il abuse et qu'il a souvent des digressions, courtes assurément, mais trop nombreuses. C'est le grand défaut de Plutarque, qui est avant tout un moraliste et un conteur, et qui sacrifie l'ordre et la symétrie au plaisir de narrer des choses instructives ou piquantes.

Toutefois, abstraction faite de ces imperfections, il serait injuste de méconnaître que les *Vies d'Alcibiade*, *d'Alexandre* et de *César* sont mieux composées. On désirerait que ce qui concerne le caractère des héros fût groupé dans une série de chapitres, au lieu d'être éparpillé dans l'ensemble du livre. Mais la tenue générale de ces biographies est fort satisfaisante. Celle de *César* est peut-être, à cause de cela même, le chef-d'œuvre de Plutarque. Peu de digressions inutiles ; pas de lenteurs. L'intérêt est toujours vif et soutenu. On a jugé quelquefois que le début est trop brusque et que l'auteur a négligé des événements importants de la jeunesse du dictateur. Nous expliquerons plus loin le motif de ces lacunes. Mais tous sont d'accord pour louer hautement la vigueur de certaines scènes et le dramatique de certains tableaux : n'eût-il écrit que le *Passage du Rubicon* et les pages où il peint la panique de Rome à cette nouvelle, Plutarque serait encore un des plus illustres écrivains de l'antiquité (2).

La biographie et l'histoire. — Il se pose. au sujet de notre auteur, une question autrement grave. Ses biographies ne sont-elles que des panégyriques? Pouvons-

(1) *Vie de Périclès*, c. 4, 5, 6, 7, 14, 28, 36 et suiv., 63, etc.
(2) *Vie de César*, c. 32, 33, 34.

nous, au contraire, les considérer comme ayant une valeur historique vraiment sérieuse ?...

A première vue, nous lui reprochons d'avoir été trop indulgent pour Fabius Maximus, dont Tite-Live ne cache point l'humeur acariâtre ; pour Alexandre, dont il s'efforce d'excuser les pires excès ; pour Alcibiade, qui le séduit malgré ses fautes ou ses crimes par son élégance et sa bonne grâce. Mais il est des exemples plus caractéristiques ; et, pour résoudre la question, il nous faut comparer au Périclès et au César de l'histoire le Périclès et le César de Plutarque.

Le Périclès que le biographe nous présente a « l'extérieur grave et sévère ». Il ignore le rire ; c'est un sage, et, du jour où il entra dans la politique, il s'interdit les banquets, les réunions joyeuses, les plaisirs mondains. « Sa démarche est ferme et tranquille ; le son de sa voix est toujours égal », et « dans son port, dans ses gestes, dans son habillement », il a une modestie qui ne se dément jamais (1). C'est quelque chose comme un philosophe au pouvoir.

Les qualités morales sont en parfait accord avec cette austérité extérieure. Sans être arrogant, ainsi que le poète Ion le lui reprochait (2), il a une rare dignité, celle qui sied au représentant d'une grande nation. Mais elle s'allie à des vertus moins hautes et à une douceur de mœurs qui l'honore. Sa vie est pure et au-dessus du moindre soupçon (3). Économe dans son ménage au point de mécontenter ses enfants (4), généreux au dehors et prompt à secourir les malheureux (5), il a un souverain mépris des richesses et, pendant sa longue dictature, il ne détourne à son profit pas même une drachme du trésor (6). Son humanité égale son désintéressement. Idoménée de Lampsaque et Duris de Samos l'accusent du meurtre d'Éphialte et de cruauté contre les Samiens : ce sont des calomnies et des mensonges Périclès est bon

(1) *Vie de Périclès*, c. 5 et 7.
(2) *Ibid.*, c. 5.
(3) *Ibid.*, c. 39.
(4) *Ibid.*, c. 16 et 36.
(5) *Ibid.*, c. 16.
(6) *Ibid.*, c. 15.

pour les vaincus et il n'a sur les mains le sang de personne (1).

Avec ce caractère, on devine quel homme d'État doit être Périclès. Général, il est circonspect et ne s'abandonne pas aux élans d'une folle témérité (2). Tribun, il a cette éloquence qui entraîne les masses et qui en impose par l'autorité morale de l'orateur (3). Politique, il a non seulement la souplesse et l'habileté, mais une élévation d'esprit et une largeur de vues remarquables (4). Ajoutons qu'il encourage les artistes et que la ville lui doit les magnifiques œuvres d'art qui la parent et l'immortalisent... Que peut-on lui reprocher ? Plutarque insinue plutôt qu'il n'affirme. On voit qu'il blâme Périclès d'avoir abaissé l'Aréopage, d'avoir employé l'argent des alliés à embellir Athènes, d'avoir hâté la corruption du peuple par des fêtes perpétuelles, des spectacles, des distributions d'argent (5). On sent également qu'il hésite à se prononcer sur les vraies causes de la guerre du Péloponèse (6). Mais, somme toute, il reste favorable à Périclès et souscrit à ces paroles du dictateur mourant : « Ce qu'il y a de plus grand et de plus beau dans ma vie, c'est que jamais un Athénien n'a pris des vêtements noirs à cause de moi (7). »

Dans ses lignes principales, ce portrait est exact. Nul ne conteste l'éloquence de Périclès, admirée par ses ennemis eux-mêmes. Nul ne peut s'empêcher de reconnaître son amour des beaux-arts, son intelligence supérieure, ses vastes et généreuses conceptions (8). Il n'en subsiste pas moins qu'il mérite de sérieux reproches. Ne parlons pas de la guerre du Péloponèse : elle était fatale, et, bien « qu'il soufflât le feu de la guerre », il ne fit que la hâter

(1) *Vie de Périclès*, c. 10 et 28.
(2) *Ibid.*, c. 18.
(3) *Ibid.*, c. 8.
(4) *Ibid.*, c. 5 et 17 notamment.
(5) *Ibid.*, c. 9 et 12.
(6) *Ibid.*, c. 31 et 32.
(7) *Ibid.*, c. 38.
(8) *Ibid.*, c. 17. L'idée d'un congrès du monde hellénique à Athènes est réellement une belle idée.

par ses discours dans l'affaire de Mégare (1). Rendons-lui même cette justice qu'il ne partageait pas le goût de ses concitoyens pour les expéditions lointaines qui les perdirent (2). En revanche, sa vie privée est moins pure que Plutarque ne le prétend et son divorce fut un scandale. Ses procédés pour capter et retenir la faveur populaire sont d'une moralité douteuse. Le fait d'avoir employé en constructions dans Athènes l'argent que versaient les alliés pour la défense commune contre les Perses est un abus de confiance. Enfin, quand il se vantait, à son lit de mort, de n'avoir fait prendre des vêtements noirs à personne, il oubliait Thucydide et Cimon bannis, il oubliait les soldats tombés à Samos dans ce siège pénible qu'occasionna un simple caprice d'Aspasie.

Il fallait mettre ces ombres au tableau : Plutarque les a indiquées seulement. Il semble qu'il ait eu peur d'appuyer. Trop diminuer son héros était au-dessus de ses forces. Il n'en a pas eu le courage.

On ferait des observations analogues à propos de la *Vie de César*. Si le dictateur romain avait pu choisir son biographe, il en aurait difficilement trouvé un plus indulgent que Plutarque. Celui-ci regrette les hardiesses tribunitiennes du consul et blâme sa jalousie haineuse à l'égard de Caton d'Utique (3). Mais à cela et à quelques brèves critiques de l'ambition démesurée de César se bornent les réserves de Plutarque (4). Le reste est un magnifique éloge du premier maître dont Rome subit la domination.

Le général, d'abord, semble à l'historien le type de l'homme de guerre. Il le place, sans hésitation, au-dessus des capitaines contemporains et de ceux qui vivaient un peu avant lui, les Fabius, les Marcellus, les Scipions (5). En Espagne et en Gaule, l'activité de César est proverbiale : en huit jours, il arrive de Rome jusqu'au Rhône, et, par sa promptitude dans l'exécution de ses plans, il déconcerta

(1) Thucydide, I, 127 et 140-145.
(2) *Ibid.*, II, 65, et *Vie de Périclès*, c. 20.
(3) *Vie de César*, c. 14 et 54.
(4) *Ibid.*, c. 69.
(5) *Ibid.* c. 15.

l'adversaire (1). Malgré sa constitution faible et sa mauvaise santé, il donne l'exemple aux troupes : il couche en plein air, dans un chariot (2) ; il ne s'épargne aucune fatigue ; il combat, s'il le faut, au premier rang et, saisissant à la gorge le porte-étendard qui fuit, il le force à faire volte-face en lui criant : « C'est là qu'est l'ennemi (3) ! » Brave, il estime les braves. Il les embrasse après une action d'éclat (4) ; il les récompense avec prodigalité ; il les comble d'honneurs et d'argent (5). Aussi tous sont dévoués à sa personne (6) ; ils ont pour lui le fanatisme qu'auront plus tard les « grognards » de la Grande Armée pour Napoléon, l'autre César ; et, quand on refuse à leur général une prolongation de son commandement, ils frappent sur leur glaive et ils disent : « Ceci la lui donnera (7) ! »

Dans les assemblées populaires, comme au camp, le César de Plutarque est un charmeur. Son caractère hautain se plie à la duperie des caresses. Nul ne sait mieux conquérir les cœurs ou acheter les consciences. Tout jeune, « il s'était concilié la faveur du peuple par sa facilité à serrer la main de tout le monde, étant un courtisan consommé pour son âge ». Les jeux qu'il donne aux Romains, la somptuosité de sa table, la magnificence de son genre de vie lui gagnent de nombreux partisans (8). Il conquiert par ces moyens la dictature et c'est par eux qu'il la conserve, habile jusque dans la clémence dont il fait parade vis-à-vis des vaincus (9).

Ces qualités, Plutarque ne le cache point, sont au service d'une gigantesque ambition. César préfère la première place dans une bourgade à la seconde dans Rome ; il pleure d'envie en se comparant à Alexandre (10) ; il

(1) *Vie de César*, c. 17, 50, etc.
(2) *Ibid.*, c. 17.
(3) *Ibid.*, c. 17, 39, 52 et 56.
(4) *Ibid.*, c. 16.
(5) *Ibid.*, c. 17.
(6) *Ibid.*, c. 16.
(7) *Ibid.*, c. 29.
(8) *Ibid.*, c. 4, 5 et 29.
(9) *Ibid.*, c. 34, 46 et 57.
(10) *Ibid.*, c. 11.

rêve, souverain sans diadème, de ceindre la couronne des rois (1). Et, ce maître de la capitale du monde, cet homme qui a voulu être le premier des généraux à franchir le Rhin (2), médite une expédition fabuleuse en des régions qu'un conquérant n'aura point foulées avant lui (3).

A ce portrait ne retranchons presque rien ; il convient plutôt d'y ajouter. Plutarque, en louant le capitaine et le politique intrigant, a oublié le réformateur actif qui releva l'agriculture et le commerce par d'excellentes lois, rendit la justice plus impartiale et protégea les habitants des provinces contre l'avidité des gouverneurs et des publicains (4). Mais, par compensation, il n'est pas assez rigoureux pour l'ambitieux froidement cruel. Chez César, la clémence est un calcul. Il pleure ses adversaires... quand ils sont morts. Quand il les a vivants, il les traite comme Vercingétorix, qui fut décapité, ou leur tranche les mains comme aux défenseurs d'Uxellodunum, prouvant ainsi « cette douceur et cette clémence envers les prisonniers » que lui prête si gratuitement l'historien (5). Plutarque semble aussi faire bon marché de la violation perpétuelle des lois par César. Sans moralité, criblé de dettes, ayant à sa solde des Clodius ou des Antoine, le dictateur est un Catilina qui a réussi. Pour satisfaire sa soif du pouvoir, il déchaîne mille calamités sur sa patrie et sacrifie 170 000 Romains à son égoïsme criminel (6).... Le biographe mentionne ces choses sans les blâmer, sans même un frisson d'indignation. Il est vrai qu'il écrivait sous les successeurs de César : pour éviter la mort ou l'exil, il importait alors d'être prudent !

En résumé, quand on étudie les *Vies parallèles*, on aurait tort de s'en rapporter aveuglément au témoignage de Plutarque. Si bien documenté qu'il soit, il commet des

(1) *Vie de César*, c. 60.
(2) *Ibid.*, c. 22.
(3) *Ibid.*, c. 58.
(4) Voir, dans l'*Histoire romaine* de M. Guirand, la sage administration de César : lois pour donner du travail aux pauvres, lois somptuaires pour détourner les capitaux vers l'agriculture, lois restrictives de l'émigration ; fondations de nouvelles colonies ; grandes constructions entreprises, etc., etc.
(5) *Vie de César*, c. 15.
(6) *Ibid.*, c. 55.

erreurs et se laisse entraîner à en commettre. Sa bonne foi reste entière, mais il admire trop les héros dont il raconte l'existence. Ce n'est pas un motif de le tenir pour suspect. Il sera bon, toutefois, de contrôler ses assertions d'après les autres ouvrages historiques qui nous restent et de soumettre ses biographies à l'examen d'une critique rigoureuse.

Le moraliste et le portraitiste. — Nous appelons, malgré tout, Plutarque un historien, et, comme le dit M. Croiset, il peut « à la rigueur » être considéré comme tel. Lui-même ne prétendait pas à ce titre et l'avouait fort modestement. Il ne s'est point proposé d'écrire la grande histoire à la façon d'un Hérodote ou d'un Thucydide. Il a été seulement conduit à s'occuper des personnages historiques par « son souci constant des choses morales ». Ce prédicateur de vertu a cherché le moyen de rendre ses leçons agréables et de pousser au bien ses lecteurs, sans les endoctriner, sans jouer aucunement le pédagogue. La biographie des hommes illustres lui a fourni ce qu'il désirait. Mettre sous nos yeux les actions d'un César et d'un Périclès, d'un Démosthène et d'un Cicéron, n'est-ce point nous enseigner par des exemples frappants ce qu'il faut faire? C'est de la morale par l'histoire.

Tel est l'ascendant de la vertu, — dit-il au début de son *Périclès* — qu'en admirant les actes qu'elle inspire, nous sentons s'allumer en nous le vif désir de ressembler à leurs auteurs... Elle nous attire par une force irrésistible et engendre l'envie d'agir, non seulement formant les mœurs par l'imitation, mais entraînant l'adhésion de l'intelligence par la contemplation de l'action vertueuse. Et c'est pourquoi j'ai cru devoir continuer la composition de ces biographies (1).

Il est impossible d'exprimer plus nettement qu'en écrivant des biographies historiques on a une intention de moraliste. De nombreuses réflexions philosophiques, semées çà et là dans le récit, nous empêchent, d'ailleurs,

(1) *Vie de Périclès*, c. 1 et 2.

d'oublier cette loyale déclaration : digressions sur la gravité convenable à l'homme d'État, sur la différence qui existe entre les philosophes et les politiques, sur la bonté suprême des dieux (1). Ce serait donc une injustice que de reprocher à Plutarque certaines lacunes, certains défauts impardonnables chez un historien ordinaire. Il suffira de se tenir en garde contre son manque de critique et sa manie des détails peu contrôlés. Mais qu'il ait négligé de nous conter toute la jeunesse de César ou qu'il soit sobre de renseignements sur beaucoup d'événements politiques ou militaires, peu importe ! Ce n'était point là son dessein. « Qu'on nous laisse, dit-il, rechercher les sentiments et tracer, d'après eux, un portrait naturel de la vie et des mœurs de chacun. Nous abandonnons à d'autres les guerres, les batailles et les grandes actions analogues (2). » Pas d'histoire, par conséquent ; des portraits !

Ces portraits, avouons-le tout de suite, il les peint avec un art merveilleux. Une aventure significative, un petit fait caractéristique, un mot expressif, voilà ce dont il est surtout curieux. « Les plus hauts et les plus glorieux exploits, dit-il, ne sont pas toujours ceux qui montrent le mieux le vice ou la vertu de l'homme. Souvent une légère chose, une parole, une plaisanterie mettent plus clairement en évidence le naturel des personnes que ne le feraient les défaites où dix mille guerriers sont tombés, les grandes batailles, les sièges et les assauts (3). » On saisit le procédé. C'est celui qu'il a employé dans la plupart des *Vies parallèles*.

Voulons-nous connaître Périclès ? Ne le voyons pas seulement à la tribune où retentit son éloquence qui foudroie. Suivons-le chez ses maîtres, lorsqu'il est jeune ; assistons à ses querelles de famille avec ses enfants prodigues ; regardons-le quand il fait reconduire avec des flambeaux, à la nuit close, l'homme qui l'a injurié en l'accompagnant pendant le jour (4). Ces détails nous

(1) *Vie de Périclès*, c. 6, 7, 16 et 39.
(2) *Vie d'Alexandre*, c. 1.
(3) *Ibid.*, c. 1.
(4) *Vie de Périclès*, c. 4-6, 16 et 36.

frappent et nous demeurent dans la mémoire comme des preuves de son instruction parfaite, de son économie rigoureuse, de sa modération inouïe. Est-ce César qui nous préoccupe? Quelques anecdotes nous l'évoquent. Voici le patricien orgueilleux qui, captif des pirates, leur parle avec insolence, les traite en esclaves, leur promet qu'il les fera pendre (1). Voici l'agitateur audacieux qui relève les statues de Marius en plein Capitole (2). Voici enfin l'ambitieux, dont une circonstance bien minime révèle toutes les ardeurs cachées :

On dit qu'en traversant les Alpes il passa dans une misérable bourgade barbare, qui n'avait que très peu d'habitants. En riant et en plaisantant, ses amis lui dirent : « Pensez-vous qu'il y ait même ici des brigues pour les charges, des rivalités pour le premier rang et des jalousies entre les puissants citoyens? — J'aimerais mieux, leur répondit sérieusement César, être chez eux le premier que le second dans Rome! » — De même, en Espagne, il lisait, un jour de loisir, des particularités sur Alexandre. Il se prit à réfléchir longuement et pleura. Ses amis étonnés lui en demandèrent la cause. « Ne trouvez-vous point bien triste, répliqua-t-il, qu'à mon âge Alexandre eût conquis tant de royaumes, quand moi je n'ai rien fait de brillant (3)? »

De même pour comprendre la fougue irrésistible d'Alexandre ne suffit-il point de savoir comment il dompta le cheval Bucéphale, à la suite d'un pari avec son père Philippe (4); et n'en disent-elles pas long sur le caractère d'Alcibiade ces anecdotes soigneusement recueillies par Plutarque :

La passion qui domina le plus en lui fut une ambition démesurée, un amour de la supériorité, s'annonçant dès l'enfance, comme le prouvent les traits qu'on en rapporte. Un jour qu'il s'exerçait à la lutte, vivement pressé par son adversaire et sur le point d'être renversé, il le mordit à la main et lui fit lâcher prise : « Tu mords comme une femme, lui dit celui-ci. — Non! repartit Alcibiade, mais comme un lion! » Une autre fois, étant encore fort jeune, il jouait aux osselets dans une rue étroite. Comme il était en tour de les jeter, il voit venir une charrette chargée. D'abord il crie au conducteur d'arrêter, parce qu'il allait passer à l'endroit même où il devait jouer. Cet homme grossier ne l'écoutant pas et avançant

(1) *Vie de César*, c. 2.
(2) *Ibid.*, c. 6.
(3) *Ibid.*, c. 11.
(4) *Vie d'Alexandre*, c. 6.

toujours, les autres enfants se retirèrent; mais Alcibiade se jetant par terre en face des chevaux : « Passe maintenant si tu veux ! » dit-il au charretier. Cet homme épouvanté fit reculer sa voiture, et les spectateurs coururent à Alcibiade en jetant de grands cris (1).

Plutarque collectionne avec passion ces historiettes, en apparence sans valeur, qui éclairent tout un coin de l'âme; et, lorsqu'il en a juxtaposé un certain nombre, nous ne sommes plus en présence d'une abstraction ou d'un fantôme, mais de l'homme vivant et agissant. Il pousse la précision jusqu'à signaler les singularités physiologiques. Chez Périclès, « la tête était disproportionnée » (2). César avait « la peau blanche et délicate ; il était frêle de corps et sujet aux migraines ; il avait des attaques d'épilepsie » (3). Alcibiade grasseyait (4) ; Fabius Maximus avait une verrue à la lèvre (5); Alexandre penchait un peu le cou sur l'épaule gauche, et avait sur le visage et sur la poitrine une teinte d'incarnat plus marquée que dans le reste du corps (6). Thucydide eût jugé cela des mesquineries ; Plutarque serait désolé d'avoir négligé ces renseignements précieux. Il est l'ancêtre de certaine école historique moderne qui a la manie du document et des indiscrétions sur la vie intime. Dans son *Émile*, J.-J. Rousseau a loué dignement ce mérite et fort bien résumé ce qu'on peut dire du talent de Plutarque dans les portraits :

« Il excelle, écrit-il, par ces mêmes détails dans lesquels nous n'osons plus entrer. Il a une grâce inimitable à peindre les grands hommes dans les petites choses ; et il est si heureux dans le choix de ses traits que souvent un mot, un sourire, un geste lui suffit pour caractériser son héros... Voilà le véritable art de peindre. La physionomie ne se montre pas dans les grands traits, ni le caractère dans les grandes actions : c'est dans les bagatelles que le naturel se découvre. »

Il faut lire en entier cette page et la relire : jamais on n'a mieux défini la méthode charmante de Plutarque.

(1) *Vie d'Alcibiade*, c. 2.
(2) *Vie de Périclès*, c. 3.
(3) *Vie de César*, c. 17.
(4) *Vie d'Alcibiade*, c. 1.
(5) *Vie de Fabius Maximus*, c. 1.
(6) *Vie d'Alexandre*, c. 4.

Le peintre d'histoire et l'écrivain. — Ce serait faire tort au biographe que de voir seulement en lui un portraitiste au pinceau fin et minutieux. Si le sujet l'exige, il brosse avec vigueur de vastes tableaux historiques et rivalise avec Thucydide pour la splendeur du coloris et la largeur de la touche. On a souvent cité les adieux de Brutus et de Porcie, le triomphe de Paul-Émile, la prise de Corinthe par Pyrrhus, les funérailles de Démétrius et de Phocion, la navigation de Cléopâtre sur le Cydnus, les scènes qui suivent la mort d'Antoine (1). La *Vie de César* renferme une de ces compositions magnifiques. Toute traduction en affaiblit l'éclat : donnons-en cependant quelques fragments :

La prise d'Ariminum déchaîna, pour ainsi dire, la guerre à larges portes sur terre et sur mer : et, en franchissant les limites de sa province, César parut avoir transgressé toutes les lois. Ce n'étaient plus alors seulement, comme jadis, des hommes et des femmes qui couraient par l'Italie avec épouvante. On eût dit que, s'arrachant de leurs bases, les villes elles-mêmes s'enfuyaient les unes vers les autres. Comme inondée par le déluge des peuples voisins qui se sauvaient et s'y réfugiaient, Rome, dans cette agitation et cette tempête, indocile à l'autorité, insensible à la raison, faillit se détruire de ses propres mains. Partout des passions contraires et des mouvements convulsifs. Ceux-là même qui se réjouissaient ne restaient point tranquilles ; mais, rencontrant fréquemment dans la grande ville ceux qui s'affligeaient et tremblaient, ils les disputaient, les troublaient et les menaçaient de l'avenir... Pompée avait encore des forces supérieures à celles de César : mais personne ne laissa cet homme suivre ses propres sentiments. Les fausses nouvelles qu'on lui apportait sans cesse, les terreurs qu'on lui inspirait comme si l'ennemi était déjà maître de tout, le firent céder et l'entraînèrent dans la débâcle générale. Il décréta le tumulte ; il abandonna la ville ; il ordonna au sénat de le suivre, et à ceux qui préféraient la patrie et la liberté à la tyrannie il défendit de rester. Les consuls s'enfuirent donc, sans avoir fait, avant de sortir, les sacrifices prescrits par la loi. La plupart des sénateurs prirent aussi la fuite, saisissant, pour ainsi dire comme s'ils le volaient, ce qui leur tombait de leurs richesses sous la main. Il y en eut même qui, d'abord partisans dévoués de César, furent affolés par la

(1) Mentionnons également comme tableaux intéressants à étudier : l'ambassade des dames romaines à Coriolan (*Vie de Coriolan*, c. 33-35) ; le récit de la bataille d'Arbèles et de la mort de Clitus (*Vie d'Alexandre*, c. 31-33 et 50-52) ; une ruse d'Hannibal (*Vie de Fabius Maximus*, c. 9-11) ; l'exécution des complices de Catilina et la mort de Cicéron (*Vie de Cicéron*, c. 25 et 26, 59-64).

crainte et, sans aucune nécessité, se laissèrent emporter par le torrent. Et c'était un spectacle pitoyable que celui de la ville, sous les coups de cette horrible tempête, navire dont désespéraient les pilotes et qui s'en allait au hasard (1)...

Ce tableau est dramatique et plein d'une énergie peu commune. Il serait également curieux à étudier comme caractéristique du style de Plutarque. On a fait à celui-ci une réputation de simplicité et de naïveté. C'est le juger d'après la traduction d'Amyot, qui a transformé ou plutôt transposé ce qu'il touchait. Le style du biographe n'a rien de cette bonhomie et de cette grâce. Il est maniéré, travaillé, emphatique et redondant. Il est, en outre, rempli de choses disparates. « C'est une mosaïque, disait M. Boissonade, où les couleurs sont rapprochées parfois, sans être fondues. » Notons surtout les emprunts fréquents à la poésie et les innombrables comparaisons. Elles fourmillent dans les *Vies de Périclès* et *de Fabius Maximus*. Elles sont trop abondantes encore dans celle de César (2). Ce n'est plus le style de la bonne époque: la décadence a passé par là.

Malgré ces défauts, Plutarque est l'auteur antique qui eut la plus durable influence sur la société moderne. Montaigne vénère « notre Plutarque » et dit de son œuvre: « C'est notre bréviaire ! » Shakespeare lui emprunte le sujet de *Coriolan*, d'*Antoine et Cléopâtre*, de *Jules César*. Corneille s'en inspire, et ce sont les Romains de Plutarque qui déclament dans ses tragédies. Henri IV et Condé le lisent sous la tente; La Fontaine, Racine et Molière le pratiquent; Rousseau et Mme Roland en sont idolâtres. Fortune étrange ! Les hommes de la Révolution prétendent se modeler sur ses héros; beaucoup avouent qu'ils sont devenus « républicains » grâce à lui, et c'est de

(1) *Vie de César*, c. 33 et 34.

(2) Voir notamment, dans la *Vie de Périclès*, les comparaisons d'Athènes avec une femme coquette parée de bijoux (c. 12), de la faveur populaire avec une fleur vite flétrie (c. 15), du peuple avec un coursier sans frein ou une abeille qui laisse son dard dans la plaie (c. 7 et 36), de Périclès avec un pilote, un musicien habile, un médecin (c. 33 et 15). Presque à chaque page on en relève de semblables. Voir aussi, dans la *Vie de Fabius Maximus*, c. 3 (la flamme); c. 4 (la vaste mer); c. 7 (l'athlète); c. 30 (un torrent impétueux et une rivière); c. 32 (comparaisons empruntées à la chasse et au jardinage), etc.

lui qu'ils ont hérité leur fanatisme pour l'antiquité romaine. Le paisible rhéteur n'avait point prévu ce résultat, quand il écrivait à Chéronée les *Vies de Périclès* et *de César*.

SUJETS DE DEVOIRS.

1. Un Athénien écrit à Plutarque pour lui annoncer que ses compatriotes lui ont conféré le droit de cité.

2. Mme Roland a dit dans ses *Mémoires* : « Plutarque m'avait disposée pour devenir républicaine; il avait éveillé cette force et cette fierté qui en font le caractère; il m'avait inspiré le véritable enthousiasme des vertus publiques et de la liberté. » Supposez une lettre de Mme Roland à une amie d'enfance sur son auteur favori.

3. Montaigne répond à un critique de Plutarque. Il lui fait voir l'intérêt historique et moral des *Biographies*.

4. Dans quelle intention Plutarque a-t-il composé les *Vies parallèles?*

5. Le portrait de César, d'après Plutarque. L'étudier au point de vue historique et au point de vue littéraire.

6. Le portrait de Périclès.

7. La méthode et le talent de Plutarque dans les portraits.

8. Plutarque peintre d'histoire: étudier, dans la *Vie de César*, le passage du Rubicon, la panique à Rome, la mort du dictateur.

9. Rechercher l'influence de Plutarque sur les littératures et les sociétés modernes.

10. On demandait un jour à Théodorus de Gaza, érudit grec, quel auteur il sauverait de la destruction s'il ne pouvait en sauver qu'un seul. Il répondit que ce serait Plutarque; car aucun n'offre plus d'agrément et d'utilité. Supposez qu'il développe par lettre à un ami les raisons de ce choix.

11. La composition et le style dans les *Vies parallèles*.

12. Rousseau a dit : « La lecture des *Vies* particulières est excellente pour commencer l'étude du cœur humain; car alors l'homme a beau se dérober, l'historien le poursuit partout, il ne lui laisse aucun moment de relâche, aucun recoin pour éviter l'œil perçant du spectateur, et c'est quand l'un croit le mieux se cacher que l'autre le fait mieux connaître. » Étudier cette opinion en vous servant des *Vies parallèles* de Plutarque.

LUCIEN

(IIe siècle après J.-C.)

EXTRAITS.

[Le Songe. — L'Icaroménippe. — Timon. — Charon.

Notice biographique.
Les Extraits. — Historique. — Le *Songe :* Analyse. — Étude. — *L'Icaroménippe :* Analyse. — Étude. — *Timon :* Analyse. — Étude. — *Charon :* Analyse. — Étude.
Étude générale : les idées de Lucien. — L'art de Lucien.

Notice biographique (1). — Un jour, dans certain atelier de Samosate, un petit apprenti sculpteur dégrossissait une tablette de marbre. Comme il était novice, et fort étourdi de sa nature, il la brisa. Alors, tout en colère, un homme brutal accourut vers le maladroit, et, saisissant une lanière de cuir, il lui infligea « une correction si rude » que le pauvret fut « initié au métier par des pleurs ». Indigné de ce traitement cruel, l'adolescent retourna, les larmes aux yeux, à la maison de son père. Et, ce soir-là, si la sculpture grecque perdit peut-être un artiste, il ne faut pas nous en plaindre : l'inhabile apprenti statuaire devait être bientôt un maître dans l'art d'écrire.

Cet enfant s'appelait Lucien et il était né vers 120 ou 130 d'une famille d'artisans syriens. Après sa mésaventure, il obtint de ses parents qu'on ne lui imposerait point quelque nouveau métier manuel, et, grâce évidemment aux libéralités d'un protecteur, il s'en alla étudier l'éloquence chez les rhé-

(1) Lire, sur Lucien : Maurice Croiset, *Essai sur la vie et les œuvres de Lucien ;* Martha, *Les Moralistes sous l'empire romain ;* Max Egger, *Histoire de la littérature grecque* (Paul Delaplane).

teurs d'Ionie. Les leçons qu'il reçut dans ces officines oratoires ne furent point perdues pour cet esprit toujours en éveil. Avocat brillant dans la ville d'Antioche, déclamateur applaudi dans les centres littéraires de l'Asie Mineure, il entreprit une tournée de conférences à travers le monde hellénique. C'était l'âge d'or des sophistes. « Ils annonçaient un discours, dit M. Boissonade, comme aujourd'hui un musicien voyageur annonce un concert, et les peuples accouraient de toutes parts pour les entendre et leur payer généreusement le plaisir qu'ils procuraient. » Lucien fut un de ces ténors de la rhétorique. Il parcourut les colonies d'Asie, la Macédoine, l'Italie, les Gaules, et tous les pays où l'on parlait la langue grecque, récoltant d'innombrables couronnes et amassant des richesses considérables.

Vers 164 après Jésus-Christ, on admet généralement qu'il se fixa en Attique et qu'il habita cette belle et souriante Athènes, patrie naturelle des artistes et des gens d'esprit. C'est alors qu'il composa les dialogues et les opuscules qui rendirent son nom immortel. Mais il ne devait point mourir dans la cité de Minerve. Sous le règne de Commode il y avait, en Égypte, un fonctionnaire important qui gouvernait « une partie considérable » (1) de la province et qui termina ses jours sur la terre des Pharaons. Ironie du sort ! ce magistrat était Lucien !... Le contempteur de toutes les vanités humaines finit préfet de l'Empire et... ambitieux !

LES EXTRAITS

Historique. — Il n'y a qu'un mot pour désigner Lucien : il fut avant tout un polygraphe. D'autres, comme Sophocle, Aristophane et Plutarque, s'exercèrent et réussirent dans un seul genre. Mais rien n'est plus mobile et plus souple que le génie de notre auteur. D'après les œuvres qui nous restent de lui, on voit que tout l'intéressait et qu'il toucha un peu à tout.

Certains de ses écrits appartiennent à la catégorie des déclamations, si fort en honneur sous l'Empire : *le Tyran-*

(1) L'expression est de lui dans son *Apologie*.

nicide, par exemple, et *le Fils déshérité.* Dans le recueil que nous conserva le vieux Sénèque, aucune « controverse », fût-elle d'Arellius Fuscus ou de Latro, n'est plus caractéristique des qualités ou des défauts de ce genre fictif. L'*Éloge de la mouche* nous offre également le type des exercices de sophistique trop admirés par le public d'alors. A côté de ces opuscules, qui nous semblent à bon droit puérils, d'autres ouvrages affectent une allure très sérieuse. Ce sont des traités sur la *Manière d'écrire l'histoire* ou des dissertations sur le style, sur l'éloquence, sur les beaux-arts. La forme en est souvent plaisante; mais les préceptes sont sensés; et plus d'un auteur du IIe siècle eût fort gagné à suivre les conseils de Lucien.

Si l'on veut toutefois connaître cet esprit rare et merveilleux, il faut lire l'*Histoire véritable*, un fantastique roman d'aventures qu'imiteront plus tard les Rabelais, les Cyrano de Bergerac et les Swift. Il faut lire surtout les vifs et piquants *Dialogues* où il fait converser les dieux, les habitants du royaume de Pluton, les philosophes célèbres. Pour les écrire, il s'inspira des satires de Ménippe le cynique et des chefs-d'œuvre de l'ancienne comédie. On jugera, en étudiant quelques-uns d'entre eux, combien il émit d'idées originales et audacieuses, combien il dépensa dans ces courtes pièces d'imagination et d'humour.

LE SONGE

Analyse. — Le savetier Micylle rêvait qu'au sein de l'opulence il jouissait de la félicité la plus parfaite, lorsque soudain son coq l'a réveillé par des cris perçants. Indigné d'être arraché de la sorte aux mensongères visions qui le charmaient, l'irascible Athénien jure d'assommer, dès l'aurore, le malencontreux animal. Mais, « étrange nouveauté ! » le coq parle « comme un homme » et accuse son maître d'ingratitude.

La surprise du savetier est grande, et il faut quelques explications pour la faire cesser. Son interlocuteur à crête rouge n'est autre que le fameux Pythagore, dont l'âme passa par l'effet de la métempsycose dans le corps d'un coq. Un peu rassuré et admettant, non sans objections, cette affirmation étrange, Micylle raconte le songe que troubla son serviteur trop matinal. Ayant soupé la veille chez le moribond Eucrate, notre homme s'imaginait en rêve avoir hérité de ce richard. Rien ne lui manquait plus, ni les belles robes, ni les domestiques nombreux, ni les chars attelés de chevaux blancs... Une aubade fort inopportune le rappela bien vite à la réalité, et il se déclare furieux qu'on l'ait si rapidement dépouillé de ses richesses imaginaires.

Le coq, en sa qualité d'ancien philosophe, méprise profondément tout métal précieux. Mais, avant de convertir Micylle à ses idées, il lui raconte ses avatars successifs, comment il combattit au siège de Troie ; comment il fut Pythagore, Aspasie de Milet, Cratès le Cynique ; comment enfin il devint « cheval, geai, grenouille » et mille autres choses encore. Puis il énumère au savetier ébahi les avantages de la pauvreté. Un riche est accablé d'impôts ; il est jalousé de tous et exposé aux plus grands périls ; il est la proie des sycophantes et des voleurs. Le pauvre, au contraire, peut dormir tranquille et nul ne vient l'inquiéter dans sa misérable demeure. Il vit aussi fortuné qu'un millionnaire et son bonheur est préférable à celui des rois.

Cet éloquent discours ne convaincrait point Micylle ; mais le coq conduit l'incrédule artisan chez les riches et les parvenus. Il le fait assister, sans qu'on le voie, à leurs angoisses ou à leurs infamies. Et, disant « adieu aux festins et aux richesses », le savetier désabusé retourne gaiement à son échoppe où, avec deux oboles dans son escarcelle, on mène une existence exempte de soucis.

Étude. — *Le Songe* ou *le Coq* est à la fois un pamphlet contre les philosophes et un dialogue moral.

Le pythagorisme fournit à Lucien la plaisante idée des transformations de son coq ; mais il n'a point fait preuve de reconnaissance à l'égard de cette école philosophique. Notre satirique s'amuse fort souvent aux dépens de Pythagore et raille assez joliment « l'orgueilleux sophiste, qui défend de goûter la chair des animaux ; de manger des fèves, le plus délicat des mets cependant et le plus facile à assaisonner ; et qui condamne, en outre, ses disciples à cinq ans de silence absolu » (1). Lorsqu'il s'agit de médiocres personnages, et non pas d'un maître, Lucien de-

(1) *Le Songe*, c. 4. Nous citons d'après les éditions complètes

vient plus sévère et plus violent. Le faux sage Thesmopolis est la caricature des stoïciens et des sophistes. Répugnant et portant une « barbe sale », le triste sire débite « de très longues dissertations sur je ne sais quelle vertu, enseignant que deux négations valent une affirmation, que lorsqu'il fait jour il ne fait pas nuit, et mille autres plaisanteries philosophiques dont on se serait bien passé » (1). C'est un épisode de la lutte entreprise par Lucien contre les charlatans du IIe siècle.

Mais le ton s'élève, à certaines pages, dans *le Coq*, et l'auteur y traite en moraliste la question éternelle de la richesse. Nous nous souvenons qu'Aristophane s'en était occupé déjà dans le *Plutus*. Lucien y revient d'une façon pratique. Il énumère tout au long les inconvénients de la fortune. En temps de guerre, les riches paient les frais d'armements, sont placés à la première ligne, et éprouvent, par surcroît, l'amertume de voir ravager leurs propriétés. En temps de paix, ils « tremblent devant le peuple, redoutent son courroux et le flattent avec des largesses ». Pour les récompenser de leur zèle, on les lapide, on les exile, on confisque leurs biens. Ne vaut-il pas mieux acheter « des anchois, des goujons, des têtes d'oignons » et « se régaler, en chantant de tout son cœur, en philosophant avec l'heureuse pauvreté » (2)? Le tableau est curieux; mais on aurait tort de croire que Lucien ait abordé le vrai problème. Il se place beaucoup trop au point de vue athénien et il ne signale que certains inconvénients propres à une ville et à une civilisation. Certes, dans cette démocratie ombrageuse, les riches étaient les souffre-douleur des démagogues et, quand on avait un ennemi, on le menaçait de le faire inscrire sur la liste des riches : c'était le moyen de le perdre. Mais aujourd'hui les arguments de Lucien ne portent plus et tout ce qu'il dit nous paraît superficiel. Il n'a point vu assez l'humanité générale et n'a songé qu'aux Grecs ou à ses contemporains.

Le dialogue, empressons-nous de le reconnaître, est un

(1) *Le Songe*, c. 11.
(2) *Ibid.*, c 21-23

petit chef-d'œuvre littéraire. Il y a là un personnage qui est un type. Le savetier Micylle nous représente exactement les petites gens et la classe inférieure d'Athènes. Beau parleur et amoureux des jolis contes, il ne s'étonne pas outre mesure de sa fantastique aventure, trop heureux d'avoir un interlocuteur aussi bavard et aussi intéressant que celui-là. Il discute pied à pied, n'abdique jamais son franc parler et réplique hardiment à ce coq... qui fut autrefois Pythagore. Quelque chose de bien observé chez le pauvre diable, c'est d'abord son amour pour cet or, dont l'éclat l'éblouit, et surtout sa jalousie pour les parvenus. Il n'envie point les riches auxquels leurs ancêtres laissèrent de la fortune; mais il déteste l'ancien compagnon de peine, le camarade favorisé par la chance, Simon qui est devenu Simonide. Il lui souhaite mille malheurs et, lorsque l'occasion se présente de lui donner quelque coup, il ne manque point de le faire (1). Cette jalousie est aussi naturelle qu'elle est vile, et elle contribue à rendre plus humain ce dialogue, par endroits trop particulier. D'ailleurs tout est mené avec beaucoup d'art, l'action est originale, et les derniers chapitres sont d'une amusante fantaisie (2). Quand on lit *le Diable boiteux* de Lesage, on s'aperçoit que les auteurs modernes ont beaucoup étudié Lucien et lui ont emprunté bien des choses.

L'ICAROMÉNIPPE

Analyse. — Ménippe calculant à haute voix le nombre de stades qui séparent le soleil et la lune du palais de Jupiter, un ami lui demande le motif de ce calcul astronomique. « C'est, lui répond le Cynique, que je suis monté jusqu'au ciel à la façon du fabuleux Icare, et cela sans tomber dans une mer qu'on eût appelée Ménippéenne. » L'autre semblant mettre en doute la vérité de l'aventure, le philosophe raconte avec détails son voyage, afin de ne pas laisser un ami « la bouche ainsi ouverte d'étonnement ».

Plein de mépris pour les biens d'ici-bas, Ménippe a voulu

(1) *Le Songe*, c. 30.
(2) *Ibid.*, c. 28-33.

étudier l'univers, connaître les lois qui le régissent et en découvrir le principe. Il s'adressa d'abord aux métaphysiciens, qui exigèrent une grosse somme et lui promirent de le rendre un habile « spéculateur en l'air ». Mais ces êtres ignorants, dont rien n'égale la forfanterie, lui fournirent tous des théories contradictoires sur le monde et la création, sur le fini et l'infini, sur Dieu et sur les dieux. Lassé du babil de ces hâbleurs, Ménippe a pris une sage résolution : il est allé voir là haut par lui-même.

Après s'être attaché des ailes de vautour aux épaules et après avoir tenté quelques essais préalables, il s'envola et parvint bientôt dans la Lune, où il rencontra Empédocle. Là, il goûta un plaisir indicible en contemplant la faiblesse et la petitesse des hommes, dont il trace un tableau fort réussi. D'un seul coup d'œil il assistait à leurs crimes, à leurs luttes politiques dans leurs « agoras de fourmis », à leurs guerres insensées pour un territoire aussi grand qu'une « lentille égyptienne ». Et il a ri bien fort en constatant que sur notre terre tout est « cacophonie » horrible, tout est « ridicule et discordant ».

Ensuite, quittant la Lune qui se plaignit à lui des philosophes, il navigua trois jours au milieu des étoiles. Arrivé à la porte du ciel, il fut reçu par Mercure et introduit au milieu des Olympiens troublés. Jupiter lui lança d'abord un regard « affreusement terrible »; mais, apprenant l'objet de son voyage, il lui promit de satisfaire sa curiosité. En attendant, non sans l'interroger sur le prix du blé ou des légumes, il conduisit cet hôte imprévu vers les trappes par lesquelles les dieux écoutent les vœux et les prières des mortels. Et Ménippe ne peut encore s'empêcher de rire, lorsqu'il se souvient combien ces vœux étaient grotesques ou méprisables. La soirée se termina par un festin magnifique où les Muses chantèrent des hymnes héroïques et où le bon Silène exécuta la cordax. Ce fut une délicieuse petite fête.

Le lendemain, Jupiter convoqua l'assemblée divine, et, prenant prétexte du voyage de Ménippe, il prononça un discours violent contre les philosophes qui troublent la cervelle des hommes avec leurs systèmes ridicules. La sentence fut rendue à l'unanimité et l'on décida qu'au printemps prochain ces imposteurs seraient consumés par le feu du ciel. Quant à l'audacieux explorateur, après lui avoir ôté ses ailes, Mercure le prit par l'oreille et le ramena, sur-le-champ, dans le Céramique. « Voilà, mon cher, conclut Ménippe, tout ce que je rapporte de là-haut. Je vais aussitôt vers le Pœcile, pour raconter cette excellente nouvelle aux philosophes qui s'y promènent. »

Étude. — Lucien montre dans ce dialogue autant de belle humeur que dans *le Songe ;* mais il est bien plus audacieux. L'*Icaroménippe* nous donne l'idée juste des hardiesses que pouvait se permettre alors un homme d'esprit.

Ce ne sont plus, comme tout à l'heure, des railleries anodines contre les philosophes, à propos de leur conduite dans le monde ou de leur façon de s'habiller. Lucien s'attaque résolument aux systèmes et bat en brèche le dogmatisme métaphysique. Il condamne sans pitié tous les philosophes et toutes les écoles. Il bafoue également ceux qui veulent voir un nombre dans la divinité, ceux qui admettent encore le polythéisme, et les autres, qui, « donnant à un seul l'empire de l'univers », provoquent « une disette de dieux ». Épicuriens et stoïciens, disciples d'Aristote ou de Platon, ne sont à ses yeux que des « jongleurs » abusant le public par des « sornettes ». Il les poursuit de ses sarcasmes mordants et détruit radicalement leurs systèmes (1). C'est la protestation du bon sens contre les excès de la métaphysique mensongère et nuageuse.

Le satirique va même plus loin et critique la doctrine de la Providence. Il faut lire les chapitres où Jupiter, penché sur la fameuse trappe, écoute les souhaits de l'humanité et les repousse ou les exauce. Il faut l'entendre donner ses ordres : « De la pluie chez les Scythes, du tonnerre chez les Libyens, de la neige chez les Grecs ! Toi, Borée, souffle en Lydie, et toi, Notus, demeure en repos ! Que le Zéphyre soulève les flots de l'Adriatique et qu'on répande environ mille médimnes de grêle sur la Cappadoce ! ». Et l'on ne pourra que sourire en voyant l'Olympien, si majestueux chez Homère, s'informer du prix des céréales et se préoccuper de savoir si les salades

(1) *Icaroménippe*, c. 4-9, 29-33.

ont besoin d'eau (1). Lucien accumule à dessein les mesquineries et les détails ridicules pour tâcher de discréditer l'antique conception de la Providence. Il veut prouver à ses compatriotes qu'il est impossible, sans les avilir, d'astreindre les dieux à des besognes basses et obscures.

Ce dialogue, souvent impie, est un régal pour les lettrés. On se plaît à faire un voyage au pays de la fantaisie avec le charmant auteur. On lit avec un plaisir toujours nouveau ce conte de fées où les hommes volent au milieu des étoiles et où la Lune fait un discours dans les règles (2). Et, si fortes que soient les inventions, on les accepte en souriant, parce que tout est dit avec humour et parce que sous l'apparente folie se dissimulent les plus sérieuses idées.

TIMON OU LE MISANTHROPE

Analyse. — Vêtu de la dépouille d'une bête, dans une solitude non loin d'Athènes, l'ancien richard Timon cultive péniblement la terre. Irrité de sa misérable condition, il adresse à Jupiter d'amers reproches. Que fait donc le roi de l'Olympe en présence de la corruption universelle? Autrefois, sa foudre était prompte et il frappait vite les méchants. Aujourd'hui, il est myope, il est sourd, il dort. L'histoire de Timon en est un exemple. N'a-t-il pas engraissé des bandes de parasites? Et, maintenant qu'il est devenu pauvre, personne ne le regarde plus !... Que Jupiter se décide enfin à rallumer sa foudre et à châtier ceux qui le méritent.

Le roi de l'Olympe, entendant ses cris, demande quel est ce « rude et impudent bavard », un philosophe sans doute. On lui répond que c'est un prodigue, exploité par une nuée de corbeaux et de vautours et consciencieusement « rongé » par eux. Au souvenir des succulentes victimes que Timon lui offrait jadis, Jupiter s'attendrit et décide qu'on viendra en aide à ce « bonhomme ». Il punirait bien les amis ingrats ; mais sa foudre émoussée est en réparation. En attendant, qu'on mène Plutus et Thesaurus chez Timon, et qu'ils y fixent, même malgré lui, leur demeure ! Plutus a beau refuser de se rendre

(1) *Icaroménippe*, c. 24-29.
(2) *Ibid.*, c. 20 et 21.

à nouveau près d'un pareil bourreau d'argent, Jupiter commande et lui assure, du reste, qu'il trouvera un Timon converti.

Pendant le voyage du ciel à la terre, Mercure et Plutus conversent au sujet de la richesse. Le dieu de l'or explique au messager divin comment il dupe les hommes avec « un masque charmant, orné de pierreries », « avec un habit aux mille couleurs ». Il décrit l'avidité des mortels, leur arrogance quand ils sont riches, et la rapidité avec laquelle ils se ruinent. Il expose enfin pourquoi les bienfaits de Jupiter s'égarent et pourquoi tant de coquins les accaparent. Cette causerie trompe les longueurs de la route et l'on arrive en Attique à l'endroit même où Timon pioche un terrain montagneux et pierreux.

Là, on se trouve en face de la Pauvreté qui entend protéger son nouveau favori, mais qui doit se retirer devant les ordres formels de Mercure. Timon regrette le départ de « cette maîtresse bienfaisante » et veut casser la tête aux nouveaux venus, tout dieux qu'ils sont. Il consent toutefois, après un plaidoyer de Plutus, à redevenir riche, et, subitement, il fait la découverte d'un trésor.

Ébloui par la vue de cet or, qui est « semblable à un feu étincelant », il se réjouit et parle avec amour « à cet objet de sa tendresse ». Mais il n'en fera point le même usage qu'autrefois. Il s'en servira pour lui-même et aussi pour nuire à la race humaine. Affamé de vengeance, il rendra à ses semblables le mal qu'ils lui ont fait.

L'occasion s'offre bientôt à lui de mettre ses projets à exécution. Informés de la grande nouvelle, le parasite Gnathonidès, l'orateur Déméas, le philosophe Thrasyclès, et toute une nuée d'intrigants viennent rôder autour du trésor. Mais, instruit par l'expérience, notre misanthrope les roue de coups et les renvoie vers leurs demeures, « couverts de blessures et de sang ».

Étude. — Dans *Timon* ou *le Misanthrope*, nous retrouvons d'abord le développement de la thèse chère à Lucien. Il établit que la richesse est laide et ne peut se faire aimer des hommes qu'en se masquant ou se fardant (1). Il flétrit la cupidité générale et montre les vices qui en résultent (2). Il raille les extravagants qui se suicident à cause de quelques pièces de métal (3). En revanche, il

(1) *Timon*, c. 27.
(2) *Ibid.*, c. 21, 22, 23, 28
(3) *Ibid.*, c. 26.

exalte la Pauvreté, « sous les drapeaux de laquelle marchent ordinairement le Travail, la Sagesse, la Patience » (1). Il l'appelle « la conseillère du bien », « celle qui donne la santé du corps et de l'esprit », « celle qui nous fait vivre en hommes et estimer toutes choses à leur juste valeur, c'est-à-dire comme d'inutiles vanités » (2). Qui ne reconnaîtrait ici les idées moins éloquemment exprimées dans *le Songe* par le coq pythagoricien ?

Mais ce qu'il y a de plus intéressant, c'est le personnage de Timon. Le flatteur Philiadès, le déclamateur Déméas, l'hypocrite Thrasyclès sont des esquisses fort jolies (3). Timon, lui, est un vrai type et l'ancêtre de toute une famille littéraire. On l'appelle « le Misanthrope » ; mais en quoi consiste exactement sa misanthropie ? Notons un fait qui domine tout. Ce terrassier, à l'aspect minable, fut le plus opulent des Athéniens ; il a prodigué ses richesses ; il a comblé de bienfaits des ingrats. Maintenant qu'il n'a plus une obole, on se détourne de lui « comme à la vue d'un tombeau » et ses anciens adulateurs lui offrent une corde pour se pendre (4). Ces rebuffades, ces outrages, cet abandon complet succédant à une royauté joyeuse de tant d'années, ont exaspéré Timon. Tout en fouillant le sol avec sa pioche, il a ruminé ses projets de vengeance ; il a accumulé de la bile ; il est devenu quelque chose comme un fou furieux. Que penser, par exemple, de cette tirade sauvage, après la découverte du trésor :

« Hôte, compagnon, autel de la Pitié : fadaises ! Compassion pour les larmes, secours à l'infortune : abus des lois et renversement des mœurs ! Mais vivre seul comme les loups et n'avoir qu'un ami : Timon !... Tout le reste, des ennemis, des dresseurs d'embûches ! Converser avec eux : sacrilège ! Enfin qu'ils soient pour moi des statues de pierre ou de bronze. Ne recevons pas d'envoyé de leur part ; ne signons avec eux aucun contrat ; que ce désert nous sépare !... Tribu, phratrie, nationalité, patrie même, mots froids et vides de sens, bons seulement pour les sots !... Le fond de mon humeur sera la brusquerie, la dureté, la grossièreté, la

(1) *Timon*, c. 31.
(2) *Ibid.*, c. 32 et 33.
(3) *Ibid.*, c. 47-57.
(4) *Ibid.*, c. 5 et 45.

colère, la sauvagerie! Si je vois un homme près de se brûler et me suppliant d'éteindre le feu, je l'éteindrai avec de la poix et de l'huile. Si un fleuve, grossi par l'orage, emporte un homme qui me tende les bras et me supplie de le retirer, je l'y replongerai la tête la première avant qu'il puisse revenir sur l'eau. Et c'est ainsi que je rendrai la pareille aux ingrats (1). »

Il y a là une âpreté et une fureur qui touchent de près à l'aliénation mentale. Et, cependant, si brutal, si exagéré qu'il soit, ce Timon n'est pas un personnage à dédaigner. Il a eu pour lignée le Timon et le Jacques de Shakespeare, l'Alceste de Molière, et les pessimistes du drame contemporain (2). Mais il les dépasse tous par la violence de sa haine, en même temps qu'il leur est inférieur par les motifs qui lui inspirent cette féroce misanthropie.

CHARON OU LES CONTEMPLATEURS

Analyse. — Mercure rencontre ici-bas Charon et lui demande quel bon vent l'amène. « Je désire, répond le nocher infernal, voir ce qui se passe dans la vie, ce qu'y font les hommes et ce que regrettent ceux qui descendent chez nous. » Il prie le fils de Maïa de le guider à travers les continents et les royaumes; car il n'a obtenu qu'un congé de vingt-quatre heures et il a peur de s'égarer. Mercure accepte, au risque d'être grondé par Jupiter, et les deux amis partent allégrement de compagnie.

Afin de contempler en quelques instants l'essentiel, Mercure entasse le Pélion sur l'Ossa et l'Œta sur le Parnasse. De cet observatoire gigantesque il engage son hôte à regarder. Charon ne distingue, d'abord, qu'une large étendue de terre, un lac immense, de petits hommes et leurs « tanières ». Mais, en lui récitant un vers de l'*Iliade*, Mercure lui donne une vue aussi perçante que celle de Lyncée.

Charon voit alors Milon de Crotone, le monarque Crésus, le tyran Polycrate, et se moque de ces athlètes ou de ces rois qui passeront le Styx, faibles, obscurs, dépouillés de tout, dans sa barque. Autour des humains voltige « un essaim » de guêpes,

(1) *Timon*, c. 42-44.

(2) Voir Shakespeare, *Timon d'Athènes* et *Comme il vous plaira*; Molière, *Le Misanthrope*, etc.

ardentes à les piquer et à les exaspérer : l'Espérance, la Crainte, la Volupté, la Jalousie, la Haine. Tous obéissent à l'aiguillon de ces guêpes, et n'aperçoivent point « l'excellente Mort » qui les guette, au moment où ils étendent la main vers l'objet de leurs désirs. Charon ne saurait comprendre quel charme on goûte dans la poursuite ou la possession des joies fragiles. Le sort des rois eux-mêmes lui semble digne de compassion, et à ces insensés, dont la vie est aussi éphémère qu'une bulle d'eau frêle et brillante, il veut crier la vérité. Mercure l'en dissuade, car ce serait prendre une peine inutile ; et, après lui avoir indiqué du doigt la sépulture des héros célèbres ou les débris des villes autrefois puissantes, il le fait redescendre dans la plaine.

On remet les montagnes à leur place ; on échange quelques paroles d'amitié, et l'on se sépare après que Charon a tiré ainsi la moralité de l'aventure : « Pauvres humains ! ce ne sont chez eux que rois, briques d'or, hécatombes, combats ! Et de Charon, pas un mot ! »

Étude. — Moins fantaisiste, sauf l'histoire des montagnes, que les précédents dialogues, le *Charon* est aussi dramatique et plus profond. Sous une forme saisissante, Lucien instruit le procès de l'humanité. Dans *le Songe*, tout restait trop antique et trop athénien. Ici, tout est vraiment général et nous pouvons faire notre profit de la leçon.

Supprimez les personnages mythologiques de Mercure et de Charon. Mettez, au lieu de Crésus, de Milon, de Polycrate, les noms de tel empereur ou de tel lutteur moderne. Et vous aurez là toutes les réflexions qu'inspira depuis des siècles aux moralistes le spectacle de notre extrême faiblesse et de notre incommensurable vanité. Rien de ce qui flatte l'orgueil de l'espèce humaine n'est épargné par le satirique. Vous avez, comme Milon, la force physique et vous portez un taureau à travers le stade ? La Mort, « invincible athlète », vous donnera tôt ou tard « un croc-en-jambe » (1). Vous avez, comme Crésus, des lits d'or et vous remuez les écus dans de larges coffres ? Vous deviendrez par suite de quelque

(1) *Charon*, c. 8.

mésaventure aussi dénué de tout qu'un mendiant (1). Vous recherchez la gloire militaire et vous mourez pour conquérir un lopin de territoire? Bientôt le laboureur oublieux promènera la charrue dans ce champ et renversera le trophée (2). Force ou beauté, richesses ou honneurs : chimères ! Nous nous rendons malheureux en nous acharnant à vouloir étreindre des fantômes. Nous ne voyons point la Mort qui nous avertit de sa venue prochaine, en nous dépêchant comme messagers le Frisson, la Fièvre et la Pulmonie (3). Enchantés de l'amour du monde, nous ne comprenons point notre néant.

Ce lieu commun a été traité avec plus d'éloquence depuis l'époque de Lucien; mais rarement avec plus d'ingéniosité et de délicatesse. Lorsqu'on a suivi sur la cime des montagnes les deux observateurs désintéressés, lorsqu'on a écouté leurs remarques piquantes, on est tout disposé à répéter la phrase célèbre : « Vanitas vanitatum et omnia vanitas ! » Mais on n'emporte de cette lecture aucune impression de tristesse. Tout est présenté joliment et spirituellement. Et il nous faut sourire, à l'heure même où l'on nous démontre le peu que nous sommes, ainsi que l'inanité de nos espoirs.

Étude générale : les idées de Lucien. — Si nous essayons de résumer l'opinion que laisse de Lucien la lecture de quelques dialogues, nous dirons que c'est un franc sceptique.

La sagesse humaine ne le contente point. Il n'a aucune confiance dans les gens qui prétendent parler au nom de la raison. Dans les *Sectes à l'encan* et *le Pêcheur*, il malmène aussi bien Héraclite et Socrate que Démocrite et Épicure. Quelle devait être l'estime qu'il professait pour leurs indignes successeurs? On en peut juger d'après *le Songe*, l'*Icaroménippe* et le *Timon*. Qu'ils se nomment Thesmopolis ou Thrasyclès, tous se ressemblent. Pâles, barbus, habillés d'une façon grossière, ils trompent les auditeurs par

(1) *Charon*, c. 9-12.
(2) *Ibid.*, c. 24.
(3) *Ibid.*, c. 17.

l'apparence de leur austérité et de leur science. En réalité, ce sont des êtres cupides ; à genoux devant un écu ; tâchant d'attirer à leurs écoles de riches élèves ; « paresseux, vaniteux, gourmands, irascibles, extravagants, gonflés d'orgueil et d'insolence » ; démentant chaque jour leur enseignement vertueux par « leur lubricité et leur avarice » (1). Lucien étend à la métaphysique elle-même le discrédit dont il frappe les philosophes charlatans. Il ne croit point à la possibilité de bâtir un système qui explique l'ordre établi dans l'univers. Il proclame que la raison est impuissante. Il refuse de s'incliner devant ceux qui s'en disent les représentants autorisés... tout en n'étant jamais d'accord sur les problèmes capitaux.

Cette incrédulité philosophique a-t-elle pour base une foi profonde et sincère ? Le cas s'est présenté quelquefois ; mais l'*Icaroménippe* et le *Timon* nous sont garants qu'à propos de Lucien on ne saurait parler d'une chose semblable. Son Jupiter est ridicule, nous l'avons vu, et il lui arrive souvent de faire réparer sa foudre par les Cyclopes (2). Apollon tient « un bureau de prophéties » et Esculape a ouvert « une boutique de médecin » (3). A tout instant, des épigrammes aussi mordantes atteignent les dieux de l'Olympe ; et que serait-ce si, au lieu de l'*Icaroménippe*, nous consultions les *Dialogues des dieux* ou les *Dialogues marins?* Certes, l'écrivain qui composa de pareilles œuvres ne croyait plus du tout à la religion païenne. Mais, comme il n'admettait pas davantage les dogmes du christianisme, nous nous tromperions en pensant qu'il eut le moindre sentiment religieux. Ce fut un destructeur qui favorisa inconsciemment les apôtres de la foi nouvelle. Mais, à le considérer tel qu'il nous apparaît dans ses écrits, nul ne poussa plus loin l'irréligion, le mépris de toutes les croyances, l'athéisme.

Si, du moins, il avait admiré quelque chose ici-bas!

(1) *Le Songe*, c. 10 et 11 ; *Icaroménippe*, c. 5 et suiv., 20 et 21, 29-31 ; *Timon*, c. 54 et suiv.

(2) *Timon*, c. 9 et 10.

(3) *Icaroménippe*, c. 24.

S'il s'était passionné pour l'idée de progrès ! S'il avait été, comme tant d'autres, un fanatique de l'activité humaine et de la civilisation !... Mais quiconque n'aura point une croyance qui le guide cherchera vainement chez Lucien une règle de conduite et une morale sérieuse. Le satirique dévoile aux hommes leur faiblesse et excelle à nous prouver notre néant. Il touche du doigt l'Amour, la Fortune, l'Ambition, la Gloire, et tout cela tombe en poussière. Où s'adresser ensuite ? Ce n'est point lui qui le dira. Il raille, il détruit, et il passe. Mais un éclat de rire ne suffit point comme réponse ; et, bien qu'il s'autorise du bon sens, nous estimons la philosophie de Lucien incomplète toujours et parfois puérile.

L'art de Lucien. — L'artiste, en revanche, est merveilleux. Beaucoup d'autres dans ces dialogues philosophiques se seraient peu souciés de disposer les scènes suivant les règles de l'art. Lucien est trop attique pour y manquer. *Le Songe* et le *Timon* font apprécier son habileté dramatique. Il conduit ces conversations avec une expérience consommée; il presse ou ralentit l'action ; il intercale au milieu de la frêle intrigue le lieu commun de morale, sans qu'on s'en aperçoive ou qu'on en soit choqué ; et nous le suivons, intéressés et curieux, comme des enfants qui écoutent leur aïeule narrer quelque histoire. Les premiers Hellènes avaient été ravis par les jolis récits des conteurs ioniens : ce fut un conteur qui charma par ses historiettes les derniers Grecs.

Chose étonnante d'ailleurs, nous retrouvons chez lui, sous la forme ironique et fantaisiste, ce merveilleux auquel avaient cru les ancêtres. Un coq qui parle (1) ; un mortel qui s'envole au ciel avec des ailes d'aigle et de vautour (2) ; des navigateurs qui vont au pays des femmes vignes, qui trouvent dans le ventre d'une baleine des mers, des îles, des continents, et qui luttent contre les Chevaucheurs-de-puces ou les Lanceurs-de-gousses (3), tels sont

(1) *Le Songe ou le Coq.*
(2) *Icaroménippe.*
(3) Voir les deux livres de l'*Histoire véritable.*

les êtres qu'il aime à présenter. Il ne le fait jamais sans un sourire, et, comme plus tard notre Rabelais, il cache sous cette luxuriante fantaisie les hardiesses les plus graves. Mais il suffit que cela soit dit avec grâce et avec une bonhomie malicieuse. Nous nous laissons amuser par ces inventions extraordinaires. Et, au sortir de quelque lecture philosophique, rien ne repose l'esprit comme l'*Icaroménippe*, l'*Histoire véritable* et le *Charon*.

Lucien, pour ces dialogues ou ces récits fantastiques, adopta la forme qui convenait le mieux. Rien ne languit chez lui : tout est vif ; tout est pimpant. Il allie les qualités en apparence les plus contraires : il est bref sans être sec ; il est élégant sans être précieux ou raffiné ; il se sert presque toujours du dialogue sans tomber dans la monotonie. Simple, léger, spirituel, il a mérité d'être appelé « le premier des modernes » : en même te[illegible] qu'il est, grâce à sa connaissance approfondie de la [illegible]gue classique, celui qui mania le mieux la langue attique après les Platon, les Démosthène et les Lysias.

SUJETS DE DEVOIRS.

1. Montrer, en prenant des exemples, que chaque dialogue de Lucien est une petite comédie.

2. Après la correction que lui infligea son oncle le sculpteur, Lucien, en quête d'un métier, s'adresse à un soldat, à un commerçant, à un homme politique, à un agriculteur. Tous lui font une triste peinture de leur propre profession et lui conseillent de choisir celle du voisin. Par bonheur, Lucien rencontre un sage vieillard qui lui donne à son tour un bon avis : l'adolescent vient de voir combien les jugements des hommes sont faibles et changeants ; qu'il voyage, qu'il observe les vices et les ridicules si nombreux ici-bas, qu'il les raille dans un livre : et ce sera le meilleur de tous les métiers ! — On sait que Lucien suivit ce conseil. On connaît ses satires vives et mordantes. [Narration et dialogue à la façon de Lucien.]

3. D'après les Dialogues inscrits au programme, faire le portrait d'un philosophe au IIe siècle après Jésus-Christ.

4. En vous inspirant du *Songe* et du *Timon*, vous établirez un dialogue entre la Pauvreté et Plutus. [Dialogue.]

5. Étudier le caractère de Timon chez Lucien. Le comparer aux autres misanthropes, mis depuis sur la scène par Shakespeare et Molière.

6. La philosophie de Lucien.

7. Dire, en étudiant les dialogues inscrits au programme, ce que Lucien pensait de la religion païenne.

8. La fantaisie dans les dialogues de Lucien.

9. Montrer, d'après *le Songe* ou *le Coq*, l'*Icaroménippe*, le *Timon* et le *Charon*, que Lucien a très bien su peindre ce qu'on a depuis appelé « la comédie humaine ».

10. Qu'a-t-il manqué à Lucien pour être un véritable philosophe et moraliste ?

11. Vous supposerez qu'au moment d'écrire ses *Dialogues des morts*, Fénelon écrit à un ami, et lui confie qu'il a l'intention d'imiter Lucien, le maître du genre, dont il lui fait un éloge tempéré par quelques critiques.

TABLE DES MATIÈRES

SOPHOCLE

TRAGÉDIES.

EURIPIDE

TRAGÉDIES.

[Alceste. — Médée. — Hippolyte. — Hécube. — Iphigénie à Aulis. Iphigénie en Tauride.]

THUCYDIDE

EXTRAITS.

ARISTOPHANE

EXTRAITS.

XÉNOPHON

L'ANABASE. — LES MÉMORABLES. — L'ÉCONOMIQUE.

PLATON

MÉNÉXÈNE. — ION. — EXTRAITS.

DÉMOSTHÈNE

LES PHILIPPIQUES. — LE DISCOURS SUR LA COURONNE.

ARISTOTE

EXTRAITS DE LA RHÉTORIQUE.

THÉOCRITE

IDYLLES ET MORCEAUX CHOISIS.

PLUTARQUE

EXTRAITS DES VIES PARALLÈLES.

[Alexandre et César. — Démosthène et Cicéron. — [illegible] et Coriolan. — Périclès et Fabius Maximus.]

LUCIEN

EXTRAITS.

[Le Songe. — L'Icaroménippe. — Timon. — Charon.]

11122O. — CORBEIL. Imprimerie ÉD. CRÉTÉ.

www.ingramcontent.com/pod-product-compliance
Ingram Content Group UK Ltd.
Pitfield, Milton Keynes, MK11 3LW, UK
UKHW021846190726
13855UKWH00001B/171

9 782013 414111